21世纪高等教育经管类经典书系

事业单位会计

通用+行业

Institution Accounting

General and Industry

邢俊英 编著

东北财经大学出版社 · 大连
Dongbei University of Finance & Economics Press

图书在版编目（CIP）数据

事业单位会计：通用+行业 / 邢俊英编著.—大连 ：东北财经大学出版社，2016.4

（21世纪高等教育经管类经典书系）

ISBN 978 – 7 – 5654 – 2228 – 7

Ⅰ. 事…　Ⅱ. 邢…　Ⅲ. 行政事业单位 – 单位预算会计 – 高等学校 – 教材　Ⅳ. F810.6

中国版本图书馆CIP数据核字（2016）第018783号

东北财经大学出版社出版

(大连市黑石礁尖山街217号　邮政编码　116025)

教学支持：（0411）84710309

营 销 部：（0411）84710711

总 编 室：（0411）84710523

网　　址：http：//www.dufep.cn

读者信箱：dufep@dufe.edu.cn

大连图腾彩色印刷有限公司印刷　　东北财经大学出版社发行

幅面尺寸：185mm×260mm　字数：505千字　印张：23 3/4　插页：1

2016年4月第1版　　2016年4月第1次印刷

责任编辑：郭　洁　孔利利　　责任校对：伍小美

封面设计：张智波　　版式设计：钟福建

定价：45.00元

本教材得到中央财经大学
“会计类专业群（改革试点）”项目资助

前　言

事业单位会计是我国预算会计的重要组成部分。

自1997年财政部发布《事业单位会计准则（试行）》和《事业单位会计制度》直至2010年的十多年间，我国事业单位会计制度体系没有发生重大改革。但是，随着公共财政改革的不断深入和发展，为了与其相适应，事业单位会计也开始尝试改革，并且始于特殊行业。2010年，财政部发布《基层医疗卫生机构会计制度》和修订的《医院会计制度》，由此拉开了事业单位会计改革的序幕。2012年财政部发布了修订的《事业单位会计准则》和《事业单位会计制度》，2013年又陆续发布了《高等学校会计制度》《中小学校会计制度》《科学事业单位会计制度》《彩票机构会计制度》等行业事业单位会计制度。与事业单位相关会计制度的发布也显示出我国事业单位会计制度的多元性，它既包括通用的会计制度，又包括行业会计制度。从通用的《事业单位会计制度》到行业事业单位会计制度，它们各自的异同、特点、行业事业单位制度的特殊业务及其核算方法等等，所有这些都有必要进行归纳总结，并通过教材的形式呈现出来，以满足对这方面的理论知识和方法有需求的读者的需要。

本书以现行的事业单位会计制度体系为依据，全面系统地介绍了我国事业单位会计的基本理论和实务。它既可作为高等学校从事政府与非营利组织会计（预算会计）课程教学的教师的参考用书，也可供事业单位财会人员继续教育和学习、参考使用，还可供参加各类事业单位财会岗位入职考试的应试人员参考使用。

本书主要具有以下显著特点：

1. 体现写作方法的新颖性和简洁性。本书采用比较分析法，以精致介绍通用事业单位会计制度为基础，通过将行业事业单位会计制度与通用事业单位会计制度异同的比较，着重介绍行业事业单位会计制度的特殊内容。其目的在于：一是使读者对通用事业单位会计制度与行业事业单位会计制度中原理相同的内容既可以做到举一反三，又可以掌握该行业特殊性的业务内容和特殊的核算方法；二是可使读者既克服对事业单位会计复杂性的理解，又能够在较短时间内有重点地掌握所需要的知识原理；三是可避免前后内容的重复累赘，简洁明了、有重有轻。

2. 体现内容的制度性和完整性。本书内容基于我国的事业单位会计制度体系，既详细介绍通用事业单位会计制度的内容，又在比较的基础上介绍行业事业单位会计制度的特殊内容。其目的在于，使读者比较全面地获知构成我国事业单位会计制度的各部分的制度和会计理论及核算方法。

3. 体现内容的务实性。本书分别资产、负债、净资产、收入和支出会计要素进行介绍，每个会计要素下的核算内容均根据基本核算原理配有多角度的例题；会计报表编制也同样配有具有较强综合性和可操作性的例题。其目的在于尽量帮助读者强化和理解制度精髓并能够提高实际业务的操作能力。

在本书的编写过程中，参考了部分学者编写的教材、专著和发表的论文，在此表示感谢。

随着事业单位会计改革的深入，我国事业单位会计制度体系仍处于不断改革和完善之中，加之作者学识有限，书中难免有错漏之处，恳请广大读者斧正。

邢俊英

2016年1月·北京

目　录

引　言

《事业单位登记管理暂行条例》规定，事业单位是指国家为了社会公益目的，由国家机关举办或者其他组织利用国有资产举办的，从事教育、科技、文化、卫生等活动的社会服务组织。但是，该《条例》规定的 事业单位并不执行统一的会计制度。《事业单位会计准则》规定，本准则适用于各级各类事业单位，但纳入企业财务管理体系的事业单位执行企业会计准则或小企业会计准则，参照公务员法管理的事业单位对本准则的适用由财政部另行规定。而根据《事业单位会计准则》制定的《事业单位会计制度》则规定，本制度适用于各级各类事业单位，但按照规定执行《医院会计制度》等行业事业单位会计制度的事业单位和纳入企业财务管理体系执行企业会计准则或小企业会计准则的事业单位除外，参照公务员法管理的事业单位对本制度的适用由财政部另行规定。由此看出，《事业单位登记管理暂行条例》、《事业单位会计准则》和《事业单位会计制度》中的事业单位口径并不相同，依次可称为大口径、中口径和小口径。大口径的事业单位是符合《事业单位登记管理暂行条例》所定义的事业单位，只要是以社会公益为目的，由国家机关举办或者其他组织利用国有资产举办的社会服务组织，就属于事业单位。而我国事业单位种类繁杂，行业多且数量庞大，在执行会计制度上也具有其复杂性。总体而言，纳入企业财务管理体系的事业单位不执行《事业单位会计准则》和《事业单位会计制度》，参照公务员法管理的事业单位是否执行《事业单位会计准则》和《事业单位会计制度》由财政部另行规定，执行行业事业单位会计制度的医院、学校、科研事业单位等事业单位，不执行《事业单位会计制度》，但行业事业单位会计制度必须根据《事业单位会计准则》制定。所以，中口径和小口径的事业单位的差异就是执行行业事业单位会计制度的事业单位，但是，目前行业事业单位会计制度只有7个，属于个别现象，并不具有普遍性。所以，《事业单位会计制度》具有普遍适用性，成为事业单位通用的会计制度。

基于上述分析，本书将以现行事业单位会计制度来定义章节标题，“第一篇总论”除了事业单位概念和分类外，会计原理中涉及的事业单位为执行《事业单位会计准则》的事业单位；“第二篇事业单位会计”涉及的事业单位为执行《事业单位会计制度》的事业单位；“第三篇行业事业单位会计”涉及的事业单位为执行行业事业单位会计制度的事业单位，主要包括医院、基层医疗机构、高等学校、中小学校、科研事业单位、彩票机构等。

第一篇

总论

本篇主要基于《事业单位会计准则》和《事业单位财务通则》概述事业单位会计的基本理论，并基于《事业单位会计制度》与行业事业单位会计制度对事业单位会计和行业事业单位会计的会计要素、会计科目以及财务报表构成进行比较。

第一章

事业单位会计基本理论

本章在界定和分类事业单位的基础上，阐述现行的事业单位会计规范体系，并根据《事业单位会计准则》和《事业单位财务通则》概述事业单位会计的基本理论。

第一节　事业单位会计的特点和组织系统

一、事业单位的概念和分类

（一）事业单位的概念和特点

根据《事业单位登记管理暂行条例》（国务院令第411号）和《事业单位登记管理暂行条例实施细则》〔中央编办发（2005）15号〕规定，事业单位是指国家为了社会公益目的，由国家机关举办或者其他组织利用国有资产举办的，从事教育、科研、文化、卫生、体育、新闻出版、广播电视、社会福利、救助减灾、统计调查、技术推广与实验、公用设施管理、物资仓储、监测、勘探与勘察、测绘、检验检测与鉴定、法律服务、资源管理事务、质量技术监督事务、经济监督事务、知识产权事务、公证与认证、信息与咨询、人才交流、就业服务、机关后勤服务等活动的社会服务组织。国务院机构编制管理机关所属的国家事业单位登记管理局主管全国事业单位登记管理工作。

我国的事业单位涉及的行业繁多、数量庞大。事业单位现涉及27个行业、126万个单位，共有3 000多万正式职工，另有900万离退休人员，总数超过4 000万人。

事业单位具有以下特点：

（1）国有性。即事业单位必须由国家机关举办或者其他组织利用国有资产举办，其他组织或个人利用非国有资产举办的社会服务组织，即使以社会公益为目的也不属于事业单位。由此，事业单位大多为行政单位的下属机构，一般要接受国家行政机关的领导。

（2）公益性。即事业单位设立的目的是为了社会公益而非盈利，注重社会效益而非经济效益。

（3）服务性。即事业单位主要分布在教育、科研、文化、卫生等公益性领域，是保障国家政治、经济、文化生活正常进行的社会服务支持系统。

（二）事业单位的分类

事业单位按照不同标准，可分为不同类型。

1.按照社会功能的不同，事业单位分为承担行政职能的事业单位、从事生产经营活动的事业单位和从事公益服务的事业单位

《中共中央　国务院关于分类推进事业单位改革的指导意见》〔中发（2011）5号〕按照社会功能，将现有事业单位划分为承担行政职能、从事生产经营活动和从事公益服务三个类别。

（1）承担行政职能的事业单位。即承担行政决策、行政执行、行政监督等职能，主要行使行政许可、行政处罚、行政强制、行政裁决等行政职权的事业单位。这类单位逐步将行政职能划归行政机构或转为行政机构。今后，不再批准设立承担行政职能的事业单位。

（2）从事生产经营活动的事业单位。即所提供的产品或服务可以由市场配置资源，不承担公益服务职责的事业单位。这类单位要逐步转为企业或撤销。今后，不再批准设立从事生产经营活动的事业单位。

（3）从事公益服务的事业单位。即面向社会提供公益服务和为机关行使职能提供支持保障的事业单位。改革后，只有这类单位继续保留在事业单位序列。根据职责任务、服务对象和资源配置方式等情况，从事公益服务的事业单位细分为公益一类和公益二类两类。其中公益一类事业单位，是承担义务教育、基础性科研、公共文化、公共卫生及基层基本医疗服务等基本公益服务，不能或不宜由市场配置资源的事业单位。这类单位不得从事经营活动，其宗旨、业务范围和服务规范由国家确定。公益二类事业单位，是承担高等教育、非营利医疗等公益服务，可部分由市场配置资源的事业单位。这类单位按照国家确定的公益目标和相关标准开展活动，在确保公益目标的前提下，可依据相关法律法规提供与主业相关的服务，收益的使用按国家有关规定执行。

2.按照是否参照《公务员法》进行管理，事业单位可分为参照公务员法管理的事业单位和不参照公务员法管理的事业单位

根据《关于印发〈关于事业单位参照公务员法管理工作有关问题的意见〉的通知》〔组通字（2006）27号〕规定，参照公务员法管理的事业单位（简称“参公事业单位”）必须同时具备两个条件：

（1）要有法律、法规授权的公共事务管理职能（主要是指党委系统担负的党的领导机关工作职能和政府系统行使的行政管理职能）。

（2）使用事业编制并由国家财政负担工资福利。参照管理的单位不实行事业单位的专业技术职务、工资、奖金等人事管理制度，不得从事经营活动。比如中央党校、中国

地震局及省级地震局、国家行政学院等。据统计，在我国超过4 000万的事业单位员工中，参公事业单位人员约有90万。

不参照公务员法管理的事业单位，即除了参照公务员法管理的事业单位之外的事业单位。

二、事业单位会计的概念和特点

事业单位会计是事业单位核算、反映和监督其发生的各项经济业务和事项，以提供其财务状况、事业成果、预算执行等会计信息的会计。

与其他会计相比，事业单位会计具有以下特点：

（1）会计核算目标兼顾决策有用和受托责任。

（2）会计核算一般采用收付实现制，部分经济业务或者事项采用权责发生制。

（3）收入来源具有多渠道性，支出具有多用途。

（4）一般不进行成本核算，但可以根据实际需要实行内部成本核算办法。

（5）资源提供者向该组织投入资源不取得经济回报，也不存在业主权益问题。

（6）非流动资产采用“双分录”核算方法。

（7）固定资产折旧和无形资产摊销采用“虚提”模式。

（8）资产的计量方法引入“名义金额”计量。

三、事业单位的会计组织系统

根据机构建制和经费领报关系，事业单位的会计组织系统分为主管会计单位、二级会计单位和基层会计单位三级。

（1）主管会计单位，向同级财政部门领报经费，并发生预算管理关系，下面有所属会计单位。

（2）二级会计单位，向主管会计单位或上级单位领报经费，并发生预算管理关系，下面有所属会计单位。

（3）基层会计单位，向上级单位领报经费，并发生预算管理关系，下面没有所属会计单位。向同级财政部门领报经费，并发生预算管理关系，下面没有所属会计单位的，视同基层会计单位。

主管会计单位、二级会计单位和基层会计单位实行独立会计核算，负责组织管理本部门、本单位的全部会计工作。不具备独立核算条件的事业单位，实行单据报账制度，作为“报销单位”管理。由于事业单位大多为行政单位的下属机构，所以，大多数事业单位为二级会计单位。

第二节 事业单位会计规范体系

事业单位会计规范体系是由若干对事业单位会计核算有影响的相互联系的法规构成的一个整体。我国现行的事业单位会计规范体系参见图1-1。

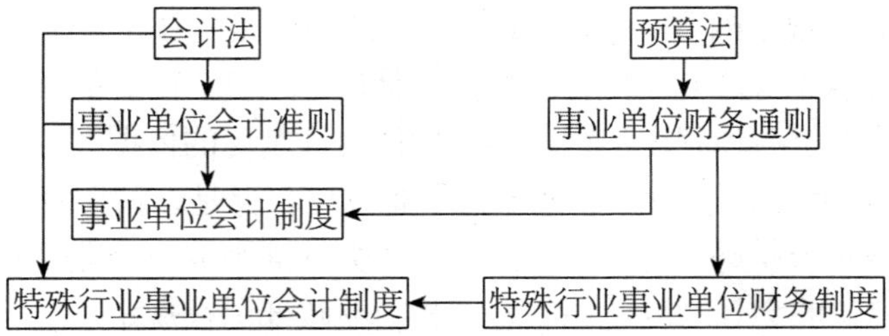

图1-1　事业单位会计规范体系

一、会计法和预算法

现行的《会计法》由第九届全国人民代表大会常务委员会第十二次会议于1999年10月31日修订通过，自2000年7月1日起施行。《会计法》作为规范会计主体会计行为的法律规范，是制定《事业单位会计准则》、《事业单位会计制度》和行业事业单位会计制度的主要依据。现行的《预算法》由第十二届全国人民代表大会常务委员会第十次会议于2014年8月31日修订通过，自2015年1月1日起施行。由于事业单位预算是国家预算的重要组成部分，所以《预算法》成为制定《事业单位财务通则》的主要依据。

二、事业单位财务规则和事业单位会计准则

（一）事业单位财务规则

现行的《事业单位财务规则》（财政部令第68号）是根据《国务院关于〈事业单位财务规则〉的批复》（国函〔1996〕81号）的规定，由财政部对《事业单位财务规则》（财政部令第8号）进行了修订而来，并自2012年4月1日开始实施。该制度主要规范了事业单位资产、负债、净资产、收入和支出的内容和管理方法，统一了事业单位财务报告和财务分析的内容。《事业单位财务通则》是事业单位从事财务活动必须遵循的行为规范，也是制定事业单位会计制度和行业事业单位会计制度和财务制度的主要依据。

《事业单位财务规则》适用于各级各类事业单位的财务活动。但是，参照公务员法管理的事业单位财务制度的适用，由国务院财政部门另行规定；接受国家经常性资助的社会力量举办的公益服务性组织和社会团体，依照本规则执行；其他社会力量举办的公益服务性组织和社会团体，可以参照本规则执行。下列事业单位或者事业单位特定项目，执行企业财务制度，不执行本规则：

（1）纳入企业财务管理体系的事业单位和事业单位附属独立核算的生产经营单位。

（2）事业单位经营的接受外单位要求投资回报的项目。

（3）经主管部门和财政部门批准的具备条件的其他事业单位。

此外，行业特点突出，需要制定行业事业单位财务管理制度的，由国务院财政部门会同有关主管部门根据本规则制定。

（二）事业单位会计准则

现行的《事业单位会计准则》（财政部令第72号）是财政部对《事业单位会计准则（试行）》（财预字〔1997〕286号）进行了修订而来，自2013年1月1日开始实施。该准则主要包括事业单位的会计前提、会计信息质量要求、会计要素确认和计量、财务会

计报告等一般原则性规定内容。《事业单位财务准则》是事业单位会计统一的概念基础和框架，是为规范事业单位会计核算、保证会计信息质量而制定的普遍性原则和总体要求，也是制定事业单位会计制度和行业事业单位会计制度的依据。

《事业单位会计准则》适用于各级各类事业单位。但是，按照规定执行行业会计制度的事业单位和纳入企业财务管理体系执行企业会计准则或小企业会计准则，参照公务员法管理的事业单位的会计制度适用问题，将由财政部另行规定。

三、事业单位会计制度

现行的《事业单位会计制度》是由财政部根据《中华人民共和国会计法》、《事业单位会计准则》和《事业单位财务规则》对《事业单位会计制度》（财预字〔1997〕288号）进行修订而来，自2013年1月1日起施行。该制度是对事业单位会计工作具体实施的规范，主要对事业单位通用的会计科目及其核算内容、通用会计报表的格式及编制方法等内容进行统一和规范。

《事业单位会计制度》适用于各级各类事业单位。但是，按照规定执行行业会计制度的事业单位和纳入企业财务管理体系执行企业会计准则或小企业会计准则的事业单位不执行《事业单位会计制度》；参照公务员法管理的事业单位的会计制度适用问题，由财政部另行规定。

四、行业的事业单位财务制度和会计制度

（一）行业事业单位财务制度

事业单位行业多而复杂，为了突出行业特点，财政部等部门制定了行业事业单位会计制度。截止到2014年底，共颁布了15个行业事业单位财务制度，具体包括：

1.测绘事业单位财务制度

《测绘事业单位财务制度》（财工字〔1997〕第451号），由财政部根据《事业单位财务规则》（财政部令第8号），自1997年7月1日起施行。该制度适用于纳入事业财务管理体系的各级各类国有测绘事业单位，主要对测绘事业单位的单位预算管理，收入管理，支出及成本费用管理、结转及其分配、专用基金管理，资产管理，负债管理，财务清算、财务报告和财务分析等内容进行规范。

2.农业事业单位财务制度

《农业事业单位财务制度》（财农字〔1997〕第197号），由财政部根据《事业单位财务规则》（财政部令第8号）及国家有关规定制定，自1997年1月1日起施行。该制度适用于各类各级国有农业事业单位（包括农业、农垦、畜牧、水产、农机、林业、水利、气象、土地管理等事业单位）的财务活动，主要对农业事业单位的单位预算管理，收入管理，支出管理，成本管理、结转及其分配、专用基金管理，资产管理，负债管理，财务报告和财务分析等内容进行规范。

3.物资储备事业单位财务制度

《物资储备事业单位财务制度》（财工字〔1997〕第494号），由财政部根据《事业单位财务规则》（财政部令第8号）及国家其他有关规定的原则制定，自1998年1月1日

起施行。该制度适用于纳入国家物资储备财务管理体系的各级事业单位，主要对物资储备事业单位的单位预算管理，收入管理，支出管理，专用基金管理，专项资金管理，资产管理，负债管理，财务清算、财务报告和财务分析等内容进行规范。

4.国家地质事业单位财务制度

《国家地质事业单位财务制度》（财基字〔1998〕26号），由财政部根据《事业单位财务规则》（财政部令第8号）及国家有关规定制定。该制度适用于纳入事业财务管理体系的各级各类国有地质事业单位，主要包括各级地质勘查主管机构；从事区域地质调查、区域矿产调查、区域地球物理调查、区域地球化学调查、航空遥感地质调查和区域水文地质调查、区域工程地质调查、区域环境地质调查、水文地质环境地质监测等基础、社会公益性地质工作的事业单位；专门服务于地质工作的事业单位。该制度主要对国家地质事业单位的单位预算管理，收入管理，支出及成本费用管理、结转及其分配、专用基金管理，资产管理，负债管理，财务清算、财务报告和财务分析等内容进行规范。

5. 医院财务制度

《医院财务制度》（财社〔2010〕306号），由财政部和卫生部根据《事业单位财务规则》（财政部令第8号）和国家关于深化医药卫生体制改革相关文件及有关法律法规，结合医院特点制定，自2011年7月1日起施行。该制度适用于各级各类独立核算的公立医院，包括综合医院、中医院、专科医院、门诊部（所）、疗养院等，不包括城市社区卫生服务中心（站）、乡镇卫生院等基层医疗卫生机构。该制度主要对医院的单位预算管理，收入管理，支出管理，成本管理、结转及其分配、专用基金管理，资产管理，负债管理，财务报告和财务分析等内容进行规范。

6. 基层医疗卫生机构财务制度

《基层医疗卫生机构财务制度》（财社〔2010〕307号），由财政部和卫生部根据《事业单位财务规则》（财政部令第8号）和国家关于深化医药卫生体制改革相关文件及有关法律法规，结合基层医疗卫生机构特点制定，自2011年7月1日起施行。该制度适用于政府举办的独立核算的城市社区卫生服务中心（站）、乡镇卫生院等基层医疗卫生机构，主要对单位预算管理，收入管理，支出管理，收支结余管理、资产管理，负债管理，净资产管理，财务清算、财务报告和财务分析等内容进行规范。

7.彩票机构财务管理办法

《彩票机构财务管理办法》（财综〔2012〕89号），由财政部根据《彩票管理条例》（国务院令第554号）、《彩票管理条例实施细则》（财政部 民政部 国家体育总局令第67号）、《事业单位财务规则》（财政部令第68号）的有关规定对《彩票发行与销售机构财务管理办法》（财综〔2001〕84号）进行修订而来，自2013年1月1日起施行。《彩票机构财务管理办法》主要对彩票资金归集与分配、预决算管理、收入管理、支出管理、结转和结余管理、专用基金管理、资产管理、负债管理、财务监督等进行统一和规范。

8. 高等学校财务制度

《高等学校财务制度》（财教〔2012〕488号），由财政部和教育部根据《事业单位财务规则》（财政部令第68号）和国家有关法律制度，结合高等学校特点对《高等学校财务制度》（财文字〔1997〕280号）进行修订而成，自2013年1月1日起施行。该制度适用于各级人民政府举办的全日制普通高等学校、成人高等学校，其他社会组织和个人举办的上述学校可以参照本制度执行。主要对高等学校的财务管理体制、预算管理、收入管理、支出管理、结转和结余管理、专用基金管理、资产管理、负债管理、财务报告和财务分析、财务监督等进行统一和规范。

9. 中小学校财务制度

《中小学校财务制度》（财教〔2012〕489号），由财政部和教育部根据《事业单位财务规则》（财政部令第68号）和国家有关法律制度对《中等学校财务制度》（财文字〔1997〕第281号）进行修订而成，自2013年1月1日起施行。该制度适用于各级人民政府和接受国家经常性资助的社会力量举办的普通中小学校、中等职业学校、特殊教育学校、工读教育学校、成人中学和成人初等学校，其他社会力量举办的上述学校可以参照本制度执行。该制度主要对中小学校的财务管理体制、预算管理、收入管理、支出管理、结转和结余管理、专用基金管理、资产管理、负债管理、财务清算、财务报告和财务分析、财务监督等进行统一和规范。

10. 科学事业单位财务制度

《科学事业单位财务制度》（财教〔2012〕502号），由财政部和科技部根据《事业单位财务规则》（财政部令第68号）和国家有关法律制度对《科学事业单位财务制度》（财预字〔1997〕460号）进行修订而成，自2013年1月1日起施行。该制度适用于各级各类科学事业单位的财务活动，主要对科研事业单位的预算管理、收入管理、支出管理、结转和结余管理、内部成本费用管理、专用基金管理、资产管理、负债管理、财务清算、财务报告和财务分析、财务监督等进行统一和规范。

11. 文化事业单位财务制度

《文化事业单位财务制度》（财教〔2012〕503号），由财政部和文化部根据《事业单位财务规则》（财政部令第68号）和国家有关法律制度，结合文化事业单位的特点对《文化事业单位财务制度》（财文字〔1997〕271号）进行修订而成，自2013年1月1日起施行。该制度适用于各级各类文化事业单位的财务活动，主要对文化事业单位的预算管理、收入管理、支出管理、结转和结余管理、专用基金管理、资产管理、负债管理、财务清算、财务报告和财务分析、财务监督等进行统一和规范。

12. 广播电视事业单位财务制度

《广播电视事业单位财务制度》（财教〔2012〕504号），由财政部和广电总局根据《事业单位财务规则》（财政部令第68号）和国家有关法律制度，结合广播电视事业单位的特点对《广播电视事业单位财务制度》（财文字〔1997〕第553号）进行修订而成，自2013年1月1日起施行。该制度适用于各级各类广播电视事业单位的财务活动，主要对广播电视事业单位的预算管理、收入管理、支出管理、结转和结余管理、专用基金管理、资产管理、负债管理、财务清算、财务报告和财务分析、财务监督等进行统一和规范。

13. 体育事业单位财务制度

《体育事业单位财务制度》（财教〔2012〕505号），由财政部和国家体育总局根据《事业单位财务规则》（财政部令第68号）和国家有关法律制度，结合体育事业单位的特点对《体育事业单位财务制度》（财文字〔1997〕第273号）进行修订而成，自2013年1月1日起施行。该制度适用于各级各类体育事业单位的财务活动，主要对体育事业单位的预算管理、收入管理、支出管理、结转和结余管理、专用基金管理、资产管理、负债管理、财务清算、财务报告和财务分析、财务监督等进行统一和规范。

14. 文物事业单位财务制度

《文物事业单位财务制度》（财教〔2012〕506号），由财政部和国家文物局根据《事业单位财务规则》（财政部令第68号）和国家有关法律制度，结合文物事业单位的特点对《文物事业单位财务制度》（财文字〔1997〕272号）进行修订而成，自2013年1月1日起施行。该制度适用于各级各类文物事业单位的财务活动，主要对文物事业单位的预算管理、收入管理、支出管理、结转和结余管理、专用基金管理、资产管理、负债管理、财务清算、财务报告和财务分析、财务监督等进行统一和规范。

15. 人口和计划生育事业单位财务制度

《人口和计划生育事业单位财务制度》（财教〔2012〕507号），由财政部和人口计生委根据《事业单位财务规则》（财政部令第68号）和国家有关法律制度，结合人口和计划生育事业单位的特点对《计划生育事业单位财务制度》（财文字〔1997〕274号）进行修订而成，自2013年1月1日起施行。该制度适用于各级各类人口和计划生育事业单位的财务活动，主要对人口和计划生育事业单位的预算管理、收入管理、支出管理、结转和结余管理、专用基金管理、资产管理、负债管理、财务清算、财务报告和财务分析、财务监督等进行统一和规范。

（二）行业事业单位会计制度

同样因为事业单位行业多而复杂，为了突出行业特点，财政部还制定了行业事业单位会计制度。截止到2014年底，财政部共颁布了7个行业的会计制度，具体包括：

1. 测绘事业单位会计制度

《测绘事业单位会计制度》（财会字〔1999〕1号），由财政部和国家测绘局根据《事业单位会计准则（试行）》（财预字〔1997〕286号）和国家有关规定，结合测绘事业单位的特点制定，自1999年1月1日开始实施。该制度适用于纳入事业单位财务管理体系的各级各类国有测绘事业单位。该制度规定测绘事业单位会计核算一般采用权责发生制，并实行内部成本费用核算办法，同时对测绘事业单位会计科目及使用说明、内部成本费用核算规程、会计报表的内容及编制方法等内容做出了统一规范。

2. 基层医疗卫生机构会计制度

《基层医疗卫生机构会计制度》(财会〔2010〕26号),由财政部根据《会计法》、《事业单位会计准则(试行)》(财预字〔1997〕286号)及国家有关法律法规的规定制定,自2011年7月1日起执行。该制度适用于由政府举办的独立核算的城市社区卫生服务中心(站)、乡镇卫生院等基层医疗卫生机构,企业事业单位、社会团体及其他社会组织举办的非营利性基层医疗卫生机构参照执行。该制度规定基层医疗卫生机构会计核算一般采用收付实现制,并对基层医疗卫生机构会计科目及使用说明、会计报表种类和格式及编制方法等内容做出了统一规范。

3. 医院会计制度

《医院会计制度》(财会〔2010〕27号),由财政部和根据《会计法》、《事业单位会计准则(试行)》(财预字〔1997〕286号)及国家有关法律法规对《医院会计制度》(财会字〔1998〕58号)进行修订而成,自2011年7月1日起在公立医院改革国家联系试点城市施行,自2012年1月1日起在全国施行。该制度适用于我国各级各类独立核算的公立医院,包括综合医院、中医院、专科医院、门诊部(所)、疗养院等,不包括城市社区卫生服务中心(站)、乡镇卫生院等基层医疗卫生机构。该制度规定医院会计核算采用权责发生制,并对医院会计的会计科目及使用说明、医院对外提供的财务报告内容、会计报表种类和格式、会计报表附注应予披露内容等做出了统一规范。

4. 彩票机构会计制度

《彩票机构会计制度》(财会〔2013〕23号),由财政部根据《会计法》、《事业单位会计准则》(财政部令第72号)和《彩票机构财务管理办法》(财综〔2012〕89号)的规定制定,自2014年1月1日起施行。该制度适用于彩票发行机构和彩票销售机构。该制度规定彩票发行机构和彩票销售机构会计核算一般采用收付实现制,但部分经济业务或者事项的核算采用权责发生制,并对彩票机构的资产、负债、净资产、收入和支出的内容和核算方法、会计科目及其核算内容、会计报表体系及会计报表编制方法等做出了统一规范。

5. 中小学校会计制度

《中小学校会计制度》(财会〔2013〕28号),由财政部根据《会计法》、《事业单位会计准则》(财政部令第72号)和《中小学校财务制度》(财教〔2012〕489号)对《中小学校会计制度(试行)》(财预字〔1998〕104号)进行修订而成,自2014年1月1日起施行。该制度适用于各级人民政府和接受国家经常性资助的社会力量举办的普通中小学校、中等职业学校、特殊教育学校、工读教育学校、成人中学和成人初等学校。该制度规定中小学校会计核算一般采用收付实现制,但部分经济业务或者事项的核算采用权责发生制,并对中小学校的资产、负债、净资产、收入和支出的内容和核算方法、会计科目及其核算内容、会计报表体系及会计报表编制方法等做出了统一规范。

6. 科学事业单位会计制度

《科学事业单位会计制度》(财会〔2013〕29号),由财政部根据《会计法》、《事业单位会计准则》（财政部令第72号）和《科学事业单位财务制度》（财教〔2012〕502号）规定，对《科学事业单位会计制度》（财预字〔1997〕460号）进行修订而成，自2014年1月1日起施行。该制度适用于各级各类科学事业单位。该制度规定科学事业单位会计核算一般采用收付实现制，但部分经济业务或者事项的核算采用权责发生制，并对科学事业单位的资产、负债、净资产、收入和支出的内容和核算方法、会计科目及其核算内容、会计报表体系及会计报表编制方法等做出了统一规范。

7.高等学校会计制度

《高等学校会计制度》（财会〔2013〕30号），由财政部根据《会计法》、《事业单位会计准则》（财政部令第72号）和《高等学校财务制度》（财教〔2012〕488号）对《高等学校会计制度（试行）》（财预字〔1998〕105号）进行修订而成，自2014年1月1日起施行。该制度适用于各级人民政府举办的全日制普通高等学校、成人高等学校。该制度规定高等学校会计核算一般采用收付实现制，但部分经济业务或者事项的核算采用权责发生制，并对高等学校的资产、负债、净资产、收入和支出的内容和核算方法、会计科目及其核算内容、会计报表体系及会计报表编制方法等做出了统一规范。

五、其他相关法规

除了上述法规制度外，事业单位会计机构设置、会计人员配备、会计基础工作、会计档案管理、内部控制等，要按照《会计法》、《会计基础工作规范》、《会计档案管理办法》、《行政事业单位内部控制规范（试行）》等规定执行。开展会计信息化工作的事业单位，还应按照财政部制定的相关会计信息化工作规范执行。

第三节　事业单位会计的基本前提和信息质量特征

一、事业单位会计的基本前提

会计基本前提，又称会计基本假设，是进行会计核算的基本条件。会计基本前提是合理限定会计核算的范围，据以确定会计核算对象、选择会计方法、收集加工处理会计数据，从而保证会计工作的正常进行和会计信息的质量。事业单位会计的基本前提包括会计主体、持续经营、会计分期和货币计量。

（一）会计主体

会计主体是事业单位会计为之服务的特定单位，它限定了事业单位会计核算的空间范围。会计主体是持续经营和会计分期两个前提的基础。只有规定了事业单位会计主体，事业单位会计核算才会有明确的范围，在此基础上会计要素才会有空间的归属，也才能正确反映会计主体的各会计要素的情况和结果，向有关各方面提供正确的会计信息。

事业单位会计主体是各级各类事业单位，由此，事业单位应当对其自身发生的经济业务或者事项进行会计核算。事业单位会计核算应当以事业单位各项业务活动持续正常地进行为前提。

（二）持续经营

持续经营是指在正常情况下，事业单位会计主体的经济业务活动无限期延续下去，在可以预见的未来不会终止。即：事业单位会计核算应当以事业单位会计主体各项业务可持续正常地进行为前提。持续经营规定了事业单位会计核算的时间范围，即会计主体的经济业务活动将无限期继续存在下去。由此，事业单位会计核算应当以事业单位各项业务活动持续正常地进行为前提。

只有在持续经营前提下，事业单位会计主体的经济业务活动才得以进行，会计核算才能使用特有的程序和方法，全面系统地反映会计主体的财务状况和收支状况。即：事业单位会计核算所使用的原则、程序和方法都是建立在持续经营的前提下，只有在这一基础之上，会计人员在日常的会计核算中对经济业务才能做出正确判断，对会计处理方法和会计处理程序才能做出正确选择。

（三）会计分期

会计分期，又称会计期间，是指将事业单位会计主体持续经营的经济业务活动根据信息使用者的需要，人为地划分为一个个连续的、长短相同的期间，以便分期结算账目、编制会计报表，及时向各方面提供有用的会计信息。会计分期是对持续经营前提的必要补充。由此，事业单位应当划分会计期间，分期结算账目和编制财务会计报告。

事业单位的会计期间至少分为年度和月度。会计年度、月度等会计期间的起讫日期采用公历日期。

（四）货币计量

货币计量是对事业单位会计计量尺度的规定，指事业单位会计主体在会计核算过程中以货币作为计量单位，综合反映事业单位会计主体的经济业务活动情况。货币计量是会计的基本特征，只有以货币计量为前提，事业单位会计核算所提供的信息才具有可比性，才能满足信息使用者的需要。以货币计量作为前提，还包含假设币值保持不变，因为只有在币值稳定的前提下，对不同会计期间的会计要素的核算才有意义，才可以前后各期加以比较。

事业单位会计核算应当以人民币作为记账本位币。发生外币业务时，应当将有关外币金额折算为人民币金额计量。

二、事业单位会计的信息质量特征

会计信息质量特征是使会计信息成为有用信息的各种特征。事业单位会计信息质量特征包括真实性、相关性、可比性、及时性、明晰性、全面性和专款专用七项。

（一）真实性

真实性，又称客观性，是指事业单位会计主体的会计核算应当以实际发生的经济业务为依据，如实反映各项会计要素的情况和结果，保证会计信息真实可靠。《事业单位会计准则》规定，事业单位应当以实际发生的经济业务或者事项为依据进行会计核算，如实反映各项会计要素的情况和结果，保证会计信息真实可靠。

真实性要求事业单位会计核算必须以经济业务发生时所取得的合法书面凭证为依

据，不得弄虚作假，伪造、篡改凭证，凭证内容要真实、数字要准确、项目要完整、手续要齐备、资料要可靠。只有这样，才能保证会计信息与会计反映对象的客观事实相一致，才能满足各信息使用者做出正确决策的需要。

（二）相关性

相关性，又称有用性，是指事业单位会计所提供的信息应与信息使用者的经济决策需要相关。《事业单位会计准则》规定，事业单位提供的会计信息应当与事业单位受托责任履行情况的反映、会计信息使用者的管理、决策需要相关，有助于会计信息使用者对事业单位过去、现在或者未来的情况做出评价或者预测。

相关性需要事业单位会计主体在确认、计量和报告会计信息的过程中，充分考虑信息使用者的决策模式和信息需要，从而有助于信息使用者做出正确的决策。

（三）可比性

可比性，是指事业单位会计提供的会计信息应当具有可比性，包括同一事业单位会计主体不同时期以及不同事业单位会计主体发生的相同或者相似的经济业务或者事项应当采用一致的会计政策。《事业单位会计准则》规定，事业单位提供的会计信息应当具有可比性，包括：同一事业单位不同时期发生的相同或者相似的经济业务或者事项，应当采用一致的会计政策，不得随意变更，确需变更的，应当将变更的内容、理由和对单位财务状况及事业成果的影响在附注中予以说明；同类事业单位中不同单位发生的相同或者相似的经济业务或者事项，应当采用统一的会计政策，确保同类单位会计信息口径一致，相互可比。

可比性可保证事业单位会计主体根据国家的统一规定进行核算，使各事业单位会计主体的会计信息建立在相互可比的基础上，以便于会计信息的比较、分析和汇总，从而为信息使用者进行决策和国家进行宏观调控与管理提供必要的依据；同时有利于比较分析同一事业单位会计主体不同会计期间的会计信息，从而对预算执行和财务状况做出正确判断，以提高各方面预测和决策的准确性。

（四）及时性

及时性，是指事业单位会计核算应当及时进行。该原则要求事业单位会计信息应当及时处理，及时提供，不得提前或延后。《事业单位会计准则》规定，事业单位对于已经发生的经济业务或者事项，应当及时进行会计核算，不得提前或者延后。

会计信息具有一定的时效性，所以，在会计核算中，事业单位会计主体应及时收集会计信息、及时处理会计信息、及时传递报告会计信息，从而帮助信息使用者及时做出经济决策，确保会计信息的价值。

（五）明晰性

明晰性，是指事业单位会计记录和会计报表应当清晰明了，便于理解和运用。《事业单位会计准则》规定，事业单位提供的会计信息应当清晰明了，便于会计信息使用者理解和使用。

明晰性要求会计核算各个环节和步骤清晰明了，通俗易懂，以利于会计信息使用者理解会计报表和利用会计信息，同时也有利于审计人员进行审计。

（六）全面性

全面性，是指事业单位会计报表应全面反映经济业务活动情况及结果。《事业单位会计准则》规定，事业单位应当将发生的各项经济业务或者事项统一纳入会计核算，确保会计信息能够全面反映事业单位的财务状况、事业成果、预算执行等情况。

全面性要求会计报表所反映的信息做到内容完整、全面。

（七）专款专用

专款专用，是指凡是有指定用途的资金，必须按规定用途使用。《事业单位财务规则》规定，事业单位从财政部门和主管部门取得的有指定项目和用途的专项资金，应当专款专用、单独核算，并按照规定向财政部门或者主管部门报送专项资金使用情况。为此，《事业单位会计制度》和行业事业单位会计制度均规定，事业单位收入和支出均要按照要求专款专用。比如，财政补助收入和支出分为基本支出与项目支出，非财政补助收入和支出分为专项资金收入和支出与非专项资金收入和支出。

专款专用要求各级各类事业单位从财政部门或上级单位获取的有指定用途的资金，必须按照规定用途使用，不得擅自改变资金用途，挪作他用。

第四节 事业单位会计的对象、要素和会计等式

一、事业单位会计对象

会计对象，又称会计客体，是指会计所核算、反映和监督的内容，具体是指社会再生产过程中能以货币表现的资金运动。

事业单位会计对象是事业单位会计所核算、反映和监督的内容。事业单位会计以货币计量为前提，因此，事业单位会计的对象只能是能以货币表现的各级各类行政事业单位的各项经济业务活动。

事业单位作为国家为了社会公益目的，由国家机关或者其他组织利用国有资产举办的社会服务组织，肩负着事业单位预算执行和完成国家规定的各项事业计划的职责。在单位预算执行中，事业单位按照核定的单位预算和分月（季度）用款计划通过财政直接支付和财政授权支付等方式从同级财政部门获取拨款或者按国家规定取得业务收入，形成其收入。同时，按照预算规定的用途和开支标准，支付基本支出和项目支出以及经营业务支出，形成其支出；收入超过支出的部分形成其结转结余。而事业单位在取得收入和发生支出的过程中，必然形成单位的资产、负债和净资产。因此，事业单位会计的对象是事业单位资金的获取和组织、使用及其结果，表现为事业单位在预算执行中所发生的收入、支出、结余以及由此形成的资产、负债和净资产。

二、事业单位会计要素

事业单位会计要素是事业单位会计对象的构成要素，是对事业单位会计对象的基本分类，是事业单位会计核算内容的具体化，是构筑会计报表的基本组件，也是账户所要

反映和监督内容的高度归并和概括。事业单位会计要素包括资产、负债、净资产、收入、支出或者费用。

（一）资产

1.资产的概念和特征

事业单位资产是事业单位占有或者使用的，能以货币计量的经济资源，包括各种财产、债权和其他权利。事业单位资产具有三个基本特征：

（1）资产必须是一种经济资源，即资产预期能够为事业单位带来服务潜能或经济利益。

（2）资产应当能够可靠地进行货币计量。

（3）资产必须由事业单位占有或者使用。

2.资产的内容

事业单位资产按照其流动性，分为流动资产和非流动资产。

（1）流动资产。流动资产是指预计在一年内（含一年）变现或者耗用的资产，包括货币资金、短期投资、应收及预付款项、存货等。其中，货币资金包括库存现金、银行存款、零余额账户用款额度等；短期投资是指事业单位依法取得的，持有时间不超过一年（含一年）的投资；应收及预付款项是指事业单位在开展业务活动中形成的各项债权，包括财政应返还额度、应收票据、应收账款、其他应收款等应收款项和预付账款；存货是指事业单位在开展业务活动及其他活动中为耗用而储存的资产，包括材料、燃料、包装物和低值易耗品等。

（2）非流动资产。非流动资产是指流动资产以外的资产，包括长期投资、固定资产、在建工程、无形资产等。其中，长期投资是指事业单位依法取得的，持有时间超过一年（不含一年）的各种股权和债权性质的投资；在建工程是指事业单位已经发生必要支出，但尚未完工交付使用的各种建筑（包括新建、改建、扩建、修缮等）和设备安装工程；固定资产是指事业单位持有的使用期限超过一年（不含一年），单位价值在规定标准以上，并在使用过程中基本保持原有物质形态的资产，包括房屋及构筑物、专用设备、通用设备等，单位价值虽未达到规定标准，但是耐用时间超过一年（不含一年）的大批同类物资，应当作为固定资产核算；无形资产是指事业单位持有的没有实物形态的可辨认非货币性资产，包括专利权、商标权、著作权、土地使用权、非专利技术等。

3.资产的确认和计量

（1）资产的确认。事业单位资产的确认，除了需要符合资产定义外，还应同时满足以下两个条件：①与该经济资源有关的服务潜能或经济利益能够流入事业单位；②该经济资源的成本或价值能够可靠地计量。

（2）资产的计量。资产计量包括初始计量和后续计量。

资产的初始计量是指资产初始确认时入账金额的确定。事业单位的资产应当按照取得时的实际成本进行计量，除国家另有规定外，事业单位不得自行调整其账面价值。取得资产的实际成本的计量，应当区分为以下两种方式：一是，以支付对价方式取得的资产，应当按照取得资产时支付的现金或者现金等价物的金额，或者按照取得资产时所付出的非货币性资产的评估价值等金额计量。二是，取得资产时没有支付对价的，其计量金额应当按照有关凭据注明的金额加上相关税费、运输费等确定；没有相关凭据的，其计量金额比照同类或类似资产的市场价格加上相关税费、运输费等确定；没有相关凭据、同类或类似资产的市场价格也无法可靠取得的，所取得的资产应当按照名义金额入账（即人民币1元）。此外，应收及预付款项应当按照实际发生额计量。

资产的后续计量是指经初始计量后在存续期间内的各期末对资产的账面价值重新计价。事业单位可以对固定资产计提折旧、对无形资产进行摊销，但不计提减值准备。所以，事业单位资产的后续计量只包括固定资产折旧和无形资产摊销。事业单位固定资产折旧和无形资产摊销的计提均采用直线法，即将固定资产和无形资产的原价均衡地平均分摊到预计使用年限或摊销期限内，从而使预计使用年限或摊销期限内固定资产和无形资产的账面价值逐年减少，以反映真实的价值。

（二）负债

1. 负债的概念和特征

事业单位负债是指事业单位所承担的能以货币计量，需要以资产或劳务偿付的债务。一般而言，事业单位负债具有五个基本特征：

（1）负债是事业单位所承担的债务。

（2）负债是过去的经济业务或事项形成现时义务，在未来一定时期内需要以资产或劳务偿付。

（3）负债的清偿预期会导致经济利益流出事业单位。

（4）负债能够可靠地进行货币计量或可以合理地预计。

（5）负债有确切的债权人和到期日。

2. 负债的内容

事业单位的负债按照其流动性，分为流动负债和非流动负债。

流动负债是指预计在一年内（含一年）偿还的负债，包括短期借款、应付及预收款项、应付职工薪酬、应缴款项等。其中，短期借款是指事业单位借入的期限在一年内（含一年）的各种借款；应付及预收款项是指事业单位在开展业务活动中发生的各项债务，包括应付票据、应付账款、其他应付款等应付款项和预收账款；应付职工薪酬是指事业单位应付未付的职工工资、津贴补贴等；应缴款项是指事业单位应缴未缴的各种款项，包括应当上缴国库或者财政专户的款项、应缴税费，以及其他按照国家有关规定应当上缴的款项。

非流动负债是指流动负债以外的负债，包括长期借款、长期应付款等。其中，长期借款是指事业单位借入的期限超过一年（不含一年）的各种借款；长期应付款是指事业单位发生的偿还期限超过一年（不含一年）的应付款项，主要指事业单位融资租入固定资产发生的应付租赁款。

3.负债的确认和计量

（1）负债的确认。事业单位负债的确认，除了需要符合负债定义外，还应同时满足以下两个条件：①偿债义务的履行预期会导致服务潜能或经济利益流出事业单位；②偿债金额能够可靠地计量。

（2）负债的计量。事业单位的负债应当按照合同金额或实际发生额进行计量。按照合同金额计量的负债，如应付账款、预收账款、长期应付款等；按照实际发生额进行计量的负债，如应缴款项等。

（三）净资产

1.净资产的概念和特征

事业单位净资产是指事业单位资产减去负债的差额。事业单位净资产具有三个基本特征：

（1）由于事业单位不存在现实的所有者，其净资产不体现企业那样的所有者权益。

（2）收支相抵后的差额——结转结余是事业单位会计净资产的主要构成部分。

（3）事业单位的某些净资产具有限定性，比如专用基金等。

2.净资产的内容

事业单位净资产包括事业基金、非流动资产基金、专用基金、财政补助结转结余、非财政补助结转结余等，各净资产项目应当分项列入资产负债表。

事业基金是指事业单位拥有的非限定用途的净资产，其来源主要为非财政补助结余扣除结余分配后滚存的金额。

非流动资产基金是指事业单位非流动资产（长期投资、固定资产、在建工程、无形资产等）占用的金额。其属于限定用途的净资产，被非流动资产占用。

专用基金是指事业单位按规定提取或者设置的具有专门用途的净资产，主要包括修购基金、职工福利基金等。专用基金属于限定用途的净资产，必须专款专用。

财政补助结转结余是指事业单位各项财政补助收入与其相关支出相抵后剩余滚存的、须按规定管理和使用的结转和结余资金。

非财政补助结转结余是指事业单位除财政补助收支以外的各项收入与各项支出相抵后的余额。其中，非财政补助结转是指事业单位除财政补助收支以外的各专项资金收入与其相关支出相抵后剩余滚存的、须按规定用途使用的结转资金；非财政补助结余是指事业单位除财政补助收支以外的各非专项资金收入与各非专项资金支出相抵后的余额，包括事业结余和经营结余。

3.净资产的确认和计量

事业单位净资产的确认取决于资产和负债的确认；净资产的计量取决于资产和负债的计量结果。

（四）收入

1.收入的概念和特征

事业单位收入是指事业单位为实现其职能开展业务活动，依法取得的非偿还性资金。事业单位收入具有四个基本特征：

（1）收入必须依法取得。

（2）收入必须是非偿还性的，需要偿还的资金来源不能作为收入，而是属于负债的范畴。

（3）取得收入是为了补偿支出，而非为营利。

（4）收入有限定性与非限定性之分，比如财政补助收入中的项目支出补助、除了经营收入以外的非财政补助收入中的专项资金收入等就属于限定性用途的收入。

2.收入的内容

事业单位的收入包括财政补助收入、事业收入、上级补助收入、附属单位上缴收入、经营收入和其他收入等。

财政补助收入是指事业单位从同级财政部门取得的各类财政拨款，包括基本支出补助和项目支出补助。

事业收入是指事业单位开展专业业务活动及其辅助活动取得的收入。其中：按照国家有关规定应当上缴国库或者财政专户的资金，不计入事业收入；从财政专户核拨给事业单位的资金和经核准不上缴国库或者财政专户的资金，计入事业收入。

上级补助收入是指事业单位从主管部门和上级单位取得的非财政补助收入。

附属单位上缴收入是指事业单位附属独立核算单位按照有关规定上缴的收入。

经营收入是指事业单位在专业业务活动及其辅助活动之外开展非独立核算经营活动取得的收入。

其他收入是指财政补助收入、事业收入、上级补助收入、附属单位上缴收入和经营收入以外的各项收入，包括投资收益、利息收入、捐赠收入等。

3.收入的确认和计量

事业单位收入的确认一般采用收付实现制，部分经济业务或事项采用权责发生制。

采用收付实现制确认的收入，一般应当在收到款项时予以确认，并按照实际收到的金额进行计量。

采用权责发生制确认的收入，应当在提供服务或者发出存货，同时收讫价款或者取得索取价款的凭据时予以确认，并按照实际收到的金额或者有关凭据注明的金额进行计量，比如经营收入。

（五）支出或费用

1.支出或费用的概念和特征

事业单位支出或费用是事业单位为实现其职能或开展业务活动所发生的各项资金耗费或损失。事业单位支出或费用具有三个基本特征：

（1）支出或费用是事业单位为实现职能而发生的。

（2）支出或费用是事业单位的资金耗费或损失。

（3）支出有限定性支出和非限定性支出之分，比如财政补助收入中的项目支出、事业收入和上级补助收入中的专项资金支出等就属于限定性支出。

2. 支出的内容

事业单位支出或费用包括事业支出、经营支出、对附属单位补助支出、上缴上级支出和其他支出。

事业支出是指事业单位开展专业业务活动及其辅助活动发生的基本支出和项目支出。

对附属单位补助支出是指事业单位用财政补助收入之外的收入对附属单位补助发生的支出。

上缴上级支出是指事业单位按照财政部门和主管部门的规定上缴上级单位的支出。

经营支出是指事业单位在专业业务活动及其辅助活动之外开展非独立核算经营活动发生的支出。

其他支出是指事业支出、对附属单位补助支出、上缴上级支出和经营支出以外的各项支出，包括利息支出、捐赠支出等。

3. 支出或费用的确认和计量

事业单位支出或费用确认一般采用收付实现制，部分经济业务或事项采用权责发生制。

采用收付实现制确认的支出，一般应当在实际支付时予以确认，并按照实际支付金额进行计量。

采用权责发生制确认的支出或者费用，应当在其发生时予以确认，并按照实际发生额进行计量。

事业单位是设置“支出”要素还是设置“费用”要素取决于事业单位会计制度中规定的会计确认基础。目前除了医院会计和测绘事业单位会计因为实行权责发生制其会计要素应当以“费用”替代“支出”外，其他事业单位均设置“支出”要素。

上述各事业单位会计要素中，资产、负债、净资产属于静态要素，构筑资产负债表；收入和支出属于动态要素，构筑收入支出表。各会计要素之间相互联系、不可分割。动态要素是静态要素形成的动因，而静态要素是动态要素变动的结果。收入的实现会引起资产的增加或负债的减少；支出的发生会引起资产的减少或负债的增加。

三、事业单位会计的会计等式

会计等式，也称会计平衡公式，是对各会计要素的内在经济关系利用数学公式所做的概括表达，是反映各会计要素数量关系的等式。会计等式贯穿于事业单位会计核算的全过程，是设置账户、进行复式记账、试算平衡和编制会计报表的理论依据。事业单位会计的资产、负债、净资产、收入和支出五大会计要素分为两组，组成了两个会计等式。

（一）资产、负债和净资产的基本关系

净资产是资产减去负债后的差额，或者表达为资产必然等于负债加净资产。这说明事业单位所拥有的资产与负债和净资产实际上是同一资金的两个不同方面，即：有一定数额的资产，就有一定数额的负债和净资产；反之，有一定数额的负债和净资产，就有

一定数额的资产。资产与负债和净资产的这种相互依存的关系，决定了在数量上资产总额与负债和净资产的总额必定相等。即：

资产=负债+净资产

此等式表明，事业单位的资产由负债和净资产所组成。其中，负债是资产的一个来源。资产与负债还是同增同减的关系，如果负债不变，则资产与净资产也同增同减。

（二）收入和支出的基本关系

事业单位为实现其职能、开展业务活动，必然会依法取得一定数额的收入，也必然发生一定数额的支出，收支相抵后的差额为结余。由此决定了事业单位的收入和支出的差额必然与其结转和结余数额相等。即：

收入－支出=结转和结余

此等式表明，收入与支出存在着对应关系，但绝不是企业会计中的收入与费用的配比关系。结转和结余是事业单位净资产的一个组成部分，虽然决定着净资产的变化，但它并不是一个独立的会计要素，不同于企业会计中的利润。

上述会计等式中，“资产=负债＋净资产”是事业单位编制资产负债表的平衡公式，左方为资产，右方为负债和净资产。无论哪个平衡公式，左方合计数与右方合计数均相等。

第二章

事业单位会计制度：通用与行业比较

本章将事业单位会计制度与行业事业单位会计制度所包括的主要内容进行对比，以分析它们在会计要素和核算基础、会计科目以及财务报表中存在的异同。但是，由于测绘事业单位会计制度目前尚未根据新施行的《事业单位会计准则》进行修订，所以比较内容将不涉及该制度。

第一节 会计要素和会计科目比较

一、会计基础和会计要素比较

按照现行的会计制度，事业单位和行业事业单位的会计基础和会计要素比较参见表2-1。

（一）会计基础比较

表2-1表明，除了医院会计核算采用权责发生制、基层医疗机构会计核算采用收付实现制外，事业单位会计和其他行业事业单位会计的核算均一般采用收付实现制，部分经济业务或事项采用权责发生制（比如经营收入和支出、国库集中支付年终结余资金等）。

收付实现制，又称现金制或现收现付制，它是以款项的实际收付为标准来确认本期收入和费用的一种记账基础。即：凡是在本期收到的收入和支付的费用，不论其是否属于本期，都应作为本期的收入和费用处理；反之，凡是本期未收到的收入和未支付的费用，即使应归属本期，也不作为本期的收入和费用处理。

权责发生制，又称应计制或应收应付制，即：凡是本期已经实现的收入和已经发生或应当负担的费用，不论款项是否收付，都应当作为本期的收入和费用；凡是不属于本期的收入和费用，即使款项已在本期收付，也不应当作为本期的收入和费用。权责发生制主要是从时间上规定会计确认的基础，其核心是根据权责关系的实际发生时间来确认收入和费用。

表2-1　　事业单位和行业事业单位的会计确认基础、会计要素比较

项　目	会计确认基础	会计要素
事业单位会计	一般采用收付实现制 部分经济业务或事项采用权责发生制	资产、负债、净资产、收入、支出
高等学校会计	一般采用收付实现制 部分经济业务或事项采用权责发生制	资产、负债、净资产、收入、支出
中小学校会计	一般采用收付实现制 部分经济业务或事项采用权责发生制	资产、负债、净资产、收入、支出
科研事业单位会计	一般采用收付实现制 部分经济业务或事项采用权责发生制	资产、负债、净资产、收入、支出
彩票机构会计	一般采用收付实现制 部分经济业务或事项采用权责发生制	资产、负债、净资产、收入、支出
医院会计	采用权责发生制	资产、负债、净资产、收入、费用
基层医疗机构会计	采用收付实现制	资产、负债、净资产、收入、支出

（二）会计要素比较

表2-1表明，除了医院会计因为采用权责发生制其会计要素包括资产、负债、净资产、收入和费用外，事业单位会计和其他行业事业单位会计因为采用基本相同的会计基础，其会计要素均包括资产、负债、净资产、收入和支出。

二、会计科目比较

（一）会计科目

会计科目是会计要素的具体内容和项目，是复式记账、填制记账凭证、编制会计报表的基础。事业单位会计科目按其经济内容，可分为资产类科目、负债类科目、净资产类科目、收入类科目、支出或费用类科目；按核算层次，预算会计科目可分为总账科目和明细账科目。

1.资产类会计科目比较

按照现行的会计制度，事业单位会计和行业事业单位会计的资产类科目比较参见表2-2。表2-2表明，虽然不同行业事业单位资产类会计科目不尽相同，但绝大多数和事业单位会计的资产类科目相同。有差异的科目也体现出行业事业单位会计与事业单位会计资产核算方面的差异：

（1）中小学校和基层医疗机构的固定资产不计提折旧、无形资产不计提摊销。

（2）彩票机构会计因少了“财政应返还额度”科目，说明其无财政预算拨款。

（3）医院会计因为采用权责发生制，多了“坏账准备”、“待摊费用”和“长期待摊费用”等科目。

（4）基层医疗机构因为不可进行对外投资，所以设置了“短期投资”和“长期投

资”科目。

表2-2　　　　资产类科目：事业单位会计与行业事业单位会计比较

事业单位会计（17个）	高等学校会计（17个）	科研事业单位会计（18个）	中小学校会计（13个）	彩票机构会计（17个）	医院会计（23个）	基层医疗机构会计（12个）
库存现金	库存现金	库存现金	库存现金	库存现金	库存现金	库存现金
银行存款	银行存款	银行存款	银行存款	银行存款	银行存款	银行存款
零余额账户用款额度	零余额账户用款额度	零余额账户用款额度	零余额账户用款额度	零余额账户用款额度	零余额账户用款额度	零余额账户用款额度
					其他货币资金	其他货币资金
短期投资	短期投资	短期投资	短期投资$^{\Delta}$	短期投资	短期投资	
财政应返还额度	财政应返还额度	财政应返还额度	财政应返还额度		财政应返还额度	财政应返还额度
应收票据	应收票据	应收票据		应收票据	应收在院病人医疗款	
应收账款	应收账款	应收账款	应收账款	应收账款	应收医疗款	应收医疗款
预付账款	预付账款	预付账款		预付账款	预付账款	其他应收款
其他应收款	其他应收款	其他应收款	其他应收款	其他应收款	其他应收款	
					坏账准备	
存货	存货	库存材料	存货	库存材料	库存物资	库存物资
		科技产品		库存彩票	在加工物资	
					待摊费用	待摊支出
长期投资	长期投资	长期投资	长期投资$^{\Delta}$	长期投资	长期投资	
固定资产	固定资产	固定资产	固定资产	固定资产	固定资产	固定资产
累计折旧	累计折旧	累计折旧		累计折旧	累计折旧	在建工程
在建工程	在建工程	在建工程	在建工程	在建工程	在建工程	无形资产
					固定资产清理	
无形资产	无形资产	无形资产	无形资产	无形资产	无形资产	
累计摊销	累计摊销	累计摊销		累计摊销	累计摊销	
					长期待摊费用	
待处置资产损溢	待处置资产损溢	待处置资产损溢	待处置资产损溢	待处置资产损溢	待处理财产损溢	

说明：带有“Δ”上标的会计科目为中小学校非义务教育阶段使用的会计科目，义务教育阶段不得使用。兼有义务教育阶段和非义务教育阶段的中小学校可以设置标有“Δ”的会计科目，但仅适用于本校非义务教育阶段的有关业务（下同）。

2.负债类会计科目比较

按照现行的会计制度，事业单位会计和行业事业单位会计的负债类科目比较参见表2-3。表2-3表明，虽然不同行业事业单位负债类会计科目不尽相同，但绝大多数和事业单位会计的负债类科目相同。有差异的科目也体现出行业事业单位会计与事业单位会计负债核算方面的差异：

（1）高等学校和中小学校会发生代管款项，需要设置“代管款项”科目。

（2）彩票机构多了与彩票销售相关的“应付返奖奖金”、“应付代销费”和“彩票销售结算”三个科目。

（3）医院和基层医疗机构将按照规定应缴入国库和财政专户的款项通过“应缴款项”一个科目核算，而非通过“应缴国库款”和“应缴财政专户款”两个科目核算；应付给职工的各种工资、福利费和社会保障费分别通过不同的科目核算，而非通过“应付职工薪酬”一个科目核算。

表2-3　**负债类科目：事业单位会计与行业事业单位会计比较**

事业单位会计（11个）	高等学校会计（12个）	科研事业单位会计（11个）	中小学校会计（10个）	彩票机构会计（14个）	医院会计（13个）	基层医疗机构会计（9个）
短期借款	短期借款	短期借款	短期借款△	短期借款	短期借款	借入款
应缴税费	应缴税费	应缴税费	应缴税费	应缴税费	应交税费	应交税费
应缴国库款	应缴国库款	应缴国库款	应缴国库款	应缴国库款	应缴款项	应缴款项
应缴财政专户款	应缴财政专户款	应缴财政专户款	应缴财政专户款	应缴财政专户款		
应付职工薪酬	应付职工薪酬	应付职工薪酬	应付职工薪酬	应付职工薪酬	应付职工薪酬	应付职工薪酬
					应付福利费	应付社会保障费
					应付社会保障费	
应付票据	应付票据	应付票据		应付票据	应付票据	待结算医疗款
应付账款	应付账款	应付账款	应付账款	应付账款	应付账款	应付账款
预收账款	预收账款	预收账款		预收账款	预收医疗款	预收医疗款
其他应付款	其他应付款	其他应付款	其他应付款	其他应付款	其他应付款	其他应付款
				应付返奖奖金	预提费用	
				应付代销费		
				彩票销售结算		
长期借款	长期借款	长期借款	长期借款△	长期借款	长期借款	
长期应付款	长期应付款	长期应付款	长期应付款	长期应付款	长期应付款	
	代管款项		代管款项			

3.净资产类会计科目比较

按照现行的会计制度，事业单位会计和行业事业单位会计的净资产类科目比较参见表2-4。表2-4表明，虽然不同行业事业单位净资产类会计科目不尽相同，但绝大多数和事业单位会计的净资产类科目相同，从总体上看均包括各项基金和结转结余。主要差异在于：

（1）专用基金包括的内容差异比较大，行业特征比较明显。

（2）医院和基层医疗机构以“待冲基金”和“固定基金”科目替代“非流动资产基金”科目，可能是因为医院会计和基层医疗机构会计不是根据《事业单位会计准则》（财政部令第72号）制定。

表2-4　　净资产类科目：事业单位会计与行业事业单位会计比较

事业单位会计（9个）	高等学校会计（9个）	科研事业单位会计（9个）	中小学校会计（9个）	彩票机构会计（10个）	医院会计（7个）	基层医疗机构会计（7个）
事业基金	事业基金	事业基金	事业基金	事业基金	事业基金	事业基金
				库存彩票基金		
非流动资产基金	非流动资产基金	非流动资产基金	非流动资产基金	非流动资产基金	待冲基金	固定基金
长期投资	长期投资	长期投资	长期投资△	长期投资	待冲财政基金	
固定资产	固定资产	固定资产	固定资产	固定资产	待冲科教项目基金	固定资产占用
在建工程	在建工程	在建工程	在建工程	在建工程		在建工程占用
无形资产	无形资产	无形资产	无形资产	无形资产		无形资产占用
专用基金	专用基金	专用基金	专用基金	专用基金	专用基金	专用基金
修购基金	职工福利基金	科技成果转化基金	修购基金△	职工福利基金	医疗风险基金	医疗风险基金
职工福利基金	学生奖助基金	职工福利基金	职工福利基金	彩票兑奖周转金	职工福利基金	职工福利基金
其他专用基金		其他专用基金	奖助学基金	彩票发行销售风险基金		奖励基金
			其他专用基金	其他专用基金		其他专用基金
财政补助结转	财政补助结转	财政补助结转	财政补助结转	财政专户核拨资金结转	财政补助结转（余）	财政补助结转（余）
基本支出结转	基本支出结转	基本支出结转	基本支出结转	基本支出结转	基本支出结转	财政基本补助结转
项目支出结转	项目支出结转	项目支出结转	项目支出结转	项目支出结转	项目支出结转	财政项目补助结转（余）
财政补助结余	财政补助结余	财政补助结余	财政补助结余	财政专户核拨资金结余	科教项目结转（余）	其他限定用途结转（余）
非财政补助结转	非财政补助结转	非财政补助结转	非财政补助结转	非财政专户核拨资金结转		
事业结余	事业结余	事业结余	事业结余	待分配事业结余		
经营结余	经营结余	经营结余	经营结余△	经营结余	本期结余	本期结余
非财政补助结余分配	非财政补助结余分配	非财政补助结余分配	非财政补助结余分配	非财政专户核拨资金结余分配	结余分配	结余分配

4.收入类会计科目比较

按照现行的会计制度，事业单位会计和行业事业单位会计的收入类科目比较参见表2-5。

表2-5表明，虽然不同行业事业单位收入类会计科目不尽相同，但绝大多数和事业单位会计的收入类科目相同。主要差异在于：

表2-5　　**收入类科目：事业单位会计与行业事业单位会计比较**

事业单位会计（6个）	高等学校会计（7个）	科研事业单位会计（7个）	中小学校会计（7个）	彩票机构会计（5个）	医院会计（4个）	基层医疗机构会计（4个）
财政补助收入	财政补助收入	财政补助收入	公共财政预算拨款		财政补助收入	财政补助收入
			政府性基金预算拨款			
事业收入	教育事业收入	科研收入	事业收入	事业收入	医疗收入	医疗收入
	科研事业收入	非科研收入			科教项目收入	
上级补助收入	上级补助收入	上级补助收入	上级补助收入	上级补助收入		上级补助收入
附属单位上缴收入	附属单位上缴收入	附属单位上缴收入	附属单位上缴收入	附属单位上缴收入		
经营收入	经营收入	经营收入	经营收入$^{\Delta}$	经营收入		
其他收入	其他收入	其他收入	其他收入	其他收入	其他收入	其他收入

（1）因行业特点不同，专业活动性质不同，所以因开展专业活动取得的收入的核算科目也不同，比如高等学校通过“教育事业收入”和“科研事业收入”两个科目核算，科研事业单位通过“科研收入”和“非科研收入”两个科目核算，医院和基层医疗机构则通过“医疗收入”科目予以核算。

（2）中小学校将来自同级财政部门的财政经费拨款分别通过“公共财政预算拨款”和“政府性基金预算拨款”两个科目核算，而非“财政补助收入”一个科目。

（3）彩票机构会计因无同级财政部门的财政经费拨款而缺少“财政补助收入”科目。

（4）医院和基层医疗机构无附属单位上缴收入和经营收入，医院还无上级补助收入。

5. 支出类会计科目比较

按照现行的会计制度，事业单位会计和行业事业单位会计的支出类科目比较参见表2-6。

表2-6表明，事业单位会计和行业事业单位会计的支出类科目差异不大，主要差异表现在：

（1）因开展专业活动发生的支出即事业支出，高等学校会计按照专业活动的性质不同分别通过“教育事业支出”、“科研事业支出”、“行政管理支出”、“后勤保障支出”和“离退休支出”五个科目核算，科研事业单位会计按照专业活动的性质不同分别通过“科研支出”、“非科研支出”、“支撑业务支出”、“行政管理支出”、“后勤保障支出”和“离退休支出”六个科目核算，而医院会计因采用权责发生制则分别通过“医疗业务成本”、“财政项目补助支出”、“科教项目支出”和“管理费用”四个科目核算，基层医疗机构因采用收付实现制则分别通过“医疗卫生支出”和“财政基建设备补助支出”两个科目核算。

（2）彩票机构会计、医院会计和基层医疗机构会计不设置“上缴上级支出”科目。

（3）医院会计和基层医疗机构会计不设置“对附属单位补助支出”和“经营支出”科目。

表2-6　　支出类科目：事业单位会计与行业事业单位会计比较

事业单位会计（5个）	高等学校会计（9个）	科研事业单位会计（10个）	中小学校会计（5个）	彩票机构会计（4个）	医院会计（5个）	基层医疗机构会计（3个）
事业支出	教育事业支出	科研支出	事业支出	事业支出	医疗业务成本	医疗卫生支出
	科研事业支出	非科研支出			财政项目补助支出	财政基建设备补助支出
		支撑业务支出			科教项目支出	
	行政管理支出	行政管理支出			管理费用	
	后勤保障支出	后勤保障支出				
	离退休支出	离退休支出				
上缴上级支出	上缴上级支出	上缴上级支出	上缴上级支出			
对附属单位补助支出	对附属单位补助支出	对附属单位补助支出	对附属单位补助支出△	对附属单位补助支出		
经营支出	经营支出	经营支出	经营支出△	经营支出		
其他支出	其他支出	其他支出	其他支出	其他支出	其他支出	其他支出

（二）会计使用要求比较

按照现行的事业单位会计制度和行业事业单位会计制度规定，所有事业单位应当按照下列规定运用会计科目：

（1）应当按照所执行的会计制度的规定设置和使用会计科目。在不影响账务处理和编报财务报表的前提下，可以根据实际情况自行增设本制度规定以外的明细科目、减少或合并本制度规定的明细科目。

（2）所执行的会计制度统一规定会计科目的编号，以便于填制会计凭证、登记账簿、查阅账目，实行会计信息化管理，事业单位不得打乱重编。

（3）事业单位在填制会计凭证、登记会计账簿时，应当填列会计科目的名称，或者同时填列会计科目的名称和编号，不得只填列会计科目编号不填列会计科目名称。

第二节　财务报表构成比较

一、财务报表构成比较

财务报表是事业单位根据经过审核的会计账簿记录和有关资料编制的，反映其财务状况和预算执行结果的书面文件，一般由会计报表和附注构成。

按照现行的会计制度，事业单位会计和行业事业单位会计的财务报表构成比较参见

表2–7。

表2–7　　**财务报表构成：事业单位与行业事业单位比较**

项　目	编　号	财务报表名称	编制期
事业单位会计	会事业01表	资产负债表	月度、年度
	会事业02表	收入支出表	月度、年度
	会事业03表	财政补助收入支出表	年度
		附注	年度
高等学校会计	会高校01表	资产负债表	月度、年度
	会高校02表	收入支出表	月度、年度
	会高校03表	财政补助收入支出表	年度
		附注	年度
中小学校会计	会中小学校01表	资产负债表	月度、年度
	会中小学校02表	收入支出表	月度、年度
	会中小学校03表	财政补助收入支出表	年度
		附注	年度
科研事业单位会计	会科01表	资产负债表	月度、年度
	会科02表	收入支出表	月度、年度
	会科03表	财政补助收入支出表	年度
		附注	年度
彩票机构会计	会彩01表	资产负债表	月度、年度
	会彩01表附表01	返奖奖金变动明细表	年度
	会彩01表附表02	彩票资金分配明细表	年度
	会彩02表	收入支出表	月度、年度
	会彩03表	财政专户核拨资金收入支出表	年度
		附注	年度
医院会计	会医01表	资产负债表	月度、季度、年度
	会医02表	收入费用总表	月度、季度、年度
	会医02表附表01	医疗收入费用明细表	月度、季度、年度
	会医03表	现金流量表	年度
	会医04表	财政补助收支情况表	年度
基层医疗机构会计	会基医01表	资产负债表	月度、季度、年度
	会基医02表	收入支出总表	月度、季度、年度
	会基医02表附表01	业务收支明细表	月度、季度、年度
	会基医02表附表02	财政补助收支明细表	月度、季度、年度
	会基医03表	净资产变动表	年度

表2–7表明，事业单位会计和行业事业单位会计的财务报表，无论在报表构成、主要会计报表内容以及财务报表编制期方面都基本相同。具体表现为：

（1）从财务报表构成看，财务报表都包括会计报表和附注。

（2）从主要会计报表看，会计报表至少包括资产负债表、收入支出或费用表和财政补助收入支出或财政专户核拨资金收入支出表，财政专户核拨资金收入支出表只有无财政经费拨款的彩票机构编制；彩票机构的资产负债表要求编制两张明细表：返奖奖金变动明细表和彩票资金分配明细表。

（3）只有医院编制现金流量表、基层医疗机构编制净资产变动表。

（4）从编制期看，除了医院和基层医疗机构有季度报表外，事业单位和其他行业事业单位财务报表编制期相同，包括月度报表和年度报表。

二、会计报表附注比较

按照现行的会计制度，事业单位和行业事业单位的会计报表附注至少应当披露的内容基本相同，主要包括：

（1）遵循《事业单位会计准则》、所依据会计制度（比如《事业单位会计制度》、《高等学校会计制度》等）的声明。

（2）单位整体财务状况、业务活动情况的说明。

（3）会计报表中列示的重要项目的进一步说明，包括其主要构成、增减变动情况等。

（4）重要资产处置情况的说明。

（5）重大投资、借款活动的说明。

（6）以名义金额计量的资产名称、数量等情况，以及以名义金额计量理由的说明。

（7）以前年度结转结余调整情况的说明。

（8）有助于理解和分析会计报表需要说明的其他事项。

第二篇

事业单位会计

本篇根据《事业单位财务规则》、《事业单位会计准则》和《事业单位会计制度》，主要阐述事业单位收入、支出、资产、负债和净资产的核算，以及事业单位会计报表的编制。

第三章

事业单位收入和支出的核算

事业单位收入是事业单位开展业务活动及其他活动依法取得的非偿还性资金；事业单位支出是事业单位为开展业务活动及其他活动发生的资金耗费和损失。本章主要阐述事业单位的收入和支出的账务处理方法。

第一节 事业单位收入

事业单位收入是事业单位开展业务活动及其他活动依法取得的非偿还性资金，包括财政补助收入、上级补助收入、事业收入、经营收入、附属单位上缴收入和其他收入。收入类会计科目及其核算内容参见表3-1。

表3-1 **收入类会计科目**

科目编号	会计科目名称	核算内容
4001	财政补助收入	核算事业单位从同级财政部门取得的各类财政拨款,包括基本支出补助和项目支出补助
4101	事业收入	核算事业单位开展专业业务活动及辅助活动所取得的收入
4201	上级补助收入	核算事业单位从主管部门和上级单位取得的非财政补助收入
4301	附属单位上缴收入	核算事业单位附属独立核算单位按照有关规定上缴的收入
4401	经营收入	核算事业单位在专业业务活动及其辅助活动之外开展非独立核算经营活动取得的收入
4501	其他收入	核算事业单位除财政补助收入、事业收入、上级补助收入、附属单位上缴收入、经营收入以外的各项收入,包括投资收益、银行存款利息收入、租金收入、捐赠收入、现金盘盈收入、存货盘盈收入、收回已核销应收及预付款项、无法偿付的应付及预收款项等

一、财政补助收入

（一）财政补助收入的含义和分类

财政补助收入是事业单位从同级财政部门取得的各类财政拨款。

按照部门预算管理要求，财政补助收入分为基本支出补助和项目支出补助。基本支出补助是事业单位为了保障其正常运转、完成日常工作任务而从同级财政部门取得的补助款项，包括人员经费和日常公用经费。项目支出补助是事业单位为了完成特定工作任务和事业发展目标，在基本支出补助之外从同级财政部门取得的补助款项。事业单位从财政部门取得的项目支出补助必须专款专用、单独核算、专项结报。

（二）财政补助收入的获取方式

财政补助收入的获取方式，是财政拨款的支付方式。按照国库集中支付制度的要求，实行国库支付的事业单位通过财政直接支付方式和财政授权支付方式获取财政补助收入；尚未实行国库集中支付的事业单位，通过财政实拨资金方式获取财政补助收入。

国库集中收付制度，也称国库单一账户制度，是对财政资金实行集中收缴和支付的制度，其核心是通过建立国库单一账户体系，将所有财政收入通过国库单一账户体系直接缴入国库或财政专户，将所有财政支出通过国库单一账户体系由国库支付给商品或劳务供应者或用款单位的财政资金管理制度。国库集中收付管理制度改革始于2001年，截止到2012年底，中央166个部门及所属的1.5万多个基层预算单位，全国36个省（自治区、直辖市、计划单列市）、51万多个地方预算单位实行了国库集中支付制度改革，资金支付范围涵盖公共财政预算、政府性基金和国有资本经营预算。目前县以上各级预算单位基本实施了国库集中支付制度改革，一些地方还将改革延伸到乡镇。财政部发布的《关于乡镇国库集中支付制度改革的指导意见》（财库〔2014〕177号）规定，具备条件的乡镇应在2015年底前实施国库集中支付制度改革，将所有财政资金纳入国库单一账户体系管理，规范财政资金支付行为，促进财政资金运行安全、高效、透明；暂不具备条件的乡镇应积极创造条件，尽快实施改革。

国库集中支付包括财政直接支付方式和财政授权支付方式。

1.财政直接支付方式

财政直接支付是由财政部门开具支付令，通过国库单一账户体系，直接将财政资金支付到收款人（即商品和劳务供应者）或用款单位账户的支付方式。在财政直接支付方式下，预算单位按批准的预算指标和用款计划向财政部门提出财政直接支付申请；财政部门在对预算单位提出的财政直接支付申请审核无误后，向代理银行签发财政直接支付指令，通过设在代理银行的财政部门零余额账户，将财政资金直接支付到最终收款人或用款单位账户；代理银行根据已办理支付的资金，在营业日终了前的规定时间内，向财政部门在人民银行的国库部门提出清算申请；人民银行国库部门审核无误后，将资金划往代理银行账户。

2.财政授权支付方式

财政授权支付是指预算单位根据财政部门的授权，自行开具支付指令，通过国库单一账户体系将财政资金支付到最终收款人或用款单位的支付方式。在财政授权支付方式下，预算单位先按批准的预算指标和用款计划，向财政部门申请财政授权支付用款额度；财政部门批准后，按月将财政授权支付额度下达给人民银行和代理银行；预算单位收到代理银行转来的“财政授权支付额度到账通知书”后，在财政授权支付额度内自行开具支付指令，通过设在代理银行的预算单位零余额账户，将财政资金支付到最终收款人或用款单位；代理银行根据已办理支付的资金，在营业日终了前的规定时间内，向财政部门在人民银行的国库部门提出清算申请；人民银行国库部门审核无误后，将资金划往代理银行账户。

3.财政实拨资金方式

财政实拨资金是指由财政部门将财政资金拨付到预算单位的基本存款账户，预算单位直接从银行存款基本户中使用财政资金的方式。这种支付方式适用于未实行国库集中支付的事业单位。

（三）财政补助收入的确认和计量

财政补助收入的确认和计量与财政资金支付方式有关，一般采用收付实现制，年终结余事项采用权责发生制。

（1）在财政直接支付下，事业单位应在收到财政零余额账户代理银行转来的“财政直接支付入账通知书”时，根据通知书列明的财政资金制度金额，确认财政补助收入及其金额。

（2）在财政授权支付下，事业单位应在收到单位零余额账户代理银行转来的“财政授权支付额度到账通知书”时，根据通知书列明的额度确认财政补助收入及其金额。

（3）在财政实拨资金方式下，事业单位应在收到开户银行转来的收款通知书时，根据收款通知书列明的额度确认财政补助收入及其金额。

（4）对于年终结余形成的财政补助收入，事业单位应根据对账确认的本年度财政直接支付预算指标数与当年财政直接支付实际支出数的差额、本年度财政授权支付预算指标数与当年零余额账户用款额度下达数的差额予以确认。

（四）财政补助收入的核算

为了核算从同级财政部门取得的各类财政拨款，事业单位应设置“财政补助收入”科目。本科目应当设置“基本支出”和“项目支出”两个明细科目；两个明细科目下按照《政府收支分类科目》中“支出功能分类”的相关科目进行明细核算，同时在“基本支出”明细科目下按照“人员经费”和“日常公用经费”进行明细核算，在“项目支出”明细科目下按照具体项目进行明细核算。本科目平时贷方余额，反映财政补助收入本期累计数。期末结账后，本科目无余额。

（1）财政直接支付方式下的财政补助收入。在财政直接支付方式下，事业单位根据财政国库支付执行机构委托代理银行转来的“财政直接支付入账通知书”及原始凭证，按照通知书中的直接支付入账金额，借记“事业支出”、“存货”等科目，贷记本科目；年度终了，根据本年度财政直接支付预算指标数与当年财政直接支付实际支出数的差额，借记“财政应返还额度——财政直接支付”科目，贷记本科目。购货退回等发生国库直接支付款项退回的，属于以前年度支付的款项，按照退回金额，借记“财政应返还额度”科目，贷记“财政补助结转”、“财政补助结余”、“存货”等有关科目；属于本年度支付的款项，按照退回金额，借记本科目，贷记“事业支出”、“存货”等有关科目。

【例3-1】某事业单位收到“财政直接支付入账通知书”及原始凭证，列明采购技术设备支出100 000元。该设备直接投入使用。该事业单位的账务处理如下：

借：事业支出	100 000	
贷：财政补助收入——基本支出		100 000

同时，

借：固定资产	100 000	
贷：非流动资产基金——固定资产		100 000

【例3-2】年度终了，某事业单位通过对账确认本年度财政直接支付预算指标数为2 000 000元，当年财政直接支付实际支出数为1 800 000元，本年度财政直接支付预算指标数与当年财政直接支付实际支出数的差额为200 000元，该差额全部为日常公用经费。该事业单位的账务处理如下：

借：财政应返还额度	200 000	
贷：财政补助收入——基本支出		200 000

【例3-3】某事业单位使用财政直接支付方式采购的存货因质量问题予以退回，共计50 000元，其中属于上年度支付的款项30 000元，属于本年度支付的款项20 000元。该事业单位的账务处理如下：

借：财政应返还额度	30 000	
财政补助收入——基本支出	20 000	
贷：存货		50 000

（2）财政授权支付方式下的财政补助收入。在财政授权支付方式下，事业单位根据代理银行转来的“财政授权支付额度到账通知书”，按照通知书中的授权支付额度，借记“零余额账户用款额度”科目，贷记本科目。年度终了，事业单位本年度财政授权支付预算指标数大于零余额账户用款额度下达数的，根据未下达的用款额度，借记“财政应返还额度——财政授权支付”科目，贷记本科目。

【例3-4】某事业单位收到“财政授权支付额度到账通知书”，列明本月财政授权支付额度为500 000元，其中基本支出200 000元、项目支出300 000元。该事业单位的账务处理如下：

借：零余额账户用款额度	500 000	
贷：财政补助收入——基本支出		200 000
——项目支出		300 000

【例3-5】年度终了，某事业单位通过对账确认本年度财政授权支付预算指标数为3 000 000元，当年零余额账户用款额度下达数为2 900 000元，本年度零余额账户用款

额度未下达数为100 000元。该差额全部为办公设备购置经费。该事业单位的账务处理如下：

借：财政应返还额度　　100 000
　贷：财政补助收入——基本支出　　100 000

（3）财政实拨资金方式下的财政补助收入。在财政实拨资金方式下，实际收到财政补助收入时，按照实际收到的金额，借记“银行存款”等科目，贷记本科目。

【例3-6】某事业单位通过财政实拨资金方式收到财政部门拨来的经费500 000元，其中基本支出200 000元、项目支出300 000元。该事业单位的账务处理如下：

借：银行存款　　500 000
　贷：财政补助收入——基本支出　　200 000
　　　　　　　　　——项目支出　　300 000

（4）期末结账。期末（月末和年末，下同），事业单位将本科目本期发生额转入财政补助结转时，借记本科目，贷记“财政补助结转”科目。

【例3-7】期末，某事业单位“财政补助收入”科目贷方余额600 000元，有关明细科目贷方余额为：基本支出500 000元、项目支出100 000元。期末结账时，该事业单位的账务处理如下：

借：财政补助收入——基本支出　　500 000
　　　　　　　　——项目支出　　100 000
　贷：财政补助结转　　600 000

二、上级补助收入

（一）上级补助收入的含义和分类

上级补助收入是事业单位从主管部门和上级单位取得的非财政补助收入。上级补助收入是主管部门或上级单位用自身组织的收入或集中下级单位的收入拨给事业单位的资金，是上级单位用于调剂附属单位资金收支余缺的机动财力。

按照使用要求不同，上级补助收入分为专项资金收入和非专项资金收入。专项资金收入是事业单位为了完成特定工作任务而从主管部门和上级单位取得的非财政补助款项。专项资金收入必须专款专用、单独核算、专项结报。事业单位从主管部门和上级单位取得的专项资金收入，应当按照要求定期向主管部门和上级单位报送资金使用情况；项目完成后，应当报送资金支出决算和使用效果的书面报告，接受主管部门和上级单位的检查、验收。非专项资金收入是事业单位为了保障其正常运转、完成日常工作任务而从主管部门和上级单位取得的非财政补助款项，其无限定性用途。

（二）上级补助收入的确认和计量

上级补助收入的确认采用收付实现制，一般应当在收到款项时予以确认，并按照实际收到的金额计量。

（三）上级补助收入的核算

为了核算收到上级单位拨入的非财政补助收入，事业单位应设置“上级补助收入”

科目。本科目应当按照发放补助单位、补助项目、《政府收支分类科目》中“支出功能分类”相关科目等进行明细核算。上级补助收入中如有专项资金收入，还应按具体项目进行明细核算。本科目平时贷方余额，反映上级补助收入本期累计数。期末结账后，本科目无余额。

（1）收到上级补助收入。事业单位收到上级补助收入时，按照实际收到金额，借记“银行存款”等科目，贷记本科目。

（2）期末结账。期末，将本科目本期发生额中的专项资金收入结转入非财政补助结转，借记本科目下各专项资金收入明细科目，贷记“非财政补助结转”科目；将本科目本期发生额中的非专项资金收入结转入事业结余，借记本科目下各非专项资金收入明细科目，贷记“事业结余”科目。

【例3-8】某事业单位收到上级单位拨入的非财政资金补助款500 000元，其中安排用于A科研项目研究的补助款250 000元，安排用于弥补事业经费不足的补助款250 000元。该事业单位的账务处理如下：

借：银行存款	500 000	
贷：上级补助收入——A科研项目		250 000
——事业经费		250 000

【例3-9】期末，某事业单位“上级补助收入”科目贷方余额500 000元，有关明细贷方余额为：“A科研项目的专项资金收入”250 000元，“弥补事业经费不足的非专项资金收入”250 000元。期末结账时，该事业单位的账务处理如下：

借：上级补助收入——A科研项目	250 000	
——事业经费	250 000	
贷：非财政补助结转		250 000
事业结余		250 000

三、事业收入

（一）事业收入的含义和分类

1.事业收入的含义

事业收入是事业单位开展专业业务活动及辅助活动所取得的收入。其中：按照国家有关规定应当上缴国库或者财政专户的资金，不计入事业收入；从财政专户核拨给事业单位的资金和经核准不上缴国库或者财政专户的资金，计入事业收入。所谓专业活动，是事业单位根据本单位专业特点所从事或开展的主要业务活动，如文化事业单位的演出活动、教育事业单位的教学活动、科学事业单位的科研活动等。辅助活动是与专业业务活动相关、直接为专业业务服务的单位行政管理活动、后勤服务活动以及其他有关活动。

2.事业收入的分类

按照管理方式分类，事业收入分为财政专户返还的事业收入和其他事业收入。财政专户返还的事业收入，是采用财政专户返还方式管理的事业收入。按照国家有关规定，事业单位按规定收取的教育收费（包括高中以上学费、住宿费，高校委托培养费，教育考试考务费，函大、电大、夜大及短训班培训费，中央党校收取的函授学院办学收费、研究生收费、短期培训进修费等）作为其事业收入纳入财政专户管理。在这种管理方式下，事业单位收到教育收费时按照规定缴存财政专户；支出时由财政部门根据预算、教育收费上缴财政专户情况和用款申请，按照财政国库管理制度有关规定从财政专户中核拨。其他事业收入，是不采用财政专户返还方式管理的事业收入，是事业单位开展自身专业活动及辅助活动向社会提供服务时，按国家规定标准向服务对象收取的除了应缴国库款和应缴财政专户款以外的费用。

按照使用要求不同，事业收入分为专项资金收入和非专项资金收入。专项资金收入是事业单位安排用于完成特定工作任务的事业收入。该部分事业收入的使用必须坚持专款专用、单独核算、专项结报的原则。非专项资金收入是事业单位用于保障其正常运转、完成日常工作任务的事业收入，其无限定性用途。

（二）事业收入的确认和计量

事业收入的确认采用收付实现制。其中，财政专户返还的事业收入，事业单位在收到从财政专户返还的款项时予以确认，并按照实际收到的金额计量。其他事业收入在收到款项时予以确认，并按照实际收到的金额计量。

（三）事业收入的核算

为了核算开展专业活动及辅助活动所取得的收入，事业单位应设置“事业收入”科目。本科目应当按照事业收入类别、项目、《政府收支分类科目》中“支出功能分类”相关科目等进行明细核算。事业收入中如有专项资金收入，还应按具体项目进行明细核算。本科目平时贷方余额，反映事业收入本期累计数。期末结账后，本科目无余额。

（1）采用财政专户返还方式管理的事业收入。事业单位收到应上缴财政专户的事业收入时，按照收到的款项金额，借记“银行存款”、“库存现金”等科目，贷记“应缴财政专户款”科目；向财政专户上缴款项时，按照实际上缴的款项金额，借记“应缴财政专户款”科目，贷记“银行存款”等科目；收到从财政专户返还的事业收入时，按照实际收到的返还金额，借记“银行存款”等科目，贷记本科目。

（2）其他事业收入。事业单位收到事业收入时，按照收到的款项金额，借记“银行存款”、“库存现金”等科目，贷记本科目。涉及增值税业务的，相关账务处理参照“经营收入”科目。

（3）期末结账。期末，将本科目本期发生额中的专项资金收入结转入非财政补助结转，借记本科目下各专项资金收入明细科目，贷记“非财政补助结转”科目；将本科目本期发生额中的非专项资金收入结转入事业结余，借记本科目下各非专项资金收入明细科目，贷记“事业结余”科目。

【例3-10】某事业单位开展专业活动取得技术服务收入50 000元、学术活动收入30 000元，均已存入银行。其中技术服务收入采用财政专户返还方式管理。该事业单位账务处理如下：

借：银行存款　　80 000

　贷：应缴财政专户款　　50 000

　　事业收入——学术活动收入　　30 000

【例3-11】上例中的事业单位将技术服务收入上缴财政专户，该事业单位账务处理如下：

借：应缴财政专户款　　50 000

　贷：银行存款　　50 000

当该单位收到从财政专户返还的技术服务收入50 000元时，

借：银行存款　　50 000

　贷：事业收入——技术服务收入　　50 000

【例3-12】期末，某事业单位“事业收入”科目贷方余额500 000元，有关明细科目贷方余额为：“技术服务收入”300 000元、“学术活动收入”200 000元。假设无专项资金收入，期末结账时，该事业单位的账务处理如下：

借：事业收入——技术服务收入　　300 000

　　　　——学术活动收入　　200 000

　贷：事业结余　　500 000

四、经营收入

（一）经营收入的含义

事业单位经营收入是事业单位在专业业务活动及辅助活动之外开展非独立核算经营活动取得的收入。事业单位的经营收入通常同时具备两个特征：一是开展经营活动取得的收入；二是从开展非独立核算的经营活动中取得的收入。事业单位的经营收入一般包括非独立核算部门因销售商品、向社会提供经营服务等取得的收入。

经营收入属于事业单位的非财政非专项资金收入。

（二）经营收入的确认和计量

经营收入的确认采用权责发生制，事业单位应当在提供服务或者发出存货，同时收讫价款或者取得索取价款的凭据时予以确认，按照实际收到或应收到的金额计量。

（三）经营收入的核算

为了核算在专业业务活动及辅助活动之外开展非独立核算经营活动取得的收入，事业单位应设置“经营收入”科目。本科目应当按照经营活动类别、项目、《政府收支分类科目》中“支出功能分类”相关科目等进行明细核算。本科目平时贷方余额，反映经营收入本期累计数。期末结账后，本科目无余额。

（1）经营收入的实现。事业单位实现经营收入时，按照确定的收入金额，借记“银行存款”、“应收账款”、“应收票据”等科目，贷记本科目。属于增值税小规模纳税人的事业单位实现经营收入，按实际出售价款，借记“银行存款”、“应收账款”、“应收票据”等科目，按出售价款扣除增值税额后的金额，贷记本科目，按应缴增值税金额，贷记“应缴税费——应缴增值税”科目；属于增值税一般纳税人的事业单位实现经营收入，按包含增值税的价款总额，借记“银行存款”、“应收账款”、“应收票据”等科目，按扣除增值税销项税额后的价款金额，贷记本科目，按增值税专用发票上注明的增值税金额，贷记“应缴税费——应缴增值税（销项税额）”科目。

（2）期末结账。期末，将本科目本期发生额转入经营结余，借记本科目，贷记“经营结余”科目。

【例3-13】某事业单位属于小规模纳税人，其非独立核算部门销售产品取得收入5 150元（含税），款项已存入银行。增值税征收率为3%。该事业单位的账务处理如下：

借：银行存款	5 150	
贷：经营收入——销售收入		5 000
应缴税费		150

【例3-14】某事业单位属于一般纳税人，其非独立核算部门销售产品取得收入5 000元（不含税），货款尚未收到。增值税税率为17%。该事业单位的账务处理如下：

借：应收账款	5 850	
贷：经营收入——销售收入		5 000
应缴税费		850

【例3-15】期末，某事业单位“经营收入”科目贷方余额10 000元，有关明细科目贷方余额为：“销售收入”10 000元。期末结账时，该事业单位的账务处理如下：

借：经营收入——销售收入	10 000	
贷：经营结余		10 000

需要指出的是，从概念上看，事业收入和经营收入是可以区分的，区分的主要标准是看取得收入的业务活动性质。而实务中，绝大部分也是能够划分清楚的，但少数事业收入和经营收入的性质和内容相互交叉，难以准确划分清楚，此时由主管部门和财政部门根据实际情况予以认定。

五、附属单位上缴收入

（一）附属单位上缴收入的含义和分类

（1）附属单位上缴收入的含义。附属单位上缴收入是事业单位附属独立核算单位按照有关规定上缴的收入。所谓附属单位，一般是指与该事业单位间除资金联系之外，还存在其他联系的具有独立法人资格的单位，包括事业单位和企业。按照《事业单位财务规则》的规定，非财政补助收入大于支出较多的事业单位，可以实行收入上缴办法；具体办法由财政部门会同有关主管部门制定。因此，对于上级单位而言，附属单位上缴的收入即为附属单位上缴收入，而对于附属单位而言即为上缴上级支出。但是，附属单位归还由事业单位垫付的费用，如水电费、房租等，不属于附属单位的缴款范围。

（2）附属单位上缴收入的分类。按照使用要求不同，附属单位上缴收入分为专项资金收入和非专项资金收入。专项资金收入是附属单位上缴的用于完成特定工作任务的款项。该部分款项的使用必须专款专用、单独核算、专项结报。非专项资金收入是附属单位上缴的用于保障其正常运转、完成日常工作任务的款项，其无限定性用途。

（二）附属单位上缴收入的确认和计量

附属单位上缴收入的确认采用收付实现制，一般应当在收到款项时予以确认，并按照实际收到的金额计量。

（三）附属单位上缴收入的核算

为核算收到附属单位按有关规定上缴的收入，事业单位应设置“附属单位上缴收入”科目。本科目应当按照附属单位、缴款项目、《政府收支分类科目》中“支出功能分类”相关科目等进行明细核算。附属单位上缴收入中如有专项资金收入，还应按具体项目进行明细核算。本科目平时贷方余额，反映附属单位上缴收入本期累计数。期末结账后，本科目应无余额。

（1）收到附属单位上缴收入。事业单位收到附属单位缴来款项时，按照实际收到金额，借记“银行存款”等科目，贷记本科目。

（2）期末结账。期末，将本科目本期发生额中的专项资金收入结转入非财政补助结转，借记本科目下各专项资金收入明细科目，贷记“非财政补助结转”科目；将本科目本期发生额中的非专项资金收入结转入事业结余，借记本科目下各非专项资金收入明细科目，贷记“事业结余”科目。

【例3-16】某事业单位收到附属A单位上缴的收入50 000元。该事业单位的账务处理如下：

借：银行存款	50 000	
贷：附属单位上缴收入——A单位		50 000

【例3-17】期末，某事业单位“附属单位上缴收入”科目贷方余额100 000元，上缴单位为A单位。其中专项资金收入50 000元，非专项资金收入50 000元。期末结账时，该事业单位的账务处理如下：

借：附属单位上缴收入——A单位	100 000	
贷：非财政补助结转		50 000
事业结余		50 000

六、其他收入

（一）其他收入的含义和分类

事业单位其他收入是事业单位除财政补助收入、事业收入、上级补助收入、附属单位上缴收入、经营收入以外的各项收入，包括投资收益、银行存款利息收入、租金收入、捐赠收入、现金盘盈收入、存货盘盈收入、收回已核销应收及预付款项、无法偿付的应付及预收款项等。

按照使用要求不同，其他收入分为专项资金收入和非专项资金收入。专项资金收入是事业单位用于完成特定工作任务的其他收入。该部分其他收入的使用必须专款专用、单独核算、专项结报。非专项资金收入是事业单位用于保障其正常运转、完成日常工作任务的其他收入，其无限定性用途。

（二）其他收入的确认和计量

其他收入的确认采用收付实现制，一般应当在收到款项时予以确认，并按照实际收到的金额计量。

（三）其他收入的核算

为了核算其他收入，事业单位应设置“其他收入”科目。本科目应当按照其他收入的类别、《政府收支分类科目》中“支出功能分类”相关科目等进行明细核算。对于事业单位对外投资实现的投资净损益，应单设“投资收益”明细科目进行核算；其他收入中如有专项资金收入（如限定用途的捐赠收入），还应按具体项目进行明细核算。本科目平时贷方余额，反映其他收入本期累计数。期末结账后，本科目应无余额。

（1）投资收益。事业单位对外投资持有期间收到利息、利润等时，按实际收到的金额，借记“银行存款”等科目，贷记本科目（投资收益）；出售或到期收回国债投资本息，按照实际收到的金额，借记“银行存款”等科目，按照出售或收回国债投资的成本，贷记“短期投资”、“长期投资”科目，按其差额，贷记或借记本科目（投资收益）。

【例3-18】某事业单位收到从被投资单位分回的利润20 000元，款项已存入银行。该事业单位的账务处理如下：

借：银行存款	20 000	
贷：其他收入——投资收益		20 000

【例3-19】某事业单位去年购买的一年期国债到期，兑付本金50 000元，利息2 000元，款项已存入银行。该事业单位的账务处理如下：

借：银行存款	52 000	
贷：短期投资		50 000
其他收入——投资收益		2 000

（2）银行存款利息、租金收入。事业单位收到银行存款利息、资产承租人支付的租金时，按照实际收到的金额，借记“银行存款”等科目，贷记本科目。

【例3-20】某事业单位收到固定资产租金收入50 000元，款项已存入银行。该事业单位的账务处理如下：

借：银行存款	50 000	
贷：其他收入——固定资产出租收入		50 000

（3）捐赠收入。事业单位接受捐赠现金资产时，按照实际收到的金额，借记“银行存款”等科目，贷记本科目；接受捐赠的存货验收入库，按照确定的成本，借记“存货”科目，按照发生的相关税费、运输费等，贷记“银行存款”等科目，按照其差额，贷记本科目；接受捐赠固定资产、无形资产等非流动资产，不通过本科目核算。

【例3-21】某事业单位收到某企业捐赠的专门用于项目研究的现金资产200 000元，款项已存入银行；没有限定用途各种用具10件，价值99 500元，以现金支付运输费500元，用具已验收入库。该事业单位的账务处理如下：

借：银行存款	200 000	

贷：其他收入——捐赠收入　200 000

借：存货　100 000

贷：库存现金　500

其他收入——捐赠收入　99 500

（4）现金盘盈收入。事业单位每日现金账款核对中如发现现金溢余，属于无法查明原因的部分，借记“库存现金”科目，贷记本科目。

【例3-22】某事业单位月末盘点现金，发现现金溢余50元，无法查明该现金的归属。该事业单位的账务处理如下：

借：库存现金　50

贷：其他收入——现金盘盈收入　50

（5）存货盘盈收入。事业单位盘盈的存货，按照确定的入账价值，借记“存货”科目，贷记本科目。

【例3-23】某事业单位年末盘点存货，发现甲材料溢余20千克，每千克500元尚未入账。该事业单位的账务处理如下：

借：存货　10 000

贷：其他收入——存货盘盈收入　10 000

（6）收回的已核销应收及预付款项。事业单位已核销应收账款、预付账款、其他应收款在以后期间收回的款项，按照实际收回的金额，借记“银行存款”等科目，贷记本科目。

【例3-24】某事业单位通过银行收回已核销应收账款5 000元。该事业单位的账务处理如下：

借：银行存款　5 000

贷：其他收入——收回已核销应收账款　5 000

（7）无法偿付的应付及预收款项。事业单位对于无法偿付或债权人豁免偿还的应付账款、预收账款、其他应付款及长期应付款，借记“应付账款”、“预收账款”、“其他应付款”、“长期应付款”等科目，贷记本科目。

【例3-25】某事业单位得到债权人豁免偿还应付账款5 000元。该事业单位的账务处理如下：

借：应付账款　5 000

贷：其他收入——债权人豁免偿还应付账款　5 000

（8）期末结账。期末，事业单位将本科目本期发生额中的专项资金收入结转入非财政补助结转时，借记本科目下各专项资金收入明细科目，贷记“非财政补助结转”科目；将本科目本期发生额中的非专项资金收入结转入事业结余，借记本科目下各非专项资金收入明细科目，贷记“事业结余”科目。

【例3-26】期末，某事业单位“其他收入”科目贷方余额819 500元，有关明细科目贷方余额：“投资收益”20 000元、“捐赠收入”299 500元（其中具有限定用途的

200 000元）、“固定资产出租收入”500 000元。期末结账时，该事业单位的账务处理如下：

借：其他收入——投资收益　　20 000
　　　　　　——捐赠收入　　299 500
　　　　　　——固定资产出租收入　　500 000
　贷：事业结余　　619 500
　　　非财政补助结转　　200 000

第二节　事业单位支出

事业单位支出是事业单位为开展业务活动和其他活动所发生的各项资金耗费和损失，包括事业支出、经营支出、对附属单位补助支出、上缴上级支出和其他支出。支出类会计科目及其核算内容参见表3-2。

表3-2　**支出类会计科目**

科目编号	会计科目名称	核算内容
5001	事业支出	核算事业单位开展专业业务活动及其辅助活动发生的基本支出和项目支出
5101	上缴上级支出	核算事业单位按照财政部门和主管部门的规定上缴上级单位的支出
5201	对附属单位补助支出	核算事业单位用财政补助收入之外的收入对附属单位补助发生的支出
5301	经营支出	核算事业单位在专业业务活动及其辅助活动之外开展非独立核算经营活动发生的支出
5401	其他支出	核算事业单位除事业支出、上缴上级支出、对附属单位补助支出、经营支出以外的各项支出,包括利息支出、捐赠支出、现金盘亏损失、资产处置损失、接受捐赠(调入)非流动资产发生的税费支出等

一、事业支出

事业支出是事业单位开展专业业务活动及其辅助活动发生的支出，是事业单位对包括财政补助收入、上级补助收入、事业收入、经营收入和其他收入等各种收入来源综合安排使用的结果，是事业单位支出的主要内容，也是考核事业单位预算执行的重要依据。

（一）事业支出的分类

事业支出按照不同的分类方法，可以分为不同类型。

1.按经济用途分类

按经济用途，事业支出分为工资福利支出、商品和服务支出、对个人和家庭的补助、对企事业单位的补贴、债务利息支出、基本建设支出和其他资本性支出。事业支出按经济用途分类的直接依据是《政府收支分类科目》中的“支出经济分类科目”。《政府收支分类科目》中的“支出经济分类科目”分为“类”、“款”两级科目。按照《2015年政府收支分类科目》中的“支出经济分类科目”，事业单位的事业支出主要分为以下七类：

（1）工资福利支出。反映事业单位开支的在职职工和编制外长期聘用人员的各类劳动报酬，以及为上述人员缴纳的各项社会保险费。其“款”级科目包括：基本工资、津贴补贴、奖金、社会保障缴费、伙食费、伙食补助费、绩效工资和其他工资福利支出等。

（2）商品和服务支出。反映事业单位购买商品和服务的支出（不包括用于购置固定资产的支出、战略性和应急性储备支出）。其“款”级科目包括：办公费、印刷费、咨询费、手续费、水费、电费、邮电费、取暖费、物业管理费、差旅费、因公出国（境）费、维修（护）费、租赁费、会议费、培训费、公务招待费、专用材料费、被装购置费、专用燃料费、劳务费、委托业务费、工会经费、福利费、公用车运行维护费、其他交通费、税金及附加费用和其他商品和服务支出等。

（3）对个人和家庭的补助。反映政府用于事业单位对个人和家庭的补助支出。其“款”级科目包括：离休费、退休费、退职（役）费、抚恤金、生活补助、救济费、医疗费、助学金、奖励金、生产补贴、住房公积金、提租补贴、购房补贴和其他对个人和家庭的补助支出等。

（4）对企事业单位的补贴。反映政府对各类事业单位的补贴。

（5）债务利息支出。反映事业单位的债务利息支出。

（6）基本建设支出。反映各级发展和改革部门集中安排的用于购置固定资产、战略性和应急性储备、土地和无形资产，以及购建基础设施、进行大型修缮所发生的支出。其“款”级科目主要包括：房屋建筑物购建、办公设备购置、专用设备购置、基础设施建设、大型修缮、信息网络及软件购置更新、物资储备、公务用车购置、其他交通工具购置和其他基本建设支出等。

（7）其他资本性支出。反映非各级发展与改革部门集中安排的用于购置固定资产、战略性和应急性储备、土地和无形资产，以及购建基础设施、进行大型修缮等所发生的支出。其“款”级科目主要包括：房屋建筑物购建、办公设备购置、专用设备购置、基础设施建设、大型修缮、信息网络及软件购置更新、物资储备、土地补偿、安置补助、地上附着物和青苗补偿、拆迁补偿、公务用车购置、其他交通工具购置和其他资本性支出等。

2.按部门预算管理要求分类

按部门预算管理要求，事业支出可分为基本支出和项目支出。

（1）基本支出，是指事业单位为了保障其正常运转、完成日常工作任务而发生的人员支出和公用支出。其中：人员支出是指为了满足专业活动的需要用于个人方面的开支，如基本工资、津贴补贴及奖金、社会保障缴费、离休费、退休费、助学金、医疗费、住房补贴等。人员支出在支出经济分类科目中体现为“工资福利支出”与“对个人和家庭的补助”两个部分。公用支出是指为了完成事业活动，用于公共服务方面的开支，包括办公费、印刷费、咨询费、水电费、邮电费、取暖费、物业管理费、差旅费、维修（护）费、租赁费等。公用支出在支出经济分类科目中体现为“商品和服务支出”、“其他资本性支出”等科目中属于基本支出的内容。

（2）项目支出，是指事业单位为了完成特定工作任务和事业发展目标，在基本支出之外所发生的支出，包括基本建设、有关事业发展专项计划、专项业务、大型修缮、大型购置、大型会议等项目支出。项目支出在支出经济分类科目中体现为“基本建设支出”、“商品和服务支出”和“其他资本性支出”等科目中属于项目支出的内容。项目支出具有专项性、独立性和完整性的特点。其中，专项性是指项目支出具有特定目标，为了完成特定工作任务，目标不同项目不同；独立性是指每个项目支出都有其支出的明确范围，各项目之间的支出不能交叉，项目支出与基本支出之间也不能交叉；完整性是指项目支出完整体现为完成特定目标或任务所开支的全部支出内容。

3.按资金类型分类

按资金类型，事业支出可分为财政补助支出、非财政专项资金支出和其他资金支出。

（1）财政补助支出，是事业单位使用财政补助收入安排的事业支出。

（2）非财政专项资金支出，是事业单位使用非财政补助收入安排的有指定项目和用途的专项资金支出。该支出应当专款专用、单独核算，并按照规定向财政部门或者主管部门报送专项资金使用情况；项目完成后，应当报送专项资金支出决算和使用效果的书面报告，接受财政部门或者主管部门的检查、验收。

（3）其他资金支出，是事业单位使用除了财政补助收入和非财政专项资金以外的资金安排的事业支出。该支出为事业支出中的非财政非专项资金支出。

综合起来看，事业单位的事业支出一般先按不同资金类型分为财政补助支出、非财政专项资金支出和其他资金支出；再按部门预算管理要求分为基本支出和项目支出；基本支出和项目支出下按《政府收支分类科目》中“支出功能分类科目”的末级科目分类后再按《政府收支分类科目》中“支出经济分类科目”的末级科目进行分类。

（二）事业支出的确认和计量

事业支出的确认采用收付实现制，一般应当在实际支付时予以确认，并按照实际支付金额进行计量。

（三）事业支出的核算

为了核算开展专业业务活动及其辅助活动发生的基本支出和项目支出，事业单位应设置“事业支出”科目。本科目应当按照“基本支出”和“项目支出”，“财政补助支出”、“非财政专项资金支出”和“其他资金支出”等层级进行明细核算，并按照《政府收支分类科目》中“支出功能分类”相关科目进行明细核算；“基本支出”和“项目支出”明细科目下应当按照《政府收支分类科目》中“支出经济分类”的款级科目进行明细核算；同时在“项目支出”明细科目下按照具体项目进行明细核算。本科目平时借方余额，反映事业支出本期累计数。期末结账后，本科目应无余额。

1.日常事业支出业务

事业单位日常支出业务主要包括计提职工薪酬、开展专业业务活动及其辅助活动领用存货以及发生的其他各项支出。

（1）为从事专业业务活动及其辅助活动人员计提的薪酬等，借记本科目，贷记“应付职工薪酬”等科目。

（2）开展专业业务活动及其辅助活动领用的存货，按领用存货的实际成本，借记本科目，贷记“存货”科目。

（3）开展专业业务活动及其辅助活动中发生的其他各项支出，借记本科目，贷记“库存现金”、“银行存款”、“零余额账户用款额度”、“财政补助收入”等科目。

【例3-27】某事业单位计提本月从事专业业务活动及其辅助活动人员的薪酬100 000元。该事业单位的账务处理如下：

借：事业支出——财政补助支出——基本支出　　100 000

　贷：应付职工薪酬　　100 000

【例3-28】某事业单位通过单位零余额账户支付大型修缮费500 000元。该事业单位的账务处理如下：

借：事业支出——财政补助支出——项目支出　　500 000

　贷：零余额账户用款额度　　500 000

【例3-29】某事业单位为完成科研项目领用专用材料，实际成本25 000元。该材料使用上级单位以非财政补助资金拨入的科研项目经费购入。该事业单位的账务处理如下：

借：事业支出——非财政专项资金支出——项目支出　　25 000

　贷：存货　　25 000

【例3-30】某事业单位购买办公用品一批，价值50 000元，以银行存款付讫。

借：事业支出——其他资金支出——基本支出　　50 000

　贷：银行存款　　50 000

2.期末结账

期末，应将本科目（财政补助支出）本期发生额结转入“财政补助结转”科目，借记“财政补助结转——基本支出结转、项目支出结转”科目，贷记本科目（财政补助支出——基本支出、项目支出）或本科目（基本支出——财政补助支出、项目支出——财政补助支出）；将本科目（非财政专项资金支出）本期发生额结转入“非财政补助结转”科目，借记“非财政补助结转”科目，贷记本科目（非财政专项资金支出）或本科目（项目支出——非财政专项资金支出）；将本科目（其他资金支出）本期发生额结转入“事业结余”科目，借记“事业结余”科目，贷记本科目（其他资金支出）或本科目（基本支出——其他资金支出、项目支出——其他资金支出）。

【例3-31】期末，某事业单位“事业支出”科目借方余额675 000元，有关明细科目借方余额为：“财政补助支出———基本支出” 100 000元、“财政补助支出———项目支出” 500 000元、“非财政专项资金支出——项目支出”25 000元、“其他资金支出——基本支出”50 000元。期末结账时，该事业单位的账务处理如下：

借：财政补助结转　　600 000
　　非财政补助结转　　25 000
　　事业结余　　50 000
　贷：事业支出——财政补助支出——基本支出　　100 000
　　　　　　——财政补助支出——项目支出　　500 000
　　　　　　——非财政专项资金支出——项目支出　　25 000
　　　　　　——其他资金支出——基本支出　　50 000

二、经营支出

（一）经营支出的含义

事业单位经营支出是指事业单位在专业业务活动及其辅助活动之外开展非独立核算经营活动发生的支出。事业单位开展非独立核算经营活动的，应当正确归集开展经营活动发生的各项费用数；无法直接归集的，应当按照规定的标准或比例合理分摊。事业单位的经营支出与经营收入应当配比。

经营支出属于事业单位的非财政非专项资金支出。

（二）经营支出的确认和计量

经营支出的确认采用权责发生制，应当在其发生时予以确认，并按照实际发生额进行计量。

（三）经营支出的核算

为了核算在专业业务活动及辅助活动之外开展非独立核算经营活动发生的支出，事业单位应设置“经营支出”科目。本科目应当按照经营活动类别、项目、《政府收支分类科目》中“支出功能分类”相关科目等进行明细核算。本科目平时借方余额，反映经营支出本期累计数。期末结账后，本科目应无余额。

1. 日常经营支出业务

事业单位为在专业业务活动及其辅助活动之外开展非独立核算经营活动人员计提的薪酬等，借记本科目，贷记“应付职工薪酬”等科目；在专业业务活动及其辅助活动之外开展非独立核算经营活动领用、发出的存货，按领用、发出存货的实际成本，借记本科目，贷记“存货”科目；在专业业务活动及其辅助活动之外开展非独立核算经营活动中发生的其他各项支出，借记本科目，贷记“库存现金”、“银行存款”、“应缴税费”等科目。

【例3-32】某事业单位非独立核算部门计提当月从事经营活动职工工资20 000元。该事业单位的账务处理如下：

借：经营支出——工资　　20 000

贷：应付职工薪酬　20 000

【例3-33】某事业单位非独立核算部门为生产产品领用材料，实际成本5 000元。该事业单位的账务处理如下：

借：经营支出——存货　5 000

贷：存货　5 000

【例3-34】某事业单位为增值税小规模纳税人，其非独立核算部门购入不需要安装的经营活动用设备，价值5 000元，以银行存款付讫。该事业单位的账务处理如下：

借：经营支出——设备购置　5 000

贷：银行存款　5 000

借：固定资产　5 000

贷：非流动资产基金——固定资产　5 000

2. 期末结账

期末，将本科目本期发生额转入经营结余，借记“经营结余”科目，贷记本科目。

【例3-35】期末，某事业单位“经营支出”科目借方余额50 000元。期末结账时，该事业单位的账务处理如下：

借：经营结余　50 000

贷：经营支出　50 000

三、上缴上级支出

（一）上缴上级支出的含义

上缴上级支出是事业单位按照财政部门和主管部门的规定上缴上级单位的支出。本单位的上缴上级支出和上级单位的附属单位上缴收入相对应。

上缴上级支出属于事业单位的非财政非专项资金支出。

（二）上缴上级支出的确认和计量

上缴上级支出的确认采用收付实现制，一般应当在实际支付时予以确认，并按照实际支付金额进行计量。

（三）上缴上级支出的核算

为了核算按照财政部门和主管部门的规定上缴上级单位的支出，事业单位应设置“上缴上级支出”科目。本科目应当按照收缴款项单位、缴款项目、《政府收支分类科目》中“支出功能分类”相关科目等进行明细核算。本科目平时借方余额，反映上缴上级支出本期累计数。期末结账后，本科目应无余额。

事业单位按规定将款项上缴上级单位的，按照实际上缴的金额，借记本科目，贷记“银行存款”等科目。期末，将本科目本期发生额转入事业结余，借记“事业结余”科目，贷记本科目。

【例3-36】某事业单位按核算的预算定额上缴上级单位款项100 000元。该事业单位的账务处理如下：

借：上缴上级支出——上级单位　100 000

贷：银行存款　　100 000

【例3-37】期末，某事业单位“上缴上级支出”科目借方余额100 000元。期末结账时，该事业单位的账务处理如下：

借：事业结余　　100 000

贷：上缴上级支出　　100 000

四、对附属单位补助支出

（一）对附属单位补助支出的含义

对附属单位补助支出是指事业单位用财政补助收入之外的收入对附属单位补助发生的支出。本单位的对附属单位补助支出与下级单位的上级补助收入相对应。

对附属单位补助支出属于事业单位的非财政非专项资金支出。

（二）对附属单位补助支出的确认和计量

对附属单位补助支出的确认采用收付实现制，一般应当在实际支付时予以确认，并按照实际支付金额进行计量。

（三）对附属单位补助支出的核算

为了核算用财政补助收入之外的收入对附属单位补助发生的支出，事业单位应设置“对附属单位补助支出”科目。本科目应当按照接受补助单位、补助项目、《政府收支分类科目》中“支出功能分类”相关科目等进行明细核算。本科目平时借方余额，反映对附属单位补助支出的本期累计数。期末结账后，本科目应无余额。

事业单位发生对附属单位补助支出的，按照实际支出的金额，借记本科目，贷记“银行存款”等科目。期末，将本科目本期发生额转入事业结余，借记“事业结余”科目，贷记本科目。

【例3-38】某事业单位用非财政补助收入支付附属乙单位补助款项200 000元。该事业单位的账务处理如下：

借：对附属单位补助支出——乙单位　　200 000

贷：银行存款　　200 000

【例3-39】期末，某事业单位“对附属单位补助支出”科目借方余额300 000元。期末结账时，该事业单位的账务处理如下：

借：事业结余　　300 000

贷：对附属单位补助支出　　300 000

五、其他支出

（一）其他支出的含义和分类

事业单位其他支出是指事业支出、对附属单位补助支出、上缴上级支出和经营支出以外的各项支出，包括利息支出、捐赠支出、现金盘亏损失、资产处置损失、接受捐赠（调入）非流动资产发生的税费支出等。

按照支出的使用要求，其他支出分为专项资金支出和非专项资金支出。专项资金支出是用其他收入中的专项资金收入安排的支出；非专项资金支出是用其他收入中的非专项资金收入安排的支出。

（二）其他支出的确认和计量

事业单位其他支出的确认采用收付实现制，一般应当在实际支付时予以确认，并按照实际支付金额进行计量。

（三）其他支出的核算

为了核算其他支出，事业单位应设置“其他支出”科目。本科目应当按照其他支出的类别、《政府收支分类科目》中“支出功能分类”相关科目等进行明细核算；其他支出中如有专项资金支出，还应按具体项目进行明细核算。本科目平时借方余额，反映对附属单位补助支出本期累计数。期末结账后，本科目应无余额。

（1）利息支出。事业单位支付银行借款利息时，借记本科目，贷记“银行存款”科目。

【例3-40】某事业单位6个月的银行借款到期，偿还本金50 000元，支付利息3 500元。该事业单位的账务处理如下：

借：短期借款　　50 000

　　其他支出——利息支出　　3 500

　贷：银行存款　　53 500

（2）捐赠支出。事业单位对外捐赠现金资产时，借记本科目，贷记“银行存款”等科目；对外捐出存货时，借记本科目，贷记“待处置资产损溢”科目；对外捐赠固定资产、无形资产等非流动资产，不通过本科目核算。

【例3-41】某事业单位通过银行向中国红十字会捐赠100 000元，另外捐赠被褥100套，每套200元。对外捐出被褥时，该事业单位的账务处理如下：

借：其他支出——捐赠支出　　120 000

　贷：银行存款　　100 000

　　　待处置资产损溢　　20 000

（3）现金盘亏损失。事业单位每日现金账款核对中如发现现金短缺，属于无法查明原因的部分，报经批准后，借记本科目，贷记“库存现金”科目。

【例3-42】某事业单位月末盘点现金，发现现金短缺100元，由于无法查明原因经单位领导批准作为其他支出处理。该事业单位的账务处理如下：

借：其他支出——现金盘亏损失　　100

　贷：库存现金　　100

（4）资产处置损失。事业单位报经批准核销应收及预付款项、处置存货时，借记本科目，“待处置资产损溢”科目。

【例3-43】某事业单位报经批准核销应收账款3 000元。该事业单位的账务处理如下：

借：其他支出——资产处置损失　　3 000

　贷：待处置资产损溢　　3 000

（5）接受捐赠（调入）非流动资产发生的税费支出。事业单位接受捐赠、无偿调入非流动资产发生的相关税费、运输费等，借记本科目，贷记“银行存款”等科目。以固定资产、无形资产取得长期股权投资，所发生的相关税费计入本科目，具体账务处理参见“长期投资”科目。

【例3-44】某事业单位接受A公司捐赠办公用笔记本电脑20台，每台价值12 000元(不考虑增值税)，直接交有关部门使用。发生运输费用800元，以现金付讫。该事业单位的账务处理如下：

借：固定资产	240 800	
贷：非流动资产基金		240 800
借：其他支出——接受捐赠非流动资产发生的税费支出	800	
贷：库存现金		800

（6）期末结账。期末，将本科目本期发生额中的专项资金支出结转入非财政补助结转，借记“非财政补助结转”科目，贷记本科目下各专项资金支出明细科目；将本科目本期发生额中的非专项资金支出结转入事业结余，借记“事业结余”科目，贷记本科目下各非专项资金支出明细科目。

【例3-45】期末，某事业单位月末“其他支出”科目借方余额256 500元，有关明细科目借方余额：“利息支出”3 500元、“捐赠支出”250 000元、“资产处置损失”3 000元，均为非专项资金支出。期末结账时，该事业单位的账务处理如下：

借：事业结余	256 500	
贷：其他支出——利息支出		3 500
——捐赠支出		250 000
——资产处置损失		3 000

第四章

事业单位资产和负债的核算

事业单位资产是事业单位占有或者使用的能以货币计量的经济资源；负债是事业单位承担的、能以货币计量的、需要以资产偿付的债务；净资产是事业单位资产减去负债的余额。本章主要阐述事业单位资产、负债和净资产的账务处理方法。

第一节　事业单位资产

事业单位资产是事业单位占有或者使用的能以货币计量的经济资源，包括各种财产、债权和其他权利。资产类会计科目及其核算内容参见表4-1。

事业单位的资产按照流动性分为流动资产和非流动资产。

一、流动资产

事业单位的流动资产是指预计在一年内（含一年）变现或者耗用的资产，包括货币资金、短期投资、应收及预付款项、存货等。

（一）货币资金

事业单位的货币资金包括库存现金、银行存款、零余额账户用款额度等。货币资金是资产中流动性最强、风险比较高的资产，具有普遍的可接受性，可以直接用来购买商品、货物、劳务或偿还债务。事业单位应加强货币资金内部控制，确保货币资金的安全，以保障单位各项业务活动的正常开展。

1.库存现金

库存现金是事业单位为满足零星支付需要而存放在其财务部门的现钞。

事业单位应当严格按照《现金管理暂行条例》及其实施细则等有关现金管理的规定收支现金，并按照《事业单位会计制度》规定核算现金的各项收支业务。

（1）库存现金的确认和计量。库存现金应当在收到时予以确认，并按照实际收到的

表4-1　　资产类会计科目

科目编号	会计科目名称	核算内容
1001	库存现金	核算事业单位的库存现金
1002	银行存款	核算事业单位存入银行及其他金融机构的各种存款
1011	零余额账户用款额度	核算实行国库集中支付的事业单位根据财政部门批复的用款计划收到和支用的零余额账户用款额度
1101	短期投资	核算事业单位依法取得的，持有时间不超过一年（含一年）的投资，主要是国债投资
1201	财政应返还额度	核算实行国库集中支付的事业单位应收财政返还的资金额度
1211	应收票据	核算事业单位因开展经营活动销售产品、提供有偿服务等而收到的商业汇票，包括银行承兑汇票和商业承兑汇票
1212	应收账款	核算事业单位因开展经营活动销售产品、提供有偿服务等而应收取的款项
1213	预付账款	核算事业单位按照购货、劳务合同规定预付给供应单位的款项
1215	其他应收款	核算事业单位除财政应返还额度、应收票据、应收账款、预付账款以外的其他各项应收及暂付款项，如职工预借的差旅费、拨付给内部有关部门的备用金、应向职工收取的各种垫付款项等
1301	存货	核算事业单位在开展业务活动及其他活动中为耗用而储存的各种材料、燃料、包装物、低值易耗品及达不到固定资产标准的用具、装具、动植物等的实际成本
1401	长期投资	核算事业单位依法取得的，持有时间超过一年（不含一年）的股权和债权性质的投资
1501	固定资产	核算事业单位固定资产的原价
1502	累计折旧	核算事业单位固定资产计提的累计折旧
1511	在建工程	核算事业单位已经发生必要支出，但尚未完工交付使用的各种建筑（包括新建、改建、扩建、修缮等）和设备安装工程的实际成本
1601	无形资产	核算事业单位无形资产的原价
1602	累计摊销	核算事业单位无形资产计提的累计摊销
1701	待处置资产损溢	核算事业单位待处置资产的价值及处理损溢

金额计量。

（2）库存现金的核算。为了核算库存现金，事业单位应设置“库存现金”科目。事业单位有外币现金的，应当分别按照人民币、各种外币设置“现金日记账”进行明细核算。本科目期末借方余额，反映事业单位实际持有的库存现金。

①现金的提取和存入。事业单位从银行等金融机构提取现金，按照实际提取的金

额，借记本科目，贷记“银行存款”等科目；将现金存入银行等金融机构，按照实际存入的金额，借记“银行存款”等科目，贷记本科目。

【例4-1】某事业单位从零余额账户提取现金20 000元，从银行基本户提取现金10 000元。该事业单位的账务处理如下：

借：库存现金　30 000
　贷：零余额账户用款额度　20 000
　　银行存款　10 000

【例4-2】某事业单位将现金5 000元存入银行。该事业单位的账务处理如下：

借：银行存款　5 000
　贷：库存现金　5 000

②现金的借出。事业单位因内部职工出差等原因借出的现金，按照实际借出的现金金额，借记“其他应收款”科目，贷记本科目；出差人员报销差旅费时，按照应报销的金额，借记有关科目，按照实际借出的现金金额，贷记“其他应收款”科目，按其差额，借记或贷记本科目。

【例4-3】某事业单位职工张某借现金5 000元作为差旅费。该事业单位的账务处理如下：

借：其他应收款　5 000
　贷：库存现金　5 000

【例4-4】某事业单位职工张某出差回来报销，实际支出差旅费4 500元，退回现金500元。该事业单位的账务处理如下：

借：事业支出　4 500
　库存现金　500
　贷：其他应收款　5 000

③现金收支。事业单位因开展业务等其他事项收到现金，按照实际收到的金额，借记本科目，贷记有关科目；因购买服务或商品等其他事项支出现金，按照实际支出的金额，借记有关科目，贷记本科目。

【例4-5】某事业单位购买办公用品一批，价款800元，以现金支付。该事业单位的账务处理如下：

借：事业支出　800
　贷：库存现金　800

【例4-6】某事业单位因开展非独立核算经营活动提供有偿服务（非增值税劳务），收取现金900元。该事业单位的账务处理如下：

借：库存现金　900
　贷：经营收入　900

④外币业务。事业单位发生外币业务的，应当按照业务发生当日或当期期初的即期汇率，将外币金额折算为人民币金额记账，并登记外币金额和汇率。期末，各种外币账

户的期末余额，应当按照期末的即期汇率折算为人民币，作为外币账户期末人民币余额。调整后的各种外币账户人民币余额与原账面余额的差额，作为汇兑损益计入当期支出。

【例4-7】某事业单位职工出国，预借美元现钞1 000美元，当日汇率为1美元=6.2085人民币元。该事业单位的账务处理如下：

借：其他应收款　　6 208.50

　贷：库存现金——美元　　6 208.50

【例4-8】月末，上例中的事业单位“库存现金——美元”账面余额为2 000美元，合人民币12 417元。月末美元对人民币的汇率为：1美元=6.251人民币元。该事业单位的账务处理如下：

汇兑损益=2 000×6.251－12 417=85（元）

借：事业支出　　85

　贷：库存现金　　85

⑤现金盘点。事业单位应当设置“现金日记账”，由出纳人员根据收付款凭证，按照业务发生顺序逐笔登记。每日终了，应当计算当日的现金收入合计数、现金支出合计数和结余数，并将结余数与实际库存数核对，做到账款相符。事业单位每日账款核对中发现现金溢余或短缺的，应当及时进行处理。如发现现金溢余，属于应支付给有关人员或单位的部分，借记本科目，贷记“其他应付款”科目；属于无法查明原因的部分，借记本科目，贷记“其他收入”科目。如发现现金短缺，属于应由责任人赔偿的部分，借记“其他应收款”科目，贷记本科目；属于无法查明原因的部分，报经批准后，借记“其他支出”科目，贷记本科目。

【例4-9】某事业单位月末盘点现金，发现现金溢余100元，查明是尚欠职工张某的差旅费报销尾款。该事业单位的账务处理为：

借：库存现金　　100

　贷：其他应付款　　100

【例4-10】如果上例中盘点的现金溢余，无法查明原因。该事业单位的账务处理为：

借：库存现金　　100

　贷：其他收入　　100

【例4-11】某事业单位年末盘点现金，发现现金短缺50元，应由出纳赔偿。该事业单位的账务处理为：

借：其他应收款　　50

　贷：库存现金　　50

【例4-12】如果上例中盘点的现金短缺无法查明原因，报经批准作为其他支出处理。该事业单位的账务处理为：

借：其他支出　　50

贷：库存现金 50

2.银行存款

银行存款是事业单位存入银行和其他金融机构的各种存款。

事业单位应当严格按照国家有关支付结算办法的规定办理银行存款收支业务，并按照《事业单位会计制度》规定核算银行存款的各项收支业务。

（1）银行存款的确认和计量。银行存款应当在收到时予以确认，并按照实际收到的金额计量。

（2）银行存款的核算。为了核算存入银行和其他金融机构的各种存款，事业单位应设置“银行存款”科目。本科目期末借方余额，反映事业单位实际存放在银行或其他金融机构的款项。

事业单位应当按开户银行或其他金融机构、存款种类及币种等，分别设置“银行存款日记账”，由出纳人员根据收付款凭证，按照业务的发生顺序逐笔登记，每日终了应结出余额。“银行存款日记账”应定期与“银行对账单”核对，至少每月核对一次。月度终了，事业单位银行存款账面余额与银行对账单余额之间如有差额，必须逐笔查明原因并进行处理，按月编制“银行存款余额调节表”，调节相符。

①银行存款的存取和支出。事业单位将款项存入银行或其他金融机构，借记本科目，贷记“库存现金”、“事业收入”、“经营收入”等有关科目。提取和支出存款时，借记有关科目，贷记本科目。

【例4-13】某事业单位收到上级单位用非财政补助资金安排的补助款150 000元。该事业单位的账务处理如下：

借：银行存款 150 000

贷：上级补助收入 150 000

【例4-14】某事业单位收到开展自身专业业务活动所取得的收入50 000元，该收入不实行财政专户返还方式管理。该事业单位的账务处理如下：

借：银行存款 50 000

贷：事业收入 50 000

②外币收支。事业单位发生外币业务的，应当按照业务发生当日（或当期期初，下同）的即期汇率，将外币金额折算为人民币记账，并登记外币金额和汇率。期末，各种外币账户的外币余额应当按照期末的即期汇率折算为人民币，作为外币账户期末人民币余额。调整后的各种外币账户人民币余额与原账面人民币余额的差额，作为汇兑损益计入相关支出。其主要账务处理如下：以外币购买物资、劳务等，按照购入当日的即期汇率将支付的外币或应支付的外币折算为人民币金额，借记有关科目，贷记本科目、“应付账款”等科目的外币账户；以外币收取相关款项等，按照收取款项或收入确认当日的即期汇率将收取的外币或应收取的外币折算为人民币金额，借记本科目、“应收账款”等科目的外币账户，贷记有关科目；期末，根据各外币账户按期末汇率调整后的人民币余额与原账面人民币余额的差额，作为汇兑损益，借记或贷记本科目、“应收账款”、

"应付账款"等科目，贷记或借记"事业支出"、"经营支出"等科目。

【例4-15】事业单位收到某国外公益组织的捐款5 000欧元，当日欧元对人民币的汇率为：1欧元=8.3949人民币元。该事业单位的账务处理如下：

借：银行存款　　41 974.50

　贷：其他收入　　41 974.50

【例4-16】月末，上例中的事业单位"银行存款——欧元"账面余额为2 000欧元，合人民币16 789.80元。月末欧元对人民币的汇率为：1欧元=8.4189人民币元。该事业单位的账务处理如下：

汇兑损溢=2 000×8.4189−16 789.80=48（元）

借：银行存款——欧元　　48

　贷：事业支出　　48

3.零余额账户用款额度

（1）零余额账户和零余额账户用款额度

事业单位的零余额账户是由同级财政部门为其在商业银行开设的用于本单位财政授权支付的账户。通过该账户，事业单位可以办理转账、汇兑、委托收款和提取现金等支付结算业务，但单位的非财政性资金不得进入。零余额账户是一个过渡账户，而不是实存账户。

零余额账户用款额度是指实行国库集中支付的事业单位根据财政部门批复的用款计划收到和支用的财政授权支付额度，具有与银行存款相同的支付结算功能。在此额度内，事业单位可按审批的分月用款计划开具支付令，使用零余额账户用款额度实现日常支付。零余额账户用款额度由财政部门按《政府收支分类科目》的类、款、项，分基本支出和项目支出分别下达，类、款、项及基本支出和项目支出之间的用款额度不可调剂使用。

零余额账户用款额度按月度下达，在年度内可累加使用。该账户的代理银行在用款额度累计余额内，根据事业单位支付指令，办理资金支付业务，并在规定时间内与国库单一账户清算。年度终了，事业单位和代理银行对截止到12月31日的财政授权支付额度的下达、支用、余额等情况进行对账，代理银行将单位零余额账户中的财政授权支付额度余额全部注销，下年度初，财政部门再予以恢复。

（2）零余额账户用款额度的确认和计量

零余额账户用款额度应在事业单位收到代理银行转来的"财政授权支付额度到账通知书"时予以确认，并根据"财政授权支付额度到账通知书"所列金额计量。

（3）零余额账户用款额度的核算

为了核算实行国库集中支付的事业单位根据财政部门批复的用款计划收到和支用零余额账户用款额度，事业单位应设置"零余额账户用款额度"科目。本科目期末借方余额反映事业单位尚未使用的零余额账户用款额度。年度终了注销单位零余额账户用款额度后，本科目应无余额。

①财政授权支付额度的下达和支用。事业单位收到代理银行盖章的“财政授权支付额度到账通知书”时，根据通知书所列数额，借记本科目，贷记“财政补助收入”科目；按规定支用额度时，借记“事业支出”、“存货”等科目，贷记本科目；从零余额账户提取现金时，借记“库存现金”科目，贷记本科目。

【例4-17】某事业单位收到“财政授权支付额度到账通知书”，列明本月授权支付额度为100万元。该事业单位的账务处理如下：

借：零余额账户用款额度　　1 000 000

　贷：财政补助收入　　1 000 000

【例4-18】某事业单位通过单位零余额账户支付款项购买计算机一台，价款12 000元，计算机直接交付使用。该事业单位的账务处理如下：

借：事业支出　　12 000

　贷：零余额账户用款额度　　12 000

借：固定资产　　12 000

　贷：非流动资产基金——固定资产　　12 000

②购货退回。因购货退回等发生国库授权支付额度退回的，属于以前年度支付的款项，按照退回金额，借记本科目，贷记“财政补助结转”、“财政补助结余”、“存货”等有关科目；属于本年度支付的款项，按照退回金额，借记本科目，贷记“事业支出”、“存货”等有关科目。

【例4-19】某事业单位两个月之前通过财政授权支付方式购买的价值100 000元的一批专用材料，本月在领用时发现质量问题退回供货商，相应款项已收回。该事业单位的账务处理如下：

借：零余额账户用款额度　　100 000

　贷：存货　　100 000

③财政授权支付额度年终结余。年度终了，事业单位依据代理银行提供的对账单注销额度时，借记“财政应返还额度”科目，贷记本科目；根据本年度财政授权支付预算指标数大于零余额账户用款额度下达数的差额，借记“财政应返还额度”科目，贷记“财政补助收入”科目。下年度初，依据代理银行提供的额度恢复到账通知书恢复额度时，借记本科目，贷记“财政应返还额度”科目；收到财政部门批复的上年末未下达零余额账户用款额度时，借记本科目，贷记“财政应返还额度”科目。相关例题参见“财政应返还额度的核算”。

（二）短期投资

1.对外投资

对外投资，是指事业单位依法利用货币资金、实物、无形资产等方式向其他单位进行的投资。

对外投资可按照不同标准分为不同类型。按照期限长短，对外投资可分为短期投资和长期投资。按照投资形式，对外投资可分为债权投资和股权投资。

事业单位是以公益为目的的社会服务组织，应当严格控制对外投资。事业单位必须在保证单位正常运转和事业发展的前提下，按照国家有关法律、行政法规以及财政部门、主管部门有关对外投资的规定进行对外投资，并应当履行相关审批程序。但是，事业单位不得使用财政拨款及其结余进行对外投资，不得从事股票、期货、基金、企业债券等投资，国家另有规定的除外。

2. 短期投资的确认和计量

短期投资，是指事业单位依法取得的，持有时间不超过一年（含一年）的投资，主要是国债投资。

短期投资应当在取得时予以确认，并按照其实际成本（包括购买价款以及税金、手续费等相关税费）计量。短期投资持有期间收到的利息，按实际收到的金额计量。

3. 短期投资的核算

为了核算依法取得的，持有时间不超过一年（含一年）的投资，事业单位应设置“短期投资”科目。本科目期末借方余额，反映事业单位持有的短期投资成本。

事业单位取得短期投资时，应当按照其实际成本（包括购买价款以及税金、手续费等相关税费）作为投资成本，借记本科目，贷记“银行存款”等科目；短期投资持有期间收到利息时，按实际收到的金额，借记“银行存款”科目，贷记“其他收入——投资收益”科目；出售短期投资或到期收回短期国债本息，按照实际收到的金额，借记“银行存款”科目，按照出售或收回短期国债的成本，贷记本科目，按其差额，贷记或借记“其他收入——投资收益”科目。

【例4-20】某事业单位购买一年期国债50 000元，以银行存款付讫。该事业单位的账务处理如下：

借：短期投资——国债投资	50 000	
贷：银行存款		50 000

【例4-21】某事业单位之前购买的一年期的国债持有六个月后出售，获得价款32 000元，该国债成本30 000元。该事业单位的账务处理如下：

借：银行存款	32 000	
贷：短期投资——国债投资		30 000
其他收入		2 000

（三）应收及预付款项

应收及预付款项是指事业单位在开展业务活动中形成的各项债权，包括财政应返还额度、应收票据、应收账款、其他应收款等应收款项和预付账款。

1. 财政应返还额度

（1）财政应返还额度的含义

财政应返还额度是指实行国库集中支付的事业单位应收财政返还的资金额度，反映年末国库集中支付未使用且可结转下年度使用的资金额度。

实行国库集中支付的事业单位，在年度支出预算被批准后，其年度的财政直接支付和财政授权支付的预算指标数被确定下来。预算年度内事业单位对这些财政资金预算指标的使用，全部实行用款计划管理，并分别财政直接支付和财政授权支付两种方式实现支付。

在财政直接支付方式下，财政应返还额度（年末未使用资金额度）是当年财政直接支付预算指标数与财政直接支付实际支出数的差额。

财政授权支付方式下，财政应返还额度（年末尚未使用资金额度）包括未下达授权支付额度和未使用授权支付额度两个部分。未下达授权支付额度是当年财政授权支付预算指标数与零余额账户用款额度下达数的差额，未使用授权支付额度是当年零余额账户用款额度下达数与零余额账户用款额度支用数的差额。

上述国库集中支付尚未使用资金额度和尚未下达授权支付额度，年末事业单位先返还财政部门，下年度初再由财政部门予以恢复或下达。

（2）财政应返还额度的确认和计量

在财政直接支付方式下，年末应当根据当年财政直接支付预算指标数与财政直接支付实际支出数的差额予以确认并计量。

财政授权支付方式下，年末应当根据当年财政授权支付预算指标数与零余额账户用款额度下达数的差额以及当年零余额账户用款额度下达数与零余额账户用款额度支用数的差额予以确认并计量。

（3）财政应返还额度的核算

为了核算实行国库集中支付的事业单位应收财政返还的资金额度，事业单位应设置“财政应返还额度”科目。本科目应按照“财政直接支付”和“财政授权支付”设置明细账。本科目期末借方余额，反映事业单位应收财政下年度返还的资金额度。

①财政直接支付。年度终了，事业单位根据本年度财政直接支付预算指标数与当年财政直接支付实际支出数的差额，借记本科目（财政直接支付），贷记“财政补助收入”等科目；下年度，恢复财政直接支付额度后，事业单位以财政直接支付方式发生实际支出时，借记“事业支出”等科目，贷记本科目（财政直接支付）。

【例4-22】某事业单位是实行国库集中支付的事业单位，年度终了通过对账确认本年度财政直接支付预算指标数为1 000 000元，当年财政直接支付实际支出数为900 000元。本年度财政直接支付预算指标数与当年财政直接支付实际支出数的差额为100 000元。该事业单位的账务处理如下：

借：财政应返还额度——财政直接支付　　100 000

　贷：财政补助收入　　100 000

【例4-23】前例中的事业单位下年度初收到代理银行转来“财政直接支付入账通知书”，使用上年尚未使用的财政直接支付用款额度100 000元购买办公用笔记本电脑10台，已直接交付使用。该事业单位的账务处理如下：

借：事业支出　　100 000

　贷：财政应返还额度——财政直接支付　　100 000

借：固定资产　　100 000

　　贷：非流动资产基金——固定资产　　100 000

②财政授权支付。年度终了，事业单位根据代理银行提供的对账单注销额度时，借记本科目（财政授权支付），贷记“零余额账户用款额度”科目；根据本年度财政授权支付预算指标数大于零余额账户用款额度下达数的差额，借记本科目（财政授权支付），贷记“财政补助收入”等科目。下年度初，依据代理银行提供的额度恢复到账通知单恢复额度时，借记“零余额账户用款额度”科目，贷记本科目（财政授权支付）；收到财政部门批复的上年末未下达零余额账户用款额度时，借记“零余额账户用款额度”科目，贷记本科目（财政授权支付）。

【例4-24】年度终了，某事业单位收到代理银行转来的“财政授权支付注销额度到账通知单”，列示应注销的额度为50 000元。该事业单位的账务处理如下：

借：财政应返还额度——财政授权支付　　50 000

　　贷：零余额账户用款额度　　50 000

【例4-25】前例中的事业单位下年度初收到代理银行转来的50 000元财政授权支付额度恢复到账通知单。该事业单位的账务处理如下：

借：零余额账户用款额度　　50 000

　　贷：财政应返还额度——财政授权支付　　50 000

2.应收票据

（1）应收票据的含义和分类。应收票据是事业单位因从事经营活动销售产品、提供有偿服务等而收到的商业汇票。

应收票据按承兑人不同，分为银行承兑汇票和商业承兑汇票。商业承兑汇票是由收款人签发，经付款人承兑或由付款人签发并承兑的汇票。商业承兑汇票到期时，如付款人账户不足支付，银行则将商业承兑汇票退给收款人，由购销双方自行解决，银行不负责任。银行承兑汇票是由收款人或承兑申请人签发，并由承兑申请人向开户银行申请，经银行审查同意承兑的汇票。银行承兑汇票到期时，如购货单位未能将应收票据交存银行，则银行向收款人或贴现银行无条件支付票款。

应收票据按照是否计息，可分为带息票据和不带息票据。带息票据是指注明票面利率和付息日期的票据。带息票据到期时，收款人根据票据面值和利息收取本息。不带息票据是指票据上无利息的票据。不带息票据到期时，收款人根据票据面值收取款项。

（2）应收票据的确认和计量。应收票据应当在收到商业汇票时予以确认，按照商业汇票的票面金额计量。

（3）应收票据的核算。为了核算因从事经营活动销售产品、提供有偿服务等而收到的商业汇票，事业单位设置“应收票据”科目。本科目应当按照开出、承兑商业汇票的单位等进行明细核算。事业单位应当设置“应收票据备查簿”，逐笔登记每一应收票据的种类、号数、出票日期、到期日、票面金额、交易合同号和付款人、承兑人、背书人姓名或单位名称、背书转让日、贴现日期、贴现率和贴现净额、收款日期、收回金额和退票情况等资料。应收票据到期结清票款或退票后，应当在备查簿内逐笔注销。本科目借方余额，反映事业单位持有的商业汇票票面金额。

①票据的收到和兑付。事业单位因销售产品、提供服务等收到商业汇票，按照商业汇票的票面金额，借记本科目，按照确认的收入金额，贷记“经营收入”等科目，按照应缴增值税金额，贷记“应缴税费——应缴增值税”科目。商业汇票到期时，应当分别以下情况处理：收回应收票据，按照实际收到的商业汇票票面金额，借记“银行存款”科目，贷记本科目；因付款人无力支付票款，收到银行退回的商业承兑汇票、委托收款凭证、未付票款通知书或拒付款证明等，按照商业汇票的票面金额，借记“应收账款”科目，贷记本科目。

【例4-26】某事业单位为增值税小规模纳税人，其非独立核算部门从事经营活动销售产品而收到A公司不带息的承兑期2个月的商业承兑汇票一张，该商业汇票的面值为5 150元。该事业单位的账务处理如下：

借：应收票据——A公司　　5 150

　贷：经营收入　　5 000

　　应缴税费——应缴增值税　　150

【例4-27】前例中的事业单位的商业承兑汇票到期，通过银行存款基本户收到票据款项5 150元。该事业单位的账务处理如下：

借：银行存款　　5 150

　贷：应收票据——A公司　　5 150

若上述票据为带息票据，票面利率为4%，到期票据款项金额应为5 184.33元。该事业单位的账务处理如下：

借：银行存款　　5 184.33

　贷：应收票据——A公司　　5 150

　　经营支出　　34.33

②票据的贴现和转让。事业单位持未到期的商业汇票向银行贴现，按照实际收到的金额（即扣除贴现息后的净额），借记“银行存款”科目，按照贴现息，借记“经营支出”等科目，按照商业汇票的票面金额，贷记本科目；将持有的商业汇票背书转让以取得所需物资时，按照取得物资的成本，借记有关科目，按照商业汇票的票面金额，贷记本科目，如有差额，借记或贷记“银行存款”等科目。

【例4-28】某事业单位持有1个月之前收到的A公司一张2个月到期的商业承兑无息汇票到银行贴现。该汇票票面金额为5 150元，银行贴现率为12%。该事业单位的账务处理如下：

贴现息=5 150×12%×1/12=51.50（元）

扣除贴现息后的净额=5 150−51.5=5 098.50（元）

借：银行存款　　5 098.50

　经营支出　　51.50

贷：应收票据——A公司　　5 150

3.应收账款

（1）应收账款的含义。应收账款是事业单位因开展经营活动销售产品、提供有偿服务等而应收的款项。

事业单位开展经营活动销售产品、提供有偿服务时，如果发生应收账款，也将按照权责发生制确认收入的实现。

（2）应收账款的确认和计量。应收账款应当在产品已经销售、劳务已提供，且未收到款项时予以确认，并按照应收未收金额计量。

（3）应收账款的核算。为了核算开展经营活动销售产品、提供有偿服务等而应收的款项，事业单位应设置“应收账款”科目。本科目应购货、接受劳务单位（或个人）设置明细账。本科目期末借方余额，反映事业单位尚未收回的应收账款。

①应收账款的发生和收回。事业单位发生应收账款时，按照应收未收金额，借记本科目，按照确认的收入金额，贷记“经营收入”等科目，按照应缴增值税金额，贷记“应缴税费——应缴增值税”科目；收回应收账款时，按照实际收到的金额，借记“银行存款”等科目，贷记本科目。

【例4-29】某事业单位为增值税小规模纳税人，其非独立核算部门向B公司销售产品取得收入10 300元，款项尚未收到。该事业单位的账务处理如下：

借：应收账款——B公司　　10 300

　贷：经营收入　　10 000

　　　应缴税费——应缴增值税　　300

【例4-30】前例中的事业单位通过银行收到向B公司销售产品的款项10 300元。该事业单位的账务处理如下：

借：银行存款　　10 300

　贷：应收账款——B公司　　10 300

②应收账款的核销。事业单位对于逾期三年或以上、有确凿证据表明确实无法收回的应收账款，应按规定报经批准后予以核销。将待核销的应收账款转入待处置资产时，按照待核销的应收账款金额，借记“待处置资产损溢”科目，贷记本科目；报经批准予以核销时，借记“其他支出”科目，贷记“待处置资产损溢”科目；已核销应收账款在以后期间收回的，按照实际收回的金额，借记“银行存款”等科目，贷记“其他收入”科目。核销的应收账款应在备查簿中保留登记。

【例4-31】某事业单位年初经核查发现三年前向甲公司销售产品形成的应收账款5 000元因该公司破产确实无法收回。该事业单位的账务处理如下：

- 将待核销的应收账款转入待处置资产时，

借：待处置资产损溢　　5 000

　贷：应收账款——甲公司　　5 000

- 报经批准予以核销时，

借：其他支出　　5 000
　贷：待处置资产损溢　　5 000

• 上述已核销应收账款在年末又收回3 000元时，

借：银行存款　　3 000
　贷：其他收入　　3 000

4. 预付账款

（1）预付账款的含义。预付账款是事业单位按照购货、劳务合同的规定预付给供应单位的款项。

预付款项的资金来源包括财政资金和非财政资金。其中，财政资金通过财政直接支付和财政授权支付实现支付。

（2）预付账款的确认和计量。预付账款应当在已经支付款项且尚未收到采购的物资或服务时予以确认，并按照实际预付的金额计量。

（3）预付账款的核算。为了核算按照购货、劳务合同规定预付给供应单位的款项，事业单位应设置"预付账款"科目。本科目应当按照供应单位（或个人）进行明细核算，并且应当通过明细核算或辅助登记方式，登记预付账款的资金性质（区分财政补助资金、非财政专项资金和其他资金）。本科目借方余额，反映事业单位实际预付但尚未结算的款项。

①预付账款的发生和补付。事业单位发生预付账款时，按照实际预付的金额，借记本科目，贷记"零余额账户用款额度"、"财政补助收入"、"银行存款"等科目；收到所购物资或劳务，按照购入物资或劳务的成本，借记有关科目，按照相应预付账款金额，贷记本科目，按照补付的款项，贷记"零余额账户用款额度"、"财政补助收入"、"银行存款"等科目；收到所购固定资产、无形资产的，按照确定的资产成本，借记"固定资产"、"无形资产"科目，贷记"非流动资产基金——固定资产、无形资产"科目；同时，按资产购置支出，借记"事业支出"、"经营支出"等科目，按照相应预付账款金额，贷记本科目，按照补付的款项，贷记"零余额账户用款额度"、"财政补助收入"、"银行存款"等科目。

【例4-32】某事业单位为增值税小规模纳税人，向C公司采购材料一批，价款10 000元（不含税），以银行存款预付货款50%，到货后结算其余货款。预付50%货款5 000元时，该事业单位的账务处理如下：

借：预付账款——C公司　　5 000
　贷：银行存款　　5 000

【例4-33】上例中的事业单位收到材料，并以银行存款补付货款5 000元、增值税1 700元、运费500元。该事业单位的账务处理如下：

借：存货　　12 200
　贷：预付账款——C公司　　5 000
　　　银行存款　　7 200

【例4-34】某事业单位为增值税小规模纳税人，通过财政直接支付方式向D公司采购办公用大巴车2台，每台价值300 000元。按照合同规定预付货款50%，到货后结算其余货款。通过财政部门零余额账户预付50%货款300 000元时，该事业单位的账务处理如下：

借：预付账款——D公司　300 000
　贷：财政补助收入　300 000

【例4-35】上例中事业单位收到大巴车2台，且通过财政部门零余额账户补付货款300 000元。该事业单位的账务处理如下：

借：固定资产　600 000
　贷：非流动资产基金——固定资产　600 000
借：事业支出　600 000
　贷：预付账款——D公司　300 000
　　　财政补助收入　300 000

②预付账款的核销。事业单位对于逾期三年或以上、有确凿证据表明因供货单位破产、撤销等原因已无望再收到所购物资，且确实无法收回的预付账款，按规定报经批准后予以核销。将待核销的预付账款转入待处置资产时，按照待核销的预付账款金额，借记“待处置资产损溢”科目，贷记本科目；报经批准予以核销时，借记“其他支出”科目，贷记“待处置资产损溢”科目；已核销预付账款在以后期间收回的，按照实际收回的金额，借记“银行存款”等科目，贷记“其他收入”科目。核销的预付账款应在备查簿中保留登记。

【例4-36】某事业单位经核查发现四年之前向E公司预付的采购技术设备款200 000元因其被撤销已无望再收到所购物资，也确实无法收回预付账款。该事业单位的账务处理为：

- 将待核销的预付账款转入待处置资产时，

借：待处置资产损溢　200 000
　贷：预付账款——E公司　200 000

- 报经批准予以核销时，

借：其他支出　200 000
　贷：待处置资产损溢　200 000

- 假如上述已核销应收账款在年末又全额收回时，

借：银行存款　200 000
　贷：其他收入　200 000

5.其他应收款

（1）其他应收款的含义。其他应收款是事业单位除财政应返还额度、应收票据、应收账款、预付账款以外的其他各项应收及暂付款项，如职工预借的差旅费、拨付给内部有关部门的备用金、应向职工收取的各种垫付款项等。

（2）其他应收款的确认和计量。其他应收款应当在发生时予以确认，并按照实际发生的金额计量。

（3）其他应收款的核算。为了核算其他各项应收及暂付款项，事业单位应设置“其他应收款”科目。本科目应当按照其他应收款的类别以及债务单位（或个人）设置明细账。本科目期末借方余额，反映事业单位尚未收回的其他应收款。

①其他应收款的发生和收回。事业单位发生其他各种应收及暂付款项时，借记本科目，贷记“银行存款”、“库存现金”等科目；收回或转销其他各种应收及暂付款项时，借记“库存现金”、“银行存款”等科目，贷记本科目。

【例4-37】某事业单位职工刘某出差回来报销差旅费，实际开支1 800元，收回现金200元。该事业单位的账务处理如下：

借：事业支出　　1 800
　　库存现金　　200
　贷：其他应收款——刘某　　2 000

②备用金的发放和补足。事业单位内部实行备用金制度的，有关部门使用备用金以后应当及时到财务部门报销并补足备用金。财务部门核定并发放备用金时，借记本科目，贷记“库存现金”等科目。根据报销数用现金补足备用金定额时，借记有关科目，贷记“库存现金”等科目，报销数和拨补数都不再通过本科目核算。

【例4-38】某事业单位内部实行备用金制度，其财务部门以库存现金发放备用金20 000元。该事业单位的账务处理如下：

借：其他应收款——备用金　　20 000
　贷：库存现金　　20 000

上述事业单位财务部门根据报销数用现金补足备用金定额20 000元时，

借：事业支出　　20 000
　贷：库存现金　　20 000

③其他应收款的核销。事业单位对于逾期三年或以上、有确凿证据表明确实无法收回的其他应收款，应按规定报经批准后予以核销。将待核销的其他应收款转入待处置资产时，按照待核销的其他应收款金额，借记“待处置资产损溢”科目，贷记本科目；报经批准予以核销时，借记“其他支出”科目，贷记“待处置资产损溢”科目；已核销其他应收款在以后期间收回的，按照实际收回的金额，借记“银行存款”等科目，贷记“其他收入”科目。核销的其他应收款应在备查簿中保留登记。

【例4-39】某事业单位经核查发现三年之前为职工张某垫付的水电费20 000元，因其离开本单位不知去向确实无法收回。该事业单位的账务处理如下：

• 将待核销的其他应收款转入待处置资产时，

借：待处置资产损溢　　20 000
　贷：其他应收款——张某　　20 000

• 报经批准予以核销时，

借：其他支出　　20 000
　贷：待处置资产损溢　　20 000

• 假如张某年末回来归还上述款项时，

借：银行存款　　20 000
　贷：其他收入　　20 000

（四）存货

1.存货的含义

存货是指事业单位在开展业务活动及其他活动中为耗用而储存的资产，包括各种材料、燃料、包装物、低值易耗品以及达不到固定资产标准的用具、装具、动植物等。

事业单位随买随用的零星办公用品，不作为存货管理。

2.存货的确认和计量

存货的确认需要符合存货的定义，且验收合格并入库。

（1）存货取得的计量

事业单位存货的取得方式主要包括：购入、自行加工、接受捐赠、无偿调入、盘盈等。事业单位取得存货时，应当按照其实际成本入账。不同取得方式下，存货的实际成本确定方法如下：

①购入的存货，其成本包括购买价款、相关税费、运输费、装卸费、保险费以及其他使得存货达到目前场所和状态所发生的其他支出。而购入存货所负担的增值税进项税额是否计入存货入账价值，首先取决于事业单位是一般纳税人还是小规模纳税人，其次取决于购进存货是自用还是非自用。事业单位属于增值税小规模纳税人的，其购入的存货无论是自用还是非自用，都应按实际支付的含税价格计价；属于增值税一般纳税人的，其购入的自用存货按实际支付的含税价格计价，购入的非自用存货按不含税的实际支付价格计价。

②自行加工的存货，其成本包括耗用的直接材料费用、发生的直接人工费用和按照一定方法分配的与存货加工有关的间接费用。

③接受捐赠、无偿调入的存货，其成本按照有关凭据注明的金额加上相关税费、运输费等确定；没有相关凭据的，其成本比照同类或类似存货的市场价格加上相关税费、运输费等确定；没有相关凭据、同类或类似存货的市场价格也无法可靠取得的，该存货按照名义金额（即人民币1元）入账。相关财务制度仅要求进行实物管理的除外。

④盘盈的存货，按照同类或类似存货的实际成本或市场价格确定入账价值；同类或类似存货的实际成本、市场价格均无法可靠取得的，按照名义金额入账。

（2）存货发出的计量

事业单位存货发出的方式主要包括：开展业务活动领用、对外捐赠、无偿调出等。

事业单位发出存货时，应当根据实际情况采用先进先出法、加权平均法或者个别计价法确定发出存货的实际成本。计价方法一经确定，不得随意变更。低值易耗品的成本于领用时一次摊销。

3. 存货的核算

为了核算存货业务，事业单位应设置“存货”科目。事业单位随买随用的零星办公用品，可在购进时直接列作支出，不通过本科目核算。本科目应当按照存货的种类、规格、保管地点等进行明细核算。事业单位应当通过明细核算或辅助登记方式，登记取得存货成本的资金来源（区分财政补助资金、非财政专项资金和其他资金）。发生自行加工存货业务的事业单位，应当在本科目下设置“生产成本”明细科目，归集核算自行加工存货所发生的实际成本（包括耗用的直接材料费用、发生的直接人工费用和分配的间接费用）。本科目期末借方余额，反映事业单位存货的实际成本。

（1）购入存货。事业单位购入的存货验收入库，按确定的成本，借记本科目，贷记“银行存款”、“应付账款”、“财政补助收入”、“零余额账户用款额度”等科目；属于增值税一般纳税人的事业单位购入非自用材料的，按确定的成本（不含增值税进项税额），借记本科目，按增值税专用发票上注明的增值税额，借记“应缴税费——应缴增值税（进项税额）”科目，按实际支付或应付的金额，贷记“银行存款”、“应付账款”等科目。

【例4-40】某事业单位为增值税小规模纳税人，购买专业活动用甲材料1 000千克，每千克1 000元，增值税为170 000元，材料款项实行财政直接支付。该事业单位的账务处理如下：

借：存货——甲材料	1 170 000	
贷：财政补助收入		1 170 000

【例4-41】某事业单位为增值税一般纳税人，其非独立核算部门为生产产品购进乙材料2 000千克，每千克50元，增值税为17 000元，款项以银行存款支付。该事业单位的账务处理如下：

借：存货——乙材料	100 000	
应缴税费——应缴增值税（进项税额）	17 000	
贷：银行存款		117 000

【例4-42】如果前例中的事业单位购进的是自用材料，该事业单位的账务处理如下：

借：存货——乙材料	117 000	
贷：银行存款		117 000

【例4-43】某事业单位为增值税小规模纳税人，从“单位零余额账户”支用款项购买专业活动用丙材料200千克，每千克50元，增值税为1 700元。此外，以现金支付运杂费800元。该事业单位的账务处理如下：

借：存货——丙材料	12 500	
贷：零余额账户用款额度		11 700
库存现金		800

（2）自行加工的存货。事业单位自行加工的存货在加工过程中发生各种费用时，借

记本科目（生产成本），贷记本科目（领用材料相关的明细科目）、“应付职工薪酬”、“银行存款”等科目；加工完成的存货验收入库，按照所发生的实际成本，借记本科目（相关明细科目），贷记本科目（生产成本）。

【例4-44】某事业单位自行加工专用材料，领用A材料5 000元、以现金支付人工费1 500元。专用材料加工完成，验收合格并入库。该事业单位的账务处理如下：

- 支付料工费时，

借：存货——生产成本　　6 500

　贷：存货——A材料　　5 000

　　　库存现金　　1 500

- 加工完成验收入库时，

借：存货——专用材料　　6 500

　贷：存货——生产成本　　6 500

（3）接受捐赠、无偿调入的存货。事业单位接受捐赠、无偿调入的存货验收入库，按照确定的成本，借记本科目，按照发生的相关税费、运输费等，贷记“银行存款”等科目，按照其差额，贷记“其他收入”科目；按照名义金额入账的情况下，按照名义金额，借记本科目，贷记“其他收入”科目；按照发生的相关税费、运输费等，借记“其他支出”科目，贷记“银行存款”等科目。

【例4-45】某事业单位接受一装具公司捐赠的装具一批，价值50 000元，发生运输费500元，以现金支付。

借：存货——装具　　50 500

　贷：库存现金　　500

　　　其他收入　　50 000

（4）存货的领用。事业单位开展业务活动等领用、发出存货，按领用、发出存货的实际成本，借记“事业支出”、“经营支出”等科目，贷记本科目。

【例4-46】某事业单位领用专业活动用甲材料500千克，每千克平均单价为980元，经营活动用丙材料500千克，每千克平均单价为480元。该事业单位的账务处理如下：

借：事业支出　　490 000

　　经营支出　　240 000

　贷：存货——甲材料　　490 000

　　　　　——丙材料　　240 000

（5）存货的对外捐赠、无偿调出。事业单位对外捐赠、无偿调出存货，转入待处置资产时，按照存货的账面余额，借记“待处置资产损溢”科目，贷记本科目；属于增值税一般纳税人的事业单位对外捐赠、无偿调出购进的非自用材料，转入待处置资产时，按照存货的账面余额与相关增值税进项税额转出金额的合计金额，借记“待处置资产损溢”科目，按存货的账面余额，贷记本科目，按转出的增值税进项税额，贷记“应缴税费——应缴增值税（进项税额转出）”科目。实际捐出、调出存货时，按照“待处置资产损溢”科目的相应余额，借记“其他支出”科目，贷记“待处置资产损溢”科目。

【例4-47】事业单位为增值税一般纳税人，准备将之前购进的AB非自用材料无偿调给兄弟单位。该材料账面余额50 000元，购入时增值税专用发票上注明的增值税额为8 500元。将该材料转入待处置资产时，该事业单位的账务处理如下

借：待处置资产损溢　　58 500

　贷：存货——AB材料　　50 000

　　应缴税费——应缴增值税（进项税额转出）　　8 500

（6）存货的盘点。事业单位的存货应当定期进行清查盘点，每年至少盘点一次。对于发生的存货盘盈、盘亏或者报废、毁损，应当及时查明原因，按规定报经批准后进行账务处理。

盘盈的存货，按照确定的入账价值，借记本科目，贷记“其他收入”科目。

盘亏或者毁损、报废的存货，转入待处置资产时，按照待处理存货的账面余额，借记“待处置资产损溢”科目，贷记本科目；属于增值税一般纳税人的事业单位购进的非自用材料发生盘亏或者毁损、报废的，转入待处置资产时，按照存货的账面余额与相关增值税进项税额转出金额的合计金额，借记“待处置资产损溢”科目，按存货的账面余额，贷记本科目，按转出的增值税进项税额，贷记“应缴税费——应缴增值税（进项税额转出）”科目。报经批准予以处理时，按照“待处置资产损溢”科目的相应余额，借记“其他支出”科目，贷记“待处置资产损溢”科目。处理存货过程中所取得的收入、发生的费用，以及处理收入扣除相关处理费用后的净收入的账务处理，参见“待处置资产损溢”科目。

【例4-48】某事业单位为增值税小规模纳税人，在年终盘点库存材料时，发现事业用甲材料多余20千克，该类材料的市场价格为每千克1 000元，尚未入账；经营用乙材料短缺40千克，每千克50元。该事业单位的账务处理如下：

●甲材料盘盈，

借：存货——甲材料　　20 000

　贷：其他收入　　20 000

●乙材料盘亏，

• 将乙材料转入待处置资产时

借：待处置资产损溢　　2 000

　贷：存货——乙材料　　2 000

• 报经批准对乙材料予以处置时

借：其他支出　　2 000

　贷：待处置资产损溢　　2 000

【例4-49】某事业单位为增值税一般纳税人，在年终盘点库存材料时，发现AB非自用材料发生毁损。该材料账面余额为5 000元，增值税进项税额为850元，该材料变价收入为1 000元，已存入银行，以现金支付运输费200元。该事业单位的账务处理如下：

●将毁损材料转入待处置资产时

借：待处置资产损溢　5 850

　贷：存货——AB材料　5 000

　　　应缴税费——应缴增值税（进项税额转出）　850

●报经批准予以处置时

借：其他支出　5 850

　贷：待处置资产损溢　5 850

●取得材料出售变价收入时

借：银行存款　1 000

　贷：待处置资产损溢　1 000

●发生运输费时

借：待处置资产损溢　200

　贷：库存现金　200

●处置净收入时

借：待处置资产损溢　800

　贷：应缴国库款　800

二、非流动资产

非流动资产是指流动资产以外的资产，包括长期投资、在建工程、固定资产、无形资产等。

（一）长期投资

1.长期投资的含义

事业单位长期投资是指事业单位依法取得的，持有时间超过一年（不含一年）的各种股权和债权性质的投资。

2.长期投资的确认和计量

（1）长期投资的确认。长期投资应当在取得时予以确认。

（2）长期投资的计量。长期股权投资应当按照取得时的实际成本计量，长期股权投资持有期间的投资收益（收到的利润等），按照实际收到的金额计量。

长期债券投资应当按照取得时的实际成本计量；长期债券投资持有期间收到利息，按照实际收到的金额计量。

3.长期投资的核算

为核算依法取得的长期投资，事业单位应设置“长期投资”科目。本科目应当按照长期投资的种类和被投资单位等进行明细核算。本科目期末借方余额，反映事业单位持有的长期投资成本。

（1）长期股权投资

①长期股权投资的取得

长期股权投资的取得有三种情况：

其一，事业单位以货币资金取得的长期股权投资，按照实际支付的全部价款（包括购买价款以及税金、手续费等相关税费）作为投资成本，借记本科目，贷记“银行存款”等科目；同时，按照投资成本金额，借记“事业基金”科目，贷记“非流动资产基金——长期投资”科目。

【例4-50】某事业单位以银行存款1 000 000元在公开市场买入甲公司2%的股份，在购买过程中支付手续费25 000元。该事业单位的账务处理如下：

借：长期投资——股权投资——甲公司　　1 025 000

　贷：银行存款　　1 025 000

同时，

借：事业基金　　1 025 000

　贷：非流动资产基金——长期投资　　1 025 000

其二，事业单位以固定资产取得的长期股权投资，按照评估价值加上相关税费作为投资成本，借记本科目，贷记“非流动资产基金——长期投资”科目，按发生的相关税费，借记“其他支出”科目，贷记“银行存款”、“应缴税费”等科目；同时，按照投出固定资产对应的非流动资产基金，借记“非流动资产基金——固定资产”科目，按照投出固定资产已计提折旧，借记“累计折旧”科目，按投出固定资产的账面余额，贷记“固定资产”科目。

【例4-51】某事业单位以一幢公寓楼对乙单位进行投资入股，该事业单位参与乙单位利润分配，共同承担投资风险。该公寓楼评估价为2 000 000元，账面余额3 000 000元，已计提折旧1 200 000元。另外，支付资产评估费用50 000元。该事业单位的账务处理如下：

借：长期投资——股权投资——乙单位　　2 050 000

　贷：非流动资产基金——长期投资　　2 050 000

借：其他支出　　50 000

　贷：银行存款　　50 000

同时，

借：非流动资产基金——固定资产　　1 800 000

　　累计折旧　　1 200 000

　贷：固定资产　　3 000 000

其三，事业单位以已入账无形资产取得的长期股权投资，按照评估价值加上相关税费作为投资成本，借记本科目，贷记“非流动资产基金——长期投资”科目，按发生的相关税费，借记“其他支出”科目，贷记“银行存款”、“应缴税费”等科目；同时，按照投出无形资产对应的非流动资产基金，借记“非流动资产基金——无形资产”科目，按照投出无形资产已计提摊销，借记“累计摊销”科目，按照投出无形资产的账面余额，贷记“无形资产”科目。以未入账无形资产取得的长期股权投资，按照评估价值加上相关税费作为投资成本，借记本科目，贷记“非流动资产基金——长期投资”科目，按发生的相关税费，借记“其他支出”科目，贷记“银行存款”、“应缴税费”等科目。

【例4-52】某事业单位以一项专利权对丙单位进行投资入股，该事业单位参与丙单位利润分配，共同承担投资风险。该专利权的评估价值为500 000元，账面余额600 000元，已计提摊销300 000元。另外，支付资产评估费用10 000元。该事业单位的账务处理如下：

借：长期投资——股权投资——丙单位　　510 000
　贷：非流动资产基金——长期投资　　510 000
借：其他支出　　10 000
　贷：银行存款　　10 000

同时，

借：非流动资产基金——无形资产　　300 000
　　累计摊销　　300 000
　贷：无形资产　　600 000

②长期股权投资的收益和损失

事业单位在长期股权投资持有期间，收到利润等投资收益时，按照实际收到的金额，借记“银行存款”等科目，贷记“其他收入——投资收益”科目。因被投资单位破产清算等原因，有确凿证据表明长期股权投资发生损失，按规定报经批准后予以核销。将待核销长期股权投资转入待处置资产时，按照待核销的长期股权投资账面余额，借记“待处置资产损溢”科目，贷记本科目；报经批准予以核销时，借记“非流动资产基金——长期投资”科目，贷记“待处置资产损溢”科目。

【例4-53】某事业单位持有甲公司2%的股权，20×1年从甲公司分得利润10 000元。该事业单位的账务处理如下：

借：银行存款　　10 000
　贷：其他收入——投资收益　　10 000

【例4-54】某事业单位持有A公司3%的股权，此长期股权投资的账面余额300 000元。因A公司经营不善实行破产清算准备予以核销。该事业单位的账务处理如下：

• 将待核销长期股权投资转入待处置资产时，

借：待处置资产损溢　　300 000
　贷：长期投资——股权投资　　300 000

• 报经批准予以核销时，

借：非流动资产基金——长期投资　　300 000
　贷：待处置资产损溢　　300 000

③长期股权投资的转让

事业单位转让长期股权投资，转入待处置资产时，按照待转让长期股权投资的账面余额，借记“待处置资产损溢”科目，贷记本科目；实际转让时，按照所转让长期股权投资对应的非流动资产基金，借记“非流动资产基金——长期投资”科目，贷记“待处置资产损溢”科目。转让长期股权投资过程中取得价款、发生相关税费，以及转让价款扣除相关税费后的净收入的账务处理，参见“待处置资产损溢”科目。

【例4-55】【例4-51】中的事业单位将以不动产投资入股所持有的乙单位1%的股权转让，该股权投资的账面余额205 000元，实际转让时收到价款210 000元，支付手续费10 000元。该事业单位的账务处理如下：

• 转入待处置资产时，

借：待处置资产损溢	205 000	
贷：长期投资——股权投资——乙单位		205 000

• 实际转让时，

借：非流动资产基金——长期投资	205 000	
贷：待处置资产损溢		205 000

• 收到转让价款时，

借：银行存款	210 000	
贷：待处置资产损溢		210 000

• 支付手续费时，

借：待处置资产损溢	10 000	
贷：银行存款		10 000

• 处置净收入时，

借：待处置资产损溢	200 000	
贷：应缴国库款		200 000

（2）长期债券投资

①长期债券投资的取得

事业单位以货币资金购入的长期债券投资，按照实际支付的全部价款（包括购买价款以及税金、手续费等相关税费）作为投资成本，借记本科目，贷记“银行存款”等科目；同时，按照投资成本金额，借记“事业基金”科目，贷记“非流动资产基金——长期投资”科目。

【例4-56】某事业单位购入三年期的国库券，实际支付价款500 000元，款项以银行存款支付。该事业单位的账务处理如下：

借：长期投资——债券投资——国库券	500 000	
贷：银行存款		500 000

同时，

借：事业基金	500 000	
贷：非流动资产基金——长期投资		500 000

②长期债券投资利息

事业单位在长期债券投资持有期间收到利息时，按照实际收到的金额，借记“银行存款”等科目，贷记“其他收入——投资收益”科目。

【例4-57】 某事业单位以前年度购买的国库券到期，兑付本金20 000元，利息1 000元，款项已存入银行。该事业单位的账务处理如下：

借：银行存款　　21 000
　贷：长期投资——债券投资——国库券　　20 000
　　其他收入——投资收益　　1 000

同时，

借：非流动资产基金——长期投资　　20 000
　贷：事业基金　　20 000

③长期债券投资的到期和转让

事业单位对外转让或到期收回长期债券投资本息，按照实际收到的金额，借记“银行存款”等科目，按照收回长期投资的成本，贷记本科目，按照其差额，贷记或借记“其他收入——投资收益”科目；同时，按照收回长期投资对应的非流动资产基金，借记“非流动资产基金——长期投资”科目，贷记“事业基金”科目。

【例4-58】 某事业单位因解决资金周转困难，将持有的尚未到期的国库券转让，该国库券投资成本20 000元，转让价款18 000元，款项已存入银行。该事业单位的账务处理如下：

借：银行存款　　18 000
　其他收入——投资收益　　2 000
　贷：长期投资——债券投资——国库券　　20 000

同时，

借：非流动资产基金——长期投资　　20 000
　贷：事业基金　　20 000

（二）固定资产

1.固定资产的概念

固定资产是指使用年限在一年以上，单位价值在规定的标准以上，并在使用过程中基本保持原来物质形态的资产。

按《事业单位财务规则》的规定，事业单位固定资产的单位价值标准为：一般设备在1 000元以上，专用设备在1 500元以上；单位价值虽未达到规定标准，但是耐用时间在一年以上的大批同类物资，也作为固定资产进行核算与管理。

2.固定资产的分类

事业单位的固定资产可分为以下六类：

（1）房屋及建筑物。指事业单位占有和使用的房屋、建筑物及其附属设施。其中，房屋包括办公用房、生产经营用房、仓库、职工生产用房、食堂用房、锅炉房等；建筑物包括道路、围墙、水塔、雕塑等；附属设施包括房屋、建筑物内的电梯、通讯线路、输电线路、水气管道等。

（2）专用设备。指事业单位根据业务的实际需要购置的各种具有专门性能和专门用途的设备，包括各种仪器和机械设备、医疗器械、文体事业单位的文体设备等。

（3）通用设备。指事业单位用于业务活动的办公和事务用的通用性设备、交通工具、通讯工具等。

（4）文物和陈列品。指博物馆、展览馆、纪念馆等事业单位的古玩、字画、纪念品、装饰品、展品、藏品等。

（5）图书、档案。指事业单位的图书馆（室）、阅览室的图书、资料以及档案馆（室）的档案等。

（6）家具、用具、装具及动植物。

3.固定资产的确认和计量

（1）固定资产的确认

事业单位的固定资产应当按照以下条件确认：

①购入、无偿调入、接受捐赠不需安装的固定资产，在固定资产验收合格时确认。

②购入、无偿调入、接受捐赠需要安装的固定资产，在固定资产安装完成交付使用时确认。

③自行建造、改建、扩建的固定资产，在建造完成交付使用时确认。

（2）固定资产的计量

事业单位固定资产在取得时，应当按照其实际成本入账。事业单位固定资产取得的方式主要有：购入、自行建造、改扩建、融资租赁、接受捐赠、无偿调入、盘盈等。

不同方式取得的固定资产，其实际成本的确定方法如下：

①购入的固定资产，其成本包括购买价款、相关税费以及固定资产交付使用前所发生的可归属于该项资产的运输费、装卸费、安装调试费和专业人员服务费等。以一笔款项购入多项没有单独标价的固定资产，按照各项固定资产同类或类似资产市场价格的比例对总成本进行分配，分别确定各项固定资产的入账成本。

②自行建造的固定资产，其成本包括建造该项资产至交付使用前所发生的全部必要支出。

③在原有固定资产基础上进行改建、扩建、修缮后的固定资产，其成本按照原固定资产账面价值（“固定资产”科目账面余额减去“累计折旧”科目账面余额后的净值）加上改建、扩建、修缮发生的支出，再扣除固定资产拆除部分的账面价值后的金额确定。

④以融资租赁方式租入的固定资产，其成本按照租赁协议或者合同确定的租赁价款、相关税费以及固定资产交付使用前所发生的可归属于该项资产的运输费、途中保险费、安装调试费等确定。

⑤接受捐赠、无偿调入的固定资产，其成本按照有关凭据注明的金额加上相关税费、运输费等确定；没有相关凭据的，其成本比照同类或类似固定资产的市场价格加上相关税费、运输费等确定；没有相关凭据、同类或类似固定资产的市场价格也无法可靠取得的，该固定资产按照名义金额入账。

⑥盘盈的固定资产，按照同类或类似固定资产的市场价格确定入账价值；同类或类似固定资产的市场价格无法可靠取得的，按照名义金额入账。

4.固定资产科目的设置及核算内容

为了核算固定资产的原价，事业单位应设置“固定资产”科目。事业单位应当根据固定资产定义，结合本单位的具体情况，制定适合于本单位的固定资产目录、具体分类方法，作为进行固定资产核算的依据。事业单位应当设置“固定资产登记簿”和“固定资产卡片”，按照固定资产类别、项目和使用部门等进行明细核算。出租、出借的固定资产，应当设置备查簿进行登记。本科目借方余额，反映事业单位固定资产原价。

事业单位“固定资产”科目核算的内容包括：

（1）事业单位符合固定资产定义的固定资产通过本科目核算。

（2）事业单位对于应用软件，如果其构成相关硬件不可缺少的组成部分，应当将该软件价值包括在所属硬件价值中，一并作为固定资产进行核算；如果其不构成相关硬件不可缺少的组成部分，应当将该软件作为无形资产核算。

（3）事业单位以经营租赁租入的固定资产，不作为固定资产核算，应当另设备查簿进行登记。

（4）购入需要安装的固定资产，应当先通过“在建工程”科目核算，安装完毕交付使用时再转入本科目核算。

5.固定资产取得的核算

（1）购入的固定资产

事业单位购入不需安装的固定资产，按照确定的固定资产成本，借记本科目，贷记“非流动资产基金——固定资产”科目；同时，按照实际支付金额，借记“事业支出”、“经营支出”、“专用基金——修购基金”等科目，贷记“财政补助收入”、“零余额账户用款额度”、“银行存款”等科目。

购入需要安装的固定资产，先通过“在建工程”科目核算；安装完工交付使用时，借记本科目，贷记“非流动资产基金——固定资产”科目；同时，借记“非流动资产基金——在建工程”科目，贷记“在建工程”科目。

购入固定资产扣留质量保证金的，应当在取得固定资产时，按照确定的成本，借记本科目[不需安装]或“在建工程”科目[需要安装]，贷记“非流动资产基金——固定资产、在建工程”科目；同时取得固定资产全款发票的，应当同时按照构成资产成本的全部支出金额，借记“事业支出”、“经营支出”、“专用基金——修购基金”等科目，按照实际支付金额，贷记“财政补助收入”、“零余额账户用款额度”、“银行存款”等科目，按照扣留的质量保证金，贷记“其他应付款”[扣留期在一年以内（含一年）]或“长期应付款”[扣留期超过一年]科目。取得的发票金额不包括质量保证金的，应当同时按照不包括质量保证金的支出金额，借记“事业支出”、“经营支出”、“专用基金——修购基金”等科目，贷记“财政补助收入”、“零余额账户用款额度”、“银行存款”等科目。质保期满支付质量保证金时，借记“其他应付款”、“长期应付款”科目，或借记“事业支出”、“经营支出”、“专用基金——修购基金”等科目，贷记“财政补助收入”、“零余额账户用款额度”、“银行存款”等科目。

【例4-59】某事业单位为增值税小规模纳税人，为开展专业活动购买专用设备一台，取得的增值税专用发票上注明的设备价款500 000元，增值税进项税额85 000元，支付运输费5 000元，款项实行财政直接支付。设备直接交付使用。该事业单位的账务处理如下：

借：固定资产——专用设备　　590 000
　贷：非流动资产基金——固定资产　　590 000

同时，

借：事业支出　　590 000
　贷：财政补助收入　　590 000

事业单位购入需要安装的固定资产的核算举例参见【例4-73】。

【例4-60】假设上例中的专用设备需要按照设备价款的10%扣留质量保证金50 000元，半年后无质量问题再支付质量保证金。该事业单位的账务处理如下：

借：固定资产——专用设备　　590 000
　贷：非流动资产基金——固定资产　　590 000

同时，

借：事业支出　　590 000
　贷：财政补助收入　　540 000
　　　其他应付款　　50 000

【例4-61】某事业单位为增值税一般纳税人，其为非独立核算的经营活动购买专用设备一台，取得的增值税专用发票上注明的设备价款200 000元，增值税进项税额34 000元，以银行存款付讫。该事业单位的账务处理如下：

借：固定资产——专用设备　　200 000
　　应缴税费——应缴增值税（进项税额）　　34 000
　贷：非流动资产基金——固定资产　　234 000

同时，

借：经营支出　　234 000
　贷：银行存款　　234 000

【例4-62】某事业单位为增值税小规模纳税人，使用专用基金——修购基金购买办公设备一台，发票全款金额150 000元，以银行存款付讫。该事业单位的账务处理如下：

借：固定资产——通用设备　　150 000
　贷：非流动资产基金——固定资产　　150 000

同时，

借：专用基金——修购基金　　150 000
　贷：银行存款　　150 000

（2）自行建造的固定资产

事业单位自行建造的固定资产，工程完工交付使用时，按自行建造过程中发生的实际支出，借记本科目，贷记“非流动资产基金——固定资产”科目；同时，借记“非流动资产基金——在建工程”科目，贷记“在建工程”科目。已交付使用但尚未办理竣工决算手续的固定资产，按照估计价值入账，待确定实际成本后再进行调整。

【例4-63】某事业单位以出包方式自行建造的办公楼工程完工交付使用。该办公楼在自行建造过程中共发生实际支出5 000 000元。该事业单位的账务处理如下：

借：固定资产——房屋及建筑物　　5 000 000

　贷：非流动资产基金——固定资产　　5 000 000

同时，

借：非流动资产基金——在建工程　　5 000 000

　贷：在建工程　　5 000 000

（3）在原有固定资产基础上进行改建、扩建、修缮后的固定资产

事业单位将固定资产转入改建、扩建、修缮时，按固定资产的账面价值，借记“在建工程”科目，贷记“非流动资产基金——在建工程”科目；同时，按固定资产对应的非流动资产基金，借记“非流动资产基金——固定资产”科目，按固定资产已计提折旧，借记“累计折旧”科目，按固定资产的账面余额，贷记本科目。工程完工交付使用时，借记本科目，贷记“非流动资产基金——固定资产”科目；同时，借记“非流动资产基金——在建工程”科目，贷记“在建工程”科目。相关举例参见【例4-72】。

（4）以融资租赁租入的固定资产

事业单位融资租入的固定资产，按照确定的成本，借记本科目[不需安装]或“在建工程”科目[需安装]，按照租赁协议或者合同确定的租赁价款，贷记“长期应付款”科目，按照其差额，贷记“非流动资产基金——固定资产、在建工程”科目。同时，按照实际支付的相关税费、运输费、途中保险费、安装调试费等，借记“事业支出”、“经营支出”等科目，贷记“财政补助收入”、“零余额账户用款额度”、“银行存款”等科目。定期支付租金时，按照支付的租金金额，借记“事业支出”、“经营支出”等科目，贷记“财政补助收入”、“零余额账户用款额度”、“银行存款”等科目；同时，借记“长期应付款”科目，贷记“非流动资产基金——固定资产”科目。跨年度分期付款购入固定资产的账务处理，参照融资租入固定资产。

【例4-64】某事业单位以融资租赁方式从租赁公司租入不需要安装的生产用设备一台。按照租赁协议确定的设备价款为100 000元（不考虑增值税），租赁期四年，年利率为10%，采用年平均分摊法计算每年年末支付的租金（包括设备价款、利息）。另外支付手续费、运输费、途中保险费等10 000元。该事业单位的账务处理如下：

• 租入设备时，

借：固定资产——专用设备　　110 000

　贷：长期应付款　　100 000

贷：非流动资产基金——固定资产 10 000

• 以银行存款支付运输费等费用时，

借：经营支出 10 000

贷：银行存款 10 000

• 第一年到第四年各年末租金的计算与支付如下，

四年利息总额=10×（1+10%）^{4}−10=10×1.464−10=4.64（万元）

每年支付租金=（10+4.64）÷4=3.66（万元）

每年支付的租金3.66万元中包括设备购置成本2.5万元，利息1.16万元。

借：经营支出 36 600

贷：银行存款 36 600

同时，

借：长期应付款 25 000

贷：非流动资产基金——固定资产 25 000

需要说明的是，第四年末支付租金后，该项融资租入固定资产的“固定资产”科目与“非流动资产基金——固定资产”科目的账面余额才达到一致。即在租金尚未全部支付之前这两个会计科目的账面余额是不一致的，其差额为尚未支付的租金金额。

融资租入的需要安装的固定资产核算例题参见【例4−74】。

（5）接受捐赠、无偿调入的固定资产

事业单位接受捐赠、无偿调入的固定资产，按照确定的固定资产成本，借记本科目[不需安装]或“在建工程”科目[需安装]，贷记“非流动资产基金——固定资产、在建工程”科目；按照发生的相关税费、运输费等，借记“其他支出”科目，贷记“银行存款”等科目。

【例4−65】某事业单位接受外单位捐赠的笔记本电脑10台，价值120 000元，发生运输费2 000元，以银行存款付讫。该事业单位的账务处理如下：

借：固定资产——通用设备 122 000

贷：非流动资产基金——固定资产 122 000

借：其他支出 2 000

贷：银行存款 2 000

6.固定资产折旧的核算

（1）固定资产折旧的含义

折旧是指在固定资产使用寿命内，按照确定的方法对应折旧金额进行系统分摊。应折旧金额是指应当计提折旧的固定资产的原价扣除其预计净残值后的金额。事业单位固定资产的应折旧金额为其成本，计提固定资产折旧不考虑预计净残值。

（2）固定资产折旧范围

事业单位应当对固定资产计提折旧，但文物和陈列品、动植物、图书、档案、以名义金额计量的固定资产除外。事业单位在确定计提折旧的范围时还应注意以下问题：

①事业单位应当根据固定资产的性质和实际使用情况，合理确定其折旧年限。省级以上财政部门、主管部门对事业单位固定资产折旧年限做出规定的，从其规定。

②事业单位一般应当按月计提固定资产折旧。当月增加的固定资产，当月不提折旧，从下月起计提折旧；当月减少的固定资产，当月照提折旧，从下月起不提折旧。

③固定资产提足折旧后，无论能否继续使用，均不再计提折旧；提前报废的固定资产，也不再补提折旧。已提足折旧的固定资产，可以继续使用的，应当继续使用，规范管理。

④计提融资租入固定资产折旧时，应当采用与自有固定资产相一致的折旧政策。能够合理确定租赁期届满时将会取得租入固定资产所有权的，应当在租入固定资产尚可使用年限内计提折旧；无法合理确定租赁期届满时能够取得租入固定资产所有权的，应当在租赁期与租入固定资产尚可使用年限两者中较短的期间内计提折旧。

⑤固定资产因改建、扩建或修缮等原因而延长其使用年限的，应当按照重新确定的固定资产的成本以及重新确定的折旧年限，重新计算折旧额。

（3）固定资产折旧方法

固定资产折旧方法指将应折旧金额在固定资产各使用期间进行分配时所采用的具体计算方法。事业单位一般应当采用年限平均法或工作量法计提固定资产折旧。各方法计算原理参见行政单位固定资产折旧的核算。

（4）固定资产折旧的核算

事业单位固定资产采用“虚提”折旧模式，在计提折旧时冲减相关净资产，而非计入当期支出。

为了核算事业单位固定资产计提的累计折旧，事业单位应设置“累计折旧”科目。本科目应当按照所对应固定资产的类别、项目等进行明细核算。本科目期末贷方余额，反映事业单位计提的固定资产折旧累计数。

事业单位按月计提固定资产折旧时，按照应计提折旧金额，借记“非流动资产基金——固定资产”科目，贷记本科目。固定资产处置时，按照所处置固定资产的账面价值，借记“待处置资产损溢”科目，按照已计提折旧，借记本科目，按照固定资产的账面余额，贷记“固定资产”科目。

【例4-66】某事业单位的一台专用设备原价45 000元，预计使用年限五年，该设备折旧采用年限平均法。则该设备月折旧额的计算及账务处理如下：

年折旧额=45 000÷5=9 000（元）

月折旧额=9 000÷12=750（元）

借：非流动资产基金——固定资产	750	
贷：累计折旧——专用设备		750

7.与固定资产有关的后续支出的核算

事业单位与固定资产有关的后续支出，应分别以下情况处理：

（1）为增加固定资产使用效能或延长其使用年限而发生的改建、扩建或修缮等后续支出，应当计入固定资产成本，通过“在建工程”科目核算，完工交付使用时转入本科目。有关账务处理参见“在建工程”科目。

（2）为维护固定资产的正常使用而发生的日常修理等后续支出，应当计入当期支出但不计入固定资产成本，借记“事业支出”、“经营支出”等科目，贷记“财政补助收入”、“零余额账户用款额度”、“银行存款”等科目。

8.固定资产出售、无偿调出、对外捐赠、对外投资的核算

事业单位出售、无偿调出、对外捐赠固定资产，转入待处置资产时，按照待处理固定资产的账面价值，借记“待处置资产损溢”科目，按照已计提折旧，借记“累计折旧”科目，按照固定资产的账面余额，贷记本科目。实际出售、调出、捐出时，按照处理固定资产对应的非流动资产基金，借记“非流动资产基金——固定资产”科目，贷记“待处置资产损溢”科目。出售固定资产过程中取得价款、发生相关税费，以及出售价款扣除相关税费后的净收入的账务处理，参见“待处置资产损溢”科目。以固定资产对外投资的账务处理参见长期投资的核算。

【例4-67】某事业单位（不缴纳增值税）经上级批准将不需用的电器一台出售，其账面余额为400 000元，已计提折旧200 000元，出售价款15 000元，款项已存入银行。假设没有其他费用发生。该事业单位的账务处理如下：

• 转入待处置资产时，

借：待处置资产损溢	200 000	
累计折旧	200 000	
贷：固定资产——通用设备		400 000

• 实际出售时，

借：非流动资产基金——固定资产	200 000	
贷：待处置资产损溢		200 000

• 取得出售价款时，

借：银行存款	15 000	
贷：待处置资产损溢		15 000

• 处置净收入时，

借：待处置资产损溢	15 000	
贷：应缴国库款		15 000

【例4-68】某事业单位（不缴纳增值税）将不需要的计算机捐赠给希望工程，其账面余额为40 000元，已计提折旧10 000元。该事业单位的账务处理如下：

• 转入待处置资产时，

借：待处置资产损溢	30 000	
累计折旧	10 000	
贷：固定资产——通用设备		40 000

• 实际捐赠时，

借：非流动资产基金——固定资产　　30 000
　贷：待处置资产损溢　　30 000

9.固定资产盘点的核算

事业单位的固定资产应当定期进行清查盘点，每年至少盘点一次。对于发生的固定资产盘盈、盘亏或者报废、毁损，应当及时查明原因，按规定报经批准后进行账务处理。

（1）盘盈的固定资产

事业单位盘盈的固定资产，按确定的入账价值，借记本科目，贷记“非流动资产基金——固定资产”科目。

【例4-69】某事业单位年终在固定资产清查过程中，发现一台电脑没有入账，该类电脑的市场价格为12 000元。该事业单位的账务处理如下：

借：固定资产——通用设备　　12 000
　贷：非流动资产基金——固定资产　　12 000

（2）盘亏或者毁损、报废的固定资产

事业单位盘亏或者毁损、报废的固定资产，转入待处置资产时，按照待处理固定资产的账面价值，借记“待处置资产损溢”科目，按照已计提折旧，借记“累计折旧”科目，按照固定资产的账面余额，贷记本科目。报经批准予以处理时，按照处置固定资产对应的非流动资产基金科目，借记“非流动资产基金——固定资产”科目，贷记“待处置资产损溢”科目。处理毁损、报废固定资产过程中所取得的收入、发生的相关费用，以及处理收入扣除相关费用后的净收入的账务处理，参见“待处置资产损溢”科目。

【例4-70】某事业单位经上级批准报废已经无法使用的汽车一辆，其账面余额为200 000元，已计提折旧160 000元，出售价款10 000元，款项已存入银行，以现金支付清理费用500元。该事业单位的账务处理如下：

● 转入待处置资产时，

借：待处置资产损溢　　40 000
　　累计折旧　　160 000
　贷：固定资产——通用设备　　200 000

● 报经批准予以处理时，

借：非流动资产基金——固定资产　　40 000
　贷：待处置资产损溢　　40 000

● 取得出售价款时，

借：银行存款　　10 000
　贷：待处置资产损溢　　10 000

● 支付清理费用时，

借：待处置资产损溢　　500
　贷：库存现金　　500

• 处置净收入时，

借：待处置资产损溢　　9 500

　贷：应缴国库款　　9 500

【例 4-71】某事业单位年终在固定资产清查过程中盘亏图书一批，其账面余额为 20 000 元。该事业单位的账务处理如下：

• 转入待处置资产时，

借：待处置资产损溢　　20 000

　贷：固定资产——图书　　20 000

• 报经批准予以处理时，

借：非流动资产基金——固定资产　　20 000

　贷：待处置资产损溢　　20 000

（三）在建工程

1. 在建工程的含义

事业单位在建工程是指事业单位已经发生必要支出，但尚未完工交付使用的各种建筑（包括新建、改建、扩建、修缮等）工程和设备安装工程。

2. 在建工程的确认和计量

在建工程应当在已经发生必要在建工程支出，但尚未完工交付使用时确认，并分别以下情况进行计量：

（1）新建在建工程，按照实际支付的工程价款加上建设期间发生的借款利息计量。

（2）改建、扩建、修缮在建工程，按照改建、扩建、修缮的固定资产的账面价值加上改建、扩建、修缮发生的成本计量。

（3）安装在建工程，按照固定资产的购入成本加上安装费用计量。

3. 在建工程的核算

为了核算已经发生必要支出，但尚未完工交付使用的各种建筑（包括新建、改建、扩建、修缮等）和设备安装工程的实际成本，事业单位应设置“在建工程”科目。本科目应当按照工程性质和具体工程项目等设置明细账。事业单位应当在本科目下设置“基建工程”明细科目，核算由基建账套并入的在建工程成本，有关基建并账的具体账务处理另行规定。事业单位的基本建设投资应当按照国家有关规定单独建账、单独核算，同时按照《事业单位会计制度》的规定至少按月并入本科目及其他相关科目反映。本科目期末借方余额，反映事业单位尚未完工的在建工程发生的实际成本。

（1）建筑工程的核算

①建筑工程转入。事业单位将固定资产转入改建、扩建或修缮等时，按照固定资产的账面价值，借记本科目，贷记“非流动资产基金——在建工程”科目；同时，按照固定资产对应的非流动资产基金，借记“非流动资产基金——固定资产”科目，按照已计提折旧，借记“累计折旧”科目，按照固定资产的账面余额，贷记“固定资产”科目。

②建筑工程价款结算。事业单位根据工程价款结算账单与施工企业结算工程价款

时，按照实际支付的工程价款，借记本科目，贷记“非流动资产基金——在建工程”科目；同时，借记“事业支出”等科目，贷记“财政补助收入”、“零余额账户用款额度”、“银行存款”等科目。

③建筑工程借款利息。事业单位为建筑工程借入的专门借款的利息，属于建设期间发生的，计入在建工程成本，借记本科目，贷记“非流动资产基金——在建工程”科目；同时，借记“其他支出”科目，贷记“银行存款”科目。

④建筑工程完工交付使用。建筑工程完工交付使用时，按照建筑工程所发生的实际成本，借记“固定资产”科目，贷记“非流动资产基金——固定资产”科目；同时，借记“非流动资产基金——在建工程”科目，贷记本科目。

【例4-72】某事业单位对一幢办公楼进行扩建，该办公楼账面价值2 000 000元，账面余额8 000 000元，已计提折旧6 000 000元。该办公楼用两个月完成扩建，共支付工程价款1 000 000元，全部实行财政直接支付。办公楼用扩建完工后直接交付使用。该事业单位的账务处理如下：

• 转入扩建时，

借：在建工程——建筑工程——办公楼	2 000 000	
贷：非流动资产基金——在建工程		2 000 000

同时，

借：非流动资产基金——固定资产	2 000 000	
累计折旧	6 000 000	
贷：固定资产		8 000 000

• 支付工程价款时，

借：在建工程——建筑工程——办公楼	1 000 000	
贷：非流动资产基金——在建工程		1 000 000

同时，

借：事业支出	1 000 000	
贷：财政补助收入		1 000 000

• 扩建完工后直接交付使用时，

借：固定资产	3 000 000	
贷：非流动资产基金——固定资产		3 000 000
借：非流动资产基金——在建工程	3 000 000	
贷：在建工程——建筑工程——办公楼		3 000 000

（2）设备安装工程的核算

①购入需要安装设备。事业单位购入需要安装的设备，按照确定的成本，借记本科目，贷记“非流动资产基金——在建工程”科目；同时，按照实际支付金额，借记“事业支出”、“经营支出”等科目，贷记“财政补助收入”、“零余额账户用款额度”、“银行存款”等科目。融资租入需要安装的设备，按照确定的成本，借记本科目，按照租赁协

议或者合同确定的租赁价款，贷记“长期应付款”科目，按照其差额，贷记“非流动资产基金——在建工程”科目。同时，按照实际支付的相关税费、运输费、途中保险费等，借记“事业支出”、“经营支出”等科目，贷记“财政补助收入”、“零余额账户用款额度”、“银行存款”等科目。

②发生安装费用。事业单位发生的安装费用，借记本科目，贷记“非流动资产基金——在建工程”科目；同时，借记“事业支出”、“经营支出”等科目，贷记“财政补助收入”、“零余额账户用款额度”、“银行存款”等科目。

③设备安装完工交付使用。设备安装完工交付使用时，借记“固定资产”科目，贷记“非流动资产基金——固定资产”科目；同时，借记“非流动资产基金——在建工程”科目，贷记本科目。

【例4-73】某事业单位为增值税小规模纳税人，购入一批专用技术设备，取得的增值税专用发票上注明的设备价款2 00 000元，增值税进项税额34 000元，支付运输费1 000元，款项通过单位零余额账户支付；安装设备时，通过银行支付安装费用800元。该事业单位的账务处理如下：

• 支付设备价款、增值税、运输费时，

借：在建工程——设备安装——××设备　　235 000

　贷：非流动资产基金——在建工程　　235 000

同时，

借：事业支出　　235 000

　贷：零余额账户用款额度　　235 000

• 支付安装费用时，

借：在建工程——设备安装——××设备　　800

　贷：非流动资产基金——在建工程　　800

同时，

借：事业支出　　800

　贷：银行存款　　800

• 设备安装完工交付使用时，

借：固定资产　　235 800

　贷：非流动资产基金——固定资产　　235 800

同时，

借：非流动资产基金——在建工程　　235 800

　贷：在建工程　　235 800

【例4-74】某事业单位为增值税小规模纳税人，以融资租赁方式从租赁公司租入生产用设备一台。按照租赁协议确定的设备价款为100 000元。另外，以银行存款支付手续费、运输费、途中保险费8 000元，支付安装调试费2 000元。该事业单位的账务处理如下：

• 租入和支付相关费用时，

借：在建工程——设备安装——××设备　　110 000

　贷：长期应付款　　100 000

　　　非流动资产基金——在建工程　　10 000

同时，

借：经营支出　　10 000

　贷：银行存款　　10 000

• 工程完工交付使用时，

借：固定资产　　110 000

　贷：在建工程——设备安装——××设备　　110 000

同时，

借：非流动资产基金——在建工程　　10 000

　贷：非流动资产基金——固定资产　　10 000

（四）无形资产

1. 无形资产的含义和内容

事业单位无形资产是指事业单位持有的没有实物形态的可辨认非货币性资产，包括专利权、土地使用权、非专利技术、著作权、商标权等。

（1）专利权，是指政府依法授予事业单位对某一发明成果在一定期限内享有独占或专用的权利，包括发明专利权、实用新型专利权和外观设计专利权。

（2）土地使用权，是指国家准许某事业单位在一定期间内对国有土地享有开发和利用的权利。

（3）非专利技术，也称专有技术，是指事业单位在组织业务活动中取得的先进的、未经公开的，并可带来经济利益的专有知识、经验和技术。

（4）著作权，是指事业单位的文艺、艺术和科学作品等著作人对其作品依法享有的特殊权利，包括发表权、署名权、修改权、使用权、获得报酬权和保护作品完整权。

（5）商标权，是指事业单位专门在某类指定的商品或产品上使用特定的名称或图案的权利。

事业单位购入的不构成相关硬件不可缺少的组成部分的应用软件，应当作为无形资产核算。

2. 无形资产的确认和计量

无形资产在取得时予以确认。

无形资产在取得时，应当按照其实际成本入账。事业单位无形资产取得的方式和来源主要有：购入、委托软件公司开发、自行开发、接受捐赠、无偿调入等。不同方式取得的无形资产，分别按照以下方法确定其实际成本：

（1）外购的无形资产，其成本按照购买价款、相关税费以及可归属于该项资产达到预定用途所发生的其他支出确定。

（2）自行开发并按法律程序申请取得的无形资产，其成本按照依法取得时发生的注册费、聘请律师费等费用确定。

（3）委托软件公司开发的无形资产，其成本按照开发费总额确定。

（4）接受捐赠、无偿调入的无形资产，其成本按照有关凭据注明的金额加上相关税费等确定；没有相关凭据的，其成本比照同类或类似无形资产的市场价格加上相关税费等确定；没有相关凭据、同类或类似无形资产的市场价格也无法可靠取得的，该资产按照名义金额入账。

3.无形资产取得的核算

为了核算无形资产原价，事业单位应设置“无形资产”科目。本科目应当按照无形资产的类别、项目等进行明细核算。本科目期末借方余额，反映事业单位无形资产的原价。

（1）购入的无形资产。事业单位购入无形资产时，按照确定的无形资产成本，借记本科目，贷记“非流动资产基金——无形资产”科目；同时，按照实际支付金额，借记“事业支出”等科目，贷记“财政补助收入”、“零余额账户用款额度”、“银行存款”等科目。

【例4-75】某事业单位从单位零余额账户支取款项购入专利权一项，价值50 000元。该事业单位的账务处理如下：

借：无形资产——专利权　　50 000

　贷：非流动资产基金——无形资产　　50 000

同时，

借：事业支出　　50 000

　贷：零余额账户用款额度　　50 000

（2）委托软件公司开发的无形资产。委托软件公司开发软件，支付软件开发费时，按照实际支付金额，借记“事业支出”等科目，贷记“财政补助收入”、“零余额账户用款额度”、“银行存款”等科目；软件开发完成交付使用时，按照软件开发费总额，借记本科目，贷记“非流动资产基金——无形资产”科目。

【例4-76】某事业单位委托软件公司开发的财务软件完成并交付使用，通过银行支付软件开发费100 000元。该事业单位的账务处理如下：

借：事业支出　　100 000

　贷：银行存款　　100 000

借：无形资产——财务软件　　100 000

　贷：非流动资产基金——无形资产　　100 000

（3）自行开发并按法律程序申请取得的无形资产。事业单位自行开发并按法律程序申请取得的无形资产，按照依法取得时发生的注册费、聘请律师费等费用，借记本科目，贷记“非流动资产基金——无形资产”科目；同时，借记“事业支出”等科目，贷记“财政补助收入”、“零余额账户用款额度”、“银行存款”等科目。依法取得前所发生的研究开发支出，应于发生时直接计入当期支出，借记“事业支出”等科目，贷记“银行存款”等科目。

【例4-77】某事业单位为研制新项目自行开发的一项专利已经通过法律程序申请取得。该专利权在依法取得前共发生研究开发支出150 000元，申请时发生注册费、聘请律师费等费用5 000元，以银行存款付讫。该事业单位的账务处理如下：

• 依法取得专利权前所发生的研究开发支出，

借：事业支出　　150 000

　贷：银行存款　　150 000

• 依法取得专利权，

借：无形资产——专利权　　5 000

　贷：非流动资产基金——无形资产　　5 000

借：事业支出　　5 000

　贷：银行存款　　5 000

（4）接受捐赠、无偿调入的无形资产。接受捐赠、无偿调入无形资产时，按照确定的无形资产成本，借记本科目，贷记“非流动资产基金——无形资产”科目；按照发生的相关税费等，借记“其他支出”科目，贷记“银行存款”等科目。

【例4-78】某事业单位获得政府无偿提供的5 000平方米的土地使用权，该土地使用权的市场价格为每平方米10 000元。该事业单位的账务处理如下：

借：无形资产——土地使用权　　50 000 000

　贷：非流动资产基金——无形资产　　50 000 000

4.无形资产摊销的核算

（1）无形资产摊销范围。摊销是指在无形资产使用寿命内，按照确定的方法对应摊销金额进行系统分摊。事业单位应当对无形资产进行摊销，以名义金额计量的无形资产除外。

（2）无形资产摊销方法。事业单位应当采用年限平均法对无形资产进行摊销。事业单位无形资产的应摊销金额为其成本。

年限平均法是指将无形资产的应摊销金额均衡地分摊到无形资产摊销期限内的方法。采用这种方法计算的每期摊销额相等。相关计算原理参见行政单位无形资产摊销的核算。

事业单位应当按照如下原则确定无形资产的摊销年限：法律规定了有效年限的，以法律规定的有效年限作为摊销年限；法律没有规定有效年限的，按照相关合同或单位申请书中的受益年限作为摊销年限；法律没有规定有效年限、相关合同或单位申请书也没有规定受益年限的，按照不少于10年的期限摊销。

事业单位应当自无形资产取得当月起，按月计提无形资产摊销。事业单位因发生后续支出而增加无形资产成本的，应当按照重新确定的无形资产成本，重新计算摊销额。

（3）无形资产摊销的核算。事业单位无形资产采用“虚提”摊销模式，在计提摊销时冲减相关净资产，而非计入当期支出。

为了核算无形资产计提的累计摊销，事业单位应设置“累计摊销”科目。本科目应当按照对应无形资产的类别、项目等进行明细核算。本科目期末贷方余额，反映事业单位计提的无形资产摊销累计数。

事业单位按月计提无形资产摊销时，按照应计提摊销金额，借记“非流动资产基金——无形资产”科目，贷记本科目。无形资产处置时，按照所处置无形资产的账面价值，借记“待处置资产损溢”科目，按照已计提摊销，借记本科目，按照无形资产的账面余额，贷记“无形资产”科目。

【例4-79】某事业单位外购的一项专利权60 000元，该专利权法律规定的有效年限为10年。则该专利权月摊销额的计算及账务处理如下：

月摊销额=60 000÷10÷12=500（元）

借：非流动资产基金——无形资产　　500

　贷：累计摊销——专利权　　500

5.与无形资产有关的后续支出的核算

事业单位与无形资产有关的后续支出，应分别以下情况处理：

（1）为增加无形资产的使用效能而发生的后续支出，如对软件进行升级改造或扩展其功能等所发生的支出，应当计入无形资产的成本，借记本科目，贷记“非流动资产基金——无形资产”科目；同时，借记“事业支出”等科目，贷记“财政补助收入”、“零余额账户用款额度”、“银行存款”等科目。

（2）为维护无形资产的正常使用而发生的后续支出，如对软件进行漏洞修补、技术维护等所发生的支出，应当计入当期支出但不计入无形资产成本，借记“事业支出”等科目，贷记“财政补助收入”、“零余额账户用款额度”、“银行存款”等科目。

6.无形资产转让、无偿调出、对外捐赠、对外投资的核算

事业单位转让、无偿调出、对外捐赠无形资产，转入待处置资产时，按照待处置无形资产的账面价值，借记“待处置资产损溢”科目，按照已计提摊销，借记“累计摊销”科目，按照无形资产的账面余额，贷记本科目；实际转让、调出、捐出时，按照处置无形资产对应的非流动资产基金，借记“非流动资产基金——无形资产”科目，贷记“待处置资产损溢”科目；转让无形资产过程中取得价款、发生相关税费，以及出售价款扣除相关税费后的净收入的账务处理，参见“待处置资产损溢”科目。以无形资产对外投资的账务处理参见长期投资的核算。

【例4-80】某事业单位转让一项专利权，该专利权的账面余额为200 000元，已计提摊销120 000元，转让取得价款90 000元，款项已存入银行。该事业单位的账务处理如下：

• 转入待处置资产时，

借：待处置资产损溢　　80 000

　　累计摊销　　120 000

贷：无形资产——专利权　　200 000

• 实现转让时，

借：非流动资产基金——无形资产　　80 000

贷：待处置资产损溢　　80 000

• 取得转让价款时，

借：银行存款　　90 000

贷：待处置资产损溢　　90 000

• 计算相关税费时，

营业税=90 000×5%=4 500（元）

城市维护建设税=4 500×7%=315（元）

教育费附加=4 500×3%=135（元）

借：待处置资产损溢　　4 950

贷：应缴税费　　4 950

• 处置净收入时，

借：待处置资产损溢　　85 050

贷：应缴国库款　　85 050

7.无形资产核销的核算

如果无形资产预期不能为事业单位带来服务潜力或经济利益的，应当按规定报经批准后将该无形资产的账面价值予以核销。转入待处置资产时，按照待核销无形资产的账面价值，借记“待处置资产损溢”科目，按照已计提摊销，借记“累计摊销”科目，按照无形资产的账面余额，贷记本科目。报经批准予以核销时，按照核销无形资产对应的非流动资产基金，借记“非流动资产基金——无形资产”科目，贷记“待处置资产损溢”科目。

【例4-81】某事业单位经过调查研究分析，预计五年前购入的一项专利权将不能再为该单位带来服务潜力准备予以核销。该专利权的账面余额300 000元，累计摊销200 000元。该事业单位的账务处理如下：

• 将待核销专利权转入待处置资产时，

借：待处置资产损溢　　100 000

累计摊销　　200 000

贷：无形资产——专利权　　300 000

• 报经批准予以核销时，

借：非流动资产基金——无形资产　　100 000

贷：待处置资产损溢　　100 000

三、资产处置

事业单位资产处置包括资产的出售、出让、转让、对外捐赠、无偿调出、盘亏、报废、毁损以及货币性资产损失核销等。

为了核算待处置资产的价值及处置损溢，事业单位应设置“待处置资产损溢”科目。本科目应当按照待处置资产项目进行明细核算。对于在处置过程中取得相关收入、发生相关费用的处置项目，还应设置“处置资产价值”、“处置净收入”明细科目，进行明细核算。本科目期末如为借方余额，反映尚未处置完毕的各种资产价值及净损失；期末如为贷方余额，反映尚未处置完毕的各种资产净溢余。年度终了报经批准处理后，本科目一般应无余额。

事业单位处置资产一般应当先记入本科目，按规定报经批准后及时进行账务处理。年度终了结账前一般应处理完毕。

（一）按规定报经批准予以核销的应收及预付款项、长期股权投资、无形资产

（1）转入待处置资产时，借记本科目[核销无形资产的，还应借记“累计摊销”科目]，贷记“应收账款”、“预付账款”、“其他应收款”、“长期投资”、“无形资产”等科目。

（2）报经批准予以核销时，借记“其他支出”科目[应收及预付款项核销]或“非流动资产基金——长期投资、无形资产”科目[长期投资、无形资产核销]，贷记本科目。

（二）盘亏或者毁损、报废的存货、固定资产

（1）转入待处置资产时，借记本科目（处置资产价值）[处置固定资产的，还应借记“累计折旧”科目]，贷记“存货”、“固定资产”等科目。

（2）报经批准予以处置时，借记“其他支出”科目[处置存货]或“非流动资产基金——固定资产”科目[处置固定资产]，贷记本科目（处置资产价值）。

（3）处置毁损、报废存货、固定资产过程中收到残值变价收入、保险理赔和过失人赔偿等，借记“库存现金”、“银行存款”等科目，贷记本科目（处置净收入）。

（4）处置毁损、报废存货、固定资产过程中发生相关费用，借记本科目（处置净收入），贷记“库存现金”、“银行存款”等科目。

（5）处置完毕，按照处置收入扣除相关处置费用后的净收入，借记本科目（处置净收入），贷记“应缴国库款”等科目。

（三）对外捐赠、无偿调出存货、固定资产、无形资产

（1）转入待处置资产时，借记本科目[捐赠、调出固定资产、无形资产的，还应借记“累计折旧”、“累计摊销”科目]，贷记“存货”、“固定资产”、“无形资产”等科目。

（2）实际捐出、调出时，借记“其他支出”科目[捐出、调出存货]或“非流动资产基金——固定资产、无形资产”科目[捐出、调出固定资产、无形资产]，贷记本科目。

（四）转让（出售）长期股权投资、固定资产、无形资产

（1）转入待处置资产时，借记本科目（处置资产价值）[转让固定资产、无形资产的，还应借记“累计折旧”、“累计摊销”科目]，贷记“长期投资”、“固定资产”、“无形资产”等科目。

（2）实际转让时，借记“非流动资产基金——长期投资、固定资产、无形资产”科目，贷记本科目（处置资产价值）。

（3）转让过程中取得价款、发生相关税费，以及转让价款扣除相关税费后的净收入的账务处理，按照国家有关规定，比照有关毁损、报废存货、固定资产进行处理。

资产处置的举例参见“应收账款”、“预付账款”、“其他应收款”、“存货”、“长期投资”、“固定资产”、“无形资产”等内容中的相关例题，在此不再赘述。

第二节　事业单位负债

事业单位负债是事业单位所承担的能以货币计量，需要以资产或劳务偿付的债务，包括借入款项、应付款项、暂存款项、应缴款项等。负债类会计科目及其核算内容参见表4-2。

表4-2　**负债类会计科目**

科目编号	会计科目名称	核算内容
2001	短期借款	核算事业单位借入的期限在一年内(含一年)的各种借款
2101	应缴税费	核算事业单位按照税法等规定计算应缴纳的各种税费,包括营业税、增值税、城市维护建设税、教育费附加、车船税、房产税、城镇土地使用税、企业所得税等
2102	应缴国库款	核算事业单位按规定应缴入国库的款项(应缴税费除外)
2103	应缴财政专户款	核算事业单位按规定应缴入财政专户的款项
2201	应付职工薪酬	核算事业单位按有关规定应付给职工及为职工支付的各种薪酬，包括基本工资、绩效工资、国家统一规定的津贴补贴、社会保险费、住房公积金等
2301	应付票据	核算事业单位因购买材料、物资等而开出、承兑的商业汇票,包括银行承兑汇票和商业承兑汇票
2302	应付账款	核算事业单位因购买材料、物资等而应付的款项
2303	预收账款	核算事业单位按合同规定预收的款项
2305	其他应付款	核算事业单位除应缴税费、应缴国库款、应缴财政专户款、应付职工薪酬、应付票据、应付账款、预收账款之外的其他各项偿还期限在一年内(含一年)的应付及暂收款项,如存入保证金等
2401	长期借款	核算事业单位借入的期限超过一年(不含一年)的各种借款
2402	长期应付款	核算事业单位发生的偿还期限超过一年(不含一年)的应付款项,如以融资租赁租入固定资产的租赁费、跨年度分期付款购入固定资产的价款等

事业单位的负债按照流动性，分为流动负债和非流动负债。

一、流动负债

事业单位流动负债是指预计在一年内（含一年）偿还的负债，包括短期借款、应付及预收款项、应付职工薪酬、应缴款项等。

（一）短期借款

1.短期借款的含义

事业单位借款是事业单位借入有偿使用的各种款项。事业单位的借款按照期限可分为短期借款和长期借款。

短期借款是指事业单位借入的期限在一年内（含一年）的各种借款，是事业单位为解决短期资金需求而向银行或其他金融机构借入的资金。

2.短期借款的确认和计量

短期借款应当在借入时确认，并按照实际借入金额计量。

3.短期借款的核算

为了核算借入的期限在一年内（含一年）的各种借款，事业单位应设置“短期借款”科目。本科目应当按照贷款单位和贷款种类设置明细账。本科目期末贷方余额，反映事业单位尚未偿还的短期借款本金。

事业单位借入各种短期借款时，按照实际借入的金额，借记“银行存款”科目，贷记本科目；银行承兑汇票到期，本单位无力支付票款的，按照银行承兑汇票的票面金额，借记“应付票据”科目，贷记本科目。支付短期借款利息时，借记“其他支出”科目，贷记“银行存款”科目。归还短期借款时，借记本科目，贷记“银行存款”科目。

【例4-82】某事业单位因开展专业活动资金周转困难向工商银行借款500 000元，期限一年。该事业单位的账务处理如下：

借：银行存款	500 000	
贷：短期借款——工商银行		500 000

【例4-83】上例中的事业单位借款到期，偿还本金500 000元，支付利息40 000元。该事业单位的账务处理如下：

借：短期借款——工商银行	500 000	
其他支出	40 000	
贷：银行存款		540 000

（二）应缴款项

事业单位应缴款项是指事业单位应缴未缴的各种款项，包括应当上缴国库或者财政专户的款项、应缴税费，以及其他按照国家有关规定应当上缴的款项。

1.应缴税费

（1）应缴税费的含义和内容

应缴税费是事业单位按照税法等规定计算应缴纳的各种税费，包括增值税、营业税、城市维护建设税、教育费附加、房产税、城镇土地使用税、车船税、企业所得税等，以及事业单位代扣代缴的个人所得税。

①增值税，是对销售货物或者提供加工、修理修配劳务以及进口货物的单位和个人，按其实现的增值额征收的一种税。增值税的纳税人按其经营规模大小以及会计核算

是否健全划分为一般纳税人和小规模纳税人。一般纳税人实行凭增值税专用发票扣税的计征方法，对小规模纳税人则实行按征收率计算应纳税额的简易办法，并不得抵扣进项税额。

②营业税，是对提供应税劳务的单位和个人，按照其所取得的营业收入征收的一种税。

③城市维护建设税，是对缴纳增值税、消费税、营业税的单位和个人，按其实际缴纳的增值税、消费税、营业税的税额征收的一种税。

④教育费附加，是对缴纳增值税、消费税、营业税的单位和个人，按照其实际缴纳的增值税、营业税、消费税的税额征收的一种费。

⑤房产税，是以房产为征税对象，按房产的计税价值或租金收入向产权所有人征收的一种税。

⑥城镇土地使用税，是对在城市、县城、建制镇、工矿区范围内使用土地的单位和个人，以其实际占用的土地面积为计税依据并按规定税额征收的一种税。

⑦车船税，是对依法应当在车船登记管理部门登记的机动车辆和船舶以及依法不需要在车船登记管理部门登记的在单位内部场所行驶或者作业的机动车辆和船舶的所有人或者管理人，按规定的年税额征收的一种税。

⑧企业所得税，是指对在中国境内的企业和其他取得收入的组织，就其生产经营所得和其他所得征收的一种税。

⑨个人所得税，是指对在中国境内有住所，或者无住所而在中国境内居住满一年的个人，从中国境内和境外取得所得的，以及在中国境内无住所又不居住或者无住所而在境内居住不满一年的个人，从中国境内取得的所得征收的一种税。现行的个人所得税在纳税申报上，对纳税人应纳税额分别采取由支付单位代扣代缴和纳税人自行申报纳税两种方法。

（2）应缴税费的确认和计量

应缴税费应当在事业单位按照税法等规定产生缴纳税费义务时确认，并按照依税法等规定计算出的应缴税费金额计量。

（3）应缴税费的核算

为了核算应缴纳的各种税费，事业单位应设置“应缴税费”科目。事业单位代扣代缴的个人所得税，也通过本科目核算。事业单位应缴纳的印花税不需要预提应缴税费，直接通过支出等有关科目核算，不在本科目核算。本科目应当按照应缴纳的税费种类设置明细账。按规定缴纳增值税的事业单位，应在“应缴税费”科目下设置“应缴增值税”明细科目，属于增值税一般纳税人的事业单位，其应缴增值税明细科目中应设置“进项税额”、“已交税金”、“销项税额”、“进项税额转出”等专栏。本科目借方余额反映事业单位已缴纳的税费金额；其贷方余额反映事业单位应缴未缴的税费金额；期末借方余额，反映事业单位多缴纳的税费金额；本科目期末贷方余额，反映事业单位应缴未缴的税费金额。

①增值税

属于增值税一般纳税人的事业单位，购入非自用材料时，按确定的成本（不含增值税进项税额），借记“存货”科目，按增值税专用发票上注明的增值税额，借记本科目（应缴增值税——进项税额），按实际支付或应付的金额，贷记“银行存款”、“应付账款”等科目。所购进的非自用材料发生盘亏、毁损、报废、对外捐赠、无偿调出等税法规定不得从增值税销项税额中抵扣进项税额的，将所购进的非自用材料转入待处置资产时，按照材料的账面余额与相关增值税进项税额转出金额的合计金额，借记“待处置资产损溢”科目，按材料的账面余额，贷记“存货”科目，按转出的增值税进项税额，贷记本科目（应缴增值税——进项税额转出）。销售应税产品或提供应税服务时，按包含增值税的价款总额，借记“银行存款”、“应收账款”、“应收票据”等科目，按扣除增值税销项税额后的价款金额，贷记“经营收入”等科目，按增值税专用发票上注明的增值税金额，贷记本科目（应缴增值税——销项税额）。实际缴纳增值税时，借记本科目（应缴增值税——已交税金），贷记“银行存款”科目。

【例4-84】某事业单位为增值税一般纳税人，其非独立核算部门为生产产品购进的甲材料，增值税专用发票上注明的材料价款为100 000元，增值税为17 000元，款项以银行存款支付，材料已验收入库。该事业单位的账务处理如下：

借：存货	100 000	
应缴税费——应缴增值税——进项税额	17 000	
贷：银行存款		117 000

【例4-85】上例中的事业单位将甲材料全部捐赠给其他单位。将甲材料转入待处置资产时，该事业单位的账务处理如下：

借：待处置资产损溢	117 000	
贷：存货		100 000
应缴税费——应缴增值税——进项税额转出		17 000

【例4-86】某事业单位为增值税一般纳税人，其非独立核算部门销售产品取得收入10 000元（不含税价），增值税销项税额1 700元，货款尚未收到。该事业单位的账务处理如下：

借：应收账款	11 700	
贷：经营收入		10 000
应缴税费——应缴增值税——销项税额		1 700

属于增值税小规模纳税人的事业单位，销售应税产品或提供应税服务，按实际收到或应收的价款，借记“银行存款”、“应收账款”、“应收票据”等科目，按实际收到或应收价款扣除增值税额后的金额，贷记“经营收入”等科目，按应缴增值税金额，贷记本科目（应缴增值税）。实际缴纳增值税时，借记本科目（应缴增值税），贷记“银行存款”科目。

【例4-87】某事业单位为增值税小规模纳税人，其非独立核算部门销售产品取得收入10 300元（含税价），款项已存入银行。该事业单位的账务处理如下：

借：银行存款　　10 300

　贷：经营收入　　10 000

　　应缴税费——应缴增值税——销项税额　　300

②营业税、城市维护建设税、教育费附加

事业单位发生营业税、城市维护建设税、教育费附加纳税义务的，按税法规定计算的应缴税费金额，借记“待处置资产损溢——处置净收入”科目[出售不动产应缴的税费]或有关支出科目，贷记本科目。实际缴纳时，借记本科目，贷记“银行存款”科目。

【例4-88】某事业单位因专业活动某月共发生缴纳营业税的业务收入50 000元（没有发生出售不动产行为），月末按规定计算出应负担的营业税2 500元、城市维护建设税175元、教育费附加75元。该事业单位的账务处理如下：

借：事业支出　　2 750

　贷：应缴税费——应缴营业税　　2 500

　　——应缴城市维护建设税　　175

　　——应缴教育费附加　　75

③房产税、城镇土地使用税、车船税

事业单位发生房产税、城镇土地使用税、车船税纳税义务的，按税法规定计算的应缴税费数额，借记有关科目，贷记本科目。实际缴纳时，借记本科目，贷记“银行存款”科目。

【例4-89】某事业单位因非独立核算经营活动某月按税法规定计算出应缴房产税50 000元、城镇土地使用税20 000元、车船税50 000元。该事业单位的账务处理如下：

借：经营支出　　120 000

　贷：应缴税费——应缴房产税　　50 000

　　——应缴城镇土地使用税　　20 000

　　——应缴车船税　　50 000

④个人所得税

事业单位代扣代缴个人所得税时，按税法规定计算应代扣代缴的个人所得税金额，借记“应付职工薪酬”科目，贷记本科目。实际缴纳时，借记本科目，贷记“银行存款”科目。

【例4-90】某事业单位某月按税法规定计算出代扣代缴个人所得税80 000元。该事业单位的账务处理如下：

借：应付职工薪酬　　80 000

　贷：应缴税费——应缴个人所得税　　80 000

⑤企业所得税

事业单位发生企业所得税纳税义务时，按税法规定计算的应缴税费数额，借记“非财政补助结余分配”科目，贷记本科目。实际缴纳时，借记本科目，贷记“银行存款”

科目。

【例4-91】某事业单位年末按照税法规定计算出本年度应纳税所得额为20 000元，适用所得税税率为25%，计算出应缴所得税税额为5 000元。该事业单位的账务处理如下：

借：非财政补助结余分配　　5 000

　贷：应缴税费——应缴企业所得税　　5 000

⑥其他应缴税费

事业单位发生其他纳税义务的，按照应缴纳的税费金额，借记有关科目，贷记本科目。实际缴纳时，借记本科目，贷记“银行存款”等科目。

【例4-92】某事业单位本月通过银行上交增值税2 000元、营业税2 500元、城市维护建设税315元、教育费附加135元、企业所得税5 000元。该事业单位的账务处理如下：

借：应缴税费——应缴增值税——已交税金　　2 000

　　　　——应缴营业税　　2 500

　　　　——应缴城市维护建设税　　315

　　　　——应缴企业所得税　　5 000

　　　　——应缴教育费附加　　135

　贷：银行存款　　9 950

2.应缴国库款

（1）应缴国库款的含义和内容。应缴国库款是事业单位按规定取得的应缴入国库的款项（应缴税费除外），主要包括政府性基金、行政事业性收费收入、罚没收入、国有资产处置和出租收入等。

①政府性基金，是指事业单位按照国家法律法规规定向公民、法人和其他组织征收的具有专项用途的财政资金，比如政府住房基金收入。

②行政事业性收费，是事业单位根据国家法律法规行使其管理职能，向公民、法人和其他组织收取的各项收费收入，包括管理性、资源性收费和证照性收费，如工本费、登记费等。

③罚没收入，是事业单位依法收缴的罚款（罚金）、没收款、赃款、没收物资、赃物的变价收入。

④国有资产处置收入，是指事业单位国有资产产权的转移或核销所产生的收入，包括国有资产的出售收入、出让收入、置换差价收入、报废报损残值变价收入等。

⑤国有资产出租收入，是指事业单位在保证完成正常工作的前提下，经审批同意，出租、出借国有资产所取得的收入。

对于应缴国库款项，事业单位不得缓缴、截留、挪用或坐支，年终必须将当年的应缴国库款项全部清缴入库。

（2）应缴国库款的确认和计量。应缴国库款在按照规定计算确定或实际取得款项时确认，并按照计算确定或实际取得款项的金额计量。

（3）应缴国库款的核算。按照国库集中收缴制度的规定，事业单位应缴入国库的款项，根据具体情况分别采用直接缴库和集中汇缴两种方式。由此，事业单位需要根据应缴国库款的不同收缴方式分别进行不同的账务处理。

①直接缴库。是指事业单位按照规定开具“非税收入一般缴款书”，缴款人持“非税收入一般缴款书”在规定期限内将应缴款项直接缴入国库的缴款方式。在直接缴库方式下，事业单位应缴国库款因不通过事业单位过渡账户汇总，所以在开具“非税收入一般缴款书”时，可不做会计分录，只登记收入台账。

②集中汇缴。是指事业单位使用“行政事业性收费收据”向缴款人收取款项后在规定期限内按收入项目汇总开具“非税收入一般缴款书”，将应缴款项缴存国库的缴款方式。在集中汇缴方式下，事业单位应缴国库款因要通过事业单位过渡账户汇总，所以应设置“应缴国库款”科目，以核算按规定应缴入国库的款项。本科目应当按照应缴国库的各款项类别设置明细账。本科目期末贷方余额，反映事业单位应缴入国库但尚未缴纳的款项。

事业单位按照规定计算确定或实际取得应缴国库的款项时，借记“银行存款”等科目，贷记“应缴国库款”科目；上缴款项时，借记“应缴国库款”科目，贷记“银行存款”等科目。

【例4-93】某事业单位按照规定征收政府性基金收入5 000元，该款项实行集中汇缴方式上缴国库。该事业单位的账务处理如下：

借：银行存款	5 000	
贷：应缴国库款——政府性基金收入		5 000

【例4-94】上例中的事业单位将收到的政府性基金收入5 000元通过银行上缴国库。该事业单位的账务处理如下：

借：应缴国库款——政府性基金收入	5 000	
贷：银行存款		5 000

上述款项如实行直接缴库，该事业单位在开具“非税收入一般缴款书”时，可不做会计分录，只登记收入台账即可。

事业单位国有资产处置取得的应上缴国库的处置净收入的账务处理，参见“待处置资产损溢”科目的核算，相关举例参见存货、固定资产和无形资产等核算。

3.应缴财政专户款

（1）应缴财政专户款的含义。事业单位应缴财政专户款是事业单位按规定应缴入财政专户的款项。应缴入财政专户的款项主要是事业单位按规定收取的尚未纳入预算管理但实行财政专户管理的教育收费。

（2）应缴财政专户款的确认和计量。应缴财政专户款应当在收到款项时确认，并按照实际收到金额计量。

（3）应缴财政专户款的核算。事业单位应缴财政专户款的收缴方式与应缴国库款相同，也按国库集中收缴制度规定进行，包括直接缴库和集中汇缴两种方式。由此，事业单位需要根据应缴财政专户款的不同收缴方式分别进行不同的账务处理。

①直接缴库。是指事业单位按照规定开具“非税收入一般缴款书”，缴款人持“非税收入一般缴款书”在规定期限内将应缴款项直接缴入财政专户的缴款方式。在直接缴库方式下，事业单位应缴财政专户款因不通过事业单位过渡账户汇总，所以在开具“非税收入一般缴款书”时，可不做会计分录，只登记收入台账。

②集中汇缴。是指事业单位使用“行政事业性收费收据”向缴款人收取款项后在规定期限内按收入项目汇总开具“非税收入一般缴款书”，将应缴款项缴存财政专户的缴款方式。在集中汇缴方式下，事业单位应缴财政专户款因要通过事业单位过渡账户汇总，所以应设置“应缴财政专户款”科目，以核算按规定应缴入财政专户的款项。本科目应当按照应缴财政专户的各款项类别设置明细账。本科目期末贷方余额，反映事业单位应缴入财政专户但尚未缴纳的款项。

事业单位收到应缴财政专户款时，借记“银行存款”等科目，贷记“应缴财政专户款”科目；上缴款项时，借记“应缴财政专户款”科目，贷记“银行存款”等科目。

【例4-95】某事业单位收到应上缴财政专户的教育收费50 000元，款项已存入银行。该事业单位的账务处理如下：

借：银行存款　　50 000

　贷：应缴财政专户款——教育收费　　50 000

【例4-96】上例中的事业单位将教育收费50 000元通过银行上缴财政专户。该事业单位的账务处理如下：

借：应缴财政专户款——教育收费　　50 000

　贷：银行存款　　50 000

（三）应付职工薪酬

1.应付职工薪酬的含义和内容

事业单位应付职工薪酬是指事业单位按有关规定应付给职工及为职工支付的各种薪酬，包括基本工资、绩效工资、国家统一规定的津贴补贴、社会保险费、住房公积金。应付职工薪酬包括的内容可以分为以下几类：

（1）工资，包括工资和离退休费两个部分。工资是指事业单位按国家统一规定发放给在职人员的基本工资（职务工资、级别工资、岗位工资、技术等级工资等）、绩效工资（年终一次性奖金等），以及经国务院或人事部、财政部批准设立的津贴补贴。离退休费是指事业单位按国家统一规定发放给离退休人员的离休、退休费及经国务院或人事部、财政部批准设立的津贴补贴。

（2）地方（部门）津贴补贴，是指事业单位按地方或部门规定发给本单位职工的津贴补贴。比如省职务津贴、岗位津贴、浮动物价补贴、住房补贴、电话费补贴、午餐补贴等。

（3）其他个人收入，是指事业单位按国家规定发给个人除工资或离退休费、地方

(部门)津贴补贴以外的其他收入，包括误餐费、夜餐费，出差人员伙食补助费、市内交通费，出国人员伙食费、公杂费、个人国外零用费，发放给个人的一次性奖励等。

(4)社会保险费是指事业单位按规定为职工缴纳并缴存社会保险管理机构的基本养老、基本医疗、失业、工伤、生育等社会保险费。

(5)住房公积金是指事业单位按规定为职工缴纳并缴存住房公积金管理机构的长期住房公积金。

2.应付职工薪酬的确认和计量

应付职工薪酬应当在计算发放职工薪酬的时间确认，并按照应发职工薪酬的金额计量。

3.应付职工薪酬的核算

为了核算按有关规定应付给职工及为职工支付的各种薪酬，事业单位应设置“应付职工薪酬”科目。本科目应当根据国家有关规定按照“工资(离退休费)”、“地方(部门)津贴补贴”、“其他个人收入”以及“社会保险费”、“住房公积金”等设置明细账。本科目期末贷方余额，反映事业单位应付未付的职工薪酬。

(1)计提职工薪酬。事业单位计提当期应付职工薪酬，借记“事业支出”、“经营支出”等科目，贷记本科目。

(2)支付职工薪酬。事业单位向职工支付工资、津贴补贴等薪酬，借记本科目，贷记“财政补助收入”、“零余额账户用款额度”、“银行存款”等科目。

(3)代扣代缴。事业单位从应付职工薪酬中代扣代缴个人所得税，按照代扣代缴的金额，借记本科目(工资)，贷记“应缴税费”科目。从应付职工薪酬中代扣代缴社会保险费和住房公积金，按照代扣代缴的金额，借记本科目(工资)，贷记“其他应付款”科目。

(4)缴纳单位承担的社会保险费和住房公积金。缴纳单位为职工承担的社会保险费和住房公积金，借记本科目(社会保险费、住房公积金)，贷记“财政补助收入”、“零余额账户用款额度”、“银行存款”等科目。

(5)支付其他款项。事业单位从应付职工薪酬中支付其他款项，借记本科目，贷记“财政补助收入”、“零余额账户用款额度”、“银行存款”等科目。

【例4-97】某事业单位计算出本月应付从事专业活动人员的基本工资总额，工资450 000元、离退休费50 000元、津贴300 000元、其他个人收入25 000元。其中，代扣个人所得税20 000元，代扣由职工个人承担的社会保险费36 000元、住房公积金54 000元。单位配套补贴社会保险费90 000元、住房公积金54 000元。该事业单位的账务处理如下：

借：事业支出	969 000	
贷：应付职工薪酬——工资(离退休费)		500 000
——地方(部门)津贴补贴		300 000
——其他个人收入		25 000

贷：应付职工薪酬——社会保险费　　90 000
　　　　　　　——住房公积金　　54 000

借：应付职工薪酬——工资（离退休费）　　110 000
　贷：其他应付款——社会保险费　　36 000
　　　　　　　——住房公积金　　54 000
　　　应缴税费——个人所得税　　20 000

【例4-98】上例中的事业单位通过财政直接支付方式向从事专业活动的人员实际支付工资、津贴、其他收入，代缴个人所得税，缴纳单位承担的社会保险费和住房公积金。该事业单位的账务处理如下：

借：应付职工薪酬——工资（离退休费）　　390 000
　　　　　　　——地方（部门）津贴补贴　　300 000
　　　　　　　——其他个人收入　　25 000
　　　　　　　——社会保险费　　90 000
　　　　　　　——住房公积金　　54 000
　　应缴税费——个人所得税　　20 000
　　其他应付款——社会保险费　　36 000
　　　　　　　——住房公积金　　54 000
　贷：财政补助收入　　969 000

（四）应付及预收款项

应付及预收款项是指事业单位在开展业务活动中发生的各项债务，包括应付票据、应付账款、其他应付款等应付款项和预收账款。

1.应付票据

（1）应付票据的含义。事业单位应付票据是事业单位因购买材料、物资等而开出、承兑的商业汇票，包括银行承兑汇票和商业承兑汇票。

（2）应付票据的确认和计量。应付票据应当在事业单位开出、承兑商业汇票时确认，并按照票据票面金额计量。

（3）应付票据的核算。为了核算因购买材料、物资等而开出、承兑的商业汇票，事业单位应设置“应付票据”科目。本科目应当按照债权单位进行明细核算。各事业单位应设置“应付票据备查簿”，详细登记每一应付票据的种类、号数、签发日期、到期日、票面金额、交易合同号、收款人姓名或单位名称以及付款日期和金额等详细资料。应付票据到期结清票款后，应在备查簿内逐笔注销。本科目期末贷方余额，反映事业单位开出、承兑的尚未到期的商业汇票票面金额。

①开出、承兑商业汇票。事业单位开出、承兑商业汇票时，借记“存货”等科目，贷记本科目；以承兑商业汇票抵付应付账款时，借记“应付账款”科目，贷记本科目；支付银行承兑汇票的手续费时，借记“事业支出”、“经营支出”等科目，贷记“银行存款”等科目。

②商业汇票到期。商业汇票到期时，事业单位应当分别以下情况处理：收到银行支付到期票据的付款通知时，借记本科目，贷记“银行存款”科目；银行承兑汇票到期，本单位无力支付票款的，按照汇票票面金额，借记本科目，贷记“短期借款”科目；商业承兑汇票到期，本单位无力支付票款的，按照汇票票面金额，借记本科目，贷记“应付账款”科目。

【例4-99】某事业单位是小规模纳税人，向A公司购买专业活动用材料一批，开出一张58 500元的无息商业承兑汇票一张。该事业单位的账务处理如下：

借：存货　58 500

　贷：应付票据——A公司　58 500

【例4-100】上例中事业单位开出的商业承兑汇票到期，收到开户银行付款58 500元的通知。该事业单位的账务处理如下：

借：应付票据——A公司　58 500

　贷：银行存款　58 500

如果该事业单位的商业承兑汇票到期却无力支付票款时，则其账务处理如下：

借：应付票据——A公司　58 500

　贷：应付账款　58 500

【例4-101】某事业单位是小规模纳税人，向B公司购买经营用材料一批，开出一张58 500元的银行承兑汇票，票面利率6%，以银行存款支付手续费200元。该事业单位的账务处理如下：

借：存货　58 500

　贷：应付票据——B公司　58 500

借：经营支出　200

　贷：银行存款　200

【例4-102】上例中事业单位开出的银行承兑汇票五个月后到期，收到开户银行通知，支付本金58 500元、利息1 462.50元（58 500×6%×5/12）。该事业单位的账务处理如下：

借：应付票据——B公司　58 500

　　经营支出　1 462.50

　贷：银行存款　59 962.50

如果该事业单位的银行承兑汇票到期却无力支付票款时，则其账务处理如下：

借：应付票据——B公司　58 500

　贷：短期借款　58 500

2.应付账款

（1）应付账款的含义。应付账款是事业单位因购买材料、物资等而应付的款项。

（2）应付账款的确认和计量。应付账款应当在事业单位购入材料、物资等已验收入库但货款尚未支付时确认，并按照应付未付金额计量。

（3）应付账款的核算。为了核算因购买材料、物资等而应付的款项，事业单位应设置“应付账款”科目。本科目应当按照债权单位（或个人）设明细账。本科目期末贷方余额，反映事业单位尚未支付的应付账款。

①发生应付账款。事业单位购入材料、物资等已验收入库但货款尚未支付的，按照应付未付金额，借记“存货”等科目，贷记本科目。

②偿付应付账款。事业单位偿付应付账款时，按照实际支付的款项金额，借记本科目，贷记“银行存款”等科目；开出、承兑商业汇票抵付应付账款，借记本科目，贷记“应付票据”科目；无法偿付或债权人豁免偿还的应付账款，借记本科目，贷记“其他收入”科目。

【例4-103】某事业单位为增值税小规模纳税人，非独立核算部门为生产产品从C公司购进甲材料，材料价款100 000元，增值税进项税额17 000元，款项尚未支付。该事业单位的账务处理如下：

借：存货	117 000	
贷：应付账款——C公司		117 000

【例4-104】上例中的事业单位开出承兑商业汇票抵冲甲材料款117 000元。该事业单位的账务处理如下：

借：应付账款——C公司	117 000	
贷：应付票据		117 000

【例4-105】【例4-100】中的事业单位尚未支付的甲材料款受到C公司豁免偿还。该事业单位的账务处理如下：

借：应付账款——C公司	117 000	
贷：其他收入		117 000

3. 预收账款

（1）预收账款的含义。预收账款是事业单位按合同规定预收的款项。预收账款是事业单位在尚未提供服务或者发出商品之前按照合同规定向购货方或接受劳务方预先收取的款项。

（2）预收账款的确认和计量。预收账款应当在事业单位从付款方预收款项时确认，按照实际预收的金额计量。

（3）预收账款的核算。为了核算按合同规定预收的款项，事业单位应设置“预收账款”科目。本科目应当按照债权单位（或个人）设置明细账。本科目期末贷方余额，反映事业单位按合同规定预收但尚未实际结算的款项。

①发生预收账款。事业单位从付款方预收款项时，按照实际预收的金额，借记“银行存款”等科目，贷记本科目。

②确认收入。事业单位在向购货方或接受劳务方发出商品或者提供服务后，确认有关收入时，借记本科目，按照应确认的收入金额，贷记“经营收入”等科目，按照付款方补付或退回付款方的金额，借记或贷记“银行存款”等科目；无法偿付或债权人豁免

偿还的预收账款，借记本科目，贷记“其他收入”科目。

【例4-106】某事业单位为增值税小规模纳税人，向甲单位预收购买产品款项5 000元，款项已存入银行。该事业单位的账务处理如下：

借：银行存款　　5 000

　贷：预收账款——甲单位　　5 000

【例4-107】上例中的事业单位按合同规定向甲单位提供所购产品，并收到甲单位补付的货款4 888元。该事业单位的账务处理如下：

借：预收账款——甲单位　　5 000

　　银行存款　　4 888

　贷：经营收入　　9 600

　　　应缴税费——应缴增值税（销项税额）　　288

4.其他应付款

（1）其他应付款的含义。其他应付款是事业单位除应缴税费、应缴国库款、应缴财政专户款、应付职工薪酬、应付票据、应付账款、预收账款之外的其他各项偿还期限在一年内（含一年）的应付及暂收款项，如存入保证金等。

（2）其他应付款的确认和计量。其他应付款应当在事业单位发生其他应付义务或收到属于其他应付款的款项时确认，并按照实际发生金额计量。

（3）其他应付款的核算。为了核算其他应付款业务，事业单位应设置“其他应付款”科目。本科目应当按照其他应付款的类别以及债权单位（或个人）设置明细账。本科目期末贷方余额，反映事业单位尚未支付的其他应付款。

①发生其他应付款。事业单位发生其他各项应付及暂收款项时，借记“银行存款”等科目，贷记本科目。

②支付其他应付款。事业单位支付其他应付款项时，借记本科目，贷记“银行存款”等科目；无法偿付或债权人豁免偿还的其他应付款项，借记本科目，贷记“其他收入”科目。

【例4-108】某事业单位收到A单位拟租用本单位固定资产而交来的押金3 000元，款项已存入银行。该事业单位的账务处理如下：

借：银行存款　　3 000

　贷：其他应付款——A单位　　3 000

【例4-109】上例中的A单位退回租用的固定资产，事业单位扣除2 000元作为租金（经批准该收入不上缴国库），其他押金退还。该事业单位的账务处理如下：

借：其他应付款——A单位　　3 000

　贷：银行存款　　1 000

　　　其他收入　　2 000

二、非流动负债

非流动负债是指流动负债以外的负债，包括长期借款和长期应付款。

（一）长期借款

1.长期借款的含义

事业单位长期借款是指事业单位借入的期限超过一年（不含一年）的各种借款。长期借款是事业单位为满足长期资金需求（比如购建固定资产、基本建设投资等）而向银行或其他金融机构借入的资金。

2.长期借款的确认和计量

长期借款应当在借入时确认，并按照实际借入金额计量。

3.长期借款的核算

为了核算借入的期限超过一年（不含一年）的各种借款，事业单位应设置“长期借款”科目。本科目应当按照贷款单位和贷款种类设置明细账，对于基建项目借款，还应按具体项目设置明细账。本科目期末贷方余额，反映事业单位尚未偿还的长期借款本金。

（1）借入长期借款。事业单位借入各项长期借款时，按照实际借入的金额，借记“银行存款”科目，贷记本科目。

（2）长期借款利息支付。事业单位为购建固定资产支付的专门借款利息，应分别不同情况处理：属于工程项目建设期间支付的，计入工程成本，按照支付的利息，借记“在建工程”科目，贷记“非流动资产基金——在建工程”科目；同时，借记“其他支出”科目，贷记“银行存款”科目。属于工程项目完工交付使用后支付的，计入当期支出但不计入工程成本，按照支付的利息，借记“其他支出”科目，贷记“银行存款”科目。对于其他长期借款利息，按照支付的利息金额，借记“其他支出”科目，贷记“银行存款”科目。

（3）归还长期借款。事业单位归还长期借款时，借记本科目，贷记“银行存款”科目。

【例4-110】某事业单位为建造办公楼，20×1年1月1日向工商银行借款500 000元，期限2年，款项已存入银行。借款利率10%，每年末付息一次，期满后一次还清本金。20×1年初以借款支付工程款共计300 000元，20×2年初以借款支付工程款共计200 000元。该办公楼20×2年6月底完工，并交付使用。该事业单位的账务处理如下：

• 20×1年1月1日取得借款时，

借：银行存款	500 000	
贷：长期借款——工商银行		500 000

• 20×1年末支付应计入工程成本的借款利息时，

借款利息=500 000×10%=50 000（元）

借：在建工程	50 000	
贷：非流动资产基金——在建工程		50 000
借：其他支出	50 000	
贷：银行存款		50 000

● 20×2年末支付应计入工程成本和计入当期支出的借款利息时，

应计入工程成本借款利息=500 000×10%×6/12=25 000（元）

应计入当期支出借款利息=500 000×10%×6/12=25 000（元）

借：在建工程　　25 000

　贷：非流动资产基金——在建工程　　25 000

借：其他支出　　50 000

　贷：银行存款　　50 000

● 20×2年6月底办公楼交付使用时，

借：固定资产　　575 000

　贷：非流动资产基金——固定资产　　575 000

借：非流动资产基金——在建工程　　575 000

　贷：在建工程　　575 000

● 20×3年1月1日到期还本时，

借：长期借款——工商银行　　500 000

　贷：银行存款　　500 000

（二）长期应付款

1. 长期应付款的含义

事业单位长期应付款是指事业单位发生的偿还期限超过一年（不含一年）的应付款项，如以融资租赁租入固定资产的租赁费、跨年度分期付款购入固定资产的价款等。

2. 长期应付款的确认和计量

长期应付款应当在事业单位已收到所购物资但货款尚未支付时确认，并按照应付未付金额计量。

3. 长期应付款的核算

为了核算发生的偿还期限超过一年（不含一年）的应付款项，事业单位应设置“长期应付款”科目。本科目应当按照长期应付款的类别以及债权单位（或个人）设置明细账。本科目期末贷方余额，反映事业单位尚未支付的长期应付款。

（1）发生长期应付款。事业单位发生长期应付款时，借记“固定资产”、“在建工程”等科目，贷记本科目、“非流动资产基金”等科目。

（2）支付长期应付款。事业单位支付长期应付款时，借记“事业支出”、“经营支出”等科目，贷记“银行存款”等科目；同时，借记本科目，贷记“非流动资产基金”科目。无法偿付或债权人豁免偿还的长期应付款，借记本科目，贷记“其他收入”科目。长期应付款核算举例参见融资租入固定资产核算。

第五章

事业单位净资产的核算

事业单位净资产是资产减去负债的差额，包括财政补助结转结余、非财政补助结转结余、事业基金、专用基金等。由此，事业单位净资产的确认取决于资产和负债的确认；净资产的计量取决于资产和负债的计量结果。净资产类会计科目及其核算内容参见表5-1。

表5-1 净资产类会计科目

科目编号	会计科目名称	核算内容
3001	事业基金	核算事业单位拥有的非限定用途的净资产，主要为非财政补助结余扣除结余分配后滚存的金额
3101	非流动资产基金	核算事业单位长期投资、固定资产、在建工程、无形资产等非流动资产占用的金额
3201	专用基金	核算事业单位按规定提取或者设置的具有专门用途的净资产，主要包括修购基金、职工福利基金等
3301	财政补助结转	核算事业单位滚存的财政补助结转资金，包括基本支出结转和项目支出结转
3302	财政补助结余	核算事业单位滚存的财政补助项目支出结余资金
3401	非财政补助结转	核算事业单位除财政补助收支以外的各专项资金收入与其相关支出相抵后剩余滚存的、须按规定用途使用的结转资金
3402	事业结余	核算事业单位一定期间除财政补助收支、非财政专项资金收支和经营收支以外各项收支相抵后的余额
3403	经营结余	核算事业单位一定期间各项经营收支相抵后余额弥补以前年度经营亏损后的余额
3404	非财政补助结余分配	核算事业单位本年度非财政补助结余分配的情况和结果

第一节　结转和结余

一、结转和结余的含义和分类

（一）结转和结余的含义

结转和结余是指事业单位年度收入与支出相抵后的余额。其中：结转资金是指当年预算已执行但未完成，或者因故未执行，下一年度需要按照原用途继续使用的资金；结余资金是指当年预算工作目标已完成，或者因故终止，当年剩余的资金。

（二）结转和结余的分类

按照资金的来源，事业单位结转和结余分为财政补助结转结余和非财政补助结转结余。

1.财政补助结转结余

财政补助结转结余，是指事业单位财政补助收入与其相关支出相抵后剩余滚存的、须按规定管理和使用的结转和结余，包括财政补助结转和财政补助结余。

财政补助结转是事业单位滚存的财政补助结转资金，包括基本支出结转和项目支出结转。基本支出结转，是指用于基本支出的财政补助收入减去财政补助基本支出后的差额，包括人员经费和日常公用经费。基本支出结转原则上结转下年继续使用，用于增人增编等人员支出和公用支出，但在人员支出和公用支出间不得挪用，不得用于提高人员开支标准。项目支出结转，是尚未完成项目支出的财政补助收入减去财政补助项目支出后的差额，具体包括：项目当年已执行但尚未完成而形成的结转资金；项目因故当年未执行，需要推迟到下年执行形成的结转资金；项目需要跨年度执行，但项目支出预算已一次性安排形成的结转资金。项目支出结转资金结转下年按原用途继续使用。

财政补助结余是事业单位滚存的财政补助项目支出结余资金，是事业单位已经完成项目的财政补助收入减去财政补助项目支出后的差额。财政补助结余具体包括：项目完成形成的结余；由于受政策变化、计划调整等因素影响，项目中止、撤销形成的结余；对某一预算年度安排的项目支出连续两年未使用，或者连续三年仍未使用完形成的剩余资金等。财政补助结转和结余的管理，应当按照同级财政部门的规定执行。

2.非财政补助结转结余

非财政补助结转结余，是指事业单位除财政补助收支以外的各项收入与各项支出相抵后的余额，包括非财政补助结转和非财政补助结余。

非财政补助结转是指事业单位除财政补助收支以外的各专项资金收入与其相关支出相抵后剩余滚存的、须按规定用途使用的结转资金。非财政补助结转按照规定结转下一年度继续使用。

非财政补助结余是指事业单位除财政补助收支以外的各非专项资金收入与各非专项资金支出相抵后的余额，包括事业结余和经营结余。非财政补助结余可以按照国家有关规定提取职工福利基金，剩余部分作为事业基金用于弥补以后年度单位收支差额；国家另有规定的，从其规定。

二、财政补助结转和财政补助结余的核算

（一）财政补助结转

为了核算滚存的财政补助结转资金，事业单位应设置“财政补助结转”科目。事业单位发生需要调整以前年度财政补助结转的事项，通过本科目核算。本科目应当设置“基本支出结转”、“项目支出结转”两个明细科目，并在“基本支出结转”明细科目下按照“人员经费”、“日常公用经费”进行明细核算，在“项目支出结转”明细科目下按照具体项目进行明细核算；本科目还应按照《政府收支分类科目》中“支出功能分类科目”的相关科目进行明细核算。本科目期末贷方余额，反映事业单位财政补助结转资金数额。

1.结转本期财政补助收入和支出

期末，事业单位将财政补助收入本期发生额结转入本科目，借记“财政补助收入——基本支出、项目支出”科目，贷记本科目（基本支出结转、项目支出结转）；将事业支出（财政补助支出）本期发生额结转入本科目，借记本科目（基本支出结转、项目支出结转），贷记“事业支出——财政补助支出（基本支出、项目支出）”或“事业支出——基本支出（财政补助支出）、项目支出（财政补助支出）”科目。

2.结转本年财政补助结余

年末，完成上述结转后，事业单位应当对财政补助各明细项目执行情况进行分析，按照有关规定将符合财政补助结余性质的项目余额转入财政补助结余，借记或贷记本科目（项目支出结转——××项目），贷记或借记“财政补助结余”科目。

3.上缴财政补助结转

事业单位按规定上缴财政补助结转资金或注销财政补助结转额度的，按照实际上缴资金数额或注销的资金额度数额，借记本科目，贷记“财政应返还额度”、“零余额账户用款额度”、“银行存款”等科目。取得主管部门归集调入财政补助结转资金或额度的，做相反会计分录。

（二）财政补助结余

为了核算滚存的财政补助项目支出结余资金，事业单位应设置“财政补助结余”科目。事业单位发生需要调整以前年度财政补助结余的事项，通过本科目核算。本科目应当按照《政府收支分类科目》中“支出功能分类科目”的相关科目进行明细核算。本科目期末贷方余额，反映事业单位财政补助结余资金数额。

1.结转本年财政补助结余

年末，事业单位对财政补助各明细项目执行情况进行分析，按照有关规定将符合财政补助结余性质的项目余额转入财政补助结余，借记或贷记“财政补助结转——项目支出结转（××项目）”科目，贷记或借记本科目。

2.上缴财政补助结余

事业单位按规定上缴财政补助结余资金或注销财政补助结余额度的，按照实际上缴

资金数额或注销的资金额度数额，借记本科目，贷记“财政应返还额度”、“零余额账户用款额度”、“银行存款”等科目。取得主管部门归集调入财政补助结余资金或额度的，做相反会计分录。

【例5-1】某事业单位20×1年12月有关财政补助收入和支出科目的本月发生额如下：

收入科目		贷方金额（元）	支出科目		借方金额（元）
财政补助收入	基本支出	500 000	事业支出——财政补助支出	基本支出	480 000
	项目支出（未完成项目）	200 000		项目支出（未完成项目）	190 000
	项目支出（已完成项目）	100 000		项目支出（已完成项目）	70 000

假设本年度1—11月的财政补助收入中无项目支出。那么，20×1年12月结转财政补助收入和支出时，该事业单位账务处理如下：

• 将财政补助收入本月发生额转入“财政补助结转”科目及其明细科目，

借：财政补助收入　　800 000
　贷：财政补助结转——基本支出结转　　500 000
　　　　　　　　　——项目支出结转　　300 000

• 将事业支出中的财政补助支出本月发生额转入“财政补助结转”科目及其明细科目，

借：财政补助结转——基本支出结转　　480 000
　　　　　　　　——项目支出结转　　260 000
　贷：事业支出　　740 000

• 将符合财政补助结余性质的项目余额转入“财政补助结余”科目，

借：财政补助结转——项目支出结转　　30 000
　贷：财政补助结余　　30 000

• 假设上述项目支出结余30 000元属于零余额账户用款额度尚未下达数，按规定予以注销时，

借：财政补助结余　　30 000
　贷：财政应返还额度　　30 000

如果上述项目支出结余30 000元属于零余额账户用款额度尚未支用数，按规定予以上缴时，

借：财政补助结余　　30 000
　贷：零余额账户用款额度　　30 000

三、事业结余和经营结余的核算

（一）事业结余

事业结余是事业单位一定期间除财政补助收支、非财政专项资金收支和经营收支以外各项收支相抵后的余额。事业结余属于非财政补助结余。

为了核算一定期间除财政补助收支、非财政专项资金收支和经营收支以外各项收支相抵后的余额，事业单位应设置“事业结余”科目。本科目期末如为贷方余额，反映事业单位自年初至报告期末累计实现的事业结余；如为借方余额，反映事业单位自年初至报告期末累计发生的事业亏损。年末结账后，本科目应无余额。

1.结转本期事业类收入和支出

期末，事业单位将事业收入、上级补助收入、附属单位上缴收入、其他收入本期发生额中的非专项资金收入结转入本科目，借记“事业收入”、“上级补助收入”、“附属单位上缴收入”、“其他收入”科目下各非专项资金收入明细科目，贷记本科目；将事业支出、其他支出本期发生额中的非财政、非专项资金支出，以及对附属单位补助支出、上缴上级支出的本期发生额结转入本科目，借记本科目，贷记“事业支出——其他资金支出”或“事业支出——基本支出（其他资金支出)、项目支出（其他资金支出）”科目、“其他支出”科目下各非专项资金支出明细科目、“对附属单位补助支出”科目、“上缴上级支出”科目。

2.将本年事业结余转入非财政补助结余分配

年末，完成上述结转后，将本科目余额结转入“非财政补助结余分配”科目，借记或贷记本科目，贷记或借记“非财政补助结余分配”科目。

（二）经营结余

经营结余是事业单位一定期间各项经营收支相抵后余额弥补以前年度经营亏损后的余额。经营结余属于非财政补助结余。

为了核算经营结余，事业单位应设置“经营结余”科目。本科目期末如为贷方余额，反映事业单位自年初至报告期末累计实现的经营结余弥补以前年度经营亏损后的经营结余；如为借方余额，反映事业单位截至报告期末累计发生的经营亏损。年末结账后，本科目一般无余额；如为借方结余，反映事业单位累计发生的经营亏损。

1.结转本期经营收入和支出

期末，事业单位将经营收入本期发生额结转入本科目，借记“经营收入”科目，贷记本科目；将经营支出本期发生额结转入本科目，借记本科目，贷记“经营支出”科目。

2.将本年经营结余转入非财政补助结余分配

年末，完成上述结转后，如本科目为贷方余额，将本科目余额结转入“非财政补助结余分配”科目，借记本科目，贷记“非财政补助结余分配”科目；如本科目为借方余额，为经营亏损，不予结转。

四、非财政补助结转和非财政补助结余分配的核算

（一）非财政补助结转

为了核算除财政补助收支以外的各专项资金收入与其相关支出相抵后剩余滚存的、须按规定用途使用的结转资金，事业单位应设置“非财政补助结转”科目。本科目应当按照非财政专项资金的具体项目进行明细核算。事业单位发生需要调整以前年度非财政补助结转的事项，通过本科目核算。本科目期末贷方余额，反映事业单位非财政补助专项结转资金数额。

1.结转本期非财政补助收入和支出

期末，将事业收入、上级补助收入、附属单位上缴收入、其他收入本期发生额中的专项资金收入结转入本科目，借记“事业收入”、“上级补助收入”、“附属单位上缴收入”、“其他收入”科目下各专项资金收入明细科目，贷记本科目；将事业支出、其他支出本期发生额中的非财政专项资金支出结转入本科目，借记本科目，贷记“事业支出——非财政专项资金支出”或“事业支出——项目支出（非财政专项资金支出）”、“其他支出”科目下各专项资金支出明细科目。

2.缴回或留用非财政补助项目结余

年末，完成上述结转后，应当对非财政补助专项结转资金各项目情况进行分析，将已完成项目的项目剩余资金区分以下情况处理：缴回原专项资金拨入单位的，借记本科目（××项目），贷记“银行存款”等科目；留归本单位使用的，借记本科目（××项目），贷记“事业基金”科目。

（二）非财政补助结余分配

事业单位的非财政补助结余包括事业结余和经营结余，按照规定要在国家、单位、职工之间进行分配。分配程序为：缴纳企业所得税，提取专用基金——职工福利基金，将未分配非财政补助结余按照规定转入事业基金。

为了核算本年度非财政补助结余分配的情况和结果，事业单位应设置“非财政补助结余分配”科目。年末，事业单位将“事业结余”科目余额结转入本科目，借记或贷记“事业结余”科目，贷记或借记本科目；将“经营结余”科目贷方余额结转入本科目，借记“经营结余”科目，贷记本科目。有企业所得税缴纳义务的事业单位计算出应缴纳的企业所得税，借记本科目，贷记“应缴税费——应缴企业所得税”科目。事业单位按照有关规定提取职工福利基金的，按提取的金额，借记本科目，贷记“专用基金——职工福利基金”科目。年末，按规定完成上述处理后，将本科目余额结转入事业基金，借记或贷记本科目，贷记或借记“事业基金”科目。年末结账后，本科目应无余额。

【例5-2】某事业单位20×1年11月30日“非财政补助结转”、“事业结余”和“经营结余”科目余额分别为20 000元、15 000元和5 000元。同年12月，财政补助收支以外的各项收入和支出科目本月发生额如下：

收入科目名称	贷方金额（元）	支出科目名称	借方金额（元）
事业收入	250 000	事业支出——其他资金支出	280 000
上级补助收入	200 000	——非财政专项资金支出	70 000
其中：专项资金收入	100 000	上缴上级支出	30 000
附属单位上缴收入	80 000	对附属单位补助支出	50 000
经营收入	50 000	经营支出	37 250
其他收入	20 000	其他支出	72 750
合计	600 000	合计	540 000

该事业单位的经营结余按25%税率缴纳企业所得税，按照税后非财政补助结余的30%提取职工福利基金。假设该事业单位非财政补助结转项目年末完成，剩余资金50%已通过银行缴回专项资金拨入单位，50%留归本单位使用。

20×1年12月末该事业单位结转各项收支与各项结转结余时，其账务处理如下：

●结转各项收支时，

• 将事业类收入中非专项资金收入本月发生额转入“事业结余”科目

借：事业收入　　250 000
　　上级补助收入　　100 000
　　附属单位上缴收入　　80 000
　　其他收入　　20 000
　贷：事业结余　　450 000

• 将事业类收入中专项资金收入本月发生额转入“非财政补助结转”科目

借：上级补助收入　　100 000
　贷：非财政补助结转　　100 000

• 将事业类支出中非财政、非专项资金支出本月发生额转入“事业结余”科目

借：事业结余　　432 750
　贷：事业支出——其他资金支出　　280 000
　　　上缴上级支出　　30 000
　　　对附属单位补助支出　　50 000
　　　其他支出　　72 750

• 将事业类支出中非财政专项资金支出本月发生额转入 “非财政补助结转”科目

借：非财政补助结转　　70 000
　贷：事业支出——非财政专项资金支出　　70 000

• 将经营类收入本月发生额转入“经营结余”科目

借：经营收入　　50 000
　贷：经营结余　　50 000

• 将经营类支出科目的本月发生额转入“经营结余”科目

借：经营结余　　37 250
　贷：经营支出　　37 250

●结转各项结转结余时，

• 结转已完成项目的非财政补助剩余资金

已完成项目的非财政补助剩余资金=20 000+（100 000−70 000）=50 000（元）

借：非财政补助结转　　50 000
　贷：银行存款　　25 000
　　　事业基金　　25 000

• 将“事业结余”科目的贷方余额全数转入“非财政补助结余分配”科目

借：事业结余　　32 250

　贷：非财政补助结余分配　　32 250

• 将“经营结余”科目贷方余额转入“非财政补助结余分配”科目

借：经营结余　　17 750

　贷：非财政补助结余分配　　17 750

• 计提经营结余应缴纳的企业所得税

企业所得税=17 750×25%=4 437.50（元）

借：非财政补助结余分配　　4 437.50

　贷：应缴税费——应缴企业所得税　　4 437.50

• 按税后事业结余和经营结余的30%计提职工福利基金

职工福利基金计提金额=[32 250+（17 750−4 437.50）]×30%=13 668.75（元）

借：非财政补助结余分配　　13 668.75

　贷：专用基金——职工福利基金　　13 668.75

• 将“非财政补助结余分配”科目余额转入“事业基金”科目

借：非财政补助结余分配　　31 893.75

　贷：事业基金　　31 893.75

第二节　各项基金

一、事业基金

（一）事业基金的含义和来源

事业基金是指事业单位拥有的非限定用途的净资产，其来源主要为非财政补助结余扣除结余分配后滚存的金额。事业单位的事业基金来源有三：

（1）非财政补助结余扣除结余分配后滚存的金额。

（2）留归本单位使用的非财政补助专项（已完成项目）剩余资金。

（3）对外转让或到期收回长期债券投资成本金额。

事业基金没有限定的用途，不直接安排各项支出，用于弥补以后年度事业单位的收支差额，调节年度之间的收支平衡。但是，事业单位应当加强事业基金的管理，遵循收支平衡的原则，统筹安排、合理使用，支出不得超出基金规模。

（二）事业基金的核算

为了核算事业基金情况，事业单位应设置“事业基金”科目。事业单位发生需要调整以前年度非财政补助结余的事项，通过本科目核算；国家另有规定的，从其规定。本科目期末贷方余额，反映事业单位历年积存的非限定用途净资产的金额。

1.因结余资金形成的事业基金

年末，事业单位将“非财政补助结余分配”科目余额转入事业基金，借记或贷记

“非财政补助结余分配”科目，贷记或借记本科目；将留归本单位使用的非财政补助专项（项目已完成）剩余资金转入事业基金，借记“非财政补助结转——××项目”科目，贷记本科目。

【例5-3】某事业单位年末将“非财政补助结余分配”科目余额5 000元转入事业基金。该事业单位的账务处理如下：

借：非财政补助结余分配　　5 000

　贷：事业基金　　5 000

【例5-4】某事业单位年末将留归本单位使用的非财政补助专项（已完成项目）剩余资金2 000元转入事业基金。该事业单位的账务处理如下：

借：非财政补助结转　　2 000

　贷：事业基金　　2 000

2.因对外长期投资形成的事业基金

事业单位以货币资金取得长期股权投资、长期债券投资，按照实际支付的全部价款（包括购买价款以及税金、手续费等相关税费）作为投资成本，借记“长期投资”科目，贷记“银行存款”等科目；同时，按照投资成本金额，借记本科目，贷记“非流动资产基金——长期投资”科目。对外转让或到期收回长期债券投资本息，按照实际收到的金额，借记“银行存款”等科目，按照收回长期投资的成本，贷记“长期投资”科目，按照其差额，贷记或借记“其他收入——投资收益”科目；同时，按照收回长期投资对应的非流动资产基金，借记“非流动资产基金——长期投资”科目，贷记本科目。

【例5-5】某事业单位以银行存款购买3年期国债100 000元。该事业单位的账务处理如下：

借：长期投资　　100 000

　贷：银行存款　　100 000

同时，

借：事业基金　　100 000

　贷：非流动资产基金——长期投资　　100 000

【例5-6】某事业单位以前年度购买的5年期国债到期，兑付本金50 000元，利息12 500元，款项已存入银行。该事业单位的账务处理如下：

借：银行存款　　62 500

　贷：长期投资　　50 000

　　　其他收入　　12 500

借：非流动资产基金——长期投资　　50 000

　贷：事业基金　　50 000

二、非流动资产基金

非流动资产基金是指事业单位非流动资产占用的金额。

为了核算长期投资、固定资产、在建工程、无形资产等非流动资产占用的金额，事业单位应设置“非流动资产基金”科目。本科目应当按照“长期投资”、“固定资产”、“在建工程”、“无形资产”等设置明细账。本科目期末贷方余额，反映事业单位非流动资产占用的金额。

1.非流动资产基金的取得

事业单位的非流动资产基金应当在取得长期投资、固定资产、在建工程、无形资产等非流动资产或发生相关支出时予以确认。取得相关资产或发生相关支出时，借记“长期投资”、“固定资产”、“在建工程”、“无形资产”等科目，贷记本科目等有关科目；同时或待以后发生相关支出时，借记“事业支出”等有关科目，贷记“财政补助收入”、“零余额账户用款额度”、“银行存款”等科目。

2.非流动资产基金的冲减

事业单位计提固定资产折旧、无形资产摊销时，应当冲减非流动资产基金。计提固定资产折旧、无形资产摊销时，按照计提的折旧、摊销金额，借记本科目（固定资产、无形资产），贷记“累计折旧”、“累计摊销”科目。

3.非流动资产基金的冲销

事业单位处置长期投资、固定资产、无形资产，以及以固定资产、无形资产对外投资时，应当冲销该资产对应的非流动资产基金。以固定资产、无形资产对外投资，按照评估价值加上相关税费作为投资成本，借记“长期投资”科目，贷记本科目（长期投资），按发生的相关税费，借记“其他支出”科目，贷记“银行存款”等科目；同时，按照投出固定资产、无形资产对应的非流动资产基金，借记本科目（固定资产、无形资产），按照投出资产已提折旧、摊销，借记“累计折旧”、“累计摊销”科目，按照投出资产的账面余额，贷记“固定资产”、“无形资产”科目。出售或以其他方式处置长期投资、固定资产、无形资产，转入待处置资产时，借记“待处置资产损溢”、“累计折旧”（处置固定资产）或“累计摊销”（处置无形资产）科目，贷记“长期投资”、“固定资产”、“无形资产”等科目。实际处置时，借记本科目（有关资产明细科目），贷记“待处置资产损溢”科目。

非流动资产基金核算的举例参见本章“长期投资”、“固定资产”、“在建工程”、“无形资产”等核算的相关例题，在此不再赘述。

三、专用基金

（一）专用基金的内容

事业单位专用基金是指事业单位按规定提取或设置的有专门用途的资金，主要包括修购基金、职工福利基金、其他专用基金等。

1.修购基金

修购基金，是事业单位按照事业收入和经营收入的一定比例提取，并按照规定在相应的购置和修缮科目中列支（各列50%），以及按照其他规定转入，用于事业单位固定资产维修和购置的资金。

按照财政部发布的《关于事业单位提取专用基金比例问题的通知》的规定：中央级

事业单位修购基金的提取比例，由主管部门根据单位收入状况和核算管理的需要，按照事业收入和经营收入的一定比例核定，报财政部备案；地方事业单位修购基金的提取比例，由省级财政部门参照本通知的有关规定，结合本地实际确定。事业收入和经营收入较少的事业单位可以不提取修购基金，实行固定资产折旧的事业单位不提取修购基金。

2.职工福利基金

职工福利基金，是事业单位按照非财政补助结余的一定比例提取以及按照其他规定提取转入，用于单位职工的集体福利设施、集体福利待遇等的资金。

按照财政部发布的《关于事业单位提取专用基金比例问题的通知》的规定：事业单位职工福利基金的提取比例，在单位年度非财政补助结余的40%以内确定。其中：中央级事业单位职工福利基金的提取比例，由主管部门会同财政部在单位年度非财政补助结余的40%以内核定；地方事业单位职工福利基金，由省级财政部门参照有关规定，结合本地实际确定。

3.其他专用基金

其他专用基金，是事业单位按照其他有关规定提取或者设置的专用资金。比如按国家规定的住房公积金制度，以职工工资总额的一定比例提取的住房公积金。

（二）专用基金的管理要求

事业单位专用基金的管理必须遵循“先提后用、收支平衡、专款专用，支出不得超出基金规模”的原则。先提后用，是指各项专用基金必须根据规定的来源渠道，在取得资金后，方能安排使用；收支平衡，是指各项专用基金各自量入为出，各自组织收支平衡；专款专用，是指各项专用基金都要按照规定用途和范围使用，不得相互占用和挪用；支出不得超出基金规模，是指各项基金使用时其支出不得超出其收入规模。

（三）专用基金的核算

为了核算按规定提取或者设置的具有专门用途的净资产，事业单位应设置“专用基金”科目。本科目应当按照专用基金的类别进行明细核算。本科目期末贷方余额，反映事业单位专用基金余额。

（1）提取修购基金。事业单位按规定提取修购基金的，按照提取金额，借记“事业支出”、“经营支出”科目，贷记本科目（修购基金）。

【例5-7】某事业单位不实行固定资产折旧制度。该单位年度事业收入500 000元、经营收入50 000元，按照规定5%的比例分别按事业收入和经营收入提取修购基金25 000元和2 500元。该事业单位的账务处理如下：

借：事业支出	25 000	
经营支出	2 500	
贷：专用基金——修购基金		27 500

（2）提取职工福利基金。年末，事业单位按规定从本年度非财政补助结余中提取职工福利基金的，按照提取金额，借记“非财政补助结余分配”科目，贷记本科目（职工福利基金）。

【例5-8】某事业单位按30%的比例从非财政补助结余60 000元中提取职工福利基金18 000元。该事业单位的账务处理如下：

借：非财政补助结余分配　　18 000

　贷：专用基金——职工福利基金　　18 000

（3）提取、设置其他专用基金。事业单位若有按规定提取的其他专用基金，按照提取金额，借记有关支出科目或“非财政补助结余分配”等科目，贷记本科目。若有按规定设置的其他专用基金，按照实际收到的基金金额，借记“银行存款”等科目，贷记本科目。

【例5-9】某事业单位按本年度事业收入1 000 000元和经营结余200 000元的各10%提取科技成果转化基金120 000元。该事业单位的账务处理如下：

借：事业支出　　100 000

　　非财政补助结余分配　　20 000

　贷：专用基金——科技成果转化基金　　120 000

（4）使用专用基金。事业单位按规定使用专用基金时，借记本科目，贷记“银行存款”等科目；使用专用基金形成固定资产的，还应借记“固定资产”科目，贷记“非流动资产基金——固定资产”科目。

【例5-10】某事业单位使用“专用基金——修购基金”购买计算机一批，价值150 000元，以银行存款付讫。该事业单位的账务处理如下：

借：专用基金——修购基金　　150 000

　贷：银行存款　　150 000

同时，

借：固定资产　　150 000

　贷：非流动资产基金——固定资产　　150 000

【例5-11】某事业单位从职工福利基金中开支2 000元用于职工集体福利项目。该事业单位的账务处理如下：

借：专用基金——职工福利基金　　2 000

　贷：银行存款　　2 000

【例5-12】某事业单位使用科技成果转化基金200 000元。该事业单位的账务处理如下：

借：专用基金——科技成果转化基金　　200 000

　贷：银行存款　　200 000

第六章

事业单位财务报表

财务报表是对事业单位财务状况、事业成果、预算执行情况等的结构性表述，由会计报表及其附注构成。本章主要阐述事业单位财务报表的构成，会计报表的分类、编制要求和编制方法。

第一节 财务报表概述

一、财务报表的概念和构成

（一）财务会计报告

事业单位财务会计报告是反映事业单位某一特定日期的财务状况和某一会计期间的事业成果、预算执行等会计信息的文件，包括财务报表和财务状况说明书。

事业单位财务会计报告是会计信息使用者（包括政府及其有关部门、举办单位或上级单位、债权人、事业单位自身和其他利益相关者）了解事业单位财务状况、事业成果、预算执行等有关会计信息，反映事业单位受托责任履行情况，并有助于会计信息使用者进行社会管理和做出经济决策的重要依据，也是编制下年度单位预算的基础。

（二）财务报表

财务报表是对事业单位财务状况、事业成果、预算执行情况等的结构性表述，由会计报表及其附注构成。财务报表构成及编制期参见表6-1。

表6-1 事业单位财务报表构成及编制期

编　号	财务报表名称	编制期
会事业01表	资产负债表	月度、年度
会事业02表	收入支出表	月度、年度
会事业03表	财政补助收入支出表	年度
	附注	年度

1.会计报表构成和分类

会计报表是反映事业单位某一特定日期的财务状况和某一会计期间的事业成果、预算执行等会计信息的书面文件，包括资产负债表、收入支出表和财政补助收入支出表等。

事业单位的会计报表按照不同标准，可分为不同种类。

（1）按反映的经济内容分类。按反映的经济内容，事业单位会计报表可分为资产负债表、收入支出表、财政补助收入支出表等。资产负债表，是指反映事业单位在某一特定日期的财务状况的报表。收入支出表，是指反映事业单位在某一会计期间的事业成果及其分配情况的报表。财政补助收入支出表，是指反映事业单位在某一会计期间财政补助收入、支出、结转及结余情况的报表。

（2）按编报时间分类。按编报时间，事业单位会计报表可分为月报和年报。月报，是反映事业单位截至报告月度财务状况、事业成果、预算执行情况的报表。月报要求编制资产负债表和收入支出表。年报，是全面反映事业单位年度财务状况，事业成果、预算执行情况的报表。年报要求编制资产负债表、收入支出表和财政补助收入支出表。

（3）按编报层次分类。按编报层次，事业单位会计报表可分为本级报表和汇总报表。本级报表，是各级事业单位根据会计账簿记录和有关资料编制的反映本单位财务状况、事业成果、预算执行情况的会计报表。汇总报表，是主管会计单位根据本级会计报表和经审查过的所属单位会计报表汇总编制的会计报表。

2.会计报表附注

会计报表附注是指对在会计报表中列示项目的文字描述或明细资料，以及对未能在会计报表中列示项目的说明等。附注至少应当包括下列内容：

（1）遵循《事业单位会计准则》、《事业单位会计制度》的声明。

（2）单位整体财务状况、业务活动情况的说明。

（3）会计报表中列示的重要项目的进一步说明，包括其主要构成、增减变动情况等。

（4）重要资产处置情况的说明。

（5）重大投资、借款活动的说明。

（6）以名义金额计量的资产名称、数量等情况，以及以名义金额计量理由的说明。

（7）以前年度结转结余调整情况的说明。

（8）有助于理解和分析会计报表需要说明的其他事项。

（三）财务状况说明书

财务状况说明书是事业单位对某一会计期间的收入和支出、结转结余及其分配、资产负债变动等情况进行分析的基础上所做的数字和文字说明。它是事业单位财务会计报告的有机组成部分。

事业单位的财务状况说明书的内容主要包括：收入及其支出的情况；结转、结余及其分配情况；资产负债变动情况；对外投资情况；资产出租出借、资产处置情况；固定资产投资情况；绩效考评的情况；对本期或者下期财务状况发生重大影响的事项，以及需要说明的其他事项。

二、财务报表的编制要求

事业单位应当按照下列规定编报财务报表：

（1）事业单位的财务报表由会计报表及其附注构成。

（2）事业单位的财务报表应当按照月度和年度编制。

（3）事业单位应当根据制度规定编制并对外提供真实、完整的财务报表。事业单位不得违反制度规定，随意改变财务报表的编制基础、编制依据、编制原则和方法，不得随意改变制度规定的财务报表有关数据的会计口径。

（4）事业单位财务报表应当根据登记完整、核对无误的账簿记录和其他有关资料编制，做到数字真实、计算准确、内容完整、报送及时。

（5）事业单位财务报表应当由单位负责人和主管会计工作的负责人、会计机构负责人（会计主管人员）签名并盖章。

第二节 会计报表编制

一、资产负债表

（一）概念及基本格式

事业单位资产负债表是反映事业单位在某一特定日期的财务状况的报表，是事业单位的主要会计报表之一，属于静态报表。资产负债表，可以反映事业单位：在某一特定日期的全部资产、负债和净资产的情况；某一日期资产的总额及其结构，表明事业单位拥有或控制的资源及其分布情况；某一日期的负债总额及其结构，表明事业单位未来需要用多少资产或劳务清偿债务以及清偿时间；某一日期净资产的总额及其结构，表明事业单位拥有各项基金及结转和结余情况。资产负债表按编制的时间不同，分为月报和年报。

资产负债表应当按照资产、负债和净资产分类列示。资产和负债应当分别流动资产和非流动资产、流动负债和非流动负债列示。资产负债表按照“资产=负债+净资产”的平衡公式设置，分为左右两方，左方列示资产各项目，反映资产的分布及存在形态；右方列示负债和净资产各项目，反映全部负债和净资产的内容及构成情况。左右两方总计数相等。资产负债表的基本格式参见表6-2。

（二）资产负债表的填列方法

资产负债表中的各项目分别“年初余额”和“期末余额”两栏数据填列，以使信息使用者通过比较不同时间点资产负债表数据，掌握事业单位财务状况的变动情况及发展趋势。

资产负债表中的 “年初余额”栏内各项数字，应当根据上年末资产负债表“期末余额”栏内数字填列；如果本年度资产负债表规定的各个项目的名称和内容同上年度不

表6-2

资产负债表

会事业01表

编制单位：　　　　　　　年　　月　　日　　　　　　单位：元

资　产	期末余额	年初余额	负债和净资产	期末余额	年初余额
流动资产：			流动负债：		
货币资金			短期借款		
短期投资			应缴税费		
财政应返还额度			应缴国库款		
应收票据			应缴财政专户款		
应收账款			应付职工薪酬		
预付账款			应付票据		
其他应收款			应付账款		
存货			预收账款		
其他流动资产			其他应付款		
流动资产合计			其他流动负债		
非流动资产：			流动负债合计		
长期投资			非流动负债：		
固定资产			长期借款		
固定资产原价			长期应付款		
减：累计折旧			非流动负债合计		
在建工程			负债合计		
无形资产			净资产：		
无形资产原价			事业基金		
减：累计摊销			非流动资产基金		
待处置资产损溢			专用基金		
非流动资产合计			财政补助结转		
			财政补助结余		
			非财政补助结转		
			非财政补助结余		
			1.事业结余		
			2.经营结余		
			净资产合计		
资产总计			负债和净资产总计		

相一致，应对上年末资产负债表各项目的名称和数字按照本年度的规定进行调整，填入本表“年初余额”栏内。

资产负债表中的“期末余额”栏内各项目数字，一般根据资产、负债和净资产类科目的期末余额填列。具体填列方法如下：

1.资产类项目

（1）“货币资金”项目，反映事业单位期末库存现金、银行存款和零余额账户用款额度的合计数。本项目应当根据“库存现金”、“银行存款”、“零余额账户用款额度”科目的期末余额合计填列。

（2）“短期投资”项目，反映事业单位期末持有的短期投资成本。本项目应当根据“短期投资”科目的期末余额填列。

（3）“财政应返还额度”项目，反映事业单位期末财政应返还额度的金额。本项目应当根据“财政应返还额度”科目的期末余额填列。

（4）“应收票据”项目，反映事业单位期末持有的应收票据的票面金额。本项目应当根据“应收票据”科目的期末余额填列。

（5）“应收账款”项目，反映事业单位期末尚未收回的应收账款余额。本项目应当根据“应收账款”科目的期末余额填列。

（6）“预付账款”项目，反映事业单位预付给商品或者劳务供应单位的款项。本项目应当根据“预付账款”科目的期末余额填列。

（7）“其他应收款”项目，反映事业单位期末尚未收回的其他应收款余额。本项目应当根据“其他应收款”科目的期末余额填列。

（8）“存货”项目，反映事业单位期末为开展业务活动及其他活动耗用而储存的各种材料、燃料、包装物、低值易耗品及达不到固定资产标准的用具、装具、动植物等的实际成本。本项目应当根据“存货”科目的期末余额填列。

（9）“其他流动资产”项目，反映事业单位除上述各项之外的其他流动资产，如将在一年内（含一年）到期的长期债券投资。本项目应当根据“长期投资”等科目的期末余额分析填列。

（10）“长期投资”项目，反映事业单位持有时间超过一年（不含一年）的股权和债权性质的投资。本项目应当根据“长期投资”科目期末余额减去其中将于一年内（含一年）到期的长期债券投资余额后的金额填列。

（11）“固定资产”项目，反映事业单位期末各项固定资产的账面价值。本项目应当根据“固定资产”科目期末余额减去“累计折旧”科目期末余额后的金额填列。

“固定资产原价”项目，反映事业单位期末各项固定资产的原价。本项目应当根据“固定资产”科目的期末余额填列。

“累计折旧”项目，反映事业单位期末各项固定资产的累计折旧。本项目应当根据“累计折旧”科目的期末余额填列。

（12）“在建工程”项目，反映事业单位期末尚未完工交付使用的在建工程发生的实际成本。本项目应当根据“在建工程”科目的期末余额填列。

（13）“无形资产”项目，反映事业单位期末持有的各项无形资产的账面价值。本项目应当根据“无形资产”科目期末余额减去“累计摊销”科目期末余额后的金额填列。

“无形资产原价”项目，反映事业单位期末持有的各项无形资产的原价。本项目应当根据“无形资产”科目的期末余额填列。

“累计摊销”项目，反映事业单位期末各项无形资产的累计摊销。本项目应当根据“累计摊销”科目的期末余额填列。

（14）“待处置资产损溢”项目，反映事业单位期末待处置资产的价值及处置损溢。本项目应当根据“待处置资产损溢”科目的期末借方余额填列；如“待处置资产损溢”科目期末为贷方余额，则以“-”号填列。

（15）“非流动资产合计”项目，按照“长期投资”、“固定资产”、“在建工程”、“无形资产”、“待处置资产损溢”项目金额的合计数填列。

2. 负债类项目

（16）“短期借款”项目，反映事业单位借入的期限在一年内（含一年）的各种借款。本项目应当根据“短期借款”科目的期末余额填列。

（17）“应缴税费”项目，反映事业单位应缴未交的各种税费。本项目应当根据“应缴税费”科目的期末贷方余额填列；如“应缴税费”科目期末为借方余额，则以“-”号填列。

（18）“应缴国库款”项目，反映事业单位按规定应缴入国库的款项（应缴税费除外）。本项目应当根据“应缴国库款”科目的期末余额填列。

（19）“应缴财政专户款”项目，反映事业单位按规定应缴入财政专户的款项。本项目应当根据“应缴财政专户款”科目的期末余额填列。

（20）“应付职工薪酬”项目，反映事业单位按有关规定应付给职工及为职工支付的各种薪酬。本项目应当根据“应付职工薪酬”科目的期末余额填列。

（21）“应付票据”项目，反映事业单位期末应付票据的金额。本项目应当根据“应付票据”科目的期末余额填列。

（22）“应付账款”项目，反映事业单位期末尚未支付的应付账款的金额。本项目应当根据“应付账款”科目的期末余额填列。

（23）“预收账款”项目，反映事业单位期末按合同规定预收但尚未实际结算的款项。本项目应当根据“预收账款”科目的期末余额填列。

（24）“其他应付款”项目，反映事业单位期末应付未付的其他各项应付及暂收款项。本项目应当根据“其他应付款”科目的期末余额填列。

（25）“其他流动负债”项目，反映事业单位除上述各项之外的其他流动负债，如承担的将于一年内（含一年）偿还的长期负债。本项目应当根据“长期借款”、“长期应付款”等科目的期末余额分析填列。

（26）“长期借款”项目，反映事业单位借入的期限超过一年（不含一年）的各项借款本金。本项目应当根据“长期借款”科目的期末余额减去其中将于一年内（含一年）到期的长期借款余额后的金额填列。

（27）“长期应付款”项目，反映事业单位发生的偿还期限超过一年（不含一年）的各种应付款项。本项目应当根据“长期应付款”科目的期末余额减去其中将于一年内（含一年）到期的长期应付款余额后的金额填列。

3.净资产类项目

（28）“事业基金”项目，反映事业单位期末拥有的非限定用途的净资产。本项目应当根据“事业基金”科目的期末余额填列。

（29）“非流动资产基金”项目，反映事业单位期末非流动资产占用的金额。本项目应当根据“非流动资产基金”科目的期末余额填列。

（30）“专用基金”项目，反映事业单位按规定设置或提取的具有专门用途的净资产。本项目应当根据“专用基金”科目的期末余额填列。

（31）“财政补助结转”项目，反映事业单位滚存的财政补助结转资金。本项目应当根据“财政补助结转”科目的期末余额填列。

（32）“财政补助结余”项目，反映事业单位滚存的财政补助项目支出结余资金。本项目应当根据“财政补助结余”科目的期末余额填列。

（33）“非财政补助结转”项目，反映事业单位滚存的非财政补助专项结转资金。本项目应当根据“非财政补助结转”科目的期末余额填列。

（34）“非财政补助结余”项目，反映事业单位自年初至报告期末累计实现的非财政补助结余弥补以前年度经营亏损后的余额。本项目应当根据“事业结余”、“经营结余”科目的期末余额合计填列；如“事业结余”、“经营结余”科目的期末余额合计为亏损数，则以“-”号填列。在编制年度资产负债表时，本项目金额一般应为“0”；若不为“0”，本项目金额应为“经营结余”科目的期末借方余额（“-”号填列）。

“事业结余”项目，反映事业单位自年初至报告期末累计实现的事业结余。本项目应当根据“事业结余”科目的期末余额填列；如“事业结余”科目的期末余额为亏损数，则以“-”号填列。在编制年度资产负债表时，本项目金额应为“0”。

“经营结余”项目，反映事业单位自年初至报告期末累计实现的经营结余弥补以前年度经营亏损后的余额。本项目应当根据“经营结余”科目的期末余额填列；如“经营结余”科目的期末余额为亏损数，则以“-”号填列。在编制年度资产负债表时，本项目金额一般应为“0”；若不为“0”，本项目金额应为“经营结余”科目的期末借方余额（“-”号填列）。

【例6-1】A事业单位20×1年12月31日的资产负债表（年初余额略）及20×2年12月31日的科目余额表分别如下：

资产负债表

会事业01表

编制单位：A事业单位　　20×1年12月31日　　单位：元

资　产	期末余额	年初余额	负债和净资产	期末余额	年初余额
流动资产：			流动负债：		
货币资金	135 200		短期借款	80 000	
短期投资	11 500		应缴税费	4 000	
财政应返还额度	10 000		应缴国库款		
应收票据			应缴财政专户款		
应收账款	20 000		应付职工薪酬	120 000	
预付账款	10 000		应付票据		
其他应收款	13 000		应付账款	120 000	
存货	258 000		预收账款		
其他流动资产			其他应付款	5 000	
流动资产合计	457 700		其他流动负债		
非流动资产：			流动负债合计	329 000	
长期投资	25 000		非流动负债：		
固定资产	110 000		长期借款	60 000	
固定资产原价	150 000		长期应付款		
减：累计折旧	40 000		非流动负债合计	60 000	
在建工程	230 000		负债合计	389 000	
无形资产			净资产：		
无形资产原价			事业基金	40 000	
减：累计摊销			非流动资产基金	365 000	
待处置资产损溢			专用基金	10 000	
非流动资产合计	365 000		财政补助结转	10 000	
			财政补助结余		
			非财政补助结转	8 700	
			非财政补助结余		
			1.事业结余		
			2.经营结余		
			净资产合计	433 700	
资产总计	822 700		负债和净资产总计	822 700	

20×2年12月31日科目余额表

单位：元

科目名称	借方余额	科目名称	贷方余额
库存现金	2 000	短期借款	20 000
银行存款	83 000	应缴税费	5 000
财政应返还额度	5 000	应付职工薪酬	120 000
应收账款	30 000	应付账款	50 000
预付账款	20 000	其他应付款	5 000
其他应收款	7 000	长期借款	60 000
存货	165 000	事业基金	30 000
长期投资	25 000	非流动资产基金	370 000
固定资产	170 000	专用基金	12 000
累计折旧	−50 000	财政补助结转	5 000
在建工程	117 000	非财政补助结转	5 000
无形资产	120 000		
累计摊销	−12 000		
合计	682 000	合计	682 000

根据上述资料，可编制A事业单位20×2年12月31日的资产负债表如下：

资产负债表

会事业01表

编制单位：A事业单位　　　　20×2年12月31日　　　　单位：元

资　产	期末余额	年初余额	负债和净资产	期末余额	年初余额
流动资产:			流动负债:		
货币资金	85 000	135 200	短期借款	20 000	80 000
短期投资		11 500	应缴税费	5 000	4 000
财政应返还额度	5 000	10 000	应缴国库款		
应收票据			应缴财政专户款		
应收账款	30 000	20 000	应付职工薪酬	120 000	120 000
预付账款	20 000	10 000	应付票据		
其他应收款	7 000	13 000	应付账款	50 000	120 000
存货	165 000	258 000	预收账款		
其他流动资产			其他应付款	5 000	5 000
流动资产合计	312 000	457 700	其他流动负债		
非流动资产:			流动负债合计	200 000	329 000
长期投资	25 000	25 000	非流动负债:		
固定资产	120 000	110 000	长期借款	60 000	60 000
固定资产原价	170 000	150 000	长期应付款		

续表

资　产	期末余额	年初余额	负债和净资产	期末余额	年初余额
减:累计折旧	50 000	40 000	非流动负债合计	60 000	60 000
在建工程	117 000	230 000	负债合计	260 000	389 000
无形资产	108 000		净资产:		
无形资产原价	120 000		事业基金	30 000	40 000
减:累计摊销	12 000		非流动资产基金	370 000	365 000
待处置资产损溢			专用基金	12 000	10 000
非流动资产合计	370 000	365 000	财政补助结转	5 000	10 000
			财政补助结余		
			非财政补助结转	5 000	8 700
			非财政补助结余		
			1.事业结余		
			2.经营结余		
			净资产合计	422 000	433 700
资产总计	682 000	822 700	负债和净资产总计	682 000	822 700

二、收入支出表

（一）概念及基本格式

事业单位收入支出表是反映事业单位在某一会计期间的事业成果及其分配情况的报表，是事业单位的主要会计报表之一，属于动态报表。通过收入支出表，可以提供事业单位在某一会计期间内各项收入、支出和结转结余情况，以及年末非财政补助结余的分配情况，以使信息使用者通过比较不同期间结转结余数据，掌握事业单位事业成果及其分配情况的变动情况及发展趋势。收入支出表按编制的时间不同，分为月报和年报。

收入支出表应当按照收入、支出的构成和结转结余情况分项列示。收入支出表月报和年报的基本格式如表6-3和表6-4所示。

表6-3　　**收入支出表（月度）**

会事业02表

编制单位：　　　　年　　月　　　　单位：元

项　目	本月数	本年累计数
一、本期财政补助结转结余		
财政补助收入		
减：事业支出（财政补助支出）		
二、本期事业结转结余		
（一）事业类收入		
1.事业收入		

续表

项　目	本月数	本年累计数
2.上级补助收入		
3.附属单位上缴收入		
4.其他收入		
其中：捐赠收入		
减：（二）事业类支出		
1.事业支出（非财政补助支出）		
2.上缴上级支出		
3.对附属单位补助支出		
4.其他支出		
三、本期经营结余		
经营收入		
减：经营支出		

表6-4　**收入支出表（年度）**

会事业02表

编制单位：　　　　年　　月　　　　单位：元

项　目	上年数	本年数
一、本期财政补助结转结余		
财政补助收入		
减：事业支出（财政补助支出）		
二、本期事业结转结余		
（一）事业类收入		
1.事业收入		
2.上级补助收入		
3.附属单位上缴收入		
4.其他收入		
其中：捐赠收入		
减：（二）事业类支出		
1.事业支出（非财政补助支出）		
2.上缴上级支出		
3.对附属单位补助支出		
4.其他支出		
三、本期经营结余		
经营收入		
减：经营支出		

续表

项　目	上年数	本年数
四、弥补以前年度亏损后的经营结余		
五、本年非财政补助结转结余		
减：非财政补助结转		
六、本年非财政补助结余		
减：应缴企业所得税		
减：提取专用基金		
七、转入事业基金		

（二）收入支出表（月度）的填列方法

收入支出表（月度），反映事业单位某一月度各项收入、支出和结转结余情况。本表中的各项目分别“本月数”和“本年累计数”两栏数据填列。其中：“本月数”栏反映各项目的本月实际发生数，“本年累计数”栏反映各项目自年初起至报告期末止的累计实际发生数。

收入支出表（月度）“本月数”栏各项目的内容和填列方法如下：

1.本期财政补助结转结余

（1）“本期财政补助结转结余”项目，反映事业单位本期财政补助收入与财政补助支出相抵后的余额。本项目应当按照本表中“财政补助收入”项目金额减去“事业支出（财政补助支出）”项目金额后的余额填列。

（2）“财政补助收入”项目，反映事业单位本期从同级财政部门取得的各类财政拨款。本项目应当根据“财政补助收入”科目的本期发生额填列。

（3）“事业支出（财政补助支出）”项目，反映事业单位本期使用财政补助发生的各项事业支出。本项目应当根据“事业支出——财政补助支出”科目的本期发生额填列，或者根据“事业支出——基本支出（财政补助支出）”、“事业支出——项目支出（财政补助支出）”科目的本期发生额合计填列。

2.本期事业结转结余

（4）“本期事业结转结余”项目，反映事业单位本期除财政补助收支、经营收支以外的各项收支相抵后的余额。本项目应当按照本表中“事业类收入”项目金额减去“事业类支出”项目金额后的余额填列；如为负数，以“-”号填列。

（5）“事业类收入”项目，反映事业单位本期事业收入、上级补助收入、附属单位上缴收入、其他收入的合计数。本项目应当按照本表中“事业收入”、“上级补助收入”、“附属单位上缴收入”、“其他收入”项目金额的合计数填列。

“事业收入”项目，反映事业单位开展专业业务活动及其辅助活动取得的收入。本项目应当根据“事业收入”科目的本期发生额填列。

“上级补助收入”项目，反映事业单位从主管部门和上级单位取得的非财政补助收入。本项目应当根据“上级补助收入”科目的本期发生额填列。

“附属单位上缴收入”项目，反映事业单位附属独立核算单位按照有关规定上缴的收入。本项目应当根据“附属单位上缴收入”科目的本期发生额填列。

“其他收入”项目，反映事业单位除财政补助收入、事业收入、上级补助收入、附属单位上缴收入、经营收入以外的其他收入。本项目应当根据“其他收入”科目的本期发生额填列。

“捐赠收入”项目，反映事业单位接受现金、存货捐赠取得的收入。本项目应当根据“其他收入”科目所属相关明细科目的本期发生额填列。

(6)“事业类支出”项目，反映事业单位本期事业支出（非财政补助支出）、上缴上级支出、对附属单位补助支出、其他支出的合计数。本项目应当按照本表中“事业支出（非财政补助支出）”、“上缴上级支出”、“对附属单位补助支出”、“其他支出”项目金额的合计数填列。

“事业支出（非财政补助支出）”项目，反映事业单位使用财政补助以外的资金发生的各项事业支出。本项目应当根据“事业支出——非财政专项资金支出”、“事业支出——其他资金支出”科目的本期发生额合计填列，或者根据“事业支出——基本支出（其他资金支出）”、“事业支出——项目支出（非财政专项资金支出、其他资金支出）”科目的本期发生额合计填列。

“上缴上级支出”项目，反映事业单位按照财政部门和主管部门的规定上缴上级单位的支出。本项目应当根据“上缴上级支出”科目的本期发生额填列。

“对附属单位补助支出”项目，反映事业单位用财政补助收入之外的收入对附属单位补助发生的支出。本项目应当根据“对附属单位补助支出”科目的本期发生额填列。

“其他支出”项目，反映事业单位除事业支出、上缴上级支出、对附属单位补助支出、经营支出以外的其他支出。本项目应当根据“其他支出”科目的本期发生额填列。

3.本期经营结余

(7)“本期经营结余”项目，反映事业单位本期经营收支相抵后的余额。本项目应当按照本表中“经营收入”项目金额减去“经营支出”项目金额后的余额填列；如为负数，以“-”号填列。

(8)“经营收入”项目，反映事业单位在专业业务活动及其辅助活动之外开展非独立核算经营活动取得的收入。本项目应当根据“经营收入”科目的本期发生额填列。

(9)“经营支出”项目，反映事业单位在专业业务活动及其辅助活动之外开展非独立核算经营活动发生的支出。本项目应当根据“经营支出”科目的本期发生额填列。

（三）收入支出表（年度）的填列方法

收入支出表（年度），反映事业单位某一会计年度各项收入、支出和结转结余情况，以及年末非财政补助结余的分配情况。本表中的各项目分别“上年数”和“本年数”两栏数据填列。其中：“上年数”栏，反映上年度各项目的实际发生数，如果本年度收入支出表规定的各个项目的名称和内容与上年度不一致，应对上年度收入支出表各项目的名称和数字按照本年度的规定进行调整，填入本年度收入支出表的“上年数”栏；“本年数”栏反映各项目本年度的实际发生数。

收入支出表（年度）“本年数”栏各项目的内容和填列方法如下：

1.本期财政补助结转结余

“本期财政补助结转结余”部分各项目的内容和填列方法，同月度本表（1）至（3）的编制方法。

2.本期事业结转结余

“本期事业结转结余” 部分各项目的内容和填列方法，同月度本表（4）至（6）的编制方法。

3.本期经营结余

“本期经营结余”部分各项目的内容和填列方法，同月度本表（7）至（9）的编制方法。

4.弥补以前年度亏损后的经营结余

（10）“弥补以前年度亏损后的经营结余”项目，反映事业单位本年度实现的经营结余扣除本年初未弥补经营亏损后的余额。本项目应当根据“经营结余”科目年末转入“非财政补助结余分配”科目前的余额填列；如该年末余额为借方余额，以“–”号填列。

5.本年非财政补助结转结余

（11）“本年非财政补助结转结余”项目，反映事业单位本年除财政补助结转结余之外的结转结余金额。如本表中“弥补以前年度亏损后的经营结余”项目为正数，本项目应当按照本表中“本期事业结转结余”、“弥补以前年度亏损后的经营结余”项目金额的合计数填列；如为负数，以“–”号填列。如本表中“弥补以前年度亏损后的经营结余”项目为负数，本项目应当按照本表中“本期事业结转结余”项目金额填列；如为负数，以“–”号填列。

（12）“非财政补助结转”项目，反映事业单位本年除财政补助收支外的各专项资金收入减去各专项资金支出后的余额。本项目应当根据“非财政补助结转”科目本年贷方发生额中专项资金收入转入金额合计数减去本年借方发生额中专项资金支出转入金额合计数后的余额填列。

6.本年非财政补助结余

（13）“本年非财政补助结余”项目，反映事业单位本年除财政补助之外的其他结余金额。本项目应当按照本表中“本年非财政补助结转结余”项目金额减去“非财政补助结转”项目金额后的金额填列；如为负数，以“–”号填列。

（14）“应缴企业所得税”项目，反映事业单位按照税法规定应缴纳的企业所得税金额。本项目应当根据“非财政补助结余分配”科目的本年发生额分析填列。

（15）“提取专用基金”项目，反映事业单位本年按规定提取的专用基金金额。本项目应当根据“非财政补助结余分配”科目的本年发生额分析填列。

7. 转入事业基金

（16）“转入事业基金”项目，反映事业单位本年按规定转入事业基金的非财政补助结余资金。本项目应当按照本表中“本年非财政补助结余”项目金额减去“应缴企业所得税”、“提取专用基金”项目金额后的余额填列；如为负数，以“-”号填列。

【例6-2】B事业单位20×1年12月31日资产负债表中的经营结余期末借方余额为5 000元，20×2年度有关收入和支出科目本年发生额如下：

<table>
<tr><th colspan="2">科目名称</th><th>借方发生额（元）</th><th colspan="2">科目名称</th><th>贷方发生额（元）</th></tr>
<tr><td rowspan="3">事业支出</td><td>财政补助支出</td><td>785 000</td><td colspan="2">财政补助收入</td><td>850 000</td></tr>
<tr><td>非财政专项资金支出</td><td>40 000</td><td rowspan="2">事业收入</td><td>非专项资金收入</td><td>200 000</td></tr>
<tr><td>其他资金支出</td><td>240 000</td><td>专项资金收入</td><td>50 000</td></tr>
<tr><td colspan="2">对附属单位补助支出</td><td>50 000</td><td colspan="2">上级补助收入</td><td>100 000</td></tr>
<tr><td colspan="2">经营支出</td><td>40 000</td><td colspan="2">经营收入</td><td>50 000</td></tr>
<tr><td colspan="2">上缴上级支出</td><td>30 000</td><td colspan="2">附属单位上缴收入</td><td>80 000</td></tr>
<tr><td colspan="2">其他支出</td><td>70 000</td><td colspan="2">其他收入</td><td>20 000</td></tr>
</table>

假设该事业单位经营结余适用25%企业所得税税率，按照20%的比例计提职工福利基金。则根据上述资料编制的B事业单位20×2年度收入支出表如下：

收入支出表

会事业02表

编制单位：B事业单位　　　　20×2年度　　　　单位：元

项　目	本年数	上年数（略）
一、本期财政补助结转结余	65 000	
财政补助收入	850 000	
减：事业支出（财政补助支出）	785 000	
二、本期事业结转结余	20 000	
（一）事业类收入	450 000	
1. 事业收入	250 000	
2. 上级补助收入	100 000	
3. 附属单位上缴收入	80 000	
4. 其他收入	20 000	
其中：捐赠收入		
减：（二）事业类支出	430 000	
1. 事业支出（非财政补助支出）	280 000	
2. 上缴上级支出	30 000	
3. 对附属单位补助支出	50 000	
4. 其他支出	70 000	

续表

项　目	本年数	上年数（略）
三、本期经营结余	10 000	
经营收入	50 000	
减：经营支出	40 000	
四、弥补以前年度亏损后的经营结余	5 000	
五、本年非财政补助结转结余	25 000	
减：非财政补助结转	10 000	
六、本年非财政补助结余	15 000	
减：应缴企业所得税	1 250	
减：提取专用基金	2 750	
七、转入事业基金	11 000	

三、财政补助收入支出表

（一）概念及基本格式

事业单位财政补助收入支出表是反映事业单位在某一会计期间财政补助收入、支出、结转及结余情况的报表，是事业单位的主要会计报表之一，属于动态报表。财政补助收入支出表，可以提供事业单位某一会计期间财政补助收入、支出的规模及结构情况；可以提供事业单位某一会计期间财政补助结转结余的规模及结构情况。财政补助收入支出表按年度编制。

财政补助收入支出表的基本格式如表6-5所示。

（二）财政补助收入支出表的填列方法

财政补助收入支出表中的各项目分别“上年数”和“本年数”两栏数据填列，以使信息使用者通过比较不同期间财政补助收入、支出、结转及结余数据，掌握事业单位财政补助收支及结转结余的变动情况及发展趋势。

财政补助收入支出表中的“上年数”栏内各项数字，应当根据上年度财政补助收入支出表“本年数”栏内数字填列，“本年数”栏各项目的内容和填列方法如下：

（1）“年初财政补助结转结余”项目及其所属各明细项目，反映事业单位本年初财政补助结转和结余余额。各项目应当根据上年度财政补助收入支出表中“年末财政补助结转结余”项目及其所属各明细项目“本年数”栏的数字填列。

（2）“调整年初财政补助结转结余”项目及其所属各明细项目，反映事业单位因本年发生需要调整以前年度财政补助结转结余的事项，而对年初财政补助结转结余的调整金额。各项目应当根据“财政补助结转”、“财政补助结余”科目及其所属明细科目的本年发生额分析填列。如调整减少年初财政补助结转结余，以“-”号填列。

（3）“本年归集调入财政补助结转结余”项目及其所属各明细项目，反映事业单位本年度取得主管部门归集调入的财政补助结转结余资金或额度金额。各项目应当根据“财政补助结转”、“财政补助结余”科目及其所属明细科目的本年发生额分析填列。

表6-5　　　　财政补助收入支出表

会事业03表

编制单位：　　　　年度　　　　单位：

项　目	本年数	上年数
一、年初财政补助结转结余		—
（一）基本支出结转		—
1.人员经费		—
2.日常公用经费		—
（二）项目支出结转		—
××项目		—
（三）项目支出结余		—
二、调整年初财政补助结转结余		—
（一）基本支出结转		—
1.人员经费		—
2.日常公用经费		—
（二）项目支出结转		—
××项目		—
（三）项目支出结余		—
三、本年归集调入财政补助结转结余		
（一）基本支出结转		
1.人员经费		
2.日常公用经费		
（二）项目支出结转		
××项目		
（三）项目支出结余		
四、本年上缴财政补助结转结余		
（一）基本支出结转		
1.人员经费		
2.日常公用经费		
（二）项目支出结转		
××项目		
（三）项目支出结余		
五、本年财政补助收入		
（一）基本支出		
1.人员经费		
2.日常公用经费		
（二）项目支出		
××项目		

续表

项　目	本年数	上年数
六、本年财政补助支出		
（一）基本支出		
1. 人员经费		
2. 日常公用经费		
（二）项目支出		
××项目		
七、年末财政补助结转结余		—
（一）基本支出结转		—
1. 人员经费		—
2. 日常公用经费		—
（二）项目支出结转		—
××项目		—
（三）项目支出结余		—

（4）“本年上缴财政补助结转结余”项目及其所属各明细项目，反映事业单位本年度按规定实际上缴的财政补助结转结余资金或额度金额。各项目应当根据“财政补助结转”、“财政补助结余”科目及其所属明细科目的本年发生额分析填列。

（5）“本年财政补助收入”项目及其所属各明细项目，反映事业单位本年度从同级财政部门取得的各类财政拨款金额。各项目应当根据“财政补助收入”科目及其所属明细科目的本年发生额填列。

（6）“本年财政补助支出”项目及其所属各明细项目，反映事业单位本年度发生的财政补助支出金额。各项目应当根据“事业支出”科目所属明细科目本年发生额中的财政补助支出数填列。

（7）“年末财政补助结转结余”项目及其所属各明细项目，反映事业单位截至本年末的财政补助结转和结余余额。各项目应当根据“财政补助结转”、“财政补助结余”科目及其所属明细科目的年末余额填列。

第三篇

行业事业单位会计

本篇根据《高等学校会计制度》、《中小学校会计制度》、《科学事业单位会计制度》、《彩票机构会计制度》、《基层医疗机构会计制度》和《医院会计制度》等行业事业单位会计制度，采用比较分析法，主要将行业事业单位会计与上篇的通用事业单位会计进行比较，重点介绍行业事业单位会计的特殊业务和内容（与事业单位会计相比的差异部分），而相同业务和内容部分，可参照第二篇的相关内容，本篇不再赘述。

第七章

高等学校会计

本章根据《高等学校财务制度》和《高等学校会计制度》介绍高等学校收入、支出、资产、负债和净资产的核算方法以及会计报表的编制方法。

第一节 高等学校会计概述

一、高等学校与高等学校会计

（一）高等学校

高等学校是大学、专门学院、高等职业技术学校、高等专科学校的统称，简称高校。

按照学校性质，高等学校可分为普通高等学校、成人高等学校。普通高等学校是指通过国家普通高等教育招生考试，招收高中毕业生为主要培养对象，实施高等学历教育的全日制大学、独立设置的学院、独立学院和高等专科学校、高等职业学校及其他机构。成人高等学校是指通过国家成人高等教育招生考试，招收具有高中毕业或同等学力的人员为主要培养对象，利用函授、业余、脱产等多种形式，对其实施高等学历教育的学校，包括职工高等学校、农民高等学校、管理干部学院、教育学院、独立函授学院、广播电视大学及其他机构。其他机构是指承担国家成人招生计划任务不计校数的机构。[①]

按照学校隶属关系，高等学校可分为中央部属高校、地方所属高校和民办高校。

根据教育部公布的统计数据[②]，2013年我国有普通高等学校2 491所、成人高等学校297所；中央部属高校126所，地方所属高校1 944所（含地方企业举办的高等学校

---

① 根据国家统计局网站公开资料整理，参见http：//www.stats.gov.cn/tjsj/ndsj/2015/indexch.htm.

② 根据教育部网站公开资料整理，参见http：//www.moe.edu.cn/publicfiles/business/htmlfiles/moe/s8493/201412/182068.html.

96所）、民办高校718所。

（二）高等学校会计

高等学校会计是高等学校核算、反映和监督其发生的各项经济业务和事项，以提供其财务状况和预算执行等会计信息的会计。

现行的《高等学校会计制度》（财会〔2013〕30号），适用于各级人民政府举办的全日制普通高等学校、成人高等学校。也就是说，不是所有的高等学校都执行现行的《高等学校会计制度》，只有各级政府举办的高等学校即公立高等学校才执行《高等学校会计制度》。

高等学校会计除了具有事业单位会计的特点之外，无论是会计科目及其核算内容、核算方法，还是主要会计报表的构成和编制方法，都与事业单位会计相同。唯一差异在于：高等学校会计在核算事业收入和事业支出时将根据业务活动性质具化为教育事业收入和科研事业收入，教育事业支出、科研事业支出、行政管理支出、后勤保障支出和离退休支出等。此外，负债包括代管款项。

二、高等学校会计科目

高等学校会计科目是高等学校会计要素的具体内容和项目。高等学校会计核算一般采用收付实现制，但部分经济业务或者事项的核算应当按照本制度的规定采用权责发生制。由此，高等学校会计要素包括资产、负债、净资产、收入和支出，会计科目也分为资产类、负债类、净资产类、收入类和支出类。具体见表7-1。

表7-1 **高等学校会计科目表**

科目类别	科目编号	科目名称	科目类别	科目编号	科目名称
一、资产类	1001	库存现金	三、净资产类	3001	事业基金
	1002	银行存款		3101	非流动资产基金
	1011	零余额账户用款额度		310101	长期投资
	1101	短期投资		310102	固定资产
	1201	财政应返还额度		310103	在建工程
	120101	财政直接支付		310104	无形资产
	120102	财政授权支付		3201	专用基金
	1211	应收票据		3301	财政补助结转
	1212	应收账款		30101	基本支出结转
	1213	预付账款		30102	项目支出结转
	1215	其他应收款		3302	财政补助结余

续表

科目类别	科目编号	科目名称	科目类别	科目编号	科目名称
一、资产类	1301	存货	三、净资产类	3401	非财政补助结转
	1401	长期投资		3402	事业结余
	1501	固定资产		3403	经营结余
	1502	累计折旧		3404	非财政补助结余分配
	1511	在建工程	四、收入类	4001	财政补助收入
	1601	无形资产		4101	教育事业收入
	1602	累计摊销		4102	科研事业收入
	1701	待处置资产损溢		4201	上级补助收入
二、负债类	2001	短期借款		4301	附属单位上缴收入
	2101	应缴税费		4401	经营收入
	2102	应缴国库款		4501	其他收入
	2103	应缴财政专户款	五、支出类	5001	教育事业支出
	2201	应付职工薪酬		5002	科研事业支出
	2301	应付票据		5004	行政管理支出
	2302	应付账款		5005	后勤保障支出
	2303	预收账款		5006	离退休支出
	2305	其他应付款		5101	上缴上级支出
	2401	长期借款		5201	对附属单位补助支出
	2402	长期应付款		5301	经营支出
	2501	代管款项		5401	其他支出

第二节　高等学校收入和支出的核算

一、高等学校收入

（一）高等学校收入的内容

高等学校收入是指高等学校开展教学、科研及其他活动依法取得的非偿还性资金，包括财政补助收入、事业收入、上级单位补助收入、附属单位上缴收入、经营收入和其他收入。

高等学校收入中的上级单位补助收入、附属单位上缴收入、经营收入和其他收入的含义、分类、确认和计量与事业单位会计相同，但财政补助收入和事业收入具有特殊性。

1. 财政补助收入

财政补助收入，是高等学校从同级财政部门取得的各类财政拨款。财政补助收入包括：

（1）财政教育拨款，是高等学校从同级财政部门取得的各类财政教育拨款。

（2）财政科研拨款，是高等学校从同级财政部门取得的各类财政科研拨款。

（3）财政其他拨款，是高等学校从同级财政部门取得的上述拨款范围以外的财政拨款。

2. 事业收入

事业收入，是高等学校开展教学、科研及其辅助活动取得的收入。事业收入包括：

（1）教育事业收入，是指高等学校开展教学及其辅助活动所取得的收入，包括通过学历和非学历教育向学生个人或者单位收取的学费、住宿费、委托培养费、考试考务费、培训费和其他教育事业收入。按照国家有关规定应当上缴国库或者财政专户的资金，不计入教育事业收入；从财政专户核拨给学校的资金和经核准不上缴国库或财政专户的资金，计入教育事业收入。

教育事业收入类似事业单位会计中的事业收入。按照管理方式分类，教育事业收入分为财政专户返还的事业收入和其他事业收入；按照使用要求不同，教育事业收入分为专项资金收入和非专项资金收入。

（2）科研事业收入，是指高等学校开展科研及其辅助活动所取得的收入，包括通过承接科研项目、开展科研协作、转化科技成果、进行科技咨询等取得的收入。科研事业收入不包括按照部门预算隶属关系从同级财政部门取得的财政拨款。

按照使用要求不同，科研事业收入分为专项资金收入和非专项资金收入。

（二）收入类科目及其核算内容：高等学校会计与事业单位会计比较

高等学校收入科目及其核算内容与事业单位会计的比较如表7-2所示。表7-2表明：

（1）高等学校“财政补助收入”、“上级补助收入”、“附属单位上缴收入”、“经营收入”和“其他收入”总账科目及其明细科目的设置、核算内容、账务处理方法与事业单位会计的原理相同。

（2）高等学校的事业收入根据其包括的内容通过“教育事业收入”和“科研事业收入”两个会计科目核算，这与事业单位会计只通过“事业收入”科目核算存在差异。

表7-2　　收入类科目及其核算内容：高等学校会计与事业单位会计比较

科目名称	事业单位会计	高等学校会计
	科目核算内容	科目核算内容
财政补助收入	核算事业单位从同级财政部门取得的各类财政拨款，包括基本支出补助和项目支出补助	核算高等学校从同级财政部门取得的各类财政拨款，包括基本支出补助和项目支出补助
事业收入	核算事业单位开展专业业务活动及其辅助活动所取得的收入	
教育事业收入		核算高等学校开展教学及其辅助活动取得的收入
科研事业收入		核算高等学校开展科研及其辅助活动取得的收入
上级补助收入	核算事业单位从主管部门和上级单位取得的非财政补助收入	核算高等学校从主管部门和上级单位取得的非财政补助收入
附属单位上缴收入	核算事业单位附属独立核算单位按照有关规定上缴的收入	核算高等学校附属单位按照有关规定上缴的收入
经营收入	核算事业单位在专业业务活动及其辅助活动之外开展非独立核算经营活动取得的收入	核算高等学校在教学、科研活动及其辅助活动之外开展非独立核算经营活动取得的收入
其他收入	核算事业单位除财政补助收入、事业收入、上级补助收入、附属单位上缴收入、经营收入以外的各项收入，包括投资收益、银行存款利息收入、租金收入、捐赠收入、现金盘盈收入、存货盘盈收入、收回已核销应收及预付款项、无法偿付的应付及预收款项等	核算高等学校除财政补助收入、教育事业收入、科研事业收入、上级补助收入、附属单位上缴收入、经营收入以外的各项收入，包括投资收益、银行存款利息收入、租金收入、捐赠收入、现金盘盈收入、存货盘盈收入、收回已核销应收及预付款项、无法偿付的应付及预收款项等

（三）高等学校收入特殊业务的核算

与事业单位会计相比，高等学校收入核算的特殊业务主要是事业收入的核算。

1.教育事业收入

“教育事业收入”科目，核算高等学校开展教学及其辅助活动取得的收入。本科目应当按照教育事业收入的类别、项目等进行明细核算。教育事业收入中如有专项资金收入，还应按具体项目进行明细核算。期末结账后，本科目应无余额。

（1）采用财政专户返还方式管理的教育事业收入。事业单位收到应上缴财政专户的教育事业收入时，按照实际收到的金额，借记“银行存款”、“库存现金”等科目，贷记“应缴财政专户款”科目。向财政专户上缴款项时，按照实际上缴的金额，借记“应缴财政专户款”科目，贷记“银行存款”等科目。收到从财政专户返还的教育事业收入时，按照实际收到的金额，借记“银行存款”等科目，贷记本科目。

（2）其他教育事业收入。事业单位收到教育事业收入时，按照实际收到的金额，借记“银行存款”、“库存现金”等科目，贷记本科目。涉及增值税业务的，相关账务处理参照“经营收入”科目。

（3）期末结账。期末，将本科目本期发生额中的专项资金收入结转至“非财政补助结转”科目，借记本科目下各专项资金收入明细科目，贷记“非财政补助结转”科目；将本科目本期发生额中的非专项资金收入结转至“事业结余”科目，借记本科目下各非专项资金收入明细科目，贷记“事业结余”科目。

【例7-1】某高等学校开展教学活动，向学生个人收取学费500 000元、考试考务费30 000元，均已存入银行。其中学费收入采用财政专户返还方式管理。该高等学校账务处理如下：

借：银行存款	80 000	
贷：应缴财政专户款		50 000
教育事业收入——考试考务费收入		30 000

【例7-2】上例中的高等学校将收取的学费收入上缴财政专户，其账务处理如下：

借：应缴财政专户款	50 000	
贷：银行存款		50 000

当该高等学校收到从财政专户返还的学费收入50 000元时，

借：银行存款	50 000	
贷：教育事业收入——学费收入		50 000

【例7-3】期末，某高等学校“教育事业收入”科目贷方余额805 000元，有关明细科目贷方余额为：学费收入800 000元、考试考务费收入5 000元。假设无专项资金收入。期末结账时，该高等学校的账务处理如下：

借：教育事业收入——学费收入	800 000	
——考试考务费收入	5 000	
贷：事业结余		805 000

2.科研事业收入

“科研事业收入”科目，核算开展科研及其辅助活动取得的收入。高等学校因开展科研及其辅助活动从非同级财政部门取得的经费拨款，通过本科目核算。本科目应当按照科研事业收入的类别、项目等进行明细核算。对于高等学校因开展科研及其辅助活动从非同级财政部门取得的经费拨款，应单设“非同级财政拨款”明细科目进行核算；科研事业收入中如有专项资金收入，还应按具体项目进行明细核算。期末结账后，本科目应无余额。

（1）收到科研事业收入时，按照实际收到的金额，借记“银行存款”、“库存现金”等科目，贷记本科目。涉及增值税业务的，相关账务处理参照“经营收入”科目。

（2）将本科目本期发生额中的专项资金收入结转至“非财政补助结转”科目，借记本科目下各专项资金收入明细科目，贷记“非财政补助结转”科目；将本科目本期发生额中的非专项资金收入结转至“事业结余”科目，借记本科目下各非专项资金收入明细科目，贷记“事业结余”科目。

【例7-4】某高等学校收到教育部拨入的教学改革项目研究专项资金500 000元，款项已存入银行。该高等学校账务处理如下：

借：银行存款	500 000	
贷：科研事业收入——科研项目收入		500 000

【例7-5】期末，某高等学校“科研事业收入”科目贷方余额850 000元，有关明细科目贷方余额为：科研项目收入800 000元、科技咨询收入50 000元。期末结账时，该高等学校的账务处理如下：

借：科研事业收入——科研项目收入	800 000	
——科技咨询收入	50 000	
贷：非财政补助结转		800 000
事业结余		50 000

二、高等学校支出

（一）高等学校支出的内容

高等学校支出是指高等学校开展教学、科研及其他活动发生的资金耗费和损失，包括事业支出、经营支出、对附属单位补助支出、上缴上级支出和其他支出。

高等学校支出中的经营支出、对附属单位补助支出、上缴上级支出和其他支出的含义、分类、确认和计量与事业单位会计原理相同，但事业支出具有特殊性。

事业支出，是高等学校开展教学、科研及其辅助活动发生的支出。高等学校的事业支出除了按照部门预算管理要求可分为基本支出和项目支出，按照是否专款专用可分为专项资金支出和非专项资金支出外，还可按照业务活动性质分为教育事业支出、科研事业支出、行政管理支出、后勤保障支出和离退休支出。

（1）教育事业支出，是高等学校开展各类教学活动和教学辅助活动发生的支出。其中，教学活动支出是指高等学校各学院、系（含院系下属不单独编列预算的研究所和研究中心）等教学机构，以及校团委、学工部、学生会等各类学生思政教育部门为培养各类学生发生的支出；教学辅助活动支出是指高等学校信息网络中心、电教中心、测试中心、图书馆、博物馆和档案馆等教学辅助部门发生的支出。

（2）科研事业支出，是高等学校开展科研及其辅助活动发生的基本支出和项目支出，包括高等学校在学院、系外单独设立的研究所、研究中心等各类科研机构发生的支出，以及高等学校为完成各项科研任务发生的支出。

（3）行政管理支出，是高等学校校级行政管理部门（不含各类学生思政教育部门）开展行政管理活动发生的基本支出和项目支出，以及高等学校统一负担的不属于后勤保障支出的工会经费、诉讼费、中介费、印花税、房产税、车船税等。

（4）后勤保障支出，是高等学校为教学、科研、行政管理等活动提供后勤保障发生的基本支出和项目支出，包括学校后勤保障部门为提供后勤保障服务发生的各类支出，以及学校统一承担的水、电、煤、取暖等各类公用事业费、物业管理费、绿化费、车辆维持使用费、房屋及公用设施维修费、食堂价格补贴等。

（5）高等学校负担的离退休人员的工资、津补贴等基本支出。

（二）支出类科目及其核算内容：高等学校会计与事业单位会计比较

高等学校支出科目及其核算内容与事业单位会计的比较如表7-3所示。表7-3表明：

（1）高等学校"上缴上级支出"、"对附属单位补助支出"、"经营支出"和"其他支出"总账科目及其明细科目的设置、核算内容、账务处理方法与事业单位会计原理相同。

（2）高等学校事业支出按照业务活动性质通过"教育事业支出"、"科研事业支出"、"行政管理支出"、"后勤保障支出"和"离退休支出"五个会计科目核算，这与事业单位会计只通过"事业支出"科目核算存在差异。

表7-3　　支出类科目及其核算内容：高等学校会计与事业单位会计比较

科目名称	事业单位会计	高等学校会计
	科目核算内容	科目核算内容
事业支出	核算事业单位开展专业业务活动及其辅助活动发生的基本支出和项目支出	
教育事业支出		核算高等学校开展各类教学活动和教学辅助活动发生的基本支出和项目支出
科研事业支出		核算高等学校开展科研及其辅助活动发生的基本支出和项目支出
行政管理支出		核算高等学校校级行政管理部门（不含各类学生思政教育部门）开展行政管理活动发生的基本支出和项目支出，以及高等学校统一负担的不属于后勤保障支出的工会经费、诉讼费、中介费、印花税、房产税、车船税等

续表

科目名称	事业单位会计	高等学校会计
	科目核算内容	科目核算内容
后勤保障支出		核算高等学校为教学、科研、行政管理等活动提供后勤保障发生的基本支出和项目支出
离退休支出		核算高等学校负担的离退休人员的工资、津补贴等基本支出
上缴上级支出	核算事业单位按照财政部门和主管部门的规定上缴上级单位的支出	核算高等学校按照财政部门和主管部门的规定上缴上级单位的支出
对附属单位补助支出	核算事业单位用财政补助收入之外的收入对附属单位补助发生的支出	核算高等学校用财政补助收入之外的收入对附属单位补助发生的支出
经营支出	核算事业单位在专业业务活动及其辅助活动之外开展非独立核算经营活动发生的支出	核算高等学校在教学、科研活动及其辅助活动之外开展非独立核算经营活动发生的支出
其他支出	核算事业单位除事业支出、上缴上级支出、对附属单位补助支出、经营支出以外的各项支出，包括利息支出、捐赠支出、现金盘亏损失、资产处置损失、接受捐赠（调入）非流动资产发生的税费支出等	核算高等学校除教育事业支出、科研事业支出、行政管理支出、后勤保障支出、离退休支出、上缴上级支出、对附属单位补助支出、经营支出以外的各项支出，包括利息支出、捐赠支出、现金盘亏损失、资产处置损失、接受捐赠（调入）非流动资产发生的税费支出等

（三）高等学校支出特殊业务的核算

与事业单位会计相比，高等学校支出核算的特殊业务主要是事业支出的核算。

1.教育事业支出

“教育事业支出”科目，核算高等学校开展各类教学活动和教学辅助活动发生的基本支出和项目支出。本科目应当按照“基本支出”和“项目支出”，“财政补助支出”、“非财政专项资金支出”和“其他资金支出”等层级进行明细核算，并按照《政府收支分类科目》中“支出功能分类”的相关科目进行明细核算；“基本支出”和“项目支出”明细科目下应当按照《政府收支分类科目》中“支出经济分类”的款级科目进行明细核算；同时在“项目支出”明细科目下按照具体项目进行明细核算。期末结账后，本科目应无余额。

（1）各学院、系等教学机构、各类学生思政教育部门以及各教学辅助部门的人员计提的薪酬等，借记本科目，贷记“应付职工薪酬”等科目。

（2）开展教学及其辅助活动领用的存货，按领用存货的实际成本，借记本科目，贷记“存货”科目。

（3）开展教学及其辅助活动发生的其他各项支出，借记本科目，贷记“库存现金”、“银行存款”、“零余额账户用款额度”、“财政补助收入”等科目。

（4）期末，将本科目（财政补助支出）本期发生额结转至“财政补助结转”科目，借记“财政补助结转——基本支出结转、项目支出结转”科目，贷记本科目（财政补助支出——基本支出、项目支出）或本科目（基本支出——财政补助支出、项目支出——财政补助支出）；将本科目（非财政专项资金支出）本期发生额结转至“非财政补助结转”科目，借记“非财政补助结转”科目，贷记本科目（非财政专项资金支出）或本科目（项目支出——非财政专项资金支出）；将本科目（其他资金支出）本期发生额结转至“事业结余”科目，借记“事业结余”科目，贷记本科目（其他资金支出）或本科目（基本支出——其他资金支出、项目支出——其他资金支出）。

2.科研事业支出

“科研事业支出”科目，核算高等学校开展科研活动及其辅助活动发生的基本支出和项目支出。本科目应当按照“基本支出”和“项目支出”，“财政补助支出”、“非财政专项资金支出”和“其他资金支出”等层级进行明细核算，并按照《政府收支分类科目》中“支出功能分类”相关科目进行明细核算；“基本支出”和“项目支出”明细科目下应当按照《政府收支分类科目》中“支出经济分类”的款级科目进行明细核算；同时在“项目支出”明细科目下按照具体项目进行明细核算。期末结账后，本科目应无余额。

（1）为校内独立于学院、系的研究所、研究中心等科研机构的人员计提的薪酬等，借记本科目，贷记“应付职工薪酬”等科目。

（2）开展科研活动及其辅助活动领用的存货，按领用存货的实际成本，借记本科目，贷记“存货”科目。

（3）按规定从科研项目收入中提取项目管理费或间接费，按提取金额，借记本科目，贷记“事业基金——项目管理费及间接费”科目。

（4）开展科研活动及其辅助活动发生的其他各项支出，借记本科目，贷记“库存现金”、“银行存款”、“零余额账户用款额度”、“财政补助收入”等科目。

（5）期末，将本科目（财政补助支出）本期发生额结转至“财政补助结转”科目，借记“财政补助结转——基本支出结转、项目支出结转”科目，贷记本科目（财政补助支出——基本支出、项目支出）或本科目（基本支出——财政补助支出、项目支出——财政补助支出）；将本科目（非财政专项资金支出）本期发生额结转至“非财政补助结转”科目，借记“非财政补助结转”科目，贷记本科目（非财政专项资金支出）或本科目（项目支出——非财政专项资金支出）；将本科目（其他资金支出）本期发生额结转至“事业结余”科目，借记“事业结余”科目，贷记本科目（其他资金支出）或本科目

（基本支出——其他资金支出、项目支出——其他资金支出）。

3.行政管理支出

“行政管理支出”科目，核算高等学校校级行政管理部门（不含各类学生思政教育部门）开展行政管理活动发生的基本支出和项目支出，以及高等学校统一负担的不属于后勤保障支出的工会经费、诉讼费、中介费、印花税、房产税、车船税等。本科目应当按照“基本支出”和“项目支出”，“财政补助支出”、“非财政专项资金支出”和“其他资金支出”等层级进行明细核算，并按照《政府收支分类科目》中“支出功能分类”相关科目进行明细核算；“基本支出”和“项目支出”明细科目下应当按照《政府收支分类科目》中“支出经济分类”的款级科目进行明细核算；同时在“项目支出”明细科目下按照具体项目进行明细核算。期末结账后，本科目应无余额。

（1）为校级行政管理部门的人员计提的薪酬等，借记本科目，贷记“应付职工薪酬”等科目。

（2）开展校级行政管理活动领用的存货，按领用存货的实际成本，借记本科目，贷记“存货”科目。

（3）开展校级行政管理活动发生的其他各项支出，以及发生高等学校统一负担的不属于后勤保障支出的各项支出，借记本科目，贷记“库存现金”、“银行存款”、“零余额账户用款额度”、“财政补助收入”等科目。

（4）期末，将本科目（财政补助支出）本期发生额结转至“财政补助结转”科目，借记“财政补助结转——基本支出结转、项目支出结转”科目，贷记本科目（财政补助支出——基本支出、项目支出）或本科目（基本支出——财政补助支出、项目支出——财政补助支出）；将本科目（非财政专项资金支出）本期发生额结转至“非财政补助结转”科目，借记“非财政补助结转”科目，贷记本科目（非财政专项资金支出）或本科目（项目支出——非财政专项资金支出）；将本科目（其他资金支出）本期发生额结转至“事业结余”科目，借记“事业结余”科目，贷记本科目（其他资金支出）或本科目（基本支出——其他资金支出、项目支出——其他资金支出）。

4.后勤保障支出

“后勤保障支出”科目，核算高等学校为教学、科研、行政管理等活动提供后勤保障发生的基本支出和项目支出。本科目应当按照“基本支出”和“项目支出”，“财政补助支出”、“非财政专项资金支出”和“其他资金支出”等层级进行明细核算，并按照《政府收支分类科目》中“支出功能分类”相关科目进行明细核算；“基本支出”和“项目支出”明细科目下应当按照《政府收支分类科目》中“支出经济分类”的款级科目进行明细核算，同时在“项目支出”明细科目下按照具体项目进行明细核算。期末结账后，本科目应无余额。

（1）为学校后勤保障部门的人员计提的薪酬等，借记本科目，贷记“应付职工薪酬”等科目。

（2）开展后勤保障服务领用的存货，按领用存货的实际成本，借记本科目，贷记

“存货”科目。

（3）开展后勤保障服务发生的其他各项支出，借记本科目，贷记“库存现金”、“银行存款”、“零余额账户用款额度”、“财政补助收入”等科目。

（4）期末，将本科目（财政补助支出）本期发生额结转至“财政补助结转”科目，借记“财政补助结转——基本支出结转、项目支出结转”科目，贷记本科目（财政补助支出——基本支出、项目支出）或本科目（基本支出——财政补助支出、项目支出——财政补助支出）；将本科目（非财政专项资金支出）本期发生额结转至“非财政补助结转”科目，借记“非财政补助结转”科目，贷记本科目（非财政专项资金支出）或本科目（项目支出——非财政专项资金支出）；将本科目（其他资金支出）本期发生额结转至“事业结余”科目，借记“事业结余”科目，贷记本科目（其他资金支出）或本科目（基本支出——其他资金支出、项目支出——其他资金支出）。

5. 离退休支出

“离退休支出”科目，核算高等学校负担的离退休人员的工资、津补贴等基本支出。本科目应当按照“财政补助支出”、“其他资金支出”等进行明细核算，并按照《政府收支分类科目》中“支出功能分类”相关科目和“支出经济分类”的款级科目进行明细核算。期末结账后，本科目应无余额。

（1）为离退休人员计提离退休工资、津补贴等，借记本科目，贷记“应付职工薪酬”等科目。

（2）离退休人员发生的其他各项支出，借记本科目，贷记“库存现金”、“银行存款”等科目。

（3）期末，将本科目（财政补助支出）本期发生额结转至“财政补助结转”科目，借记“财政补助结转——基本支出结转”科目，贷记本科目（财政补助支出）；将本科目（其他资金支出）本期发生额结转至“事业结余”科目，借记“事业结余”科目，贷记本科目（其他资金支出）。

【例7-6】某高等学校计提本月由财政统发的人员工资，应发工资总额630 000元，其中：教学机构人员300 000元、校级科研机构人员100 000元、校级行政管理部门人员150 000元、学校后勤保障部门人员50 000元、离退休费30 000元。该高等学校账务处理如下：

借：教育事业支出——财政补助支出——基本支出	300 000	
科研事业支出——财政补助支出——基本支出	100 000	
行政管理支出——财政补助支出——基本支出	150 000	
后勤保障支出——财政补助支出——基本支出	50 000	
离退休支出——财政补助支出——基本支出	30 000	
贷：应付职工薪酬		630 000

【例7-7】某高等学校拟更新办公设备，收到购入的办公用电脑100台，每台单价8 000元。款项实行财政直接支付。电脑已分配到各部门投入使用，各部门的分配情况

如下：

部　门	办公电脑（台）	价值（元）
教学机构	60	480 000
校级科研机构	10	80 000
校级行政管理部门	15	120 000
学校后勤保障部门	10	80 000
离退休人员工作处	5	40 000
合计	100	800 000

该高等学校的账务处理如下：

借：教育事业支出——财政补助支出——基本支出　　480 000
　　科研事业支出——财政补助支出——基本支出　　80 000
　　行政管理支出——财政补助支出——基本支出　　120 000
　　后勤保障支出——财政补助支出——基本支出　　80 000
　　离退休支出——财政补助支出——基本支出　　40 000
　贷：财政补助收入　　800 000

同时，

借：固定资产　　800 000
　贷：非流动资产基金——固定资产　　800 000

【例7-8】某高等学校月末各项事业支出及其明细科目金额如下：

一级明细科目	二级明细科目	总账科目					合　计
		教育事业支出	科研事业支出	行政管理支出	后勤保障支出	离退休支出	
财政补助支出	基本支出	1 000 000	600 000	300 000	200 000	100 000	2 200 000
	项目支出	500 000	400 000	100 000	30 000		1 030 000
非财政专项资金支出		300 000	200 000	50 000	20 000		570 000
其他资金支出		200 000	50 000	100 000	80 000	20 000	450 000
合计		2 000 000	1 250 000	550 000	330 000	120 000	4 250 000

月末结账时，该高等学校的账务处理如下：

- 结转教育事业支出，

借：财政补助结转——基本支出结转　　1 000 000
　　　　　　　　——项目支出结转　　500 000

借：非财政补助结转　　300 000
　　事业结余　　200 000
　贷：教育事业支出——财政补助支出——基本支出　　1 000 000
　　　　　　　　——财政补助支出——项目支出　　500 000
　　　　　　　　——非财政补助专项资金支出　　300 000
　　　　　　　　——其他资金支出　　200 000

• 结转科研事业支出，

借：财政补助结转——基本支出结转　　600 000
　　　　　　　　——项目支出结转　　400 000
　　非财政补助结转　　200 000
　　事业结余　　50 000
　贷：科研事业支出——财政补助支出——基本支出　　600 000
　　　　　　　　——财政补助支出——项目支出　　400 000
　　　　　　　　——非财政补助专项资金支出　　200 000
　　　　　　　　——其他资金支出　　50 000

• 结转行政管理支出，

借：财政补助结转——基本支出结转　　300 000
　　　　　　　　——项目支出结转　　100 000
　　非财政补助结转　　50 000
　　事业结余　　100 000
　贷：行政管理支出——财政补助支出——基本支出　　300 000
　　　　　　　　——财政补助支出——项目支出　　100 000
　　　　　　　　——非财政补助专项资金支出　　50 000
　　　　　　　　——其他资金支出　　100 000

• 结转后勤保障支出，

借：财政补助结转——基本支出结转　　200 000
　　　　　　　　——项目支出结转　　30 000
　　非财政补助结转　　20 000
　　事业结余　　80 000
　贷：后勤保障支出——财政补助支出——基本支出　　200 000
　　　　　　　　——财政补助支出——项目支出　　30 000
　　　　　　　　——非财政补助专项资金支出　　20 000
　　　　　　　　——其他资金支出　　80 000

• 结转离退休支出，

借：财政补助结转——基本支出结转　　100 000
　　事业结余　　20 000

贷：离退休支出——财政补助支出——基本支出　100 000
　　　　　　　——其他资金支出　20 000

第三节　高等学校资产和负债的核算

一、高等学校资产

（一）高等学校资产的内容

高等学校资产是指高等学校占有或者使用的能以货币计量的经济资源，包括流动资产、固定资产、在建工程、无形资产和对外投资等。

高等学校各项资产的含义、分类、内容、确认和计量，固定资产折旧和无形资产摊销的计提模式、方法、要求等，与事业单位会计原理相同。

（二）资产类科目及其核算内容：高等学校会计与事业单位会计比较

高等学校资产类科目及其核算内容与事业单位会计的比较如表7-4所示。表7-4表明，高等学校各资产科目的总账科目及其明细科目的设置、核算内容、账务处理方法与事业单位会计原理相同，唯一的差异主要在于：高等学校事业支出按业务活动性质划分，造成各资产科目核算在涉及事业支出类科目时，因资金流向的部门不同而存在差异，主要体现在购货退回、存货发出、固定资产和无形资产的购置、在建工程款的结算等方面。

表7-4　**资产类科目及其核算内容：高等学校会计与事业单位会计比较**

科目名称	事业单位会计	高等学校会计
	科目核算内容	科目核算内容
库存现金	核算事业单位的库存现金	核算高等学校的库存现金
银行存款	核算事业单位存入银行及其他金融机构的各种存款	核算高等学校存入银行及其他金融机构的各种存款
零余额账户用款额度	核算实行国库集中支付的事业单位根据财政部门批复的用款计划收到和支用的零余额账户用款额度	核算实行国库集中支付的高等学校根据财政部门批复的用款计划收到和支用的零余额账户用款额度
短期投资	核算事业单位依法取得的，持有时间不超过一年（含一年）的投资，主要是国债投资	核算高等学校依法取得的，持有时间不超过一年（含一年）的投资，主要是国债投资
财政应返还额度	核算实行国库集中支付的事业单位应收财政返还的资金额度	核算实行国库集中支付的高等学校应收财政返还的资金额度
应收票据	核算事业单位因开展经营活动销售产品、提供有偿服务等而收到的商业汇票，包括银行承兑汇票和商业承兑汇票	核算高等学校因开展经营活动销售产品、提供有偿服务等而收到的商业汇票，包括银行承兑汇票和商业承兑汇票

续表

科目名称	事业单位会计	高等学校会计
	科目核算内容	科目核算内容
应收账款	核算事业单位因开展经营活动销售产品、提供有偿服务等而应收取的款项	核算高等学校因开展经营活动销售产品、提供有偿服务等而应收取的款项
预付账款	核算事业单位按照购货、劳务合同规定预付给供应单位的款项	核算高等学校按照购货、劳务合同规定预付给供应单位的款项
其他应收款	核算事业单位除财政应返还额度、应收票据、应收账款、预付账款以外的其他各项应收及暂付款项，如职工预借的差旅费、拨付给内部有关部门的备用金、应向职工收取的各种垫付款项等	核算高等学校除财政应返还额度、应收票据、应收账款、预付账款以外的其他各项应收及暂付款项，如职工预借的差旅费、拨付给内部有关部门的备用金、应向职工收取的各种垫付款项等
存货	核算事业单位在开展业务活动及其他活动中为耗用而储存的各种材料、燃料、包装物、低值易耗品及达不到固定资产标准的用具、装具、动植物等的实际成本	核算高等学校在开展业务活动及其他活动中为耗用而储存的各种材料、燃料、包装物、低值易耗品及达不到固定资产标准的用具、装具、动植物等的实际成本
长期投资	核算事业单位依法取得的，持有时间超过一年（不含一年）的股权和债权性质的投资	核算高等学校依法取得的，持有时间超过一年（不含一年）的股权和债权性质的投资
固定资产	核算事业单位固定资产的原价	核算高等学校固定资产的原价
累计折旧	核算事业单位固定资产计提的累计折旧	核算高等学校固定资产计提的累计折旧
在建工程	核算事业单位已经发生必要支出，但尚未完工交付使用的各种建筑（包括新建、改建、扩建、修缮等）和设备安装工程的实际成本	核算高等学校已经发生必要支出，但尚未完工交付使用的各种建筑（包括新建、改建、扩建、修缮等）和设备安装工程的实际成本
无形资产	核算事业单位无形资产的原价	核算高等学校无形资产的原价
累计摊销	核算事业单位无形资产计提的累计摊销	核算高等学校无形资产计提的累计摊销
待处置资产损溢	核算事业单位待处置资产的价值及处理损溢	核算高等学校待处置资产的价值及处理损溢

（三）高等学校资产特殊业务的核算

与事业单位会计相比，高等学校资产核算的特殊业务主要包括购货退回、存货发出、在建工程、固定资产购置、无形资产购置和开发。

1.购货退回

在财政直接支付方式下，高等学校因购货退回等发生国库直接支付款项退回的，属于以前年度支付的款项，按照退回金额，借记“财政应返还额度”科目，贷记“财政补助结转”、“财政补助结余”、“存货”等有关科目；属于本年度支付的款项，按照退回金额，借记“财政补助收入”科目，贷记“教育事业支出”、“科研事业支出”、“行政管理支出”、“后勤保障支出”、“离退休支出”、“存货”等有关科目。

在财政授权支付方式下，高等学校因购货退回等发生国库授权支付额度退回的，属于以前年度支付的款项，按照退回金额，借记“零余额账户用款额度”科目，贷记“财政补助结转”、“财政补助结余”、“存货”等有关科目；属于本年度支付的款项，按照退回金额，借记“零余额账户用款额度”科目，贷记“教育事业支出”、“科研事业支出”、“行政管理支出”、“后勤保障支出”、“离退休支出”、“存货”等有关科目。

【例7-9】某高等学校两个月之前通过财政授权支付方式购买的价值100 000元的一批科研项目专用材料，本月在领用时发现质量问题退回供货商，相应款项已收回。该高等学校的账务处理如下：

借：零余额账户用款额度　　100 000

　贷：存货　　100 000

【例7-10】某高等学校年初因质量问题，将一批上年度通过财政直接支付方式购买的价值800 000元的图书退回出版社，退款已收回国库。该高等学校的账务处理如下：

借：财政应返还额度　　800 000

　贷：财政补助结转　　800 000

借：非流动资产基金——固定资产　　800 000

　贷：固定资产　　800 000

【例7-11】某高等学校因质量问题，将上月度通过财政授权支付方式购买的价值800 000元教学设备退回供货商，相应货款已收回。该高等学校的账务处理如下：

借：零余额账户用款额度　　800 000

　贷：教育事业支出　　800 000

借：非流动资产基金——固定资产　　800 000

　贷：固定资产　　800 000

2.存货发出

高等学校因开展业务活动等领用、发出存货，按领用、发出存货的实际成本，借记“教育事业支出”、“科研事业支出”、“行政管理支出”、“后勤保障支出”、“离退休支出”、“经营支出”等科目，贷记“存货”科目。举例参见第四章相关例题。

3.在建工程

在建工程是高等学校已经发生必要支出，但尚未完工交付使用的各种建筑（包括新建、改建、扩建、修缮等）和设备安装工程。

（1）对于建筑工程，高等学校支付工程价款时，按照实际支付的工程价款，借记

"在建工程"科目，贷记"非流动资产基金——在建工程"科目；同时，借记"教育事业支出"、"科研事业支出"、"行政管理支出"、"后勤保障支出"、"经营支出"等科目，贷记"财政补助收入"、"零余额账户用款额度"、"银行存款"等科目。

（2）对于设备工程，高等学校购入需要安装的设备，按照确定的成本，借记"在建工程"科目，贷记"非流动资产基金——在建工程"科目；同时，按照实际支付金额，借记"教育事业支出"、"科研事业支出"、"行政管理支出"、"后勤保障支出"、"经营支出"等科目，贷记"财政补助收入"、"零余额账户用款额度"、"银行存款"等科目。发生安装费用，借记"在建工程"科目，贷记"非流动资产基金——在建工程"科目；同时，借记"教育事业支出"、"科研事业支出"、"行政管理支出"、"后勤保障支出"、"经营支出"等科目，贷记"财政补助收入"、"零余额账户用款额度"、"银行存款"等科目。举例参见第四章相关例题。

4.固定资产的购置

高等学校购入不需安装的固定资产，按照确定的固定资产成本，借记"固定资产"科目，贷记"非流动资产基金——固定资产"科目；同时，按照实际支付金额，借记"教育事业支出"、"科研事业支出"、"行政管理支出"、"后勤保障支出"、"经营支出"等科目，贷记"财政补助收入"、"零余额账户用款额度"、"银行存款"等科目。举例参见【例7–7】。

5.无形资产的购入和开发

（1）高等学校购入的无形资产，按照确定的无形资产成本，借记"无形资产"科目，贷记"非流动资产基金——无形资产"科目；同时，按照实际支付金额，借记"教育事业支出"、"科研事业支出"、"行政管理支出"、"后勤保障支出"等科目，贷记"财政补助收入"、"零余额账户用款额度"、"银行存款"等科目。

（2）委托软件公司开发软件，支付软件开发费时，按照实际支付金额，借记"教育事业支出"、"科研事业支出"、"行政管理支出"、"后勤保障支出"等科目，贷记"财政补助收入"、"零余额账户用款额度"、"银行存款"等科目。软件开发完成交付使用时，按照软件开发费总额，借记本科目，贷记"非流动资产基金——无形资产"科目。软件开发完成交付使用时，按照软件开发费总额，借记本科目，贷记"非流动资产基金——无形资产"科目。

（3）自行开发并按法律程序申请取得的无形资产，按照确定的无形资产成本，借记"无形资产"科目，贷记"非流动资产基金——无形资产"科目；同时，借记"教育事业支出"、"科研事业支出"、"行政管理支出"、"后勤保障支出"等科目，贷记"财政补助收入"、"零余额账户用款额度"、"银行存款"等科目。依法取得前所发生的研究开发支出，应于发生时直接计入当期支出但不计入无形资产的成本，借记"教育事业支出"、"科研事业支出"、"行政管理支出"、"后勤保障支出"等科目，贷记"银行存款"等科目。

相关举例参见第四章的相关例题。

二、高等学校负债

（一）高等学校负债内容

高等学校负债是指高等学校所承担的能以货币计量，需要以资产或劳务偿还的债务，包括借入款项、应付及预收款项、应缴款项、代管款项等。

高等学校除了代管款项以外的各项负债的定义、分类、内容、确认和计量，与事业单位会计原理相同。

（二）负债类科目及其核算内容：高等学校会计与事业单位会计比较

高等学校负债类科目及其核算内容与事业单位会计的比较如表7-5所示。表7-5表明，高等学校各负债科目的总账科目及其明细科目的设置、核算内容及账务处理方法与事业单位会计原理相同，而主要差异包括：

（1）因高等学校事业支出的明细划分，造成应付职工薪酬在提取记入支出类科目时，因在职人员性质不同而存在差异。举例参见【例7-6】。

（2）高等学校增设“代管款项”科目。

表7-5　**负债类会计科目及其核算内容：高等学校会计与事业单位会计比较**

科目名称	事业单位会计	高等学校会计
	科目核算内容	科目核算内容
短期借款	核算事业单位借入的期限在一年内（含一年）的各种借款	核算高等学校借入的期限在一年内（含一年）的各种借款
应缴税费	核算事业单位按照税法等规定计算应缴纳的各种税费，包括营业税、增值税、城市维护建设税、教育费附加、车船税、房产税、城镇土地使用税、企业所得税等	核算高等学校按照税法等规定计算应缴纳的各种税费，包括营业税、增值税、城市维护建设税、教育费附加、车船税、房产税、城镇土地使用税、企业所得税等
应缴国库款	核算事业单位按规定应缴入国库的款项（应缴税费除外）	核算高等学校按规定应缴入国库的款项（应缴税费除外）
应缴财政专户款	核算事业单位按规定应缴入财政专户的款项	核算高等学校按规定应缴入财政专户的款项
应付职工薪酬	核算事业单位按有关规定应付给职工及为职工支付的各种薪酬。包括基本工资、绩效工资、国家统一规定的津贴补贴、社会保险费、住房公积金等	核算高等学校按有关规定应付给职工及为职工支付的各种薪酬。包括基本工资、绩效工资、国家统一规定的津贴补贴、社会保险费、住房公积金等
应付票据	核算事业单位因购买材料、物资等而开出、承兑的商业汇票，包括银行承兑汇票和商业承兑汇票	核算高等学校因购买材料、物资等而开出、承兑的商业汇票，包括银行承兑汇票和商业承兑汇票

续表

科目名称	事业单位会计	高等学校会计
	科目核算内容	科目核算内容
应付账款	核算事业单位因购买材料、物资等而应付的款项	核算高等学校因购买材料、物资等而应付的偿还期限在一 年以内（含一年）的款项
预收账款	核算事业单位按合同规定预收的款项	核算高等学校按合同规定预收的款项
其他应付款	核算事业单位除应缴税费、应缴国库款、应缴财政专户款、应付职工薪酬、应付票据、应付账款、预收账款之外的其他各项偿还期限在一年内（含一年）的应付及暂收款项，如存入保证金等	核算高等学校除应缴税费、应缴国库款、应缴财政专户款、应付职工薪酬、应付票据、应付账款、预收账款之外的其他各项偿还期限在一年内（含一年）的应付及暂收款项，如存入保证金、取得应转拨给附属单位的财政补助经费等
长期借款	核算事业单位借入的期限超过一年（不含一年）的各种借款	核算高等学校向银行等金融机构借入的期限超过一年（不含一年）的各种借款
长期应付款	核算事业单位发生的偿还期限超过一年（不含一年）的应付款项，如以融资租赁租入固定资产的租赁费、跨年度分期付款购入固定资产的价款等	核算高等学校发生的偿还期限超过一年（不含一年）的应付款项，如以融资租赁租入固定资产的租赁费、跨年度分期付款购入固定资产的价款等
代管款项		核算高等学校接受委托代为管理的各类款项，包括党费、团费、学会（协会）会费等

（三）高等学校负债特殊业务的核算

与事业单位会计相比，高等学校负债核算的特殊业务主要是代管款项。

代管款项是指高等学校接受委托代为管理的各类款项，包括党费、团费、学会（协会）会费等。

“代管款项”科目核算高等学校接受委托代为管理的各类款项。本科目应当按照代管款项的类别、项目等进行明细核算。本科目期末贷方余额，反映高等学校代为管理的款项余额。

高等学校收到其他单位或个人委托代管的款项时，借记“银行存款”等科目，贷记本科目；其他单位或个人使用代管款项时，借记本科目，贷记“银行存款”等科目。

【例7-12】某高等学校收到职工上缴的党费100 000元，款项已存入银行。该高等学校的账务处理如下：

借：银行存款　　100 000

　贷：代管款项　　100 000

如果该高校有关部门使用上缴党费开展组织活动，实际支出5 000元，以银行存款付讫。该高等学校的账务处理如下：

借：代管款项　　5 000

　贷：银行存款　　5 000

第四节　高等学校净资产的核算

一、高等学校净资产的内容

高等学校净资产是高等学校资产减去负债后的净额，包括各项结转和结余、各项基金等。

高等学校的结转结余的含义、分类以及管理要求与事业单位会计原理相同，但各项基金存在一些差异。

高等学校的各项基金也包括事业基金、非流动资产基金和专用基金。与事业单位会计相比其差异在于：

（1）事业基金来源除了非财政补助结余扣除结余分配后滚存的金额外，还包括项目管理费及间接费。项目管理费及间接费是高等学校按规定从科研项目收入中提取的管理费或间接费。

（2）专用基金除了包括职工福利基金和其他基金外，还包括学生奖助基金。学生奖助基金是按照国家有关规定，按照事业收入的一定比例提取，在事业支出的相关科目中列支，用于学费减免、勤工助学、校内无息借款、校内奖助学金和特殊困难补助等的资金。

二、净资产类科目及其核算内容：高等学校会计与事业单位会计比较

高等学校净资产类科目及其核算内容与事业单位会计的比较如表7-6所示。表7-6表明，高等学校各净资产科目的总账科目及其明细科目的设置、核算内容、账务处理方法与事业单位会计基本相同。主要差异表现为：

（1）高等学校的“事业基金”科目核算内容包括从科研项目收入中提取的管理费或间接费。

（2）“专用基金”科目核算内容包括奖助基金的提取和使用。

三、高等学校净资产特殊业务的核算

与事业单位会计相比，高等学校净资产核算的特殊业务主要是事业基金和专用基金。

表7-6　　净资产类科目及其核算内容：高等学校会计与事业单位会计比较

科目名称	事业单位会计	高等学校会计
	科目核算内容	科目核算内容
事业基金	核算事业单位拥有的非限定用途的净资产，主要为非财政补助结余扣除结余分配后滚存的金额	核算高等学校拥有的非限定用途的净资产，主要为非财政补助结余扣除结余分配后滚存的金额
非流动资产基金	核算事业单位长期投资、固定资产、在建工程、无形资产等非流动资产占用的金额	核算高等学校长期投资、固定资产、在建工程、无形资产等非流动资产占用的金额
专用基金	核算事业单位按规定提取或者设置的具有专门用途的净资产，主要包括修购基金、职工福利基金等	核算高等学校按规定提取或者设置的具有专门用途的净资产，主要包括职工福利基金、学生奖助基金等
财政补助结转	核算事业单位滚存的财政补助结转资金，包括基本支出结转和项目支出结转	核算高等学校滚存的财政补助结转资金，包括基本支出结转和项目支出结转
财政补助结余	核算事业单位滚存的财政补助项目支出结余资金	核算高等学校滚存的财政补助项目支出结余资金
非财政补助结转	核算事业单位除财政补助收支以外的各专项资金收入与其相关支出相抵后剩余滚存的、须按规定用途使用的结转资金	核算高等学校除财政补助收支以外的各专项资金收入与其相关支出相抵后剩余滚存的、须按规定用途使用的结转资金
事业结余	核算事业单位一定期间除财政补助收支、非财政专项资金收支和经营收支以外各项收支相抵后的余额	核算高等学校一定期间除财政补助收支、非财政专项资金收支和经营收支以外各项收支相抵后的余额
经营结余	核算事业单位一定期间各项经营收支相抵后余额弥补以前年度经营亏损后的余额	核算高等学校一定期间各项经营收支相抵后余额弥补以前年度经营亏损后的余额
非财政补助结余分配	核算事业单位本年度非财政补助结余分配的情况和结果	核算高等学校本年度非财政补助结余分配的情况和结果

1.事业基金——项目管理费及间接费

高等学校的“事业基金”科目应当设置“一般基金”、“项目管理费及间接费”等明细科目，进行明细核算。“一般基金”核算“项目管理费及间接费”之外来源形成的事业基金，包括年末未分配的非财政补助结余、留归本单位使用的非财政补助专项（项目已完成）剩余资金，以及以货币资金进行长期股权投资和长期债券投资的取得和收回等。

高等学校按规定从科研项目收入中提取项目管理费或间接费时，借记“科研事业支出”科目，贷记“事业基金”科目（项目管理费及间接费）。年末，将本科目“项目管理费及间接费”明细科目余额结转至“一般基金”明细科目，借记“事业基金”科目（项目管理费及间接费），贷记“事业基金”科目（一般基金）。

【例7-13】某高等学校本年度共取得科研项目收入5 000 000元，并按规定提取项目管理费3%。该高等学校的账务处理如下：

借：科研事业支出　　150 000

　贷：事业基金——项目管理费及间接费　　150 000

年末，该高校将“事业基金——项目管理费及间接费”科目余额转入“一般基金”明细科目，其账务处理如下：

借：事业基金——项目管理费及间接费　　150 000

　贷：事业基金——一般基金　　150 000

2. 专用基金——学生奖助基金

高等学校的“专用基金”科目应当按照专用基金的类别（包括职工福利基金、学生奖助基金）进行明细核算。

高等学校按照规定提取学生奖助基金的，按照提取金额，借记“教育事业支出”科目，贷记“专用基金”科目（学生奖助基金）。按规定使用学生奖助基金时，借记“专用基金”科目，贷记“银行存款”等科目。

【例7-14】某高等学校本年度取得事业收入5 000 000元，按事业收入的5%提取学生奖助基金250 000元。该高等学校的账务处理如下：

借：教育事业支出　　250 000

　贷：专用基金——学生奖助基金　　250 000

如果该高校按照规定将学生奖助基金中100 000元用于校内学生奖助学金和特殊困难补助，并通过银行将款项转入受助学生银行卡中。该高等学校的账务处理如下：

借：专用基金——学生奖助基金　　100 000

　贷：银行存款　　100 000

第五节　高等学校财务报表

一、财务报表概述

（一）财务报表的概念

高等学校财务报告是反映高等学校一定时期财务状况和事业成果的总结性书面文件，包括财务报表和财务状况说明书。

高等学校的财务报表由会计报表及其附注构成，应当按照月度和年度编制。

高等学校的会计报表包括资产负债表、收入支出表和财政补助收入支出表。

高等学校的会计报表附注至少应当披露的内容除了以下两项外，其他内容与事业单位会计报表附注相同。这两项是：

（1）遵循《事业单位会计准则》、《高等学校会计制度》的声明。

（2）将校内独立核算单位会计信息纳入学校财务报表情况的说明，包括将校内独立核算的单位资产、负债和净资产并入学校资产负债表时对内部业务或事项抵销处理的情况，具有后勤保障职能的各校内独立核算单位本年收入、支出情况，将不具有后勤保障职能的其他校内独立核算单位的收入、支出并入学校收入支出表时对内部业务或事项抵销处理的情况，以及因将校内独立核算单位的收入、支出纳入学校收入支出表而对收入支出表中各项结转结余金额以及非财政补助结余形成与分配各项目金额的影响。

高等学校财务状况说明书，主要说明的内容与事业单位会计相同。

（二）财务报表的构成：高等学校会计与事业单位会计比较

高等学校财务报表与事业单位会计报表的构成比较参见表7-7。表7-7表明，高等学校与事业单位的会计报表构成内容、报表名称、编号以及编制期相同。

表7-7　**财务报表构成：高等学校会计与事业单位会计比较**

项　目	编　号	财务报表名称	编制期
事业单位会计	会事业01表	资产负债表	月度、年度
	会事业02表	收入支出表	月度、年度
	会事业03表	财政补助收入支出表	年度
		附注	年度
高等学校会计	会高校01表	资产负债表	月度、年度
	会高校02表	收入支出表	月度、年度
	会高校03表	财政补助收入支出表	年度
		附注	年度

二、资产负债表

（一）概念及基本格式

高等学校资产负债表是反映高等学校在某一特定日期全部资产、负债和净资产的情况的报表。其基本格式参见表7-8。

表7-8　　**资产负债表**

会高校01表

编制单位：　　　　年　　月　　日　　　　单位：元

资　产	期末余额	年初余额	负债和净资产	期末余额	年初余额
流动资产：			流动负债：		
货币资金			短期借款		
短期投资			应缴税费		
财政应返还额度			应缴国库款		
应收票据			应缴财政专户款		
应收账款			应付职工薪酬		
预付账款			应付票据		
其他应收款			应付账款		
存货			预收账款		
其他流动资产			其他应付款		
流动资产合计			其他流动负债		
非流动资产：			流动负债合计		
长期投资			非流动负债：		
固定资产			长期借款		
固定资产原价			长期应付款		
减：累计折旧			代管款项		
在建工程			非流动负债合计		
无形资产			负债合计		
无形资产原价			净资产：		
减：累计摊销			事业基金		
待处置资产损溢			非流动资产基金		
非流动资产合计			专用基金		
			财政补助结转		
			财政补助结余		
			非财政补助结转		
			非财政补助结余		
			1.事业结余		
			2.经营结余		
			净资产合计		
资产总计			负债和净资产总计		

（二）资产负债表的填列方法

与事业单位会计资产负债表相比，高等学校资产负债表除了增设“代管款项”项目外，其他各项目反映的内容以及“年初余额”和“期末余额”的填列方法与事业单位资产负债表相同。

“代管款项”项目，反映高等学校接受委托代为管理的各类款项。本项目应当根据“代管款项”科目的期末余额填列。

三、收入支出表

（一）概念及基本格式

收入支出表是高等学校某一会计期间（月度和年度）各项收入、支出和结转结余情况，以及年末非财政补助结余的分配情况的报表。其月报和年报的基本格式如表7-9和表7-10所示。从表7-9和表7-10可以看出高等学校的收入支出表基本格式与事业单位会计存在较大差异。

表7-9 **收入支出表（月度）**

会高校02表

编制单位： 年 月 单位：元

项 目	上年数	本年数
一、本期收入		
（一）财政补助收入		
1.教育补助收入		
2.科研补助收入		
3.其他补助收入		
（二）事业收入		
1.教育事业收入		
2.科研事业收入		
其中：非同级财政拨款		
（三）上级补助收入		
（四）附属单位上缴收入		
（五）经营收入		
（六）其他收入		

续表

项　目	上年数	本年数
其中：非同级财政拨款		
捐赠收入		
二、本期支出		
（一）财政补助支出——事业支出		
1.教育补助支出		
2.科研补助支出		
3.行政管理支出		
4.后勤保障支出		
5.离退休支出		
（二）非财政补助支出		
1.事业支出		
（1）教育补助支出		
（2）科研补助支出		
（3）行政管理支出		
（4）后勤保障支出		
（5）离退休支出		
2.上缴上级支出		
3.对附属单位补助支出		
4.经营支出		
5.其他支出		
三、本期结转结余		
1.财政补助结转结余		
2.事业结余		
3.经营结余		

表7-10　　**收入支出表（年度）**

会高校02表

编制单位：　　年　　单位：元

项　目	上年数	本年数
一、本期收入		
（一）财政补助收入		
1.教育补助收入		
2.科研补助收入		
3.其他补助收入		
（二）事业收入		
1.教育事业收入		
2.科研事业收入		
其中：非同级财政拨款		
（三）上级补助收入		
（四）附属单位上缴收入		
（五）经营收入		
（六）其他收入		
其中：非同级财政拨款		
捐赠收入		
二、本期支出		
（一）财政补助支出——事业支出		
1.教育补助支出		
2.科研补助支出		
3.行政管理支出		
4.后勤保障支出		
5.离退休支出		

续表

项　目	上年数	本年数
（二）非财政补助支出		
1.事业支出		
（1）教育补助支出		
（2）科研补助支出		
（3）行政管理支出		
（4）后勤保障支出		
（5）离退休支出		
2.上缴上级支出		
3.对附属单位补助支出		
4.经营支出		
5.其他支出		
三、本期结转结余		
1.财政补助结转结余		
2.事业结余		
3.经营结余		
四、弥补以前年度亏损后的经营结余		
五、本年非财政补助结转结余		
减：非财政补助结转		
六、本年非财政补助结余		
减：应缴企业所得税		
减：提取专用基金		
七、转入事业基金		

（二）收入支出表（月度）的填列方法

本表“本月数”栏反映各项目的本月实际发生数；本表“本年累计数”栏反映各项目自年初起至报告期末止的累计实际发生数，各项目应当根据各项目的本月数与上一月度收入支出表中相应项目的本年累计数的合计数填列。

本表“本月数”栏各项目的内容和填列方法如下：

1.本期收入

（1）“本期收入”项目，反映高等学校本期收入总额。本项目应当根据本表中“财政补助收入”、“事业收入”、“上级补助收入”、“附属单位上缴收入”、“经营收入”和“其他收入”项目金额的合计数填列。

（2）“财政补助收入”项目，反映高等学校本期从同级财政部门取得的各类财政拨款。本项目应当根据“财政补助收入”科目的本期发生额填列。

“教育补助收入”、“科研补助收入”和“其他补助收入”项目，分别反映高等学校本期从同级财政部门取得的用于教学、科研和其他活动的财政拨款。该3个项目应当分别根据“财政补助收入”科目下“支出功能分类”的相关明细科目的本期发生额分析计算填列。

（3）“事业收入”项目，反映高等学校本期开展教学、科研活动及其辅助活动取得的收入。本项目应当根据本项目下“教育事业收入”、“科研事业收入”项目金额的合计数填列。

“教育事业收入”项目，反映高等学校本期开展教学及其辅助活动取得的收入。本项目应当根据“教育事业收入”科目的本期发生额填列。

“科研事业收入”项目，反映高等学校本期开展科研及其辅助活动取得的收入。其中，“非同级财政拨款”项目，反映高等学校本期因开展科研及其辅助活动从非同级财政部门取得的经费拨款。“科研事业收入”项目及其中的“非同级财政拨款”项目应当根据“科研事业收入”科目及其所属“非同级财政拨款”明细科目的本期发生额填列。

（4）“上级补助收入”项目，反映高等学校本期从主管部门和上级单位取得的非财政补助收入。本项目应当根据“上级补助收入”科目的本期发生额填列。

（5）“附属单位上缴收入”项目，反映高等学校附属单位本期按照有关规定上缴的收入。本项目应当根据“附属单位上缴收入”科目的本期发生额填列。

（6）“经营收入”项目，反映高等学校本期在教学、科研活动及其辅助活动之外开展非独立核算经营活动取得的收入。本项目应当根据“经营收入”科目的本期发生额填列。

（7）“其他收入”项目，反映高等学校本期除财政补助收入、教育事业收入、科研事业收入、上级补助收入、附属单位上缴收入、经营收入以外的其他收入。本项目应当根据“其他收入”科目的本期发生额填列。

“非同级财政拨款”项目，反映高等学校从非同级财政部门取得的不属于科研事业收入的经费拨款。本项目应当根据“其他收入”科目所属“非同级财政拨款”明细科目的本期发生额填列。

“捐赠收入”项目，反映高等学校接受现金、存货捐赠取得的收入。本项目应当根据“其他收入”科目所属相关明细科目的本期发生额填列。

2.本期支出

（8）“本期支出”项目，反映高等学校本期支出总额。本项目应当根据本表中“财政补助支出——事业支出”、“非财政补助支出”项目金额的合计数填列。

（9）“财政补助支出——事业支出”项目，反映高等学校本期使用财政补助资金发生的事业活动支出。本项目应当根据本项目下“教育事业支出”、“科研事业支出”、“行政管理支出”、“后勤保障支出”、“离退休支出”项目金额的合计数填列。

“教育事业支出”、“科研事业支出”、“行政管理支出”、“后勤保障支出”、“离退休支出”项目，分别反映高等学校本期使用财政补助发生的教育、科研、行政管理、后勤保障、离退休等各项事业支出。该五个项目应当分别根据“教育事业支出”、“科研事业支出”、“行政管理支出”、“后勤保障支出”、“离退休支出”科目下“财政补助支出”明细科目的本期发生额分析计算填列。

（10）“非财政补助支出”项目，反映高等学校本期使用财政补助以外的资金发生的支出。本项目应当根据本项目下“事业支出”、“上缴上级支出”、“对附属单位补助支出”、“经营支出”、“其他支出”项目金额的合计数填列。

“事业支出”项目，反映高等学校本期使用财政补助以外的资金发生的事业支出。本项目应当根据本项目下“教育事业支出”、“科研事业支出”、“行政管理支出”、“后勤保障支出”、“离退休支出”项目金额的合计数填列。其中，“教育事业支出”、“科研事业支出”、“行政管理支出”、“后勤保障支出”、“离退休支出”项目，分别反映高等学校本期使用财政补助以外的资金发生的教育、科研、行政管理、后勤保障、离退休等各项事业支出。该五个项目应当分别根据“教育事业支出”、“科研事业支出”、“行政管理支出”、“后勤保障支出”、“离退休支出”科目下“非财政专项资金支出”、“其他资金支出”明细科目的本期发生额合计填列。

“上缴上级支出”项目，反映高等学校本期按照财政部门和主管部门的规定上缴上级单位的支出。本项目应当根据“上缴上级支出”科目的本期发生额填列。

“对附属单位补助支出”项目，反映高等学校本期用财政补助收入之外的收入对附属单位补助发生的支出。本项目应当根据“对附属单位补助支出”科目的本期发生额填列。

“经营支出”项目，反映高等学校本期在教学、科研活动及其辅助活动之外开展非独立核算经营活动发生的支出。本项目应当根据“经营支出”科目的本期发生额填列。

“其他支出”项目，反映高等学校本期除教育事业支出、科研事业支出、行政管理支出、后勤保障支出、离退休支出、上缴上级支出、对附属单位补助支出、经营支出以外的其他支出。本项目应当根据“其他支出”科目的本期发生额填列。

3.本期结转结余

（11）“本期结转结余”项目，反映高等学校本期各项收支相抵后的余额。本项目应当根据本项目下“财政补助结转结余”、“事业结转结余”、“经营结余”项目金额的合计数填列；如为负数，以“-”号填列。

（12）“财政补助结转结余”项目，反映高等学校本期财政补助收入与财政补助支出相抵后的余额。本项目应当根据本表中“财政补助收入”项目金额减去“财政补助支出——事业支出”项目金额后的余额填列。

（13）“事业结转结余”项目，反映高等学校本期除财政补助收支、经营收支以外的各项收支相抵后的余额。本项目应当根据本表中“事业收入”、“上级补助收入”、“附属单位上缴收入”、“其他收入”项目金额合计数减去“事业支出”、“上缴上级支出”、“对附属单位补助支出”、“其他支出”项目金额合计数后的余额填列；如为负数，以“-”号填列。

（14）“经营结余”项目，反映高等学校本期经营收支相抵后的余额。本项目应当按照本表中“经营收入”项目金额减去“经营支出”项目金额后的余额填列；如为负数，以“-”号填列。

（三）收入支出表（年度）的填列方法

本表“上年数”栏反映各项目上年度的实际发生数；如果本年度收入支出表规定的各个项目的名称和内容同上年度不一致，应对上年度收入支出表各项目的名称和数字按照本年度的规定进行调整，填入本年度收入支出表的“上年数”栏。

本表“本年数”栏反映各项目本年度的实际发生数，其各项目的内容和填列方法如下：

1.本期收入

“本期收入”部分除“后勤保障单位净收入”项目外的其他各项目的内容和填列方法，同月度本表（1）至（7）项编制说明。

2.本期支出

“本期支出”部分各项目的内容和填列方法，同月度本表（8）至（10）项编制说明。

3.本期结转结余

“本期结转结余”部分各项目的内容和填列方法，同月度本表（11）至（14）项编制说明。

4.弥补以前年度经营亏损后的经营结余

5.本年非财政补助结转结余

6.本年非财政补助结余

7.转入事业基金

上述4至7各项目的内容和填列方法与事业单位会计相同。

此外，对于各校内独立核算单位本年度的收入、支出、结转结余及年末非财政补助结余的分配情况，应当纳入本表的相应项目反映。将各校内独立核算单位的收入、支出纳入本表的方法如下：

（1）对于具有后勤保障职能的校内独立核算单位（一般指校医院、食堂、水电暖中心、物业管理中心、宿舍管理中心等），应将其本年收入（不含从学校取得的补贴经费）、支出（不含使用学校补贴经费发生的支出）相抵后的净额计入本表中“其他收入”项目金额，并单独填列于该项目下的“后勤保障单位净收入”项目。如具有后勤保障职能的全部校内独立核算单位本年收入、支出相抵后的净额合计数为负数，则以“-”号填列于“后勤保障单位净收入”项目。

（2）对于不具有后勤保障职能的其他校内独立核算单位，应将其收入、支出并入本表的相应项目，并抵销高等学校内部业务或事项对本表的影响。

四、财政补助收入支出表

财政补助收入支出表是反映高等学校某一会计年度财政补助收入、支出、结转及结余情况的报表。本表的编制期、基本格式、应列示项目、各项目填列方法与事业单位会计相同。

第八章

中小学校会计

本章根据《中小学校财务制度》和《中小学校会计制度》，介绍中小学校收入、支出、资产、负债和净资产的核算方法以及会计报表的编制方法。

第一节　中小学校会计概述

一、中小学校与中小学校会计

（一）中小学校

中小学校是中学和小学的统称。其中，中学是对青少年实施中等教育的学校，小学是对儿童、少年实施初等教育的学校。即中小学校是实施中等教育和初等教育的学校的统称。中等教育包括高中教育和初中教育，其中高中教育包括普通高中、成人高中和中等职业教育（含普通中专、成人中专、职业高中、技工学校等）；初中教育包括普通初中、职业初中、成人初中。初等教育学校包括普通小学和成人小学。此外，中小学校还包括特殊教育学校、工读教育学校等。

按照学校性质，中小学校可分为高中、中等职业教育学校、初中、小学；按照学校隶属关系，中小学校可分为政府举办中小学校和民办中小学校。根据教育部公布的统计数据，2013年我们有高中26 225所、中等职业教育学校12 262所、初中54 572所、小学235 369所。①

（二）中小学校会计

中小学校会计是中小学校核算、反映和监督其发生的各项经济业务和事项，以提供其财务状况和预算执行等会计信息的会计。

现行的《中小学校会计制度》（财会〔2013〕28号），适用于各级人民政府和接受

① 根据教育部网站公开资料整理，参见 http：//old.moe.gov.cn/publicfiles/business/htmlfiles/moe/s8493/201412/181591.html.

国家经常性资助的社会力量举办的普通中小学校、中等职业学校、特殊教育学校、工读教育学校、成人中学和成人初等学校（以下统称中小学校）。其他社会力量举办的上述学校可以参照本制度执行；各级人民政府和接受国家经常性资助的社会力量举办的幼儿园依照本制度执行，其他社会力量举办的幼儿园可以参照本制度执行。也就是说，政府举办的中小学校和民办的中小学校都执行《中小学校会计制度》。

中小学校会计除了具有事业单位会计的特点之外，无论是会计科目及其核算内容、核算方法，还是主要会计报表的构成和编制方法，都与事业单位会计高度相同。主要差异在于：中小学校会计在核算财政补助收入时具体化为公共财政预算拨款和政府性基金预算拨款；此外，负债包括代管款项。

二、中小学校会计科目

中小学校会计科目是中小学校会计要素的具体内容和项目。中小学校会计核算一般采用收付实现制，但部分经济业务或者事项的核算应当按照本制度的规定采用权责发生制。由此，中小学校会计要素包括资产、负债、净资产、收入和支出，会计科目也分为资产类、负债类、净资产类、收入类和支出类，具体参见表8-1。其中，带有“△”上标的会计科目为中小学校非义务教育阶段使用的会计科目，义务教育阶段不得使用。兼有义务教育阶段和非义务教育阶段的中小学校可以设置标有“△”的会计科目，但仅能适用于本校非义务教育阶段的有关业务。

表8-1 **中小学校会计科目表**

科目类别	科目编号	科目名称	科目类别	科目编号	科目名称
一、资产类	1001	库存现金	三、净资产类	3001	事业基金
	1002	银行存款		3101	非流动资产基金
	1011	零余额账户用款额度		310101	长期投资△
	1101	短期投资△		310102	固定资产
	1201	财政应返还额度		310103	在建工程
	120101	财政直接支付		310104	无形资产
	120102	财政授权支付		3201	专用基金
	1212	应收账款		320101	修购基金△
	1215	其他应收款		320102	职工福利基金
	1301	存货		320103	奖助学基金
	1401	长期投资△		320104	其他专用基金
	1501	固定资产		3301	财政补助结转

续表

科目类别	科目编号	科目名称	科目类别	科目编号	科目名称
一、资产类	1511	在建工程	三、净资产类	30101	基本支出结转
	1601	无形资产		30102	项目支出结转
	1701	待处置资产损溢		3302	财政补助结余
二、负债类	2001	短期借款△		3401	非财政补助结转
	2101	应缴税费		3402	事业结余
	2102	应缴国库款		3403	经营结余△
	2103	应缴财政专户款		3404	非财政补助结余分配
	2201	应付职工薪酬	四、收入类	4001	公共财政预算拨款
	2302	应付账款		4002	政府性基金预算拨款
	2305	其他应付款		4101	事业收入
	2401	长期借款△		4201	上级补助收入
	2402	长期应付款		4301	附属单位上缴收入
	2501	代管款项		4401	经营收入△
				4501	其他收入
			五、支出类	5001	教育事业支出
				5101	上缴上级支出
				5201	对附属单位补助支出△
				5301	经营支出△
				5401	其他支出

第二节 中小学校收入和支出的核算

一、中小学校收入

（一）中小学校收入的内容

中小学校收入是指中小学校开展教育教学及其他活动依法取得的非偿还性资金，包括财政补助收入、事业收入、上级单位补助收入、附属单位上缴收入、经营收入和其他收入。

中小学校收入中的财政补助收入、事业收入、上级单位补助收入、附属单位上缴收入、经营收入和其他收入的含义、分类、确认和计量与事业单位会计相同，但财政补助收入和事业收入的内容具有特殊性。

1.财政补助收入

财政补助收入是中小学校从同级财政部门取得的各类财政拨款，包括公共财政预算拨款和政府性基金预算拨款。

（1）公共财政预算拨款，核算中小学校从同级财政部门取得的、用公共财政预算安排的各类财政拨款。

（2）政府性基金预算拨款，核算中小学校从同级财政部门取得的、用政府性基金预算安排的各类财政拨款。

2.事业收入

事业收入是指中小学校开展教育教学及其辅助活动依法取得的收入，主要包括行政事业性收费（如纳入行政事业性收费的学费、住宿费、考试报名费、考试考务费等）、科研收入，以及与教育教学活动直接相关的对外服务性收费（如未纳入行政事业性收费的非学历培训费等）等。

（二）收入类科目及其核算内容：中小学校会计与事业单位会计比较

中小学校收入科目及其核算内容与事业单位会计的比较如表8-2所示。表8-2表明：

（1）中小学校“事业收入”、“上级补助收入”、“附属单位上缴收入”、“经营收入”和“其他收入”总账科目及其明细科目的设置、核算内容及账务处理方法与事业单位会计原理相同。

（2）中小学校从同级财政部门取得的各类财政拨款通过“公共财政预算拨款”和“政府性基金预算拨款”两个会计科目核算，这与事业单位只通过“财政补助收入”科目核算存在差异。

（三）中小学校收入特殊业务的核算

与事业单位会计相比，中小学校收入核算的特殊业务主要是各项财政预算拨款的核算。

1. 公共财政预算拨款

“公共财政预算拨款”科目，核算从同级财政部门取得的、用公共财政预算安排的各类财政拨款。本科目应当设置“基本支出”和“项目支出”两个明细科目；两个明细科目下按照《政府收支分类科目》中“支出功能分类”的相关科目进行明细核算；同时在“基本支出”明细科目下按照“人员经费”和“日常公用经费”进行明细核算，在“项目支出”明细科目下按照具体项目进行明细核算。同时，可以按照教育事业费拨款、教育费附加拨款、其他经费拨款等进行明细核算。期末结账后，本科目应无余额。

表8-2　　收入类科目及其核算内容：中小学校会计与事业单位会计比较

科目名称	事业单位会计	中小学校会计
	科目核算内容	科目核算内容
财政补助收入	核算事业单位从同级财政部门取得的各类财政拨款，包括基本支出补助和项目支出补助	
公共财政预算拨款		核算中小学校从同级财政部门取得的、用公共财政预算安排的各类财政拨款
政府性基金预算拨款		从同级财政部门取得的、用政府性基金预算安排的各类财政拨款
事业收入	核算事业单位开展专业业务活动及辅助活动所取得的收入	核算中小学校开展教育教学及其辅助活动依法取得的收入
上级补助收入	核算事业单位从主管部门和上级单位取得的非财政补助收入	核算中小学校从主管部门和上级单位取得的非财政补助收入
附属单位上缴收入	核算事业单位附属独立核算单位按照有关规定上缴的收入	核算中小学校附属的独立核算单位按照规定上缴的收入
经营收入△	核算事业单位在专业业务活动及其辅助活动之外开展非独立核算经营活动取得的收入	核算非义务教育阶段中小学校在教育教学及其辅助活动之外开展非独立核算经营活动取得的收入，主要包括与教育教学非直接相关的对外服务性收费等
其他收入	核算事业单位除财政补助收入、事业收入、上级补助收入、附属单位上缴收入、经营收入以外的各项收入，包括投资收益、银行存款利息收入、租金收入、捐赠收入、现金盘盈收入、存货盘盈收入、收回已核销应收及预付款项、无法偿付的应付及预收款项等	核算中小学校除财政补助收入、事业收入、上级补助收入、附属单位上缴收入、经营收入以外的各项收入，包括投资收益、银行存款利息收入、租金收入、捐赠收入、现金盘盈收入、存货盘盈收入、收回已核销应收及预付款项、无法偿付的应付及预收款项，以及食堂净收入等

（1）财政直接支付方式下，对财政直接支付的支出，中小学校根据财政国库支付执行机构委托代理银行转来的“财政直接支付入账通知书”及原始凭证，按照通知书中的直接支付入账金额，借记有关科目，贷记本科目。年度终了，根据本年度财政直接支付预算指标数与当年财政直接支付实际支出数的差额，借记“财政应返还额度——财政直接支付”科目，贷记本科目。

（2）财政授权支付方式下，中小学校根据代理银行转来的授权支付到账通知书，按照通知书中的授权支付额度，借记“零余额账户用款额度”科目，贷记本科目。年度终了，中小学校本年度财政授权支付预算指标数大于零余额账户用款额度下达数的，根据未下达的用款额度，借记“财政应返还额度——财政授权支付”科目，贷记本科目。

2. 政府性基金预算拨款

“政府性基金预算拨款”科目，核算从同级财政部门取得的、用政府性基金预算安排的各类财政拨款。本科目应当设置“基本支出”和“项目支出”两个明细科目；两个明细科目下按照《政府收支分类科目》中“支出功能分类”的相关科目进行明细核算；同时在“基本支出”明细科目下按照“人员经费”和“日常公用经费”进行明细核算，在“项目支出”明细科目下按照具体项目进行明细核算。同时，可以按照地方教育附加拨款、国有土地出让收入拨款、国有资源使用收入拨款、彩票公益金拨款等进行明细核算。期末结账后，本科目应无余额。

（1）财政直接支付方式下，对财政直接支付的支出，中小学校根据财政国库支付执行机构委托代理银行转来的“财政直接支付入账通知书”及原始凭证，按照通知书中的直接支付入账金额，借记有关科目，贷记本科目。年度终了，根据本年度财政直接支付预算指标数与当年财政直接支付实际支出数的差额，借记“财政应返还额度——财政直接支付”科目，贷记本科目。

（2）财政授权支付方式下，中小学校根据代理银行转来的授权支付到账通知书，按照通知书中的授权支付额度，借记“零余额账户用款额度”科目，贷记本科目。年度终了，中小学校本年度财政授权支付预算指标数大于零余额账户用款额度下达数的，根据未下达的用款额度，借记“财政应返还额度——财政授权支付”科目，贷记本科目。

【例8-1】某初中收到代理银行转来的“财政授权支付到账通知书”，列明本月财政授权支付额度100 000元，用于日常公用经费支出。该初中账务处理如下：

借：零余额账户用款额度	100 000	
贷：公共财政预算拨款——基本支出		100 000

【例8-2】某初中收到代理银行转来的“财政直接支付入账通知书”，财政直接支付地方教育附加款200 000元给实验室设备的供货商用于改善学校实验室条件。该初中账务处理如下：

借：事业支出	200 000	
贷：政府性基金预算拨款——地方教育附加拨款——项目支出		200 000

同时，

借：固定资产	200 000	
贷：非流动资产基金——固定资产		200 000

二、中小学校支出

（一）中小学校支出的内容

中小学校支出是指中小学校开展教育教学及其他活动发生的资金耗费和损失，包括事业支出、经营支出、对附属单位补助支出、上缴上级支出和其他支出。

中小学校各项支出的含义、分类、确认和计量与事业单位会计原理相同。

(二) 支出类科目及其核算内容：中小学校会计与事业单位会计比较

中小学校支出科目及其核算内容与事业单位会计的比较如表8-3所示。表8-3表明，中小学校各项支出的总账科目及其明细科目的设置、核算内容、账务处理方法与事业单位会计原理相同。

表8-3　**支出类科目及其核算内容：中小学校会计与事业单位会计比较**

科目名称	事业单位会计	中小学校会计
	科目核算内容	科目核算内容
事业支出	核算事业单位开展专业业务活动及其辅助活动发生的基本支出和项目支出	核算中小学校开展教育教学及其辅助活动发生的基本支出和项目支出
上缴上级支出	核算事业单位按照财政部门和主管部门的规定上缴上级单位的支出	核算中小学校按照财政部门和主管部门的规定上缴上级单位的支出
对附属单位补助支出△	核算事业单位用财政补助收入之外的收入对附属单位补助发生的支出	核算非义务教育阶段中小学校用财政补助收入之外的收入对附属单位补助发生的支出
经营支出△	核算事业单位在专业业务活动及其辅助活动之外开展非独立核算经营活动发生的支出	核算非义务教育阶段中小学校在教育教学及其辅助活动之外开展非独立核算经营活动发生的支出
其他支出	核算事业单位除事业支出、上缴上级支出、对附属单位补助支出、经营支出以外的各项支出，包括利息支出、捐赠支出、现金盘亏损失、资产处置损失、接受捐赠（调入）非流动资产发生的税费支出等	核算中小学校除事业支出、上缴上级支出、对附属单位补助支出、经营支出以外的各项支出，包括利息支出、捐赠支出、现金盘亏损失、资产处置损失、接受捐赠（调入）非流动资产发生的税费支出等

第三节　中小学校资产和负债的核算

一、中小学校资产

(一) 中小学校资产的内容

中小学校资产是指中小学校占有或者使用的能以货币计量的经济资源，包括流动资产、固定资产、在建工程、无形资产和对外投资等。

中小学校学校各项资产的含义、分类、内容、确认和计量与事业单位会计原理相同。

按照《中小学校会计制度》和《中小学校财务制度》规定，中小学校不计提固定资产折旧和无形资产摊销，义务教育阶段中小学校不得对外投资。

（二）资产类科目及其核算内容：中小学校会计与事业单位会计比较

中小学校资产类科目及其核算内容与事业单位会计的比较如表8-4所示。表8-4表明，中小学校各资产科目的总账科目及其明细科目的设置、核算内容、账务处理方法与事业单位会计原理相同。差异主要表现在：

（1）因为中小学校来源于同级财政部门的拨款分别通过“公共财政预算拨款”和“政府性基金预算拨款”科目核算，由此造成中小学校在使用财政拨款通过财政直接支付购买资产、支付职工薪酬、收到财政部门下达的财政授权支付额度以及年终国库集中支付结余资金确认时，因所使用的财政拨款来自不同预算而核算存在差异。其主要体现在零余额账户用款额度和财政应返还额度，存货、固定资产和无形资产的购买、在建工程价款结算，支付职工薪酬等方面。但账务处理原理与事业单位会计相同。

（2）中小学校不设置“应收票据”和“预付账款”科目，相关业务通过“应收账款”科目予以核算。

（3）中小学校的固定资产不计提折旧、无形资产不计提摊销，所以不设置“累计折旧”和“累计摊销”科目。

表8-4　　**资产类科目及其核算内容：中小学校会计与事业单位会计比较**

科目名称	事业单位会计	中小学校会计
	科目核算内容	科目核算内容
库存现金	核算事业单位的库存现金	核算中小学校的库存现金
银行存款	核算事业单位存入银行及其他金融机构的各种存款	核算中小学校存入银行等金融机构的各种存款
零余额账户用款额度	核算实行国库集中支付的事业单位根据财政部门批复的用款计划收到和支用的零余额账户用款额度	核算实行国库集中支付的中小学校根据财政部门批复的用款计划收到和支用的零余额账户用款额度
短期投资△	核算事业单位依法取得的，持有时间不超过一年（含一年）的投资，主要是国债投资	核算非义务教育阶段中小学短期投资的实际成本 短期投资是非义务教育阶段中小学校依法取得的，持有时间不超过一年（含一年）的投资的实际成本，主要是国债投资
财政应返还额度	核算实行国库集中支付的事业单位应收财政返还的资金额度	核算实行国库集中支付的中小学校应收财政返还的资金额度
应收票据	核算事业单位因开展经营活动销售产品、提供有偿服务等而收到的商业汇票，包括银行承兑汇票和商业承兑汇票	

续表

科目名称	事业单位会计	中小学校会计
	科目核算内容	科目核算内容
应收账款	核算事业单位因开展经营活动销售产品、提供有偿服务等而应收取的款项	核算中小学校因开展业务活动对外提供服务等而应收取的款项 中小学校收到商业汇票（包括银行承兑汇票和商业承兑汇票）或发生预付账款的，也通过本科目核算
预付账款	核算事业单位按照购货、劳务合同规定预付给供应单位的款项	
其他应收款	核算事业单位除财政应返还额度、应收票据、应收账款、预付账款以外的其他各项应收及暂付款项，如职工预借的差旅费、拨付给内部有关部门的备用金、应向职工收取的各种垫付款项等	核算中小学校除财政应返还额度、应收账款以外的其他各项应收及暂付款项，如职工预借的差旅费、拨付给内部有关部门的备用金、应向职工收取的各种垫付款项等
存货	核算事业单位在开展业务活动及其他活动中为耗用而储存的各种材料、燃料、包装物、低值易耗品及达不到固定资产标准的用具、装具、动植物等的实际成本	核算中小学校在开展教育教学活动及其他活动中为耗用而储存的各种材料、燃料、消耗物资、低值易耗品等的实际成本
长期投资△	核算事业单位依法取得的，持有时间超过一年（不含一年）的股权和债权性质的投资	核算非义务教育阶段中小学长期投资的实际成本 长期投资是非义务教育阶段中小学校依法取得的，持有时间超过一年（不含一年）的股权和债权性质投资
固定资产	核算事业单位固定资产的原价	核算中小学校固定资产的原价
在建工程	核算事业单位已经发生必要支出，但尚未完工交付使用的各种建筑（包括新建、改建、扩建、修缮等）和设备安装工程的实际成本	核算中小学校在建工程的实际成本 在建工程是中小学校已经发生必要支出，但尚未完工交付使用的各种建筑（包括新建、改建、扩建、修缮等）和设备安装工程的实际成本
无形资产	核算事业单位无形资产的原价	核算中小学校无形资产的原价
待处置资产损溢	核算事业单位待处置资产的价值及处理损溢	核算中小学校待处置资产的价值及处理损溢

（三）中小学校资产特殊业务的核算

与事业单位会计相比，中小学校资产核算的特殊业务主要包括零余额账户用款额度、财政应返还额度、存货、固定资产和在建工程、无形资产的核算。

1.零余额账户用款额度

中小学校的“零余额账户用款额度”科目的核算不同于事业单位会计的主要是：

（1）在财政授权支付方式下，收到代理银行盖章的授权支付到账通知书时，根据通知书所列金额，借记“零余额账户用款额度”科目，贷记“公共财政预算拨款”、“政府性基金预算拨款”等科目。

（2）向按账户管理规定保留的相应账户划拨工会经费、住房公积金、提租补贴以及经财政部门批准的特殊款项时，借记“银行存款”等科目，贷记“零余额账户用款额度”科目。

【例8-3】某小学收到代理银行转来的“财政授权支付到账通知书”，列明本月财政授权支付额度100 000元，其中公共财政预算拨款70 000元、地方教育附加拨款30 000元。该小学账务处理如下：

借：零余额账户用款额度　　100 000
　　贷：公共财政预算拨款　　70 000
　　　　政府性基金预算拨款　　30 000

【例8-4】某中等职业学校将工会经费和提租补贴各50 000元从单位零余额账户转入规定保留的账户。该中等职业学校账务处理如下：

借：银行存款　　100 000
　　贷：零余额账户用款额度　　100 000

2.财政应返还额度

中小学校的“财政应返还额度”科目的核算不同于事业单位会计的主要是：

（1）财政直接支付

年度终了，中小学校根据本年度财政直接支付预算指标数与当年财政直接支付实际支出数的差额，借记“财政应返还额度”科目（财政直接支付），贷记“公共财政预算拨款”、“政府性基金预算拨款”等科目。

（2）财政授权支付

年度终了，中小学校依据代理银行提供的对账单做注销额度的相关账务处理，借记“财政应返还额度”科目（财政授权支付），贷记“零余额账户用款额度”科目。中小学校本年度财政授权支付预算指标数大于零余额账户用款额度下达数的，根据未下达的用款额度，借记“财政应返还额度”科目（财政授权支付），贷记“公共财政预算拨款”、“政府性基金预算拨款”等科目。

【例8-5】年末，某中小学校经过对账确认本年度财政直接支付预算指标数为330 000元；财政直接支付实际支出数为325 000元。本年度财政授权支付预算指标数为150 000元，其中含地方教育附加拨款50 000元；零余额账户用款额度下达数为125 000

元，其中含地方教育附加拨款45 000元；零余额账户用款额度支用数120 000元，其中地方教育附加拨款额度全部支用。该学校的账务处理如下：

借：财政应返还额度——财政直接支付　　5 000

　　　　　　　——财政授权支付　　30 000

　贷：公共财政预算拨款　　25 000

　　　政府性基金预算拨款　　5 000

　　　零余额账户用款额度　　5 000

3.存货

存货是指中小学校在开展教育教学及其他活动中为耗用而储存的资产，包括各类材料、燃料、消耗物资和低值易耗品等。中小学校购入存货承担的增值税进项税额一律计入存货的实际成本。

中小学校存货的账务处理不同于事业单位会计的是：

中小学校购入的存货验收入库，按照确定的成本，借记“存货”科目，贷记“银行存款”、“零余额账户用款额度”、“公共财政预算拨款”、“政府性基金预算拨款”、“应付账款”等科目。

【例8-6】某初中购买电脑耗材一批，价值117 000元，材料款项实行财政授权支付。电脑耗材已验收入库。该初中账务处理如下：

借：存货——电脑耗材　　117 000

　贷：零余额账户用款额度　　117 000

4.固定资产和在建工程

中小学校购入固定资产和在建工程的账务处理不同于事业单位会计的是：

（1）购入固定资产。购入不需安装的固定资产，按照确定的固定资产成本，借记“固定资产”科目，贷记“非流动资产基金——固定资产”科目；同时，按照实际支付金额，借记“事业支出”、“经营支出”、“专用基金——修购基金”等科目，贷记“公共财政预算拨款”、“政府性基金预算拨款”、“零余额账户用款额度”、“银行存款”等科目。购入需要安装的设备，按照确定的成本，借记“在建工程”科目，贷记“非流动资产基金——在建工程”科目；同时，按照实际支付金额，借记“事业支出”、“经营支出”等科目，贷记“银行存款”、“零余额账户用款额度”、“公共财政预算拨款”、“政府性基金预算拨款”等科目。

（2）发生安装费用，借记“在建工程”科目，贷记“非流动资产基金——在建工程”科目；同时，借记“事业支出”、“经营支出”等科目，贷记“银行存款”、“零余额账户用款额度”、“公共财政预算拨款”、“政府性基金预算拨款”等科目。

（3）根据工程价款结算账单与施工企业结算工程价款时，按照实际支付的工程价款，借记“在建工程”科目，贷记“非流动资产基金——在建工程”科目；同时，借记“事业支出”等科目，贷记“银行存款”、“零余额账户用款额度”、“公共财政预算拨款”、“政府性基金预算拨款”等科目。

【例8-7】某高中对一幢办公楼进行扩建，该办公楼账面余额2 000 000元，要用两个月完成扩建，共支付工程价款1 000 000元，款项全部实行财政直接支付，办公楼扩建完工后直接交付使用。该高中的账务处理如下：

- 转入扩建时，

借：在建工程——建筑工程——办公楼	2 000 000	
贷：非流动资产基金——在建工程		2 000 000

同时，

借：非流动资产基金——固定资产	2 000 000	
贷：固定资产		2 000 000

- 支付工程价款时，

借：在建工程——建筑工程——办公楼	1 000 000	
贷：非流动资产基金——在建工程		1 000 000

同时，

借：事业支出	1 000 000	
贷：公共财政预算拨款		1 000 000

- 扩建完工后直接交付使用时，

借：固定资产	3 000 000	
贷：非流动资产基金——固定资产		3 000 000
借：非流动资产基金——在建工程	3 000 000	
贷：在建工程——建筑工程——办公楼		3 000 000

5.无形资产

中小学校无形资产的账务处理不同于事业单位会计的是：

（1）购入的无形资产，按照确定的无形资产成本，借记“无形资产”科目，贷记“非流动资产基金——无形资产”科目；同时，按照实际支付金额，借记“事业支出”等科目，贷记“银行存款”、“零余额账户用款额度”、“公共财政预算拨款”、“政府性基金预算拨款”等科目。

（2）委托软件公司开发软件视同外购无形资产进行处理。支付软件开发费时，按照实际支付金额，借记“事业支出”等科目，贷记“银行存款”、“零余额账户用款额度”、“公共财政预算拨款”、“政府性基金预算拨款”等科目。软件开发完成交付使用时，按照软件开发费总额，借记“无形资产”科目，贷记“非流动资产基金——无形资产”科目。为增加无形资产的使用效能而发生的后续支出，如对软件进行升级改造或扩展其功能等所发生的支出，应当计入无形资产的成本，借记“无形资产”科目，贷记“非流动资产基金——无形资产”科目；同时，借记“事业支出”等科目，贷记“银行存款”、“零余额账户用款额度”、“公共财政预算拨款”、“政府性基金预算拨款”等科目。

【例8-8】某高中使用政府性基金预算拨款购入一款软件，价值100 000元，款项通过单位零余额账户支付。该高中账务处理如下：

借：事业支出　100 000
　贷：零余额账户用款额度　100 000
借：无形资产——财务软件　100 000
　贷：非流动资产基金——无形资产　100 000

二、中小学校负债

（一）中小学校负债的内容

中小学校负债是指中小学校所承担的能以货币计量，需要以资产或劳务偿还的债务，包括借入款项、应付及预收款项、应缴款项、代管款项等。

中小学校除了代管款项以外的各项负债的定义、分类、内容、确认和计量，与事业单位会计原理相同。

（二）负债类科目及其核算内容：中小学校会计与事业单位会计比较

中小学校负债类科目及其核算内容与事业单位会计的比较如表8-5所示。表8-5表明，中小学校各负债科目的总账科目及其明细科目的设置、核算内容、账务处理方法与事业单位会计原理相同。差异主要表现在：

（1）中小学校不设置“应付票据”和“预收账款”科目，其相关业务在“应付账款”科目核算。

（2）采用财政直接支付方式支付职工薪酬时，因财政拨款来自不同预算而通过“公共财政预算拨款”、“政府性基金预算拨款”科目核算。

（3）增设“代管款项”科目，其总账科目及其明细科目的设置、核算内容、账务处理方法与高等学校会计相同。

表8-5　**负债类科目及其核算内容：中小学校会计与事业单位会计比较**

科目名称	事业单位会计	中小学校会计
	科目核算内容	科目核算内容
短期借款△	核算事业单位借入的期限在一年内（含一年）的各种借款	核算非义务教育阶段中小学校经批准从银行等金融机构借入的期限在一年内（含一年）的各种借款本金
应缴税费	核算事业单位按照税法等规定计算应缴纳的各种税费，包括营业税、增值税、城市维护建设税、教育费附加、车船税、房产税、城镇土地使用税、企业所得税等	核算中小学校按照税法等规定计算应缴纳的各种税费，包括营业税、增值税、城市维护建设税、教育费附加、车船税、房产税、城镇土地使用税、企业所得税等
应缴国库款	核算事业单位按规定应缴入国库的款项（应缴税费除外）	核算中小学校按规定应缴入国库的款项（应缴税费除外）

续表

科目名称	事业单位会计	中小学校会计
	科目核算内容	科目核算内容
应缴财政专户款	核算事业单位按规定应缴入财政专户的款项	核算中小学校按规定应缴入财政专户的款项
应付职工薪酬	核算事业单位按有关规定应付给职工及为职工支付的各种薪酬。包括基本工资、绩效工资、国家统一规定的津贴补贴、社会保险费、住房公积金等	核算中小学校按有关规定应付给职工及为职工支付的各种薪酬。包括基本工资、绩效工资、国家统一规定的津贴补贴、社会保险费、住房公积金等
应付票据	核算事业单位因购买材料、物资等而开出、承兑的商业汇票，包括银行承兑汇票和商业承兑汇票	
应付账款	核算事业单位因购买材料、物资等而应付的款项	核算中小学校因购买材料、物资等而应付的偿还期限在一年以内（含一年）的款项中小学校开出、承兑的商业汇票（包括银行承兑汇票和商业承兑汇票）或发生预收账款的，也通过本科目核算
预收账款	核算事业单位按合同规定预收的款项	
其他应付款	核算事业单位除应缴税费、应缴国库款、应缴财政专户款、应付职工薪酬、应付票据、应付账款、预收账款之外的其他各项偿还期限在一年内（含一年）的应付及暂收款项，如存入保证金等	核算中小学校除应缴税费、应缴国库款、应缴财政专户款、应付职工薪酬、应付账款之外的其他各项偿还期限在一年内（含一年）的应付及暂收款项
长期借款△	核算事业单位借入的期限超过一年（不含一年）的各种借款	核算非义务教育阶段中小学校经批准从银行等金融机构借入的期限超过1年（不含1年）的各种借款本金
长期应付款	核算事业单位发生的偿还期限超过一年（不含一年）的应付款项，如以融资租赁租入固定资产的租赁费、跨年度分期付款购入固定资产的价款等	核算中小学校发生的偿还期限超过一年（不含一年）的应付款项，如以融资租赁租入固定资产的租赁费、跨年度分期付款购入固定资产的价款等
代管款项		核算中小学校接受委托代为管理的各类款项，包括为提供服务的单位代收交付的教科书费、作业本费、食堂伙食费等，以及党费、团费等代管经费

（三）中小学校负债特殊业务的核算

与事业单位会计相比，中小学校负债核算的特殊业务主要是应付职工薪酬的核算。

应付职工薪酬的账务处理不同于事业单位会计的是：

（1）中小学校向职工支付工资、津贴补贴等薪酬，借记“应付职工薪酬”科目，贷记“银行存款”、“零余额账户用款额度”、“公共财政预算拨款”、“政府性基金预算拨款”等科目。

（2）按照国家有关规定缴纳职工社会保险费和住房公积金，借记“应付职工薪酬”科目，贷记“银行存款”、“零余额账户用款额度”、“公共财政预算拨款”、“政府性基金预算拨款”等科目。

（3）从应付职工薪酬中支付其他款项，借记“应付职工薪酬”科目，贷记“银行存款”、“零余额账户用款额度”、“公共财政预算拨款”、“政府性基金预算拨款”等科目。

【例8-9】某初中通过财政直接支付方式向职工支付本月工资津贴等薪酬，其中工资450 000元、离退休费50 000元，津贴300 000元，其他个人收入25 000元。其中，工资中的15 000元来源于政府性基金预算拨款。该初中账务处理如下：

借：应付职工薪酬——工资（离退休费）	500 000	
——地方（部门）津贴补贴	300 000	
——其他个人收入	25 000	
贷：公共财政预算拨款		810 000
政府性基金预算拨款		15 000

第四节 中小学校净资产的核算

一、中小学校净资产内容

净资产是中小学校资产减去负债后的净额，包括各项结转和结余、各项基金等。

中小学校的结转结余的含义、分类以及管理要求与事业单位会计原理相同，但各项基金中的专用基金存在一些差异。

中小学校的各项基金也包括事业基金、非流动资产基金和专用基金，与事业单位会计的差异在于：专用基金除了包括修购基金、职工福利基金和其他基金外，还包括奖助学基金。奖助学基金是中小学校接受社会捐赠和按照规定从事业收入中提取转入，用于奖励、资助学生的资金。

二、净资产类科目及其核算内容：中小学校会计与事业单位会计比较

中小学校净资产类科目及其核算内容与事业单位会计的比较如表8-6所示。表8-6表明，中小学校各净资产科目的总账科目及其明细科目的设置、核算内容、账务处理方法与事业单位会计原理相同，唯一差异在于中小学校的“专用基金”科目的核算内容包括奖助学基金接受或提取和使用。

表8-6　　净资产类科目及其核算内容：中小学校会计与事业单位会计比较

科目名称	事业单位会计	中小学校会计
	科目核算内容	科目核算内容
事业基金	核算事业单位拥有的非限定用途的净资产，主要为非财政补助结余扣除结余分配后滚存的金额	核算中小学校拥有的非限定用途的净资产，主要为非财政补助结余扣除结余分配后滚存的金额
非流动资产基金	核算事业单位长期投资、固定资产、在建工程、无形资产等非流动资产占用的金额	核算中小学校长期投资、固定资产、在建工程、无形资产等非流动资产占用的金额
专用基金	核算事业单位按规定提取或者设置的具有专门用途的净资产，主要包括修购基金、职工福利基金等	核算中小学校按规定提取或者设置的具有专门用途的净资产，主要包括修购基金、职工福利基金、奖助学基金等
财政补助结转	核算事业单位滚存的财政补助结转资金，包括基本支出结转和项目支出结转	核算中小学校滚存的财政补助结转资金，包括基本支出结转和项目支出结转
财政补助结余	核算事业单位滚存的财政补助项目支出结余资金	核算中小学校滚存的财政补助项目支出结余资金
非财政补助结转	核算事业单位除财政补助收支以外的各专项资金收入与其相关支出相抵后剩余滚存的、须按规定用途使用的结转资金	核算中小学校除财政补助收支以外的各专项资金收入与其相关支出相抵后剩余滚存的、须按规定用途使用的结转资金
事业结余	核算事业单位一定期间除财政补助收支、非财政专项资金收支和经营收支以外各项收支相抵后的余额	核算中小学校一定期间除财政补助收支、非财政专项资金收支和经营收支以外各项收支相抵后的余额
经营结余△	核算事业单位一定期间各项经营收支相抵后余额弥补以前年度经营亏损后的余额	核算非义务教育阶段中小学校一定期间各项经营收支相抵后余额弥补以前年度经营亏损后的余额
非财政补助结余分配	核算事业单位本年度非财政补助结余分配的情况和结果	核算中小学校本年度非财政补助结余分配的情况和结果

三、中小学校净资产特殊业务的核算

与事业单位会计相比，中小学校净资产核算的特殊业务主要是专用基金中的奖助学基金的核算。

中小学校的“专用基金”科目应当设置“修购基金”、“职工福利基金”、“奖助学基金”、“其他专用基金”等明细科目，进行明细核算。

专用基金——奖助学基金的主要账务处理如下：

（1）接受或提取奖助学基金

中小学校收到专门用于奖助学的社会捐赠时，按照实际收到的金额，借记“银行存款”等科目，贷记“其他收入——捐赠收入”科目。使用此类捐赠时，按照实际支付的金额，借记“事业支出”等科目，贷记“库存现金”、“银行存款”等科目。

期末，按照当期实际收到的此类捐赠金额，借记“其他收入——捐赠收入”科目，贷记“非财政补助结转”科目；按照当期实际支付的此类捐赠金额，借记“非财政补助结转”科目，贷记“事业支出”等科目。

年末，按照当年尚未使用的此类捐赠余额，借记“非财政补助结转”科目，贷记本科目（奖助学基金）。

（2）提取和使用奖助学基金

中小学校按规定提取奖助学基金的，按照提取的金额，借记“事业支出”等科目，贷记本科目（奖助学基金）。按规定使用此类奖助学基金时，借记本科目（奖助学基金），贷记“银行存款”等科目。

【例8-10】某高中收到开户银行收款通知，收到甲企业专门用于奖助学生的捐赠200 000元。该高中的账务处理如下：

借：银行存款	200 000	
贷：其他收入——捐赠收入		200 000

如果期末该高中拿出50 000元帮助家庭困难学生，并以现金形式发放。其账务处理如下：

借：事业支出	50 000	
贷：库存现金		50 000

【例8-11】上例中的高中年末确认甲企业专门用于奖助学生的捐赠当年尚未使用的余额为150 000元。该学校的账务处理如下：

借：非财政补助结转	150 000	
贷：专用基金——奖助学基金		150 000

【例8-12】某高中本年度取得事业收入1 000 000元，按事业收入的5%提取奖助学基金50 000元。该高中的账务处理如下：

借：事业支出	50 000	
贷：专用基金——奖助学基金		50 000

【例8-13】上例中的高中按照规定使用奖助学基金20 000元购买学习用品用于校内学生奖励，购买款项以银行存款付讫。该高中的账务处理如下：

借：专用基金——奖助学基金	20 000	
贷：银行存款		20 000

第五节　中小学校财务报表

一、财务报表概述

（一）财务报表的概念

中小学校财务报告是反映中小学校一定时期财务状况和事业发展成果的总结性书面文件，包括财务报表和财务状况说明书。

中小学校的财务报表由会计报表及其附注构成，应当按照月度和年度编制。

中小学校的会计报表包括资产负债表、收入支出表和财政补助收入支出表。

中小学校的会计报表附注至少应当披露下列内容：

（1）遵循《事业单位会计准则》、《中小学校会计制度》的声明。

（2）学校整体财务状况、业务活动情况的说明。

（3）会计报表中列示的重要项目的进一步说明，包括其主要构成、增减变动情况等。学校学生、教职工、离退休人员及固定资产基本情况的披露格式参见表8-7“中小学校基本数字表”，事业支出基本情况的披露格式参见表8-8“中小学校事业支出明细表”。

表8-7　　　　**中小学校基本数字表**

编制单位：　　　　年度　　　　单位：元

项　目	年初数	期末数	项　目	年初数	期末数
一、学生基本情况			四、固定资产总值（千元）		
（一）班级数（个）			（一）房屋及构筑物		
（二）在校学生数（人）			（二）专用设备		
其中：1.幼儿			（三）通用设备		
2.小学学生			（四）文物和陈列品		
3.初中学生			（五）图书、档案		
4.高中学生			其中：1.一般图书（千元、册）		
5.中职学生			2.电子图书（千元、册）		
6.特殊教育学生			（六）家具、用具、装具及动植物		
7.其他					
（三）寄宿生（人）					
二、教职工基本情况（人）					

续表

项　目	年初数	期末数	项　目	年初数	期末数
（一）编制教职工					
其中：专任教师					
（二）聘任制教职工					
其中：专任教师					
（三）兼任教师					
（四）其他					
三、离退休人员（人）					
（一）离休人员					
（二）退休人员					
补充资料	1.校园占地面积　平方米 2.车辆数　辆，　其中：小汽车　辆 3.年末校舍面积　平方米，　其中：危房面积　平方米 4.本年新建改扩建校舍　平方米，　金额　千元 5.本年购置学生课桌椅　单人套，　金额　千元 6.本年购置教学仪器设备　台、件，　金额　千元 7.本年购置图书资料　册，　金额　千元 其中：（1）一般图书　册，　金额　千元 （2）电子图书　册，　金额　千元				

表8-8　**中小学校事业支出明细表**

编制单位：　年度　单位：元

项　目	财政补助支出			非财政补助支出			事业支出		
	小计	基本支出	项目支出	小计	基本支出	项目支出	小计	基本支出	项目支出
一、工资福利支出									
1.基本工资									
2.津贴补贴									
3.奖金									

续表

项　目	财政补助支出			非财政补助支出			事业支出		
	小计	基本支出	项目支出	小计	基本支出	项目支出	小计	基本支出	项目支出
4.社会保障缴费									
5.伙食补助费									
6.绩效工资									
7.其他工资福利支出									
二、商品和服务支出									
1.办公费									
2.印刷费									
3.咨询费									
4.手续费									
5.水费									
6.电费									
7.邮电费									
8.取暖费									
9.学校安保费用									
10.校园保洁费用									
11.校园绿化费用									
12.其他物业费用									
13.差旅费									
14.出国考察费用									
15.教师出国培训费用									
16.维修（护）费									
17.租赁费									

续表

项　目	财政补助支出			非财政补助支出			事业支出		
	小计	基本支出	项目支出	小计	基本支出	项目支出	小计	基本支出	项目支出
18.会议费									
19.教师培训费用									
20.其他培训费用									
21.公务接待费									
22.实验耗材费用									
23.体育耗材费用									
24.其他材料费用									
25.劳务费									
26.委托业务费									
27.工会经费									
28.福利费									
29.公务用车运行维护费									
30.其他交通费用									
31.学生活动费用									
32.学校财产、责任保险费用									
33.其他商品和服务支出									
三、对个人和家庭补助支出									
1.离休费									
2.退休费									
3.退职费									
4.抚恤金									
5.生活补助									

续表

项　目	财政补助支出			非财政补助支出			事业支出		
	小计	基本支出	项目支出	小计	基本支出	项目支出	小计	基本支出	项目支出
6.医疗费									
7.助学金费用									
8.学生营养餐补助费用									
9.奖励金									
10.住房公积金									
11.提租补贴									
12.购房补贴									
13.其他对个人和家庭补助支出									
四、资本性支出									
1.房屋建筑物购建									
2.办公设备购置									
3.专用设备购置									
4.大型修缮									
5.信息网络及软件购置更新									
6.其他资本性支出									
合　计									

（4）重要资产处置情况的说明。

（5）（非义务教育阶段中小学校）重大投资、借款及经营活动的说明。

（6）以前年度结转结余调整情况的说明。

（7）本校食堂单独核算的会计报表。

（8）有助于理解和分析会计报表需要说明的其他事项。

中小学校财务状况说明书，主要说明的内容与事业单位会计相同。

（二）财务报表构成科目及其核算内容：中小学校会计与事业单位会计比较

中小学校财务报表构成与事业单位会计的比较参见表8-9。表8-9表明，中小学校与事业单位会计报表构成内容以及编制期相同。

表8-9　　**财务报表构成：中小学校会计与事业单位会计比较**

项　目	编　号	财务报表名称	编制期
事业单位会计	会事业01表	资产负债表	月度、年度
	会事业02表	收入支出表	月度、年度
	会事业03表	财政补助收入支出表	年度
		附注	年度
中小学校会计	会中小学校01表	资产负债表	月度、年度
	会中小学校02表	收入支出表	月度、年度
	会中小学校03表	财政补助收入支出表	年度
		附注	年度

二、资产负债表

（一）概念及基本格式

资产负债表是反映中小学校在某一特定日期全部资产、负债和净资产的情况的报表。其基本格式参见表8-10。

表8-10　　**资产负债表**

会中小学校01表

编制单位：　　年　月　日　　单位：元

资　产	期末余额	年初余额	负债和净资产	期末余额	年初余额
流动资产：			流动负债：		
货币资金			短期借款△		
短期投资△			应缴税费		
财政应返还额度			应缴国库款		
应收账款			应缴财政专户款		
其他应收款			应付职工薪酬		
存货			应付账款		
其他流动资产			其他应付款		
流动资产合计			其他流动负债		
非流动资产：			流动负债合计		

续表

资　产	期末余额	年初余额	负债和净资产	期末余额	年初余额
长期投资△			非流动负债：		
固定资产			长期借款△		
在建工程			长期应付款		
无形资产			代管款项		
待处置资产损溢			非流动负债合计		
非流动资产合计			负债合计		
			净资产：		
			事业基金		
			非流动资产基金		
			专用基金		
			财政补助结转		
			财政补助结余		
			非财政补助结转		
			非财政补助结余		
			1. 事业结余		
			2. 经营结余△		
			净资产合计		
资产总计			负债和净资产总计		

说明：带有“△”上标的报表项目为中小学校非义务教育阶段填列的项目，义务教育阶段不填列。兼有义务教育阶段和非义务教育阶段的中小学校可以填列标有“△”的项目，但仅能适用于本校非义务教育阶段的有关业务。

（二）资产负债表的填列方法

与事业单位资产负债表相比，中小学校资产负债表除了增设“代管款项”项目外，其他各项目反映的内容以及“年初余额”和“期末余额”的填列方法与事业单位资产负债表相同。

"代管款项"项目，反映中小学校接受其他单位或个人委托代为管理的各类款项。本项目应当根据"代管款项"科目的期末余额填列。

三、收入支出表

（一）概念及基本格式

收入支出表是中小学校某一会计期间（月度和年度）各项收入、支出和结转结余情况，以及年末非财政补助结余的分配情况的报表。收入支出表按照编制时间分为月报和年报。

收入支出表应当按照收入、支出的构成和结转结余情况分项列示。其月报和年报的基本格式如表8-11和表8-12所示。从表8-11和表8-12可以看出，中小学校收入支出表月报和年报的基本格式与事业单位存在较大差异。

表8-11　　收入支出表（月度）

会中小学校02表

编制单位：　　年　月　　单位：元

收　入			支　出			结转结余		
项　目	本月数	本年累计数	项　目	本月数	本年累计数	项　目	本月数	本年累计数
一、财政补助收入 (一) 公共财政预算拨款 (二) 政府性基金预算拨款			一、事业支出 (财政补助支出)			本期财政补助结转结余		
二、事业收入 三、上级补助收入 四、附属单位上缴收入 五、其他收入			二、事业支出 (非财政补助支出) 三、上缴上级支出 四、对附属单位补助支出△ 五、其他支出			本期事业结转结余		
小计			小计					
六、经营收入△			六、经营支出△			本期经营结余△		
收入总计			支出总计			本期结转结余		

说明：带有"△"上标的报表项目为中小学校非义务教育阶段填列的项目，义务教育阶段不填列。兼有义务教育阶段和非义务教育阶段的中小学校可以填列标有"△"的项目，但仅能适用于本校非义务教育阶段的有关业务。

表8-12　　　　**收入支出表（年度）**

会中小学校02表

编制单位：　　　　年　　　　单位：元

收入			支出			结转结余		
项目	本年数	上年数	项目	本年数	上年数	项目	本年数	上年数
一、财政补助收入 （一）公共财政预算拨款 （二）政府性基金预算拨款			一、事业支出 （财政补助支出）			本年财政补助结转结余 （一）本年财政补助结余 （二）本年财政补助结转		
二、事业收入 三、上级补助收入 四、附属单位上缴收入 五、其他收入 其中：食堂净收入			二、事业支出 （非财政补助支出） 三、上缴上级支出 四、对附属单位补助支出△ 五、其他支出			本年事业结转结余 （一）本年事业结转 （二）本年事业结余		
小计			小计					
六、经营收入△			六、经营支出△			本年经营结余△		
						以前年度经营亏损△ 弥补以前年度经营亏损后的经营结余△		
收入总计			支出总计			本年结转结余		
						本年非财政补助结余 减：应缴企业所得税 减：提取专用基金 本年转入事业基金		

说明：带有“△”上标的报表项目为中小学校非义务教育阶段填列的项目，义务教育阶段不填列。兼有义务教育阶段和非义务教育阶段的中小学校可以填列标有“△”的项目，但仅能适用于本校非义务教育阶段的有关业务。

（二）收入支出表（月度）的填列方法

本表（月报）“本月数”栏反映各项目的本月实际发生数。本表（月报）“本年累计数”栏反映各项目自年初起至报告期末止的累计实际发生数。

本表（月报）“本月数”栏各项目的内容和填列方法如下：

（1）“财政补助收入”项目，反映中小学校本期从同级财政部门取得的各类财政拨款。本项目应当根据“公共财政预算拨款”和“政府性基金预算拨款”科目本期发生额的合计数填列。

①“公共财政预算拨款”项目，反映中小学校从同级财政部门取得的、用公共财政预算安排的各类财政拨款。本项目应当根据“公共财政预算拨款”科目的本期发生额填列。

②“政府性基金预算拨款”项目，反映中小学校从同级财政部门取得的、用政府性基金预算安排的各类财政拨款。本项目应当根据“政府性基金预算拨款”科目的本期发生额填列。

（2）“事业收入”项目，反映中小学校本期开展教育教学及其辅助活动取得的收入。本项目应当根据“事业收入”科目的本期发生额填列。

（3）“上级补助收入”项目，反映中小学校本期从主管部门和上级单位取得的非财政补助收入。本项目应当根据“上级补助收入”科目的本期发生额填列。

（4）“附属单位上缴收入”项目，反映中小学校附属独立核算单位本期按照有关规定上缴的收入。本项目应当根据“附属单位上缴收入”科目的本期发生额填列。

（5）“其他收入”项目，反映中小学校本期除财政补助收入、事业收入、上级补助收入、附属单位上缴收入、经营收入以外的其他收入。本项目应当根据“其他收入”科目的本期发生额填列。

（6）“经营收入△”项目，反映非义务教育阶段中小学校本期在教育教学及其辅助活动之外开展非独立核算经营活动取得的收入。本项目应当根据“经营收入”科目的本期发生额填列。

（7）“事业支出（财政补助支出）”项目，反映中小学校本期使用财政补助收入发生的事业支出。本项目应当根据“事业支出”科目下“财政补助支出”明细科目的本期发生额填列。

（8）“事业支出（非财政补助支出）”项目，反映中小学校本期使用财政补助收入以外的资金发生的事业支出。本项目应当按照“事业支出”科目下“非财政专项资金支出”、“其他资金支出”明细科目的本期发生额合计填列。

（9）“上缴上级支出”项目，反映中小学校本期按照财政部门和主管部门的规定上缴上级单位的支出。本项目应当根据“上缴上级支出”科目的本期发生额填列。

（10）“对附属单位补助支出△”项目，反映非义务教育阶段中小学校本期用财政补助收入之外的收入对附属单位补助发生的支出。本项目应当根据“对附属单位补助支出”科目的本期发生额填列。

（11）“其他支出”项目，反映中小学校本期除事业支出、上缴上级支出、对附属单位补助支出、经营支出以外的其他支出。本项目应当根据“其他支出”科目的本期发生额填列。

（12）“经营支出△”项目，反映非义务教育阶段中小学校本期在教育教学及其辅助活动之外开展非独立核算经营活动发生的支出。本项目应当根据“经营支出”科目的本期发生额填列。

（13）“本期财政补助结转结余”项目，反映中小学校本期财政补助收入与财政补助支出相抵后的余额。本项目应当按照本表中“财政补助收入”项目金额减去“事业支出（财政补助支出）”项目金额后的余额填列。

（14）“本期事业结转结余”项目，反映中小学校本期除财政补助收支、经营收支以外的各项收支相抵后的余额。本项目应当按照本表中“事业收入”、“上级补助收入”、“附属单位上缴收入”、“其他收入”项目金额小计数减去“事业支出（非财政补助支出）”、“上缴上级支出”、“对附属单位补助支出”、“其他支出”项目金额小计数后的余额填列。

（15）“本期经营结余△”项目，反映非义务教育阶段中小学校本期经营收支相抵后的余额。本项目应当按照本表中“经营收入”项目金额减去“经营支出”项目金额后的余额填列；如为负数，以“-”号填列。

（三）收入支出表（年度）的填列方法

本表（年报）“本年数”栏反映各项目的本年实际发生数。本表（年报）“上年数”栏反映各项目上年度实际发生数。本表（年报）“本年数”栏各项目的内容和填列方法如下：

（1）收入、支出项目的填列参照本表（月报）“本月数”栏的填列方式。其中：“食堂净收入”项目，反映中小学校食堂本年收入与支出相抵后的净额。本项目应当根据“其他收入”科目下“食堂净收入”明细科目的本期发生额填列，其金额即中小学校食堂本年收入合计数减去本年支出合计数后的净额；如为负数，以“-”号填列。

（2）“本年财政补助结转结余”项目，反映中小学校本年财政补助收入与财政补助支出相抵后的余额。本项目应当按照本表（年报）中“财政补助收入”项目金额减去“事业支出（财政补助支出）”项目金额后的余额填列。

“本年财政补助结余”项目，反映中小学校本年财政补助结余金额。本项目应当按照“财政补助结余”科目本年从“财政补助结转”科目转入的金额填列。

“本年财政补助结转”项目，反映中小学校本年财政补助结转金额。本项目应当按照本表（年报）中“财政补助结转结余”项目金额减去“财政补助结余”项目金额后的余额填列。

（3）“本年事业结转结余”项目，反映中小学校本年除财政补助收支、经营收支以外的各项收支相抵后的余额。本项目应当按照本表（年报）中“事业收入（非财政补助支出）”、“上级补助收入”、“附属单位上缴收入”、“其他收入”项目金额小计数减去“事业支出”、“上缴上级支出”、“对附属单位补助支出”、“其他支出”项目金额小计数后的余额填列。

“本年事业结余”项目，反映中小学校本年除财政补助收支、非财政专项资金收支和经营收支以外各项收支相抵后的余额。本项目应当根据“事业结余”科目本年贷方发生额中相关非专项资金收入转入金额减去本年借方发生额中相关非专项资金支出转入金额后的余额填列。

“本年事业结转”项目，反映中小学校本年除财政补助收支以外的各项专项资金收入减去各项专项资金支出后的余额。本项目应当按照本表（年报）中“本年事业结转结余”项目金额减去“本年事业结余”项目金额后的余额填列。

（4）“本年经营结余△”项目，反映非义务教育阶段中小学校本年经营收支相抵后的余额。本项目应当按照本表（年报）中“经营收入”项目金额减去“经营支出”项目金额后的余额填列；如为负数，以“-”号填列。

“以前年度经营亏损△”项目，反映非义务教育阶段中小学校以前年度尚未弥补的经营亏损。本项目应当按照“经营结余”科目年初借方余额，以“-”号填列。

“弥补以前年度经营亏损后的经营结余△”项目，反映非义务教育阶段中小学校本年实现的经营结余扣除本年初未弥补经营亏损后的余额。本项目应当根据“经营结余”科目本年末转入“非财政补助结余分配”科目前的余额填列；如本年末余额为借方余额，以“-”号填列。本项目金额也等于本表（年报）中“本年经营结余”、“以前年度经营亏损（-）”项目金额的合计数。

（5）“本年结转结余”项目，反映中小学校本年收入总额减去支出总额后的净额。本项目应当按照本表（年报）中“收入总计”项目金额减去“支出总计”项目金额后的金额填列。本项目金额也等于本表（年报）中“本年财政补助结转结余”、“本年事业结转结余”、“本年经营结余”项目金额的合计数。

“本年非财政补助结余”项目，反映中小学校本年除财政补助之外的其他结余金额。本表（年报）中“弥补以前年度经营亏损后的经营结余”项目为正数的，本项目应当按照本表（年报）中“本年事业结余”、“弥补以前年度经营亏损后的经营结余”项目金额的合计数填列；如为负数，以“-”号填列。本表（年报）中“弥补以前年度经营亏损后的经营结余”项目为负数的，本项目应当按照本表（年报）中“本年事业结余”项目金额填列；如为负数，以“-”号填列。

“应缴企业所得税”项目，反映中小学校按照税法规定应缴纳的企业所得税金额。本项目应当根据“非财政补助结余分配”科目的本年发生额分析填列。

“提取专用基金”项目，反映中小学校本年按规定提取的专用基金金额。本项目应当根据“非财政补助结余分配”科目的本年发生额分析填列。

“本年转入事业基金”项目，反映中小学校本年按规定转入事业基金的非财政补助结余资金。本项目应当按照本表（年报）中“本年非财政补助结余”项目金额减去“应缴企业所得税”、“提取专用基金”项目金额后的余额填列；如为负数，以“-”号填列。

四、财政补助收入支出表

财政补助收入支出表是反映中小学校某一会计年度财政补助收入、支出、结转及结余情况的报表。本表的编制期、基本格式、应列示项目、各项目填列方法与事业单位会计相同。

第九章

科学事业单位会计

本章根据《科学事业单位财务制度》和《科学事业单位会计制度》介绍科学事业单位收入、支出、资产、负债和净资产的核算方法以及会计报表的编制方法。

第一节 科学事业单位会计概述

一、科学事业单位与科学事业单位会计

(一) 科学事业单位

科学是反映自然、社会、思维等的客观规律的分科的知识体系，涉及自然、社会、思维等领域。

科学事业单位是从事自然、社会、思维等领域研究的事业单位。科学事业单位包括自然科学研究事业单位、社会科学研究事业单位、综合科学研究事业单位和其他科学研究事业单位，主要是各级各类科研院所。

(二) 科学事业单位会计

科学事业单位会计是科学事业单位核算、反映和监督其发生的各项经济业务和事项，以提供其财务状况和预算执行等会计信息的会计。

现行的《科学事业单位会计制度》(财会〔2013〕29号)，适用于各级各类科学事业单位。

科学事业单位会计除了具有事业单位会计的特点之外，无论是会计科目及其核算内容、核算方法，还是主要会计报表的构成和编制方法，都与事业单位会计高度相同。唯一差异在于：科学事业单位会计在核算事业收入和事业支出时将根据业务活动性质具化为科研收入和非科研收入，科研支出、非科研支出、支撑业务支出、行政管理支出、后勤保障支出和离退休支出等。

二、科学事业单位会计科目

科学事业单位会计科目是科学事业单位会计要素的具体内容和项目。科学事业单位会计核算一般采用收付实现制，但部分经济业务或者事项的核算采用权责发生制。由此，科学事业单位会计要素包括资产、负债、净资产、收入和支出，会计科目也分为资产类、负债类、净资产类、收入类和支出类。具体参见表9-1。

表9-1 科学事业单位会计科目表

科目类别	科目编号	科目名称	科目类别	科目编号	科目名称
一、资产类	1001	库存现金	三、净资产类	3301	财政补助结转
	1002	银行存款		30101	基本支出结转
	1011	零余额账户用款额度		30102	项目支出结转
	1101	短期投资		3302	财政补助结余
	1201	财政应返还额度		3401	非财政补助结转
	120101	财政直接支付		3402	事业结余
	120102	财政授权支付		3403	经营结余
	1212	应收账款		3404	非财政补助结余分配
	1215	其他应收款	四、收入类	4001	财政补助收入
	1301	库存材料		4101	科研收入
	1302	科技产品		4102	非科研收入
	1401	长期投资		410101	技术收入
	1501	固定资产		410102	学术活动收入
	1511	在建工程		410103	科普活动收入
	1601	无形资产		410104	试制产品收入
	1701	待处置资产损溢		410105	教学活动收入
二、负债类	2001	短期借款		4201	上级补助收入
	2101	应缴税费		4301	附属单位上缴收入
	2102	应缴国库款		4401	经营收入
	2103	应缴财政专户款		4501	其他收入

续表

科目类别	科目编号	科目名称	科目类别	科目编号	科目名称
二、负债类	2201	应付职工薪酬	五、支出类	5001	科研支出
	2302	应付账款		5002	非科研支出
	2305	其他应付款		500201	技术支出
	2401	长期借款		500202	学术活动支出
	2402	长期应付款		500203	科普活动支出
三、净资产	3001	事业基金		500204	试制产品支出
	3101	非流动资产基金		500205	教学活动支出
	310101	长期投资		5003	支撑业务支出
	310102	固定资产		5004	行政管理支出
	310103	在建工程		5005	后勤保障支出
	310104	无形资产		5006	离退休支出
	3201	专用基金		5101	上缴上级支出
	320101	科技成果转化基金		5201	对附属单位补助支出
	320102	职工福利基金		5301	经营支出△
	320104	其他专用基金		5401	其他支出

第二节　科学事业单位收入和支出的核算

一、科学事业单位收入

（一）科学事业单位收入的内容

科学事业单位收入是指科学事业单位为开展业务及其他活动依法取得的非偿还性资金，包括财政补助收入、事业收入、上级单位补助收入、附属单位上缴收入、经营收入和其他收入。

科学事业单位收入中的财政补助收入、上级单位补助收入、附属单位上缴收入、经营收入和其他收入的含义、分类、确认和计量与事业单位会计相同，但事业收入具有特殊性。

事业收入是指科学事业单位开展专业业务活动及其辅助活动取得的收入。其中：按照国家有关规定应当上缴国库或者财政专户的资金，不计入事业收入；从财政专户核拨给科学事业单位的资金和经核准不上缴国库或者财政专户的资金，计入事业收入。

科学事业单位的事业收入包括科研收入和非科研收入。

（1）科研收入，是指科学事业单位承担科学项目取得的收入，不包括按照部门预算隶属关系从同级财政部门取得的财政拨款。

按照使用要求不同，科研收入分为专项资金收入和非专项资金收入。

（2）非科研收入，是指科学事业单位承担非科学项目活动取得的收入，包括技术收入、学术活动收入、科普活动收入、试制产品收入、教学活动收入等，不包括按照部门预算隶属关系从同级财政部门取得的财政拨款。主要包括：技术收入，是指科学事业单位对外提供技术咨询、技术服务等取得的收入；学术活动收入，是指科学事业单位开展学术交流、学术期刊出版等活动取得的收入；科普活动收入，是指科学事业单位开展科学知识宣传、讲座和科技展览等活动取得的收入；试制产品收入，是指科学事业单位从事中间试验产品的试制取得的收入；教学活动收入，是指科学事业单位开展教学及其辅助活动取得的收入。以上各项收入不包括按照部门预算隶属关系从同级财政部门取得的财政拨款。

按照管理方式分类，非科研收入分为财政专户返还的事业收入和其他事业收入；按照使用要求不同，科研收入分为专项资金收入和非专项资金收入。

（二）收入类科目及其核算内容：科学事业单位会计与事业单位会计比较

科学事业单位收入类科目及其核算内容与事业单位会计的比较如表9–2所示。表9–2表明：

（1）科学事业单位“财政补助收入”、“上级补助收入”、“附属单位上缴收入”、“经营收入”和“其他收入”总账科目及其明细科目的设置、核算内容、账务处理方法与事业单位会计原理相同。

（2）科学事业单位的事业收入通过“科研收入”和“非科研收入”两个科目核算，这与事业单位会计只通过“事业收入”科目核算存在差异。

（三）科学事业单位收入特殊业务的核算

与事业单位会计相比，科学事业单位收入核算的特殊业务主要包括“科研收入”和“非科研收入”的核算。

1.科研收入

“科研收入”科目核算科学事业单位承担科研项目取得的收入，不包括按照部门预算隶属关系从同级财政部门取得的财政拨款。本科目应当按照科研收入的类别、项目等进行明细核算。对于因开展科研及其辅助活动从非同级财政部门取得的经费拨款，应单设“非同级财政拨款”明细科目进行核算；科研收入中如有专项资金收入，还应按具体项目进行明细核算。期末结账后，本科目应无余额。

表9-2　　收入类科目及其核算内容：科学事业单位会计与事业单位会计比较

科目名称	事业单位会计	科学事业单位会计
	科目核算内容	科目核算内容
财政补助收入	核算事业单位从同级财政部门取得的各类财政拨款，包括基本支出补助和项目支出补助	核算科学事业单位从同级财政部门取得的各类财政拨款，包括基本支出补助和项目支出补助
事业收入	核算事业单位开展专业业务活动及辅助活动所取得的收入	
科学收入		核算科学事业单位承担科学项目取得的收入，不包括按照部门预算隶属关系从同级财政部门取得的财政拨款
非科研收入		核算科学事业单位承担非科学项目活动取得的收入，包括技术收入、学术活动收入、科普活动收入、试制产品收入、教学活动收入等，不包括按照部门预算隶属关系从同级财政部门取得的财政拨款
上级补助收入	核算事业单位从主管部门和上级单位取得的非财政补助收入	核算科学事业单位从主管部门和上级单位取得的非财政补助收入
附属单位上缴收入	核算事业单位附属独立核算单位按照有关规定上缴的收入	核算科学事业单位附属单位按照规定上缴的收入
经营收入△	核算事业单位在专业业务活动及其辅助活动之外开展非独立核算经营活动取得的收入	核算科学事业单位在专业业务活动及其辅助活动之外开展非独立核算经营活动取得的收入
其他收入	核算事业单位除财政补助收入、事业收入、上级补助收入、附属单位上缴收入、经营收入以外的各项收入，包括投资收益、银行存款利息收入、租金收入、捐赠收入、现金盘盈收入、存货盘盈收入、收回已核销应收及预付款项、无法偿付的应付及预收款项等	核算科学事业单位除财政补助收入、科研收入、非科研收入、上级补助收入、附属单位上缴收入、经营收入以外的各项收入，包括投资收益、银行存款利息收入、租金收入、捐赠收入、现金盘盈收入、存货盘盈收入、收回已核销应收及预付款项、无法偿付的应付及预收款项等

（1）以科研项目合同完成进度确认科研收入时，按照科研项目合同完成进度确认的款项金额，借记“预收账款”等科目，贷记本科目。

（2）期末，将本科目本期发生额中的专项资金收入结转至“非财政补助结转”科目，借记本科目下各专项资金收入明细科目，贷记“非财政补助结转”科目；将本科目本期发生额中的非专项资金收入结转至“事业结余”科目，借记本科目下各非专项资金收入明细科目，贷记“事业结余”科目。

科研收入的核算举例参见第三节预收账款的核算。

2.非科研收入

“非科研收入”科目核算科学事业单位承担非科研项目活动取得的收入，包括技术收入、学术活动收入、科普活动收入、试制产品收入、教学活动收入等，不包括按照部门预算隶属关系从同级财政部门取得的财政拨款。本科目应当按照非科研收入的类别、项目等进行明细核算。非科研收入中如有专项资金收入，还应按具体项目进行明细核算。期末结账后，本科目应无余额。

（1）收到非科研收入时，按照实际收到的金额，借记“银行存款”、“库存现金”等科目，贷记本科目。

（2）收到从财政专户返还的非科研收入时，借记“银行存款”等科目，贷记本科目。

（3）期末，将本科目本期发生额中的专项资金收入结转至“非财政补助结转”科目，借记本科目下各专项资金收入明细科目，贷记“非财政补助结转”科目；将本科目本期发生额中的非专项资金收入结转至“事业结余”科目，借记本科目下各非专项资金收入明细科目，贷记“事业结余”科目。

【例9-1】某科学事业单位开展技术科普活动和教学活动取得收入50 000元，款项已存入银行。经批准该收入不上缴财政专户。该科学事业单位账务处理如下：

借：银行存款　　50 000

　贷：非科研收入　　50 000

【例9-2】某科学事业单位收到从财政专户返还的非科研收入100 000元。该科学事业单位账务处理如下：

借：银行存款　　100 000

　贷：非科研收入　　100 000

二、科学事业单位支出

（一）科学事业单位支出的内容

科学事业单位支出是指科学事业单位开展教学、科学及其他活动发生的资金耗费和损失，包括事业支出、经营支出、对附属单位补助支出、上缴上级支出和其他支出。

科学事业单位支出中的经营支出、对附属单位补助支出、上缴上级支出和其他支出的含义、分类、确认和计量与事业单位会计原理相同，但事业支出具有特殊性。

事业支出，是科学事业单位开展专业业务活动及其辅助活动发生各项支出。科学事业单位的事业支出除了按照部门预算管理要求可分为基本支出和项目支出，按照是否专款专用可分为专项资金支出和非专项资金支出外，还可按照业务活动性质分为科研支出、非科研支出、支撑业务支出、行政管理支出、后勤保障支出和离退休支出。

（1）科研支出是指科学事业单位承担科学项目研究活动发生的各项科研支出。

（2）非科研支出是指科学事业单位除科研支出以外的其他项目支出。其按照非科研项目类别，分为技术支出、学术活动支出、科普活动支出、试制产品支出和教学活动支出等。其中，技术支出是指科学事业单位对外提供技术咨询、技术服务等项目活动发生的各项支出；学术活动支出是指科学事业单位开展学术交流、学术期刊出版等活动发生的各项支出；科普活动支出是指科学事业单位开展科学知识宣传、讲座和科技展览等活动发生的各项科普支出；试制产品支出是指科学事业单位从事中间试验产品活动发生的各项支出；教学活动支出是指科学事业单位开展教学及其辅助活动发生的各项支出。

（3）支撑业务支出是指科学事业单位为支撑科研活动发生的各项不能直接计入科研支出和非科研支出的其他辅助科研业务支出，包括技术平台运行、公用仪器运行维护等综合支出。

（4）行政管理支出是指科学事业单位行政管理部门开展行政管理活动发生的基本支出和项目支出，以及科学事业单位统一负担的工会经费、诉讼费、中介费、印花税、房产税、车船税。

（5）后勤保障支出是指科学事业单位为教学、科研、行政管理等活动提供后勤保障发生的基本支出和项目支出。包括科学事业单位后勤保障部门提供后勤保障发生的基本支出和项目支出，以及科学事业单位统一承担的水、电、煤、取暖等各类公用事业费，物业管理费、绿化费、房屋及公用设施维修费。

（6）离退休支出是指科学事业单位负担的离退休人员的离退休工资、离退休津补贴等基本支出。

（二）支出类科目及其核算内容：科学事业单位会计与事业单位会计比较

科学事业单位支出类科目及其核算内容与事业单位会计的比较如表9-3所示。表9-3表明：

（1）科学事业单位“上缴上级支出”、“对附属单位补助支出”、“经营支出”和“其他支出”总账科目及其明细科目的设置、核算内容、账务处理方法与事业单位会计原理相同。

（2）科学事业单位的事业支出通过“科研支出”、“非科研支出”、“支撑业务支出”、“行政管理支出”、“后勤保障支出”和“离退休支出”五个科目核算，这与事业单位会计只通过“事业支出”科目核算存在差异。

（三）科学事业单位支出特殊业务的核算

与事业单位会计相比，科学事业单位支出核算的特殊业务主要包括“科研支出”、“非科研支出”、“支撑业务支出”、“行政管理支出”、“后勤保障支出”和“离退休支出”的核算。

表9-3　　支出类科目及其核算内容：科学事业单位会计与事业单位会计比较

科目名称	事业单位会计	科学事业单位会计
	科目核算内容	科目核算内容
事业支出	核算事业单位开展专业业务活动及其辅助活动发生的基本支出和项目支出	
科研支出		核算科学事业单位承担科学项目研究活动发生的各项科研支出
非科研支出		核算科学事业单位除科研支出以外的其他项目支出，包括技术支出、学术活动支出、科普活动支出、试制产品支出和教学活动支出等
支撑业务支出		核算科学事业单位为支撑科研活动发生的各项不能直接计入科研支出和非科研支出的其他辅助科研业务支出，包括技术平台运行、公用仪器运行维护等综合支出
行政管理支出		核算科学事业单位行政管理部门开展行政管理活动发生的基本支出和项目支出，以及科学事业单位统一负担的工会经费、诉讼费、中介费、印花税、房产税、车船税
后勤保障支出		核算科学事业单位为教学、科研、行政管理等活动提供后勤保障发生的基本支出和项目支出。包括科学事业单位后勤保障部门提供后勤保障发生的基本支出和项目支出，以及科学事业单位统一承担的水、电、煤、取暖等各类公用事业费，物业管理费、绿化费、房屋及公用设施维修费
离退休支出		科学事业单位负担的离退休人员的离退休工资、离退休津补贴等基本支出
上缴上级支出	核算事业单位按照财政部门和主管部门的规定上缴上级单位的支出	核算科学事业单位按照财政部门和主管部门的规定上缴上级单位的支出
对附属单位补助支出	核算事业单位用财政补助收入之外的收入对附属单位补助发生的支出	核算科学事业单位用财政补助收入之外的收入对附属单位补助发生的支出
经营支出[△]	核算事业单位在专业业务活动及其辅助活动之外开展非独立核算经营活动发生的支出	核算科学事业单位在教育教学及其辅助活动之外开展非独立核算经营活动发生的支出
其他支出	核算事业单位除事业支出、上缴上级支出、对附属单位补助支出、经营支出以外的各项支出，包括利息支出、捐赠支出、现金盘亏损失、资产处置损失、接受捐赠（调入）非流动资产发生的税费支出等	核算科学事业单位除事业支出、上缴上级支出、对附属单位补助支出、经营支出以外的各项支出，包括利息支出、捐赠支出、现金盘亏损失、资产处置损失、接受捐赠（调入）非流动资产发生的税费支出等

1.科研支出

“科研支出”科目核算科学事业单位承担科学项目研究活动发生的各项科研支出。本科目应当按照“基本支出”和“项目支出”，“财政补助支出”、“非财政专项资金支出”和“其他资金支出”等层级进行明细核算，并按照《政府收支分类科目》中“支出功能分类”相关科目进行明细核算；“基本支出”和“项目支出”明细科目下应当按照《政府收支分类科目》中“支出经济分类”的款级科目进行明细核算；同时在“项目支出”明细科目下按照具体项目进明细核算。期末结账后，本科目应无余额。

（1）为从事科研及其辅助活动人员计提的薪酬等，借记本科目，贷记“应付职工薪酬”等科目。

（2）开展科研活动及其辅助活动领用库存材料等时，按照领用库存材料等的实际成本，借记本科目，贷记“库存材料”等科目。

（3）发生与科研活动相关的管理费或间接费用支出时，按照实际支出金额，借记本科目，贷记“库存现金”、“银行存款”、“零余额账户用款额度”等科目。

（4）开展科研活动及其辅助活动发生的其他各项支出，借记本科目，贷记“库存现金”、“银行存款”、“零余额账户用款额度”、“财政补助收入”等科目。

（5）期末，将本科目（财政补助支出）本期发生额结转至“财政补助结转”科目，借记“财政补助结转——基本支出结转、项目支出结转”科目，贷记本科目（财政补助支出——基本支出、项目支出）或本科目（基本支出——财政补助支出、项目支出——财政补助支出）；将本科目（非财政专项资金支出）本期发生额结转至“非财政补助结转”科目，借记“非财政补助结转”科目，贷记本科目（非财政专项资金支出）或本科目（项目支出——非财政专项资金支出）；将本科目（其他资金支出）本期发生额结转至“事业结余”科目，借记“事业结余”科目，贷记本科目（其他资金支出）或本科目（基本支出——其他资金支出、项目支出——其他资金支出）。

2.非科研支出

“非科研支出”科目核算科学事业单位除科研支出以外的其他项目支出，包括技术支出、学术活动支出、科普活动支出、试制产品支出和教学活动支出等。本科目应当按照“基本支出”和“项目支出”，“财政补助支出”、“非财政专项资金支出”和“其他资金支出”等层级进行明细核算，并按照《政府收支分类科目》中“支出功能分类”相关科目进行明细核算；“基本支出”和“项目支出”明细科目下应当按照《政府收支分类科目》中“支出经济分类”的款级科目进行明细核算；同时在“项目支出”明细科目下按照具体项目进行明细核算。期末结账后，本科目应无余额。

（1）为从事非科研及其辅助活动人员计提的薪酬等，借记本科目，贷记“应付职工薪酬”等科目。

（2）开展非科研活动及其辅助活动领用的库存材料等，按照领用库存材料等的实际成本，借记本科目，贷记“库存材料”等科目。

（3）发生与非科研活动相关的管理费或间接费用支出时，按照实际支出金额，借记本科目，贷记“库存现金”、“银行存款”、“零余额账户用款额度”等科目。

（4）开展非科研活动及其辅助活动发生的其他各项支出，借记本科目，贷记“库存现金”、“银行存款”、“零余额账户用款额度”、“财政补助收入”等科目。

（5）期末，将本科目（财政补助支出）本期发生额结转至“财政补助结转”科目，借记“财政补助结转——基本支出结转、项目支出结转”科目，贷记本科目（财政补助支出——基本支出、项目支出）或本科目（基本支出——财政补助支出、项目支出——财政补助支出）；将本科目（非财政专项资金支出）本期发生额结转至“非财政补助结转”科目，借记“非财政补助结转”科目，贷记本科目（非财政专项资金支出）或本科目（项目支出——非财政专项资金支出）；将本科目（其他资金支出）本期发生额结转至“事业结余”科目，借记“事业结余”科目，贷记本科目（其他资金支出）或本科目（基本支出——其他资金支出、项目支出——其他资金支出）。

3.支撑业务支出

“支撑业务支出”科目核算科学事业单位为支撑科研活动发生的各项不能直接计入科研支出和非科研支出的其他辅助科研业务支出，包括技术平台运行、公用仪器运行维护等综合支出。本科目应当按照“基本支出”和“项目支出”，“财政补助支出”、“非财政专项资金支出”和“其他资金支出”等层级进行明细核算，并按照《政府收支分类科目》中“支出功能分类”相关科目进行明细核算；“基本支出”和“项目支出”明细科目下应当按照《政府收支分类科目》中“支出经济分类”的款级科目进行明细核算；同时在“项目支出”明细科目下按照具体项目进行明细核算。期末分摊后，本科目应无余额。

支撑业务支出的主要账务处理如下：

（1）为从事支撑业务人员计提的薪酬等，借记本科目，贷记“应付职工薪酬”等科目。

（2）开展支撑业务领用的库存材料等，按照领用库存材料等的实际成本，借记本科目，贷记“库存材料”等科目。

（3）开展支撑业务发生的其他各项支出，借记本科目，贷记“库存现金”、“银行存款”、“零余额账户用款额度”、“财政补助收入”等科目。

（4）期末，在结转收支科目之前，按照科学、合理的分摊标准，将本科目分摊转入“科研支出”和“非科研支出”科目，借记“科研支出”、“非科研支出”科目，贷记本科目。

4.行政管理支出

“行政管理支出”科目核算科学事业单位行政管理部门开展行政管理活动发生的基本支出和项目支出，以及科学事业单位统一负担的工会经费、诉讼费、中介费、印花税、房产税、车船税等。本科目应当按照“基本支出”和“项目支出”，“财政补助支出”、“非财政专项资金支出”和“其他资金支出”等层级进行明细核算，并按照《政府收支分类科目》中“支出功能分类”相关科目进行明细核算；“基本支出”和“项目支出”明细科目下应当按照《政府收支分类科目》中“支出经济分类”的款级科目进行明细核算；同时在“项目支出”明细科目下按照具体项目进行明细核算。期末结账后，本科目应无余额。

（1）为从事行政管理活动人员计提的薪酬等，借记本科目，贷记“应付职工薪酬”等科目。

（2）开展行政管理活动领用的库存材料等，按领用库存材料的实际成本，借记本科目，贷记“库存材料”科目。

（3）开展行政管理活动发生的其他各项支出，以及发生科学事业单位统一负担的各项支出，借记本科目，贷记“库存现金”、“银行存款”、“零余额账户用款额度”、“财政补助收入”等科目。

（4）期末，将本科目（财政补助支出）本期发生额结转至“财政补助结转”科目，借记“财政补助结转——基本支出结转、项目支出结转”科目，贷记本科目（财政补助支出——基本支出、项目支出）或本科目（基本支出——财政补助支出、项目支出——财政补助支出）；将本科目（非财政专项资金支出）本期发生额结转至“非财政补助结转”科目，借记“非财政补助结转”科目，贷记本科目（非财政专项资金支出）或本科目（项目支出——非财政专项资金支出）；将本科目（其他资金支出）本期发生额结转至“事业结余”科目，借记“事业结余”科目，贷记本科目（其他资金支出）或本科目（基本支出——其他资金支出、项目支出——其他资金支出）。

5.后勤保障支出

“后勤保障支出”科目核算科学事业单位为教学、科研、行政管理等活动提供后勤保障发生的基本支出和项目支出。包括科学事业单位后勤保障部门提供后勤保障发生的基本支出和项目支出，以及科学事业单位统一承担的水、电、煤、取暖等各类公用事业费、物业管理费、绿化费、房屋及公用设施维修费等。本科目应当按照“基本支出”和“项目支出”，“财政补助支出”、“非财政专项资金支出”和“其他资金支出”等层级进行明细核算，并按照《政府收支分类科目》中“支出功能分类”相关科目进行明细核算；“基本支出”和“项目支出”明细科目下应当按照《政府收支分类科目》中“支出经济分类”的款级科目进行明细核算；同时在“项目支出”明细科目下按照具体项目进行明细核算。期末结账后，本科目应无余额。

（1）为从事后勤保障服务人员计提的薪酬等，借记本科目，贷记“应付职工薪酬”等科目。

（2）开展后勤保障服务领用的库存材料，按领用库存材料的实际成本，借记本科目，贷记“库存材料”科目。

（3）开展后勤保障服务发生的其他各项支出，借记本科目，贷记“库存现金”、“银行存款”、“零余额账户用款额度”、“财政补助收入”等科目。

（4）期末，将本科目（财政补助支出）本期发生额结转至“财政补助结转”科目，借记“财政补助结转——基本支出结转、项目支出结转”科目，贷记本科目（财政补助支出——基本支出、项目支出）或本科目（基本支出——财政补助支出、项目支出——财政补助支出）；将本科目（非财政专项资金支出）本期发生额结转至“非财政补助结转”科目，借记“非财政补助结转”科目，贷记本科目（非财政专项资金支出）或本科目（项目支出——非财政专项资金支出）；将本科目（其他资金支出）本期发生额结转至“事业结余”科目，借记“事业结余”科目，贷记本科目（其他资金支出）或本科目（基本支出——其他资金支出、项目支出——其他资金支出）。

6. 离退休支出

“离退休支出”科目核算科学事业单位负担的离退休人员的工资、津补贴等基本支出。本科目应当按照“财政补助支出”、“其他资金支出”等进行明细核算，并按照《政府收支分类科目》中“支出功能分类”相关科目和“支出经济分类”的款级科目进行明细核算。期末结账后，本科目应无余额。

（1）为离退休人员计提的离退休工资、津补贴等，借记本科目，贷记“应付职工薪酬”等科目。

（2）为离退休人员发生的其他各项支出，借记本科目，贷记“库存现金”、“银行存款”等科目。

（3）期末，将本科目（财政补助支出）本期发生额结转至“财政补助结转”科目，借记“财政补助结转——基本支出结转”科目，贷记本科目（财政补助支出）；将本科目（其他资金支出）本期发生额结转至“事业结余”科目，借记“事业结余”科目，贷记本科目（其他资金支出）。

【例9-3】某科学事业单位计提本月由财政统发的人员工资，应发工资总额650 000元，其中：科研人员300 000元、非科研人员100 000元、支撑业务人员20 000元、行政管理人员150 000元、后勤保障人员50 000元、离退休费30 000元。该科学事业单位账务处理如下：

借：科研支出——财政补助支出——基本支出	300 000	
非科研支出——财政补助支出——基本支出	100 000	
支撑业务支出——财政补助支出——基本支出	20 000	
行政管理支出——财政补助支出——基本支出	150 000	
后勤保障支出——财政补助支出——基本支出	50 000	
离退休支出——财政补助支出——基本支出	30 000	
贷：应付职工薪酬		650 000

【例9-4】某科学事业单位拟更新办公设备，收到购入的办公用电脑100台，每台单价8 000元。款项实行财政直接支付。电脑已投入使用，在各部门的分配情况如下：

部 门	办公电脑（台）	价值（元）
科研人员	60	480 000
非科研人员	10	80 000
支撑业务人员	5	40 000
行政管理人员	10	80 000
后勤保障人员	10	80 000
离退休人员工作处	5	40 000
合计	100	800 000

根据上述资料，该科学事业单位账务处理如下：

借：科研支出——财政补助支出——基本支出　480 000
　　非科研支出——财政补助支出——基本支出　80 000
　　支撑业务支出——财政补助支出——基本支出　40 000
　　行政管理支出——财政补助支出——基本支出　80 000
　　后勤保障支出——财政补助支出——基本支出　80 000
　　离退休支出——财政补助支出——基本支出　40 000
　贷：财政补助收入　800 000

同时，

借：固定资产　800 000
　贷：非流动资产基金——固定资产　800 000

【例9-5】某科学事业单位月末各项事业支出及其明细科目金额如下：

一级明细科目	二级明细科目	总账科目					合计
		科研支出	非科研支出	行政管理支出	后勤保障支出	离退休支出	
财政补助支出	基本支出	1 000 000	600 000	300 000	200 000	100 000	2 200 000
	项目支出	500 000	400 000	100 000	30 000		1 030 000
非财政专项资金支出		300 000	200 000	50 000	20 000		570 000
其他资金支出		200 000	50 000	100 000	80 000	20 000	450 000
合 计		2 000 000	1 250 000	550 000	330 000	120 000	4 250 000

月末结账时，该科学事业单位账务处理如下：

- 结转科研支出，

借：财政补助结转——基本支出结转　1 000 000
　　　　　　　　——项目支出结转　500 000
　　非财政补助结转　300 000
　　事业结余　200 000

贷：科研支出——财政补助支出——基本支出　　1 000 000
　　　　　　——财政补助支出——项目支出　　500 000
　　　　　　——非财政补助专项资金支出　　300 000
　　　　　　——其他资金支出　　200 000

• 结转非科研支出，

借：财政补助结转——基本支出结转　　600 000
　　　　　　　　——项目支出结转　　400 000
　　非财政补助结转　　200 000
　　事业结余　　50 000
　贷：非科研支出——财政补助支出——基本支出　　600 000
　　　　　　　　——财政补助支出——项目支出　　400 000
　　　　　　　　——非财政补助专项资金支出　　200 000
　　　　　　　　——其他资金支出　　50 000

• 结转行政管理支出，

借：财政补助结转——基本支出结转　　300 000
　　　　　　　　——项目支出结转　　100 000
　　非财政补助结转　　50 000
　　事业结余　　100 000
　贷：行政管理支出——财政补助支出——基本支出　　300 000
　　　　　　　　　——财政补助支出——项目支出　　100 000
　　　　　　　　　——非财政补助专项资金支出　　50 000
　　　　　　　　　——其他资金支出　　100 000

• 结转后勤保障支出，

借：财政补助结转——基本支出结转　　200 000
　　　　　　　　——项目支出结转　　30 000
　　非财政补助结转　　20 000
　　事业结余　　80 000
　贷：后勤保障支出——财政补助支出——基本支出　　200 000
　　　　　　　　　——财政补助支出——项目支出　　30 000
　　　　　　　　　——非财政补助专项资金支出　　20 000
　　　　　　　　　——其他资金支出　　80 000

• 结转离退休支出，

借：财政补助结转——基本支出结转　　100 000
　　事业结余　　20 000
　贷：离退休支出——财政补助支出——基本支出　　100 000
　　　　　　　　——其他资金支出　　20 000

第三节　科学事业单位资产和负债的核算

一、科学事业单位资产

（一）科学事业单位资产的内容

资产是指科学事业单位占有或者使用的能以货币计量的经济资源，包括流动资产、固定资产、在建工程、无形资产和对外投资等。

科学事业单位各项资产的含义、分类、内容、确认和计量，固定资产折旧和无形资产摊销的计提模式、方法、要求等与事业单位会计原理相同。

（二）资产类科目及其核算内容：科学事业单位会计与事业单位会计比较

科学事业单位资产类科目及其核算内容与事业单位会计的比较如表9-4所示。表9-4表明，科学事业单位各资产科目的会计总账科目及其明细科目的设置、核算内容、账务处理方法与事业单位会计基本相同，主要差异在于：

表9-4　　资产类科目及其核算内容：科学事业单位会计与事业单位会计比较

科目名称	事业单位会计	科学事业单位会计
	科目核算内容	科目核算内容
库存现金	核算事业单位的库存现金	核算科学事业单位的库存现金
银行存款	核算事业单位存入银行及其他金融机构的各种存款	核算科学事业单位存入银行等金融机构的各种存款
零余额账户用款额度	核算实行国库集中支付的事业单位根据财政部门批复的用款计划收到和支用的零余额账户用款额度	核算实行国库集中支付的科学事业单位根据财政部门批复的用款计划收到和支用的零余额账户用款额度
短期投资	核算事业单位依法取得的，持有时间不超过一年（含一年）的投资，主要是国债投资	核算科学事业单位短期投资的实际成本 短期投资是科学事业单位依法取得的，持有时间不超过一年（含一年）的投资的实际成本，主要是国债投资
财政应返还额度	核算实行国库集中支付的事业单位应收财政返还的资金额度	核算实行国库集中支付的科学事业单位应收财政返还的资金额度
应收票据	核算事业单位因开展经营活动销售产品、提供有偿服务等而收到的商业汇票，包括银行承兑汇票和商业承兑汇票	核算科学事业单位因开展经营活动销售产品、提供有偿服务等而收到的商业汇票，包括银行承兑汇票和商业承兑汇票
应收账款	核算事业单位因开展经营活动销售产品、提供有偿服务等而应收取的款项	核算科学事业单位因开展科研业务活动和经营活动，销售产品、提供有偿服务等应收取的款项

续表

科目名称	事业单位会计	科学事业单位会计
	科目核算内容	科目核算内容
预付账款	核算事业单位按照购货、劳务合同规定预付给供应单位的款项	核算科学事业单位委托其他单位承担科技开发项目或课题，组织学术、科普或教学活动等任务，以及科学事业单位开展科研业务活动购买服务或商品，按照合同规定预付给受托单位或供应商的合同款项
其他应收款	核算事业单位除财政应返还额度、应收票据、应收账款、预付账款以外的其他各项应收及暂付款项，如职工预借的差旅费、拨付给内部有关部门的备用金、应向职工收取的各种垫付款项等	核算科学事业单位除财政应返还额度、应收票据、应收账款、预付账款以外的其他各项应收及暂付款项，如职工预借的差旅费、拨付给内部有关部门的备用金、应向职工收取的各种垫付款项等
存货	核算事业单位在开展业务活动及其他活动中为耗用而储存的各种材料、燃料、包装物、低值易耗品及达不到固定资产标准的用具、装具、动植物等的实际成本	
库存材料		核算科学事业单位在开展科研业务活动及其他活动中为耗用而储存的各种材料、燃料、包装物、低值易耗品及达不到固定资产标准的用具、装具、动植物等的实际成本
科技产品		核算科学事业单位利用非财政性资金试制、生产的科技产品的实际成本
长期投资	核算事业单位依法取得的，持有时间超过一年（不含一年）的股权和债权性质的投资	核算科学事业单位长期投资的实际成本。长期投资是科学事业单位依法取得的，持有时间超过一年（不含一年）的股权和债权性质投资
固定资产	核算事业单位固定资产的原价	核算科学事业单位固定资产的原价
在建工程	核算事业单位已经发生必要支出，但尚未完工交付使用的各种建筑（包括新建、改建、扩建、修缮等）和设备安装工程的实际成本	核算科学事业单位在建工程的实际成本。在建工程是科学事业单位已经发生必要支出，但尚未完工交付使用的各种建筑（包括新建、改建、扩建、修缮等）和设备安装工程的实际成本
无形资产	核算事业单位无形资产的原价	核算科学事业单位无形资产的原价
待处置资产损溢	核算事业单位待处置资产的价值及处理损溢	核算科学事业单位待处置资产的价值及处理损溢

（1）事业单位存货通过“库存材料”和“科技产品”两个科目核算；库存材料的含义、内容、确认和计量以及科目总账科目及其明细科目的设置、核算内容、取得的方式、账务处理方法与事业单位会计“存货”相同。

（2）因为科学事业单位的事业支出的明细划分，造成各资产科目核算在涉及事业支出类科目时，因资金流向的部门不同而存在差异。其主要体现在购货退回、库存材料发出、固定资产和无形资产的购置、在建工程款的结算等方面。

（3）财政部《关于执行〈科学事业单位财务制度〉有关问题的通知》（财教〔2014〕10号）明确规定了科学事业单位的各类固定资产的折旧年限（具体参见表9-5），但固定资产的定义、分类、折旧方法以及核算的基本原理均与事业单位会计相同。

表9-5　**科学事业单位的各类固定资产折旧年限**

固定资产分类名称	折旧年限（年）	备　注
一、房屋及构筑物		
1.业务用房		
钢结构、钢筋混凝土结构	50	
砖混结构、砖木结构	30	
2.房屋附属设施	8	围墙、停车设施等
3.构筑物	8	池、罐、槽、塔等
二、通用设备		
1.计算机设备及软件	5	计算机、网络设备、终端设备、存储设备等
2.办公设备	5	电话机、传真机、摄像机、刻录机等
3.车辆	9~10	载货汽车、牵引汽车、乘用车、专用车辆等
4.机械设备	10~15	锅炉、液压机械、金属加工设备、泵、风机、气体压缩机、气体分离及液化设备、分离及干燥设备等
5.电气设备	5~10	电机、变压器、电源设备、生活用电器等
6.雷达、无线电和卫星导航设备	10~15	
7.通信设备、广播、电视、电影设备	5~10	

续表

固定资产分类名称	折旧年限（年）	备注
8. 仪器仪表、电子和通信测量仪器、计量标准器具及量具、衡器	5	
9. 其他通用设备	5	
三、专用设备		
1. 探矿、采矿、选矿和造块设备，石油天然气开采专用设备，石油和化学工业专用设备，炼焦和金属冶炼轧制设备	10~15	
2. 电力工业专用设备、核工业专用设备、航空航天工业专用设备	20~30	
3. 非金属矿物制品工业专用设备	10~20	
4. 工程机械、农业和林业机械、木材采集和加工设备、食品加工专用设备、饮料加工设备、烟草加工设备、粮油作物和饲料加工设备、纺织设备，缝纫、服饰、制革和毛皮加工设备，化学药品和中药专用设备、邮政专用设备	10~15	
5. 造纸和印刷机械、安全生产设备、环境污染防治设备、水工机械、铁路运输设备、水上交通运输设备、航空器及其配套设备	10~20	
6. 医疗设备，电工、电子专用生产设备，专用仪器仪表	5~10	
7. 公安专用设备、文艺设备、体育设备、娱乐设备	5~15	
8. 其他专用设备	5~15	
四、家具、用具、装具	10~15	椅凳类、沙发类、柜类、架类等

（三）科学事业单位资产特殊业务的核算

与事业单位会计相比，科学事业单位资产核算特殊业务主要包括购货退回、库存材料发出、科技产品、在建工程、固定资产购置、无形资产购置和开发的核算。

1. 购货退回

在财政直接支付方式下，科学事业单位因购货退回等发生国库直接支付款项退回的，属于以前年度支付的款项，按照退回金额，借记“财政应返还额度”科目，贷记

“财政补助结转”、“财政补助结余”、“库存材料”等有关科目；属于本年度支付的款项，按照退回金额，借记“财政补助收入”科目，贷记“科研支出”、“库存材料”等有关科目。

在财政授权支付方式下，科学事业单位因购货退回等发生国库授权支付额度退回的，属于以前年度支付的款项，按照退回金额，借记“零余额账户用款额度”科目，贷记“财政补助结转”、“财政补助结余”、“库存材料”等有关科目；属于本年度支付的款项，按照退回金额，借记“零余额账户用款额度”科目，贷记“科研支出”、“非科研支出”、“库存材料”等有关科目。

【例9-6】某科学事业单位两个月之前通过财政授权支付方式购买的价值100 000元的一批科研项目专用材料，本月在领用时发现质量问题退回供货商，相应款项已收回。该科学事业单位账务处理如下：

借：零余额账户用款额度	100 000	
贷：库存材料		100 000

【例9-7】某科学事业单位年初因质量问题，将一批上年度通过财政直接支付方式购买的价值800 000元的专业图书退回出版社，退款已收回国库。该科学事业单位的账务处理如下：

借：财政应返还额度	800 000	
贷：财政补助结转		800 000
借：非流动资产基金——固定资产	800 000	
贷：固定资产		800 000

【例9-8】某科学事业单位因质量问题，将上月通过财政授权支付方式购买的价值800 000元科研用专业图书退回出版社，退款已收回国库。该科学事业单位账务处理如下：

借：零余额账户用款额度	800 000	
贷：科研支出		800 000
借：非流动资产基金——固定资产	800 000	
贷：固定资产		800 000

2.库存材料发出

科学事业单位因开展业务活动等领用、发出存货，按领用、发出存货的实际成本，借记“科研支出”、“经营支出”等科目，贷记“库存材料”科目。

【例9-9】某科学事业单位领用污水处理项目研究专用材料，实际成本20 000元。该科学事业单位账务处理如下：

借：科研支出	20 000	
贷：库存材料		20 000

3.科技产品

“科技产品”科目核算科学事业单位利用非财政性资金试制、生产的科技产品的实际成本。本科目应当按照科技产品的种类、规格、保管地点等进行明细核算。科学事业单位应当通过明细核算或辅助登记方式，登记取得科技产品成本的资金来源（区分非财政性专项资金和其他资金）。科学事业单位应当在本科目下设置“生产成本”和“产成品”两个明细科目。其中，“生产成本”明细科目归集核算试制、生产科技产品所发生的实际成本（包括耗用的直接材料费用、发生的直接人工费用和分配的间接费用）；“产成品”明细科目核算已验收入库的科技产品的实际成本。本科目期末借方余额，反映科学事业单位科技产品的实际成本。

（1）试制、生产科技产品时，按照发生的实际成本，借记本科目（生产成本），贷记“库存材料”、“应付职工薪酬”、“银行存款”等科目。其实际成本包括耗用的直接材料费用、发生的直接人工费用和按照一定方法分配的与科技产品生产有关的间接费用。

【例9-10】某科学事业单位利用非财政资金生产一种高科技电子产品，本月计提研究人员工资30 000元、领用专用材料80 000元、购买办公用品2 000元。该科学事业单位账务处理如下：

借：科技产品——生产成本	112 000	
贷：应付职工薪酬		30 000
库存材料		80 000
银行存款		2 000

（2）试制、生产完成的科技产品验收入库时，按照所发生的实际成本，借记本科目（产成品），贷记本科目（生产成本）。未通过验收的科技产品，按照发生的实际成本，借记“经营支出”等科目，贷记本科目（生产成本）。

【例9-11】上例中的科学事业单位完成高科技电子产品的生产，总计发生实际成本200 000元。产品验收合格入库。该科学事业单位账务处理如下：

借：科技产品——产成品	200 000	
贷：科技产品——生产成本		200 000

如果上述电子产品未通过验收，其账务处理如下，

借：经营支出	200 000	
贷：科技产品——生产成本		200 000

（3）在出售或发出科技产品时，应当根据实际情况采用先进先出法、加权平均法或者个别计价法确定发出科技产品的实际成本。计价方法一经确定，不得随意变更。

对外销售科技产品或开展科研业务活动等领用、发出科技产品时，按照对外销售或领用、发出科技产品的实际成本，借记“科研支出”、“经营支出”等科目，贷记本科目。

对外捐赠、无偿调出科技产品时，按照科技产品的账面余额，借记“待处置资产损溢”科目，贷记本科目。属于增值税一般纳税人的科学事业单位无偿调出购进的科技产品时，按照科技产品的账面余额与相关增值税进项税额转出金额的合计金额，借记“待处置资产损溢”科目，按照科技产品的账面余额，贷记本科目，按照转出的增值税进项

税额，贷记“应缴税费——应缴增值税（进项税额转出）”科目。实际捐出、调出科技产品时，按照“待处置资产损溢”科目的相应余额，借记“其他支出”科目，贷记“待处置资产损溢”科目。举例可参照第四章中存货的对外捐赠和无偿调出核算的相关例题。

【例9-12】某科学事业单位将使用非财政资金研制的高科技电子产品出售，售出数量20台，每台价格500元。产品已发出，但款项尚未收到。发出电子产品的实际成本为6 000元。假设该单位属于增值税一般纳税人。该科学事业单位的账务处理如下：

借：应收账款	11 700	
贷：经营收入		10 000
应缴税费——应缴增值税		1 700
借：经营支出	6 000	
贷：科技产品——产成品		6 000

（4）科学事业单位的科技产品应当定期进行清查盘点，至少每年盘点一次。对于发生的科技产品盘盈、盘亏或者毁损、报废，应当及时查明原因，按规定报经批准后进行账务处理。

盘盈的科技产品，按照同类或类似科技产品的实际成本或市场价格确定入账价值；同类或类似科技产品的实际成本、市场价格均无法可靠取得的，按照名义金额入账。盘盈的科技产品，按照确定的入账价值，借记本科目，贷记“其他收入”科目。

盘亏或者毁损、报废的科技产品，按照待处置科技产品的账面余额，借记“待处置资产损溢”科目，贷记本科目。报经批准予以处置时，按照“待处置资产损溢”科目的相应余额，借记“其他支出”科目，贷记“待处置资产损溢”科目。处置科技产品过程中所取得的收入、发生的费用，以及处置收入扣除相关处置费用后的净收入的账务处理，参见“待处置资产损溢”科目。

【例9-13】某科学事业单位年末盘点高科技电子产品，发现A产品多出2台，目前该类产品的市场价格为每台450元；B产品少了3台，其账面余额1 500元，尚未查明原因。该科学事业单位的账务处理如下：

借：科技产品——A	900	
贷：其他收入		900
借：待处置资产损溢	1 500	
贷：科技产品——B		1 500

4.在建工程

在建工程是科学事业单位已经发生必要支出，但尚未完工交付使用的各种建筑（包括新建、改建、扩建、修缮等）和设备安装工程。

（1）对于建筑工程，科学事业单位支付工程价款时，按照实际支付的工程价款，借记“在建工程”科目，贷记“非流动资产基金——在建工程”科目；同时，借记“科研支出”、“经营支出”等科目，贷记“财政补助收入”、“零余额账户用款额度”、“银行存款”等科目。

（2）对于设备工程，科学事业单位购入需要安装的设备，按照确定的成本，借记“在建工程”科目，贷记“非流动资产基金——在建工程”科目；同时，按照实际支付金额，借记“科研支出”、“经营支出”等科目，贷记“财政补助收入”、“零余额账户用款额度”、“银行存款”等科目。发生安装费用，借记“在建工程”科目，贷记“非流动资产基金——在建工程”科目；同时，借记“科研支出”、“经营支出”等科目，贷记“财政补助收入”、“零余额账户用款额度”、“银行存款”等科目。相关举例参见第四章相关例题。

5.固定资产的购置

科学事业单位购入不需要安装的固定资产，按照确定的固定资产成本，借记“固定资产”科目，贷记“非流动资产基金——固定资产”科目；同时，按照实际支付金额，借记“科研支出”、“经营支出”等科目，贷记“财政补助收入”、“零余额账户用款额度”、“银行存款”等科目。

相关举例参见【例9-4】。

6.无形资产的购入和开发

（1）科学事业单位购入的无形资产，按照确定的无形资产成本，借记“无形资产”科目，贷记“非流动资产基金——无形资产”科目；同时，按照实际支付金额，借记“科研支出”等科目，贷记“财政补助收入”、“零余额账户用款额度”、“银行存款”等科目。

（2）委托软件公司开发软件，支付软件开发费时，按照实际支付金额，借记“科研支出”等科目，贷记“财政补助收入”、“零余额账户用款额度”、“银行存款”等科目。软件开发完成交付使用时，按照软件开发费总额，借记本科目，贷记“非流动资产基金——无形资产”科目。

（3）自行开发并按法律程序申请取得的无形资产，按照确定的无形资产成本，借记“无形资产”科目，贷记“非流动资产基金——无形资产”科目；同时，借记“科研支出”等科目，贷记“财政补助收入”、“零余额账户用款额度”、“银行存款”等科目。依法取得前所发生的研究开发支出，应于发生时直接计入当期支出但不计入无形资产的成本，借记“科研支出”等科目，贷记“银行存款”等科目。

相关举例参见第四章相关例题。

二、科学事业单位负债

（一）科学事业单位负债的内容

事业单位负债是指科学事业单位所承担的能以货币计量，需要以资产或劳务偿还的债务，包括借入款项、合同预收款项、应付款项、暂存款项、应缴款项等。

（1）借入款项，是科学事业单位开展各项活动向银行等金融机构借入的款项。

（2）合同预收款项，是科学事业单位与国家有关部门及其他单位签订研究和试制合同以及其他经济合同后，按照合同规定预收的款项。包括政府专项合同款项、委托合同款项及其他合同款项等。

（3）应付款项，是科学事业单位按照规定和要求，应付而暂时未付的各种款项。

（4）暂存款项，是科学事业单位从其他单位或者个人收到的、代为保管或者暂时尚未确定性质的款项。

（5）应缴款项，是科学事业单位按照规定应当上缴国库或者财政专户的资金、应缴税费以及其他按照国家有关规定应当上缴的款项。

（二）负债类科目及其核算内容：科学事业单位会计与事业单位会计比较

科学事业单位负债类科目及其核算内容与事业单位会计的比较如表9-6所示。表9-6表明，科学事业单位各负债科目的总账科目及其明细科目的设置、核算内容、账务处理方法与事业单位会计原理相同，主要差异在于：

（1）因科学事业单位事业支出的明细划分，造成各负债项目核算涉及支出时因资金流向部门不同而存在差异。举例参见【例9-3】。

（2）预收账款的账务处理有其特殊性。

（三）科学事业单位负债特殊业务的核算

与事业单位会计相比，科学事业单位负债核算的特殊业务主要是预收账款的核算。

“预收账款”科目核算科学事业单位按合同规定预收的款项。本科目应当按照债权单位（或个人）进行明细核算。本科目期末贷方余额，反映科学事业单位按合同规定预收但尚未实际结算的款项。

（1）从付款方预收款项时，按照实际预收的金额，借记“银行存款”等科目，贷记本科目。

（2）按照合同规定或完工进度确认有关收入时，借记本科目；按照应确认的收入金额，贷记“科研收入”、“经营收入”等科目；按照付款方补付或退回付款方的金额，借记或贷记“银行存款”等科目。按照合同规定转拨外单位款项时，借记本科目，贷记“银行存款”等科目。

（3）无法偿付或债权人豁免偿还的预收账款，借记本科目，贷记“其他收入”科目。

【例9-14】某科学事业单位承接某企业污水处理项目研究，项目总经费300 000元，需要三年完成。按照合同规定，该企业在合同签订时先预付项目研究经费50%，项目结项时再支付50%。首付的50%款项已存入银行。该科研项目产生的收入按照项目完成进度每年末予以确认。假设不考虑相关税费，该科学事业单位账务处理如下：

- 收到委托企业预付款项时，

借：银行存款	150 000	
贷：预收账款		150 000

表9-6 **负债类科目及其核算内容：科学事业单位会计与事业单位会计比较**

科目名称	事业单位会计	科学事业单位会计
	科目核算内容	科目核算内容
短期借款	核算事业单位借入的期限在一年内（含一年）的各种借款	核算科学事业单位借入的期限在一年内（含一年）的各种借款
应缴税费	核算事业单位按照税法等规定计算应缴纳的各种税费，包括营业税、增值税、城市维护建设税、教育费附加、车船税、房产税、城镇土地使用税、企业所得税等	核算科学事业单位按照税法等规定计算应缴纳的各种税费，包括营业税、增值税、城市维护建设税、教育费附加、车船税、房产税、城镇土地使用税、企业所得税等
应缴国库款	核算事业单位按规定应缴入国库的款项（应缴税费除外）	核算科学事业单位按规定应缴入国库的款项（应缴税费除外）
应缴财政专户款	核算事业单位按规定应缴入财政专户的款项	核算科学事业单位按规定应缴入财政专户的款项
应付职工薪酬	核算事业单位按有关规定应付给职工及为职工支付的各种薪酬。包括基本工资、绩效工资、国家统一规定的津贴补贴、社会保险费、住房公积金等	核算科学事业单位按有关规定应付给职工及为职工支付的各种薪酬。包括基本工资、绩效工资、国家统一规定的津贴补贴、社会保险费、住房公积金等
应付票据	核算事业单位因购买材料、物资等而开出、承兑的商业汇票，包括银行承兑汇票和商业承兑汇票	核算科学事业单位因购买服务或商品等而开出、承兑的商业汇票，包括银行承兑汇票和商业承兑汇票
应付账款	核算事业单位因购买材料、物资等而应付的款项	核算科学事业单位因购买服务或商品等应付的款项
预收账款	核算事业单位按合同规定预收的款项	核算科学事业单位按合同规定预收的款项
其他应付款	核算事业单位除应缴税费、应缴国库款、应缴财政专户款、应付职工薪酬、应付票据、应付账款、预收账款之外的其他各项偿还期限在一年内（含一年）的应付及暂收款项，如存入保证金等	核算科学事业单位应缴税费、应缴国库款、应缴财政专户款、应付职工薪酬、应付票据、应付账款、预收账款之外的其他各项偿还期限在一年内（含一年）的应付及暂收款项，如存入保证金等
长期借款	核算事业单位借入的期限超过一年（不含一年）的各种借款	核算科学事业单位借入的期限超过一年（不含一年）的各种借款
长期应付款	核算事业单位发生的偿还期限超过一年（不含一年）的应付款项，如以融资租赁租入固定资产的租赁费、跨年度分期付款购入固定资产的价款等	核算科学事业单位发生的偿还期限超过一年（不含一年）的应付款项，如以融资租赁租入固定资产的租赁费、跨年度分期付款购入固定资产的价款等

●每年末确认收入时，

借：预收账款　　100 000

　贷：科研收入　　100 000

●项目结项收到补付款时，

借：银行存款　　150 000

　贷：预收账款　　150 000

第四节　科学事业单位净资产的核算

一、科学事业单位净资产的内容

净资产是科学事业单位资产减去负债后的净额，包括各项结转和结余、各项基金等。

科学事业单位结转结余的含义、分类以及管理要求与事业单位会计原理相同。存在的差异是：科学事业单位的经营收支结余先按照国家有关规定弥补以前年度经营收支发生的亏损，提取科技成果转化基金，其余部分并入单位的结余进行分配。由此，科学事业单位的非财政补助结余的分配项目包括计提企业所得税、提取职工福利基金、提取科技成果转化基金。

科学事业单位的各项基金也包括事业基金、非流动资产基金和专用基金，其与事业单位相比的差异在于：专用基金除了包括职工福利基金和其他基金外，还包括科技成果转化基金。科技成果转化基金是从事业收入（按照不超过10%的比例提取并在事业支出的相关科目中列支）和经营收支结余中提取（按当年经营收支结余的10%提取）的用于科技成果转化的资金。事业收入和经营收支结余较少的单位可以不提取科技成果转化基金。

二、净资产类科目及其核算内容：科学事业单位会计与事业单位会计比较

科学事业单位净资产类科目及其核算内容与事业单位会计的比较如表9-7所示。表9-7表明，科学事业单位各净资产科目的总账科目及其明细科目的设置、核算内容、账务处理方法与事业单位会计原理相同，而主要差异在于科技转化基金的核算。

三、科学事业单位净资产特殊业务的核算

与事业单位会计相比，科学事业单位净资产核算的特殊业务主要是专用基金中的科技转化基金的核算。

“专用基金”科目核算按规定提取或者设置的具有专门用途的净资产，主要包括职工福利基金、科技转化基金和其他专用基金等。本科目应当按照专用基金的类别进行明细核算。本科目期末贷方余额，反映科学事业单位专用基金余额。

1.提取科技成果转化基金

年末，按照规定从事业收入中提取或在经营收支结余中提取或转入科技成果转化基金的，按照提取或转入金额，借记有关支出科目或“非财政补助结余分配”科目，贷记本科目（科技成果转化基金）。

表9-7　**净资产类科目及其核算内容：科学事业单位会计与事业单位会计比较**

科目名称	通用事业单位会计	科学事业单位会计
	科目核算内容	科目核算内容
事业基金	核算事业单位拥有的非限定用途的净资产，主要为非财政补助结余扣除结余分配后滚存的金额	核算科学事业单位拥有的非限定用途的净资产，主要为非财政补助结余扣除结余分配后滚存的金额
非流动资产基金	核算事业单位长期投资、固定资产、在建工程、无形资产等非流动资产占用的金额	核算科学事业单位长期投资、固定资产、在建工程、无形资产等非流动资产占用的金额
专用基金	核算事业单位按规定提取或者设置的具有专门用途的净资产，主要包括修购基金、职工福利基金等	核算科学事业单位按规定提取或者设置的具有专门用途的净资产，主要包括科技成果转化基金、职工福利基金、其他专用基金等
财政补助结转	核算事业单位滚存的财政补助结转资金，包括基本支出结转和项目支出结转	核算科学事业单位滚存的财政补助结转资金，包括基本支出结转和项目支出结转
财政补助结余	核算事业单位滚存的财政补助项目支出结余资金	核算科学事业单位滚存的财政补助项目支出结余资金
非财政补助结转	核算事业单位除财政补助收支以外的各专项资金收入与其相关支出相抵后剩余滚存的、须按规定用途使用的结转资金	核算科学事业单位除财政补助收支以外的各专项资金收入与其相关支出相抵后剩余滚存的、须按规定用途使用的结转资金
事业结余	核算事业单位一定期间除财政补助收支、非财政专项资金收支和经营收支以外各项收支相抵后的余额	核算科学事业单位一定期间除财政补助收支、非财政专项资金收支和经营收支以外各项收支相抵后的余额
经营结余	核算事业单位一定期间各项经营收支相抵后余额弥补以前年度经营亏损后的余额	核算科学事业单位一定期间各项经营收支相抵后余额弥补以前年度经营亏损后的余额
非财政补助结余分配	核算事业单位本年度非财政补助结余分配的情况和结果	核算科学事业单位本年度非财政补助结余分配的情况和结果

2. 使用科技成果转化基金

按照规定使用科技成果转化基金时，借记本科目，贷记“银行存款”等科目；使用专用基金形成固定资产的，还应借记“固定资产”科目，贷记“非流动资产基金——固定资产”科目。

【例9-15】某科学事业单位本年度取得科研收入3 000 000元，非科研收入2 000 000元，实现经营结余40 000元。年末，该单位按事业收入（科研收入和非科研收入）的8%、经营结余的10%提取科技成果转化基金。该科学事业单位账务处理如下：

科技成果转化基金提取金额=（300+200）×8%+4×10%=40.4（万元）

借：科研支出	240 000	
非科研支出	160 000	
非财政补助结余分配	4 000	
贷：专用基金——科技成果转化基金		404 000

【例9-16】上例中的科学事业单位使用科技成果转化基金250 000元购买专用设备生产新试制的产品。款项已通过银行存款支付。设备直接投入使用。该科学事业单位账务处理如下：

借：专用基金——科技成果转化基金	250 000	
贷：银行存款		250 000
借：固定资产	250 000	
贷：非流动资产基金——固定资产		250 000

第五节　科学事业单位财务报表

一、财务报表概述

（一）财务报表的概念

科学事业单位财务报告是科学事业单位一定时期财务状况和事业成果的总结性书面文件。财务报告集中、总括反映单位预算的执行、调整以及执行财务制度和财经纪律等情况，是国家制定科技政策的重要依据。科学事业单位应当按照规定，定期向财务主管部门和财政部门以及其他有关的报表使用者提供财务报告。

科学事业单位的财务报告包括财务报表和财务状况说明书。

科学事业单位的财务报表由会计报表及其附注构成，应当按照月度和年度编制。

科学事业单位的会计报表包括资产负债表、收入支出表和财政补助收入支出表。

科学事业单位的会计报表附注至少应当披露下列内容：除了“遵循《事业单位会计准则》、《高等学校会计制度》的声明”外，其他内容与事业单位会计报表附注相同。

科学事业单位财务情况说明书主要说明的内容与事业单位会计相同。

（二）财务报表构成：科学事业单位会计与事业单位会计比较

科学事业单位财务报表构成与事业单位会计的比较参见表9-8。表9-8表明，科学事业单位与事业单位财务报表构成内容以及编制期相同。

表9-8　　财务报表构成：科学事业单位会计与事业单位会计比较

项　目	编　号	财务报表名称	编制期
事业单位会计	会事业01表	资产负债表	月度、年度
	会事业02表	收入支出表	月度、年度
	会事业03表	财政补助收入支出表	年度
		附注	年度
科学事业单位会计	会科01表	资产负债表	月度、年度
	会科02表	收入支出表	月度、年度
	会科03表	财政补助收入支出表	年度
		附注	年度

二、会计报表编制

（一）资产负债表

科学事业单位资产负债表是反映科学事业单位在某一特定日期全部资产、负债和净资产的情况的报表。其基本格式参见表9-9。

表9-9　　资产负债表

会科01表

编制单位　　年　月　日　　单位：元

资　产	期末余额	年初余额	负债和净资产	期末余额	年初余额
流动资产：			流动负债：		
货币资金			短期借款		
短期投资			应缴税费		
财政应返还额度			应缴国库款		
应收票据			应缴财政专户款		
应收账款			应付职工薪酬		
预付账款			应付票据		
其他应收款			应付账款		
库存材料			预收账款		

续表

资　产	期末余额	年初余额	负债和净资产	期末余额	年初余额
科技产品			其他应付款		
其他流动资产			其他流动负债		
流动资产合计			流动负债合计		
非流动资产：			非流动负债：		
长期投资			长期借款		
固定资产			长期应付款		
固定资产原价			非流动负债合计		
减：累计折旧			负债合计		
在建工程			净资产：		
无形资产			事业基金		
无形资产原价			非流动资产基金		
减：累计摊销			专用基金		
待处置资产损溢			财政补助结转		
非流动资产合计			财政补助结余		
			非财政补助结转		
			非财政补助结余		
			1.事业结余		
			2.经营结余		
			净资产合计		
资产总计			负债和净资产总计		

（二）资产负债表的填列方法

与事业单位会计资产负债表相比，科学事业单位资产负债表除了使用“库存材料”和“科技产品”项目替代“存货”项目外，其他各项目反映的内容以及“年初余额”和“期末余额”的填列方法与事业单位资产负债表相同。

“库存材料”项目，反映科学事业单位期末为开展业务活动及其他活动耗用而储存的各种材料、燃料、包装物、低值易耗品及达不到固定资产标准的用具、装具、动植物等的实际成本。本项目应当根据“库存材料”科目的期末余额填列。

“科技产品”项目，反映科学事业单位试制、生产并已验收入库的科技产品的实际成本。本项目应当根据“科技产品”科目的期末余额填列。

三、收入支出表

（一）概念及基本格式

科学事业单位收入支出表是科学事业单位某一会计期间（月度和年度）各项收入、支出和结转结余情况，以及年末非财政补助结余的分配情况的报表。收入支出表按照编制时间分为月报和年报。

收入支出表应当按照收入、支出的构成和结转结余情况分项列示。其月报和年报的基本格式如表9-10和表9-11所示。由表9-10和表9-11可以看出，科学事业单位的收入支出表基本格式与事业单位会计存在的主要差异在于本表月报和年报的前三项。

表9-10　**收入支出表（月度）**

会科02表

编制单位：　年　月　单位：元

项　目	本年数	本年累计数
一、本期收入		
（一）财政补助收入		
（二）事业收入		
1.科研收入		
2.非科研收入		
（1）技术收入		
（2）学术活动收入		
（3）科普活动收入		
（4）试制产品收入		
（5）教学活动收入		
（三）上级补助收入		
（四）附属单位上缴收入		
（五）经营收入		
（六）其他收入		
其中：非同级财政拨款		
捐赠收入		
二、本期支出		
（一）事业支出（财政补助支出）		
1.科研支出		

续表

项　目	本年数	本年累计数
2.非科研支出		
（1）技术支出		
（2）学术活动支出		
（3）科普活动支出		
（4）试制产品支出		
（5）教学活动支出		
3.行政管理支出		
4.后勤保障支出		
5.离退休支出		
（二）非财政补助支出		
1.事业支出		
（1）科研支出		
（2）非科研支出		
①技术支出		
②学术活动支出		
③科普活动支出		
④试制产品支出		
⑤教学活动支出		
（3）行政管理支出		
（4）后勤保障支出		
（5）离退休支出		
2.上缴上级支出		
3.对附属单位补助支出		
4.经营支出		
5.其他支出		
三、本期结转结余		
1.财政补助结转结余		
2.事业结余		
3.经营结余		

表9-11　　**收入支出表（年度）**

会科02表

编制单位：　　年　　单位：元

项　目	本年数	本年累计数
一、本期收入		
（一）财政补助收入		
（二）事业收入		
1.科研收入		
2.非科研收入		
（1）技术收入		
（2）学术活动收入		
（3）科普活动收入		
（4）试制产品收入		
（5）教学活动收入		
（三）上级补助收入		
（四）附属单位上缴收入		
（五）经营收入		
（六）其他收入		
其中：非同级财政拨款		
捐赠收入		
二、本期支出		
（一）事业支出（财政补助支出）		
1.科研支出		
2.非科研支出		
（1）技术支出		
（2）学术活动支出		
（3）科普活动支出		
（4）试制产品支出		
（5）教学活动支出		
3.行政管理支出		
4.后勤保障支出		

续表

项　目	本年数	本年累计数
5.离退休支出		
（二）非财政补助支出		
1.事业支出		
（1）科研支出		
（2）非科研支出		
①技术支出		
②学术活动支出		
③科普活动支出		
④试制产品支出		
⑤教学活动支出		
（3）行政管理支出		
（4）后勤保障支出		
（5）离退休支出		
2.上缴上级支出		
3.对附属单位补助支出		
4.经营支出		
5.其他支出		
三、本期结转结余		
1.财政补助结转结余		
2.事业结余		
3.经营结余		
四、弥补以前年度亏损后的经营结余		
五、本年非财政补助结转结余		
减：非财政补助结转		
六、本年非财政补助结余		
减：应缴企业所得税		
减：提取专用基金		
七、转入事业基金		

（二）收入支出表（月度）的填列方法

收入支出表（月度）中的“本月数”栏反映各项目的本月实际发生数，“本年累计数”栏反映各项目自年初起至报告期末止的累计实际发生数，各项目应当根据各项目的本月数与上一月度收入支出表中相应项目的本年累计数的合计数填列。

本表“本月数”栏各项目的内容和填列方法如下：

1.本期收入

（1）“本期收入”项目，反映科学事业单位本期收入总额。本项目应当根据本表中“财政补助收入”、“事业收入”、“上级补助收入”、“附属单位上缴收入”、“经营收入”和“其他收入”项目金额的合计数填列。

（2）“财政补助收入”项目，反映科学事业单位本期从同级财政部门取得的各类财政拨款。本项目应当根据“财政补助收入”科目的本期发生额填列。

（3）“事业收入”项目，反映科学事业单位本期开展专业业务活动及其辅助活动取得的收入。本项目应当根据本项目下“科研收入”、“非科研收入”项目金额的合计数填列。

“科研收入”项目，反映科学事业单位本期承担科研项目取得的，除按照部门预算隶属关系从同级财政部门取得的财政拨款以外的收入。本项目应当根据“科研收入”科目的本期发生额填列。

“非科研收入”项目，反映科学事业单位本期承担非科研项目活动取得的，除按照部门预算隶属关系从同级财政部门取得的财政拨款以外的收入。本项目应当根据“非科研收入”科目的本期发生额填列。其中：“技术收入”项目，反映科学事业单位对外提供技术咨询、技术服务等取得的收入，根据“非科研收入——技术收入”明细科目的本期发生额填列；“学术活动收入”项目，反映科学事业单位开展学术交流、学术期刊出版等活动取得的收入，根据“非科研收入——学术活动收入”明细科目的本期发生额填列；“科普活动收入”项目，反映科学事业单位开展科学知识宣传、讲座和科技展览等活动取得的收入，根据“非科研收入——科普活动收入”明细科目的本期发生额填列；“试制产品收入”项目，反映科学事业单位从事中间试验产品的试制取得的收入，根据“非科研收入——试制产品收入”明细科目的本期发生额填列；“教学活动收入”项目，反映科学事业单位开展教学及其辅助活动取得的收入，根据“非科研收入——教学活动收入”明细科目的本期发生额填列。

（4）“上级补助收入”项目，反映科学事业单位本期从主管部门和上级单位取得的非财政补助收入。本项目应当根据“上级补助收入”科目的本期发生额填列。

（5）“附属单位上缴收入”项目，反映科学事业单位附属独立核算单位本期按照有关规定上缴的收入。本项目应当根据“附属单位上缴收入”科目的本期发生额填列。

（6）“经营收入”项目，反映科学事业单位本期在科研及其辅助活动之外开展非独立核算经营活动取得的收入。本项目应当根据“经营收入”科目的本期发生额填列。

（7）“其他收入”项目，反映科学事业单位本期除财政补助收入、事业收入、上级补助收入、附属单位上缴收入、经营收入以外的其他收入。本项目应当根据“其他收入”科目的本期发生额填列。

2.本期支出

（8）“本期支出”项目，反映科学事业单位本期支出总额。本项目应当根据本表中“财政补助支出——事业支出”、“非财政补助支出”项目金额的合计数填列。

（9）“事业支出（财政补助支出）”项目，反映科学事业单位本期使用财政补助发生的事业活动支出。本项目应当根据本项目下“科研支出”、“非科研支出”、“行政管理支出”、“后勤保障支出”、“离退休支出”项目金额的合计数填列。

“科研支出”、“非科研支出”、“行政管理支出”、“后勤保障支出”、“离退休支出”项目，分别反映科学事业单位本期使用财政补助发生的科研项目、非科研项目、行政管理、后勤保障、离退休等各项事业支出。这五个项目应当分别根据“科研支出”、“非科研支出”、“行政管理支出”、“后勤保障支出”、“离退休支出”科目下“财政补助支出”明细科目的本期发生额分析计算填列。其中“非科研支出”项目下的“技术支出”、“学术活动支出”、“科普活动支出”、“试制产品支出”、“教学活动支出”各项目，分别根据“非科研支出”科目下的“技术支出”、“学术活动支出”、“科普活动支出”、“试制产品支出”、“教学活动支出”各明细科目下“财政补助支出”明细科目的本期发生额分析计算填列。

（10）“非财政补助支出”项目，反映科学事业单位本期使用财政补助以外的资金发生的支出。本项目应当按照本项目下“事业支出”、“上缴上级支出”、“对附属单位补助支出”、“经营支出”、“其他支出”项目金额的合计数填列。“事业支出”项目，反映科学事业单位本期使用财政补助以外的资金发生的事业支出。本项目应当根据本项目下“科研支出”、“非科研支出”、“行政管理支出”、“后勤保障支出”、“离退休支出”项目金额的合计数填列。其中，“科研支出”、“非科研支出”、“行政管理支出”、“后勤保障支出”、“离退休支出”项目，分别反映科学事业单位本期使用财政补助以外的资金发生的科研项目、非科研项目、行政管理、后勤保障、离退休等各项事业支出。这五个项目应当分别根据“科研支出”、“非科研支出”、“行政管理支出”、“后勤保障支出”、“离退休支出”科目下“非财政专项资金支出”、“其他资金支出”明细科目的本期发生额合计填列。其中，“非科研支出”项目下的“技术支出”、“学术活动支出”、“科普活动支出”、“试制产品支出”、“教学活动支出”各项目分别根据“非科研支出”科目下的“技术支出”、“学术活动支出”、“科普活动支出”、“试制产品支出”、“教学活动支出”各明细科目下“非财政专项资金支出”、“其他资金支出”明细科目的本期发生额合计填列。

“上缴上级支出”项目，反映科学事业单位本期按照财政部门和主管部门的规定上缴上级单位的支出。本项目应当根据“上缴上级支出”科目的本期发生额填列。

“对附属单位补助支出”项目，反映科学事业单位本期用财政补助收入之外的收入对附属单位补助发生的支出。本项目应当根据“对附属单位补助支出”科目的本期发生额填列。

“经营支出”项目，反映科学事业单位本期在科研及其辅助活动之外开展非独立核算经营活动发生的支出。本项目应当根据“经营支出”科目的本期发生额填列。

“其他支出”项目，反映科学事业单位本期除科研支出、非科研支出、行政管理支出、后勤保障支出、离退休支出、上缴上级支出、对附属单位补助支出、经营支出以外的其他支出。本项目应当根据“其他支出”科目的本期发生额填列。

3. 本期结转结余

（11）“本期结转结余”项目，反映科学事业单位本期各项收支相抵后的余额。本项目应当根据本项目下“财政补助结转结余”、“事业结转结余”、“经营结余”项目金额的合计数填列；如为负数，以“-”号填列。

（12）“财政补助结转结余”项目，反映科学事业单位本期财政补助收入与财政补助支出相抵后的余额。本项目应当根据本表中“财政补助收入”项目金额减去“财政补助支出——事业支出”项目金额后的余额填列。

（13）“事业结转结余”项目，反映科学事业单位本期除财政补助收支、经营收支以外的各项收支相抵后的余额。本项目应当根据本表中“事业收入”、“上级补助收入”、“附属单位上缴收入”、“其他收入”项目金额合计数减去“事业支出”、“上缴上级支出”、“对附属单位补助支出”、“其他支出”项目金额合计数后的余额填列；如为负数，以“-”号填列。

（14）“经营结余”项目，反映科学事业单位本期经营收支相抵后的余额。本项目应当按照本表中“经营收入”项目金额减去“经营支出”项目金额后的余额填列；如为负数，以“-”号填列。

（三）收入支出表（年度）的填列方法

本表“上年数”栏反映各项目上年度的实际发生数；如果本年度收入支出表规定的各个项目的名称和内容同上年度不一致，应对上年度收入支出表各项目的名称和数字按照本年度的规定进行调整，填入本年度收入支出表的“上年数”栏。

本表“本年数”栏反映各项目本年度的实际发生数。本表“本年数”栏各项目的内容和填列方法如下：

1. 本期收入

“本期收入”部分除“后勤保障单位净收入”项目外的其他各项目的内容和填列方法，同月度本表（1）至（7）项的编制说明。

2. 本期支出

“本期支出”部分各项目的内容和填列方法，同月度本表（8）至（10）项的编制说明。

3. 本期结转结余

“本期结转结余”部分各项目的内容和填列方法，同月度本表（11）至（14）项的编制说明。

4.弥补以前年度经营亏损后的经营结余

5.本年非财政补助结转结余

6.本年非财政补助结余

7.转入事业基金

上述4至7各项目的内容和填列方法与事业单位会计相同。

四、财政补助收入支出表

财政补助收入支出表是反映科学事业单位某一会计年度财政补助收入、支出、结转及结余情况的报表。本表的编制期、基本格式、应列示项目、各项目填列方法与事业单位会计相同。

第十章

彩票机构会计

本章根据《彩票机构财务管理办法》和《彩票机构会计制度》，介绍彩票机构收入、支出、资产、负债和净资产的核算方法以及会计报表的编制方法。

第一节 彩票机构会计概述

一、彩票机构与彩票机构会计

（一）与彩票机构相关的概念

1.彩票

彩票，是指国家为筹集社会公益资金，促进社会公益事业发展而特许发行、依法销售，自然人自愿购买，并按照特定规则获得中奖机会的凭证。彩票不返还本金、不计付利息。

在我国，彩票按照发行机构不同，分为福利彩票和体育彩票；彩票按照彩票游戏机理和特征不同，分为乐透型、数字型、竞猜型、传统型、即开型、视频型、基诺型等。根据财政部公布的统计数据，2014年全国共销售彩票3 823.78亿元，其中福利彩票机构销售2 059.68亿元，占53.87%；体育彩票机构销售1 764.10亿元，占46.13%；乐透数字型、竞猜型、即开型和视频型彩票销售量分别占彩票销售总量的65.0%、16.1%、9.0%、9.9%。①

2.彩票机构

彩票机构，是指国家特许负责彩票发行和销售的专门机构，包括彩票发行机构和彩票销售机构。彩票发行机构是指国务院民政部门、体育行政部门依法设立的福利彩票发行机构（中国福利彩票发行中心）、体育彩票发行机构（中国体育彩票发行中心），分别

① 根据财政部网站公开资料整理，参见http：//zhs.mof.gov.cn/zhuantilanmu/caipiaoguanli/201501/t20150120_1182027.html.

负责全国的福利彩票、体育彩票发行和组织销售工作。彩票销售机构是指省、自治区、直辖市人民政府民政部门、体育行政部门依法设立的福利彩票销售机构、体育彩票销售机构，分别负责本行政区域的福利彩票、体育彩票销售工作。

3.彩票资金

彩票资金，是指彩票销售实现后取得的资金，包括彩票奖金、彩票发行费和彩票公益金。彩票资金构成比例由国务院决定，彩票品种中彩票资金的具体构成比例，由国务院财政部门按照国务院的决定确定。按照有关规定，不同的彩票品种和彩票游戏，彩票奖金、彩票发行费、彩票公益金所占比例有所不同。但是，实践中，所有彩票游戏的资金构成比例统一定为返奖奖金占50%，彩票发行费占15%，彩票公益金占35%。①彩票机构应当按照国务院财政部门的规定开设彩票资金专用账户，包括彩票资金归集结算账户、彩票投注设备押金或者保证金账户，用于核算彩票资金。

（1）彩票奖金，是指彩票机构按彩票游戏规则确定的比例从彩票销售额中提取，用于支付给彩票中奖者的资金，包括当期返奖奖金和调节基金。当期返奖奖金应当按照彩票游戏规则规定的比例在当期全额计提。调节基金包括按照彩票销售额的一定比例提取的资金、逾期未退票的票款和浮动奖取整后的余额，应当专项用于支付各种不可预见的奖金风险支出和派奖。调节基金的提取比例根据不同彩票游戏的特征和彩票市场发展需要确定，并在彩票游戏规则中规定，提取比例最高不得超过彩票销售额的2%。

（2）彩票发行费，是专项用于彩票机构的业务费用支出以及彩票代销者的销售费用的支出。

彩票机构的业务费，由彩票机构按照彩票销售额的一定比例提取，专项用于彩票发行销售活动的支出。业务费由彩票机构按月缴入中央财政专户和省级财政专户，实行收支两条线管理。彩票机构应当在业务费中提取彩票发行销售风险基金、彩票兑奖周转金。

彩票代销者销售费用，由彩票机构与彩票代销者按彩票代销合同的约定进行结算，可以按彩票销售额的一定比例，从彩票代销者缴交的彩票销售资金中直接抵扣的支出。

（3）彩票公益金，是按照规定比例从彩票发行销售收入中提取的，专项用于社会福利、体育等社会公益事业的资金。逾期未兑奖的奖金纳入彩票公益金。彩票公益金按照政府性基金管理办法纳入预算，实行收支两条线管理，结余结转下年继续使用，不得用于平衡财政一般预算。

彩票公益金按照国务院批准的分配政策在中央与地方之间分配，由彩票销售机构分别上缴中央财政和省级财政。上缴中央财政的彩票公益金，由财政部驻各省、自治区、直辖市财政监察专员办事处就地征收；上缴省级财政的彩票公益金，由省级财政部门负责征收。

① 根据民政部网站公开资料整理，参见http：//fczx.mca.gov.cn/article/cjwtjd/201209/20120900352434.shtml.

逾期未兑奖的奖金纳入彩票公益金，由彩票销售机构结算归集后上缴省级财政，全部留归地方使用。

4.彩票设备和技术服务

彩票设备和技术服务，根据彩票发行销售业务的专业性、市场性特点和彩票市场发展需要，分为专用的彩票设备和技术服务与通用的彩票设备和技术服务。

专用的彩票设备和技术服务包括彩票投注专用设备，彩票开奖设备和服务，彩票发行销售信息技术系统的开发、集成、测试、运营及维护，彩票印制、仓储和运输，彩票营销策划和广告宣传，以及彩票技术和管理咨询等。

通用的彩票设备和技术服务包括计算机、网络设备、打印机、复印机等通用硬件产品，数据库系统、软件工具等商业软件产品，以及工程建设等。

彩票机构采购彩票设备和技术服务，依照政府采购法及相关规定，以公开招标作为主要采购方式；经同级财政部门批准，彩票发行机构、彩票销售机构采购专用的彩票设备和技术服务，可以采用邀请招标、竞争性谈判、单一来源采购、询价或者国务院政府采购监督管理部门认定的其他采购方式。

（二）彩票机构会计

彩票机构会计是彩票机构核算、反映和监督其发生的各项经济业务和事项，以提供其财务状况和预算执行等会计信息的会计。

现行的《彩票机构会计制度》（财会〔2013〕23号），适用彩票发行机构和彩票销售机构。

彩票机构会计除了具有事业单位会计的特点之外，无论是会计科目及其核算内容、核算方法，还是主要会计报表的构成和编制方法，都与事业单位会计有较大程度的相同之处。主要差异在于收入来源和事业支出分类的特殊性，表现在：

（1）彩票机构无来源于同级财政部门的拨款收入。

（2）事业收入是财政部门核拨给彩票机构用于开展彩票发行销售业务活动及其辅助活动的业务费收入。

（3）事业支出按照资金性质分为财政专户核拨资金支出和非财政专户核拨资金支出， 而非财政专户核拨资金支出进一步按照是否专款专用分为非财政专户核拨专项资金支出和其他资金支出。

（4）事业收入和事业支出的特殊性，决定了结转结余资金按照资金性质分为财政专户核拨资金结转结余和非财政专户核拨资金结转结余。

二、彩票机构会计科目

彩票机构会计科目是彩票机构会计要素的具体内容和项目。彩票机构会计核算一般采用收付实现制，但部分经济业务或者事项的核算应当按照本制度的规定采用权责发生制。由此，彩票机构会计要素包括资产、负债、净资产、收入和支出，会计科目也分为资产类、负债类、净资产类、收入类和支出类，具体参见表10-1。

表10-1　　**彩票机构会计科目表**

科目类别	科目编号	科目名称	科目类别	科目编号	科目名称
一、资产类	1001	库存现金	三、净资产类	3001	事业基金
	1002	银行存款		3005	库存彩票基金
	1011	零余额账户用款额度		3101	非流动资产基金
	1101	短期投资		310101	长期投资
	1211	应收票据		310102	固定资产
	1212	应收账款		310103	在建工程
	1213	预付账款		310104	无形资产
	1215	其他应收款		3201	专用基金
	1301	库存材料		320101	职工福利基金
	1302	库存彩票		320102	彩票兑奖周转金
	1401	长期投资		320103	彩票发行销售风险基金
	1501	固定资产		320104	其他专用基金
	1511	在建工程		3301	财政专户核拨资金结转
	1601	无形资产		30101	基本支出结转
	1701	待处置资产损溢		30102	项目支出结转
二、负债类	2001	短期借款		3302	财政专户核拨资金结余
	2101	应缴税费		3401	非财政专户核拨资金结转
	2102	应缴国库款		3402	待分配事业结余
	2103	应缴财政专户款		3403	经营结余
	2201	应付职工薪酬		3404	非财政专户核拨资金结余分配
	2301	应付票据	四、收入类	4101	事业收入
	2302	应付账款		4201	上级补助收入
	2303	预收账款		4301	附属单位上缴收入
	2305	其他应付款		4401	经营收入
	2401	应付返奖奖金		4501	其他收入
	2402	应付代销费用	五、支出类	5001	事业支出
	2403	彩票销售结算		5201	对附属单位补助支出
	2401	长期借款		5301	经营支出
	2402	长期应付款		5401	其他支出

第二节 彩票机构收入和支出的核算

一、彩票机构收入

（一）彩票机构收入的内容

彩票机构收入是指彩票机构为开展彩票发行销售业务及其他活动依法取得的非偿还性资金，包括事业收入、上级单位补助收入、附属单位上缴收入、经营收入和其他收入。

彩票机构各项收入的分类、确认和计量与事业单位会计相同，但除了经营收入和其他收入的含义以外，事业收入、上级单位补助收入和附属单位上缴收入的含义与事业单位会计不同。

1.事业收入

事业收入，是财政部门核拨给彩票机构用于开展彩票发行销售业务活动及其辅助活动的业务费收入。

2.上级补助收入

上级补助收入，是彩票机构从主管部门取得的非财政专户核拨资金收入。

3.附属单位上缴收入

附属单位上缴收入，是彩票机构附属独立核算单位按照有关规定上缴的收入。

（二）收入类科目及其核算内容：彩票机构会计与事业单位会计比较

彩票机构收入类科目及其核算内容与事业单位会计的比较如表10-2所示。表10-2表明：

（1）彩票机构无“财政补助收入”科目，说明同级财政部门不对彩票机构进行拨款。

（2）“事业收入”科目只核算彩票机构取得的财政部门从财政专户核拨的资金。

（3）“经营收入”总账科目及其明细科目的设置、核算内容、账务处理方法与事业单位会计原理相同。

（4）“事业收入”、“上级补助收入”、“附属单位上缴收入”和“其他收入”总账科目及其明细科目的设置、核算内容及收到款项时的账务处理方法与事业单位会计原理相同，期末结转核算存在差异。彩票机构各项收入期末结转的核算参见本章第四节相关结转结余的核算。

二、彩票机构支出

（一）彩票机构支出的内容

彩票机构支出是指彩票机构开展彩票发行销售业务及其他活动发生的资金耗费和损失，包括事业支出、经营支出、对附属单位补助支出和其他支出。

彩票机构各项支出的分类、确认和计量与事业单位会计原理相同，但除了事业支出、经营支出和其他支出的含义外，对附属单位补助支出与事业单位会计不同。

表10-2　　收入类科目及其核算内容：彩票机构会计与事业单位会计比较

科目名称	事业单位会计	彩票机构会计
	科目核算内容	科目核算内容
财政补助收入	核算事业单位从同级财政部门取得的各类财政拨款，包括基本支出补助和项目支出补助	
事业收入	核算事业单位开展专业业务活动及辅助活动所取得的收入	核算财政部门核拨给彩票机构用于开展彩票发行销售业务活动及其辅助活动的业务收入
上级补助收入	核算事业单位从主管部门和上级单位取得的非财政专户核拨资金收入	核算彩票机构从主管部门取得的非财政专户核拨资金收入
附属单位上缴收入	核算事业单位附属独立核算单位按照有关规定上缴的收入	核算彩票机构附属独立核算单位按照有关规定上缴的收入
经营收入	核算事业单位在专业业务活动及其辅助活动之外开展非独立核算经营活动取得的收入	核算彩票机构在彩票发行销售业务活动及其辅助活动之外开展非独立核算经营活动取得的收入
其他收入	核算事业单位除财政补助收入、事业收入、上级补助收入、附属单位上缴收入、经营收入以外的各项收入，包括投资收益、银行存款利息收入、租金收入、捐赠收入、现金盘盈收入、存货盘盈收入、收回已核销应收及预付款项、无法偿付的应付及预收款项等	核算彩票机构除事业收入、上级补助收入、附属单位上缴收入、经营收入以外的各项收入，包括投资收益、银行存款利息收入、代征税收返还手续费收入、租金收入、捐赠收入、现金盘盈收入、库存材料盘盈收入、收回已核销应收及预付款项、无法偿付的应付及预收款项等

对附属单位补助支出，即彩票机构用财政专户核拨资金之外的收入对附属单位补助发生的支出。

（二）支出类科目及其核算内容：彩票机构会计与事业单位会计比较

彩票机构支出科目及其核算内容与事业单位会计的比较如表10-3所示。表10-3表明：

（1）彩票机构无“上缴上级支出”科目。

（2）彩票机构“经营支出”总账科目及其明细科目的设置、核算内容、账务处理方法与事业单位会计原理相同。

（3）彩票机构“事业支出”、“对附属单位补助支出”和“其他支出”总账科目及其明细科目的设置、日常业务核算内容与事业单位会计原理相同，但期末结转的核算存在差异。彩票机构各项收入期末结转的核算参见本章第四节相关结转结余的核算。

表10-3　**支出类科目及其核算内容：彩票机构会计与事业单位会计比较**

科目名称	事业单位会计	彩票机构会计
	科目核算内容	科目核算内容
事业支出	核算事业单位开展专业业务活动及其辅助活动发生的基本支出和项目支出	核算彩票机构开展彩票发行销售业务活动及其辅助活动发生的基本支出和项目支出
上缴上级支出	核算事业单位按照财政部门和主管部门的规定上缴上级单位的支出	
对附属单位补助支出	核算事业单位用财政补助收入之外的收入对附属单位补助发生的支出	核算彩票机构用财政专户核拨资金之外的收入对附属单位补助发生的支出
经营支出	核算事业单位在专业业务活动及其辅助活动之外开展非独立核算经营活动发生的支出	核算彩票机构在彩票发行销售业务活动及其辅助活动之外开展非独立核算经营活动发生的支出
其他支出	核算事业单位除事业支出、上缴上级支出、对附属单位补助支出、经营支出以外的各项支出，包括利息支出、捐赠支出、现金盘亏损失、资产处置损失、接受捐赠（调入）非流动资产发生的税费支出等	核算彩票机构除事业支出、对附属单位补助支出、经营支出以外的各项支出，包括利息支出、代征税收返还手续费支出、捐赠支出、现金盘亏损失、资产处置损失、接受捐赠（调入）非流动资产发生的税费支出等

第三节　彩票机构资产和负债的核算

一、彩票机构资产

（一）彩票机构资产的内容

彩票机构资产是指彩票机构占有或者使用的能以货币计量的经济资源，包括流动资产、固定资产、在建工程、无形资产和对外投资等。

流动资产是指预计在一年内（含一年）变现或者耗用的资产，包括现金、各种存款、零余额账户用款额度、应收及预付款项、库存彩票、库存材料等。与事业单位会计相比，彩票机构的流动资产无财政应返还额度，但用库存彩票和库存材料代替了存货。

库存彩票是指彩票机构购进的已验收入库的彩票，按实际支付价款计价。库存彩票应当按彩票品种分别核算。彩票机构应当严格执行彩票出入库制度，按彩票游戏建立库存彩票明细账和台账，定期或不定期盘点，定期核对库存彩票明细账、台账与总账，年度终了前应当进行全面盘点清查。对于盘盈、盘亏及毁损、报废的库存彩票，彩票机构应当及时查明原因，经同级财政部门审核，在分清责任的基础上区分不同情况进行处理。

库存材料是指彩票机构在开展彩票发行销售业务活动及其他活动中为耗用而储存的资产，包括材料、燃料、包装物和低值易耗品等。材料是指彩票机构库存的物资材料、电脑投注单和热敏纸，以及达不到固定资产标准的工具、器具等。

除库存彩票和库存材料之外，彩票机构的其他各项资产的含义、分类、内容、确认和计量与事业单位会计原理相同。

（二）资产类科目及其核算内容：彩票机构会计与事业单位会计比较

彩票机构资产类科目及其核算内容与事业单位会计的比较如表10-4所示。表10-4表明，彩票机构大部分资产科目的总账科目及其明细科目的设置、核算内容、账务处理方法与事业单位会计原理相同，而主要差异在于：

表10-4　　**资产类科目及其核算内容：彩票机构会计与事业单位会计比较**

科目名称	事业单位会计	彩票机构会计
	科目核算内容	科目核算内容
库存现金	核算事业单位的库存现金	核算彩票机构的库存现金
银行存款	核算事业单位存入银行及其他金融机构的各种存款	核算彩票机构存入银行或其他金融机构的各种存款
零余额账户用款额度	核算实行国库集中支付的事业单位根据财政部门批复的用款计划收到和支用的零余额账户用款额度	核算实行财政专户与零余额账户清算模式的彩票机构根据财政部门批复的用款计划收到和支用的零余额账户用款额度
短期投资	核算事业单位依法取得的，持有时间不超过一年（含一年）的投资，主要是国债投资	核算彩票机构依法取得的，持有时间不超过一年（含一年）的投资的实际成本，主要是国债投资
财政应返还额度	核算实行国库集中支付的事业单位应收财政返还的资金额度	
应收票据	核算事业单位因开展经营活动销售产品、提供有偿服务等而收到的商业汇票，包括银行承兑汇票和商业承兑汇票	核算彩票机构因开展经营活动销售产品、提供有偿服务而收到的商业汇票，包括银行承兑汇票和商业承兑汇票
应收账款	核算事业单位因开展经营活动销售产品、提供有偿服务等而应收取的款项	核算彩票机构因开展彩票发行销售业务活动、提供有偿服务、彩票机构之间因联网游戏奖金结算等应收取的款项
预付账款	核算事业单位按照购货、劳务合同规定预付给供应单位的款项	核算彩票机构按照购买服务或商品合同规定预付给供应单位的款项

续表

科目名称	事业单位会计	彩票机构会计
	科目核算内容	科目核算内容
其他应收款	核算事业单位除财政应返还额度、应收票据、应收账款、预付账款以外的其他各项应收及暂付款项，如职工预借的差旅费、拨付给内部有关部门的备用金、应向职工收取的各种垫付款项等	核算彩票机构除应收票据、应收账款、预付账款以外的其他各项应收及暂付款项，如职工预借的差旅费、拨付给内部有关部门的备用金、应向职工收取的各种垫付款项等
存货	核算事业单位在开展业务活动及其他活动中为耗用而储存的各种材料、燃料、包装物、低值易耗品及达不到固定资产标准的用具、装具、动植物等的实际成本	
库存材料		核算彩票机构在开展业务活动及其他活动中为耗用而储存的各种材料、燃料、包装物、低值易耗品、热敏纸、投注单及达不到固定资产标准的用具、装具等的实际成本
库存彩票		核算彩票机构购进的已验收入库彩票的实际成本
长期投资	核算事业单位依法取得的，持有时间超过一年（不含一年）的股权和债权性质的投资	核算彩票机构依法取得的，持有时间超过一年（不含一年）的股权和债权性质投资
固定资产	核算事业单位固定资产的原价	核算彩票机构固定资产的原价
累计折旧	核算事业单位固定资产计提的累计折旧	核算彩票机构固定资产计提的累计折旧
在建工程	核算事业单位已经发生必要支出，但尚未完工交付使用的各种建筑（包括新建、改建、扩建、修缮等）和设备安装工程的实际成本	核算彩票机构已经发生必要支出，但尚未完工交付使用的各种建筑（包括新建、改建、扩建、修缮等）和设备安装工程的实际成本
无形资产	核算事业单位无形资产的原价	核算彩票机构无形资产的原价
累计摊销	核算事业单位无形资产计提的累计摊销	核算彩票机构无形资产计提的累计摊销
待处置资产损溢	核算事业单位待处置资产的价值及处理损溢	核算彩票机构待处置资产的价值及处理损溢

（1）流动资产科目中无“财政应返还额度”科目。

（2）存货通过“库存材料”和“库存彩票”两个科目核算，库存材料的总账科目及其明细科目的设置、取得的方式、账务处理方法与事业单位会计“存货”相同。

（3）“零余额账户用款额度”与“应收账款”的核算内容和账务处理存在差异。

（三）彩票机构资产特殊业务的核算

与事业单位会计相比，彩票机构资产核算的特殊业务包括零余额账户用款额度、应收账款和库存彩票。

1.零余额账户用款额度

“零余额账户用款额度”科目核算实行财政专户与零余额账户清算模式的彩票机构根据财政部门批复的用款计划收到和支用的零余额账户用款额度。其收到、按照规定支用或提取现金的账务处理与事业单位会计原理相同，不同的在于购货退回的核算。

彩票机构因购货退回等发生国库授权支付额度退回的，属于以前年度支付的款项，按照退回金额，借记本科目，贷记“财政专户核拨资金结转”、“财政专户核拨资金结余”、“库存材料”等有关科目；属于本年度支付的款项，按照退回金额，借记本科目，贷记“事业支出”、“库存材料”等有关科目。

【例10-1】某彩票机构两个月之前购买的价值100 000元的一批电脑投注单和热敏纸，本月在领用时发现质量问题退回供货商，相应款项已收回。该彩票机构账务处理如下：

借：零余额账户用款额度	100 000	
贷：库存材料		100 000

【例10-2】某彩票机构年初因质量问题，将一批上年度购买价值80 000元彩票投注专用设备退回供货商，退款已收回。该彩票机构账务处理如下：

借：零余额账户用款额度	80 000	
贷：财政专户核拨资金结转		80 000
借：非流动资产基金——固定资产	80 000	
贷：固定资产		80 000

2.应收账款

“应收账款”科目核算彩票机构因开展彩票发行销售业务活动、提供有偿服务、彩票机构之间因联网游戏奖金结算等应收取的款项。其发生、收回的账务处理与事业单位会计原理相同，主要差异在于：

（1）彩票机构之间因联网游戏奖金结算产生的应收取的款项，按照实际发生的金额，借记本科目，贷记“应付返奖奖金”、“应缴财政专户款”等科目。

（2）无法收回应收账款的核算。因市场变化或不可抗力事件，或逾期三年或以上、有确凿证据表明确实无法收回的应收账款，按规定报经批准后予以核销。核销的应收账款应在“已核销应收账款备查簿”中保留登记。转入待处置资产时，按照待核销的应收账款金额，借记“待处置资产损溢”科目，贷记本科目。报经批准予以核销时，对于因市场变化或不可抗力事件等造成的坏账损失，借记“专用基金——彩票发行销售风险基金”科目，贷记“待处置资产损溢”科目；对于其他一般性坏账损失，借记“其他支出”科目，贷记“待处置资产损溢”科目。已核销应收账款在以后期间收回的，按照实际收回的金额，借记“银行存款”等科目，贷记“其他收入”科目。

【例10-3】某彩票机构因联网销售体育彩票游戏，应收返奖奖金100 000元。该彩票机构账务处理如下：

借：应收账款 100 000

　贷：应付返奖奖金 100 000

【例10-4】某彩票机构因当地发生水灾之前销售彩票城市的20 000元的应收账款无法收回。该彩票机构账务处理如下：

• 转入待处置资产时，

借：待处置资产损溢 20 000

　贷：应收账款 20 000

• 报经批准予以核销时，

借：专用基金——彩票发行销售风险基金 20 000

　贷：待处置资产损溢 20 000

3. 库存彩票

“库存彩票”科目核算购进的已验收入库彩票的实际成本。本科目应当按照彩票品种及游戏进行明细核算。本科目期末借方余额，反映库存彩票的实际成本。

（1）按照彩票印制合同或订货单规定向彩票印制单位支付印制费时，按照实际支付的印制费金额，借记“事业支出”科目，贷记“银行存款”科目。

（2）购入的彩票验收入库时，按照实际支付的印制费等确定的成本，借记本科目，贷记“库存彩票基金”科目。

（3）发出库存彩票时，应当按照加权平均法或个别计价法确定发出彩票的实际成本，借记“库存彩票基金”科目，贷记本科目。

（4）发生彩票退回时，借记本科目，贷记“库存彩票基金”科目。

（5）库存彩票盘点。彩票机构应当严格执行彩票出入库制度，按彩票品种建立库存彩票明细账和台账，定期或不定期盘点，定期核对库存彩票明细账、台账与总账，年度终了前应当进行全面盘点清查。盘盈、盘亏及毁损、报废的库存彩票，彩票机构应当及时查明原因，按照规定报经批准后进行账务处理。

盘盈的库存彩票，按照同类库存彩票的入账成本确认入账价值，借记本科目，贷记“库存彩票基金”科目。

库存彩票发生盘亏或者毁损、报废时，按照待处置库存彩票的账面价值，借记“待处置资产损溢”科目，贷记本科目。报经批准予以处置时，按照处置库存彩票对应的库存彩票基金，借记“库存彩票基金”科目，贷记“待处置资产损溢”。处置毁损、报废库存彩票过程中所取得的收入、发生的相关费用，以及处置收入扣除相关费用后的净收入的账务处理，参见“待处置资产损溢”科目。

【例10-5】某彩票机构购入福利彩票，支付彩票印制费等成本50 000元，彩票已验收入库。支付彩票价款全部为彩票印制费。该彩票机构账务处理如下：

借：事业支出　50 000
　贷：银行存款　50 000
借：库存彩票　50 000
　贷：库存彩票基金　50 000

【例10-6】某彩票机构发出福利彩票，实际成本40 000元。该彩票机构的账务处理如下：

借：库存彩票基金　40 000
　贷：库存彩票　40 000

【例10-7】某彩票机构月末盘点福利彩票，发现传统型少了100张，其账面余额200元，尚未查明原因；即开型多了50张，同类库存彩票的入账成本为每张2元。该彩票机构的账务处理如下：

借：待处置资产损溢　200
　贷：库存彩票　200
借：库存彩票　100
　贷：库存彩票基金　100

二、彩票机构负债

（一）彩票机构负债的内容

彩票机构负债是指彩票机构所承担的能以货币计量，需要以资产或劳务偿还的债务，包括借入款项、应付款项、暂存款项、应缴款项、预收款项等。

借入款项是彩票机构借入的有偿使用的款项，包括短期借款和长期借款。

应付款项包括应付账款、应付彩票奖金、应付彩票代销者的销售费用以及其他应付款等。

暂存款项包括彩票投注专用设备押金或者保证金等。

应缴款项包括彩票机构收取的应当上缴财政的彩票公益金、彩票机构业务费、应缴税费以及其他按照国家有关规定应当上缴的款项。

预收款项包括彩票代销者预交的彩票款项、彩票购买者购彩预存款等。

（二）负债类科目及其核算内容：彩票机构会计与事业单位会计比较

彩票机构负债类科目及其核算内容与事业单位会计的比较如表10-5所示。表10-5表明：

（1）彩票机构“短期借款”、“应缴税费”、“应付职工薪酬”、“应付票据”和“其他应付款”、“长期借款”、“长期应付款”科目等负债科目的总账科目及其明细科目的设置、核算内容、账务处理方法与事业单位会计原理相同。

（2）彩票机构“应缴国库款”、“应缴财政专户款”、“应付账款”、“预收账款”等科目的账务处理存在差异。

（3）彩票机构因业务特点增设“应付返奖奖金”、“应付代销费”和“彩票销售结算”科目。

表10-5　　负债类科目及其核算内容：彩票机构会计与事业单位会计比较

科目名称	事业单位会计	彩票机构会计
	科目核算内容	科目核算内容
短期借款	核算事业单位借入的期限在一年内（含一年）的各种借款	核算彩票机构借入的期限在一年内（含一年）的各种借款
应缴税费	核算事业单位按照税法等规定计算应缴纳的各种税费，包括营业税、增值税、城市维护建设税、教育费附加、车船税、房产税、城镇土地使用税、企业所得税等	核算彩票机构按照税法等规定计算应缴纳的各种税费，包括营业税、增值税、城市维护建设税、教育费附加、车船税、房产税、城镇土地使用税、企业所得税等
应缴国库款	核算事业单位按规定应缴入国库的款项（应缴税费除外）	核算彩票机构按照规定应缴入国库的款项（应缴税费除外），主要包括应缴彩票公益金和应缴国有资产处置净收入
应缴财政专户款	核算事业单位按规定应缴入财政专户的款项	核算彩票机构按规定应缴入财政专户的款项
应付职工薪酬	核算事业单位按有关规定应付给职工及为职工支付的各种薪酬。包括基本工资、绩效工资、国家统一规定的津贴补贴、社会保险费、住房公积金等	核算彩票机构按有关规定应付给职工及为职工支付的各种薪酬。包括基本工资、绩效工资、国家统一规定的津贴补贴、社会保险费、住房公积金等
应付票据	核算事业单位因购买材料、物资等而开出、承兑的商业汇票，包括银行承兑汇票和商业承兑汇票	核算彩票机构因购买服务或商品等开出、承兑的商业汇票，包括银行承兑汇票和商业承兑汇票
应付账款	核算事业单位因购买材料、物资等而应付的款项	核算彩票机构因购买服务或商品、彩票机构之间因联网游戏奖金结算等产生的应付款项
预收账款	核算事业单位按合同规定预收的款项	核算彩票机构预收彩票销售款、按合同规定预收的款项等
其他应付款	核算事业单位除应缴税费、应缴国库款、应缴财政专户款、应付职工薪酬、应付票据、应付账款、预收账款之外的其他各项偿还期限在一年内（含一年）的应付及暂收款项，如存入保证金等	核算彩票机构除应缴税费、应缴国库款、应缴财政专户款、应付职工薪酬、应付账款之外的其他各项偿还期限在一年内（含一年）的应付及暂收款项。如存入保证金、彩票投注设备押金等

续表

科目名称	事业单位会计	彩票机构会计
	科目核算内容	科目核算内容
应付返奖奖金		核算彩票机构按照彩票游戏规则确定的比例从彩票销售额中提取，用于支付给中奖者的资金，包括当期返奖奖金、奖池和调节基金
应付代销费		核算彩票机构按照彩票代销合同的约定比例从彩票销售额中提取，用于支付给彩票代销者的资金
彩票销售结算		核算彩票机构彩票销售资金的归集和分配情况
长期借款	核算事业单位借入的期限超过一年（不含一年）的各种借款	核算彩票机构借入的期限超过1年（不含1年）的各种借款
长期应付款	核算事业单位发生的偿还期限超过一年（不含一年）的应付款项，如以融资租赁租入固定资产的租赁费、跨年度分期付款购入固定资产的价款等	核算彩票机构发生的偿还期限超过一年（不含一年）的应付款项，如以融资租赁租入固定资产的租赁费、跨年度分期付款购入固定资产的价款等

（三）彩票机构负债特殊业务的核算

与事业单位会计相比，彩票机构负债核算的特殊业务主要包括应缴国库款、应缴财政专户款、应付账款、预收账款、应付返奖奖金、应付代销费和彩票销售结算等业务的核算。

1. 应缴国库款

“应缴国库款”科目核算按照规定应缴入国库的款项（应缴税费除外），主要包括应缴彩票公益金和应缴国有资产处置净收入。应缴国有资产处置净收入、应缴国库款上缴的账务处理与事业单位会计原理相同，差异在于应缴彩票公益金。

月末，彩票机构分配彩票销售资金时，按照彩票资金分配比例计算确定的应缴国库的彩票公益金金额，借记“彩票销售结算”科目，贷记本科目（应缴彩票公益金）。

按照有关规定，将彩票逾期未兑奖的奖金纳入彩票公益金时，借记“应付返奖奖金”科目，贷记本科目（应缴彩票公益金）。

【例10-8】某彩票销售机构当月实现彩票销售额200 000元，按照35%计算确定应缴国库的彩票公益金70 000元。该彩票机构账务处理如下：

借：彩票销售结算　　70 000

　贷：应缴国库款——应缴彩票公益金　　70 000

【例10-9】某彩票销售机构确认某种彩票中奖者自开奖之日起60个自然日内未到指定的地点兑奖，奖金金额为5 000元。该彩票机构账务处理如下：

借：应付返奖奖金　　5 000

　贷：应缴国库款——应缴彩票公益金　　5 000

2.应缴财政专户款

“应缴财政专户款”科目核算彩票机构按照规定应缴入财政专户的款项。应缴财政专户款上缴的账务处理与事业单位会计原理相同，其差异在于应缴财政专户款的计算确定。

月末，彩票机构分配彩票销售资金时，按照彩票资金分配比例计算确定的应缴财政专户的款项金额，借记“彩票销售结算”科目，贷记本科目。

【例10-10】某彩票销售机构当月实现彩票销售额200 000元，按照15%计算确定彩票机构发行费用30 000元，其中50%为应缴财政专户的业务费。该彩票机构账务处理如下：

借：彩票销售结算　　15 000

　贷：应缴财政专户款　　15 000

3.应付账款

“应付账款”科目核算彩票机构因购买服务或商品、彩票机构之间因联网游戏奖金结算等产生的应付款项。其发生、偿付的账务处理与事业单位会计原理相同，主要差异在于：

彩票机构之间因联网游戏奖金结算产生的应付款项，按照实际发生的金额，借记“应付返奖奖金”科目，贷记本科目。

【例10-11】某彩票机构确认因联网游戏奖金结算产生的应付款项20 000元。该彩票机构账务处理如下：

借：应付返奖奖金　　20 000

　贷：应付账款　　20 000

4.预收账款

“预收账款”科目核算预收彩票销售款、按合同规定预收的款项等。本科目应当按照债权单位（或个人）进行明细核算。本科目期末贷方余额，反映彩票机构核算的彩票代销者预存销售款结余和按合同规定预收但尚未实际结算的款项。

彩票机构按合同规定预收的款项的账务处理与事业单位会计原理相同，主要差异在于预收彩票销售款的核算。

彩票机构收到彩票代销者预存的销售款时，按照实际收到的金额，借记“银行存款”等科目，贷记本科目。实现彩票销售时，按照彩票销售结算金额，借记本科目，贷记“彩票销售结算”科目。实行内扣方式结算应付代销费的，结算彩票代销者代销费时，按照从彩票代销者缴交的彩票销售资金中直接抵扣的资金金额，借记“应付代销费”科目，贷记本科目。相关举例参见“应付代销费用”的核算。

5.应付返奖奖金

“应付返奖奖金”科目核算彩票机构按照彩票游戏规则确定的比例从彩票销售额中提取，用于支付给中奖者的资金，包括当期返奖奖金、奖池和调节基金。本科目应当按照彩票品种及游戏、一般调节基金设置明细科目。其中，彩票品种及游戏相关明细科目下应当按照当期返奖奖金、奖池、调节基金进行明细核算。本科目期末贷方余额，反映彩票机构尚未支付的奖金和调节基金。

（1）当期返奖奖金

当期返奖奖金是指按照彩票游戏规则规定的比例在当期彩票奖金中提取并用于支付给中奖者的资金。

彩票机构提取当期返奖奖金时，按照彩票资金分配比例计算确定的当期返奖奖金金额，借记“彩票销售结算”科目，贷记本科目。

销售机构、代销者兑奖时，按照实际兑付金额，借记本科目，贷记“银行存款”、“应缴税费”、“预收账款”等科目。

逾期未兑付的弃奖奖金转入彩票公益金时，按照实际转出的金额，借记本科目，贷记“应缴国库款”科目。

彩票机构之间因联网游戏奖金结算产生的应收款项，按照实际发生的金额，借记“应收账款”科目，贷记本科目；产生的应付款项，借记本科目，贷记“应付账款”科目。

【例10-12】某彩票销售机构当月开乐彩游戏彩票实现销售额200 000元，按照销售额的50%提取彩票奖金，并按照彩票奖金的49%计算确定当期的返奖奖金金额，按照销售额1%提取调节基金。该彩票机构账务处理如下：

当期返奖奖金=200 000×50%×49%=49 000（元）

调节基金=49 000×1%=490（元）

借：彩票销售结算	49 490	
贷：应付返奖奖金——当期返奖奖金		49 000
——调节基金		490

【例10-13】如果上例中的彩票销售机构当月实际兑付奖金金额49 000元，代扣个人所得税9 800元。该彩票机构账务处理如下：

借：应付返奖奖金——当期返奖奖金	49 000	
贷：银行存款		39 200
应缴税费		9 800

（2）奖池

奖池是指彩票游戏提取奖金与实际中出奖金的累积资金差额。

彩票游戏设置奖池的，兑付当期返奖奖金后，按照提取的当期返奖奖金与当期实际中出奖金的差额，借记或贷记本科目（××品种——当期返奖奖金），贷记或借记本科目（××品种——奖池）。

使用奖池资金兑付中奖者奖金时，按照实际兑付金额，借记本科目，贷记“银行存款”等科目。

（3）调节基金

调节基金是指按照彩票销售额的一定比例提取的资金、逾期未退票的票款和浮动奖取整后的余额。调节基金应当专项用于支付各种不可预见的奖金风险支出或开展派奖。停止销售的彩票游戏兑奖期结束后，奖池资金和调节基金有结余的，转为一般调节基金，用于不可预见情况下的奖金风险支出或开展派奖。

彩票游戏设置调节基金的，在提取调节基金时，按照彩票资金分配比例计算确定的调节基金金额，借记“彩票销售结算”科目，贷记本科目。

彩票游戏设置奖池的，奖池资金达到一定额度后，按照彩票游戏规则中规定将超过部分转入该彩票游戏的调节基金时，按照实际转出的金额，借记本科目（××品种——奖池），贷记本科目（××品种——调节基金）。

使用调节基金支付各种不可预见的奖金风险支出和开展派奖时，按照实际支出的金额，借记本科目，贷记“银行存款”等科目。

使用调节基金弥补奖池资金时，按照实际弥补奖池资金的金额，借记本科目（××品种——调节基金），贷记本科目（××品种——奖池）。

（4）奖池资金和调解基金结余

停止销售的彩票游戏兑奖期结束后，奖池资金和调节基金有结余的，转入一般调节基金时，按照实际转出的金额，借记本科目（××品种——奖池、调节基金），贷记本科目（一般调节基金）。

【例10-14】某彩票销售机构销售开乐彩游戏彩票，当月提取当期返奖奖金60 000元，而当月实际中出奖金58 000元。该彩票机构的账务处理如下：

借：应付返奖奖金——开乐彩——当期返奖奖金　　2 000

　贷：应付返奖奖金——乐透型彩票——奖池　　2 000

【例10-15】上例中的彩票销售机构年末将开乐彩游戏彩票奖池资金超过限额部分3 000元转入该彩票游戏的调节基金。该彩票机构的账务处理如下：

借：应付返奖奖金——开乐彩——奖池　　3 000

　贷：应付返奖奖金——乐透型彩票——调节基金　　3 000

6.应付代销费

“应付代销费”科目核算按照彩票代销合同的约定比例从彩票销售额中提取，用于支付给彩票代销者的资金。本科目应当按照彩票代销者和彩票结算方式进行明细核算。本科目期末贷方余额，反映彩票机构尚未支付给彩票代销者的代销费。

（1）提取应付代销费时，按合同约定比例计算确定的金额，借记“彩票销售结算”科目，贷记本科目。

（2）实行内扣方式结算应付代销费的，结算彩票代销者代销费时，按照从彩票代销者缴交的彩票销售资金中直接抵扣的资金金额，借记本科目，贷记“预收账款”等科目。

（3）不实行内扣方式结算应付代销费的，支付彩票代销者代销费时，按照实际支付的代销费金额，借记本科目，贷记“银行存款”等科目。

【例10-16】某彩票机构将金额为50 000元的彩票委托给代销者销售，彩票代销合同规定按照彩票销售额的2%提取代销费用。该彩票机构的账务处理如下：

●该彩票销售机构不实行内扣方式结算应付代销费时，

• 按照彩票代销合同收到彩票代销者预存的销售款50 000元

借：银行存款	50 000	
贷：预收账款		50 000

• 与彩票代销者进行销售结算

借：预收账款	50 000	
贷：彩票销售结算		50 000

• 提取代销费用

借：彩票销售结算	1 000	
贷：应付代销费		1 000

• 向彩票代销者支付彩票代销费

借：应付代销费	1 000	
贷：银行存款		1 000

●该彩票销售机构实行内扣方式结算应付代销费时，

• 按照彩票代销合同收到彩票代销者预存的销售款40 000元

借：银行存款	40 000	
贷：预收账款		40 000

• 提取代销费用

借：彩票销售结算	1 000	
贷：应付代销费		1 000

• 与彩票代销者进行销售和代销费用结算

借：预收账款	50 000	
贷：彩票销售结算		50 000
借：应付代销费	1 000	
贷：预收账款		1 000

7.彩票销售结算

“彩票销售结算”科目核算彩票销售资金的归集和分配情况。本科目应当按照彩票品种及游戏、彩票发行销售方式进行明细核算。本科目期末一般无余额。

（1）彩票机构实现彩票销售时，借记“预收账款”等科目，贷记本科目。

（2）月末彩票机构分配彩票销售资金时，借记本科目，贷记“应缴国库款”、“应缴财政专户款”、“应付返奖奖金”、“应付代销费”、“应付账款”等科目。

相关举例参见【例10-8】至【例10-16】。

第四节 彩票机构净资产的核算

一、彩票机构净资产的内容

彩票机构净资产是彩票机构资产减去负债后的净额，包括各项结转和结余、各项基金等。

彩票机构各项净资产的含义和内容与事业单位会计都存在差异。

（一）结转和结余

结转和结余是指彩票机构年度收入与支出相抵后的余额。结转资金是指彩票机构当年预算已执行但未完成，或者因故未执行，下一年度需要按照原用途继续使用的资金。结余资金是指彩票机构当年预算工作目标已经完成，或者因故终止，当年剩余的资金。

按照资金类型，彩票机构的结转和结余分为财政专户核拨资金结转结余、非财政专户核拨资金结转结余。

1.财政专户核拨资金结转结余

财政专户核拨资金结转结余，是指彩票机构财政专户核拨资金收入与其相关支出相抵后剩余滚存的、须按规定管理和使用的结转和结余，包括财政专户核拨资金结转和财政专户核拨资金结余。

财政专户核拨资金结转，是彩票机构滚存的财政专户核拨资金结转资金，包括基本支出结转和项目支出结转。基本支出结转资金原则上结转下年继续使用，用于增人增编等人员经费和日常公用经费支出，但在人员经费和日常公用经费间不得挪用，不得擅自用于提高人员经费开支标准。项目支出结转资金结转下年按原用途继续使用，确需调整结转资金用途的，需报财政部门审批。

财政专户核拨资金结余，是彩票机构滚存的财政专户核拨资金项目支出结余资金。财政专户核拨资金结余是彩票机构在年度预算执行结束后形成的项目支出结余资金，应当全部统筹用于编制以后年度预算，按照有关规定用于相关支出。

2.非财政专户核拨资金结转结余

非财政专户核拨资金结转结余，即其他资金结余，是指彩票机构除财政专户核拨资金收支以外的各项收入与各项支出相抵后的余额，包括非财政专户核拨资金结转和非财政专户核拨资金结余。

非财政专户核拨资金结转，是彩票机构除事业收支以外的各专项资金收入与其相关支出相抵后剩余滚存的、须按规定用途使用的结转资金。

非财政专户核拨资金结余是指彩票机构除财政专户核拨资金收支以外的各非专项资金收入与各非专项资金支出相抵后的余额，包括待分配事业结余和经营结余。非财政专户核拨资金结余按照规定结转下一年度继续使用。财政专户核拨资金之外的其他资金结余可以按照一定比例提取职工福利基金，剩余部分作为事业基金；国家另有规定的，从其规定。彩票机构应当加强结转结余资金管理，按照国家规定正确计算与分配结余资金。

（二）各项基金

彩票机构的各项基金包括事业基金、库存彩票基金、非流动资产基金、专用基金。与事业单位会计的差异在于：

（1）事业基金作为彩票机构拥有的非限定用途的净资产，主要来源于非财政专户核拨资金结余分配后滚存的金额。

（2）库存彩票基金是彩票发行机构购进的已验收入库的彩票占用的金额。

（3）专用基金作为彩票机构按照规定提取或者设置的有专门用途的资金，除了职工福利基金（非财政专户核拨资金结余中提取，或按照相关规定转入）和其他基金外，还包括彩票兑奖周转金、彩票发行销售风险基金。

彩票兑奖周转金，即从彩票机构业务费中计提，专项用于彩票游戏奖池、当期返奖奖金、调节基金不足以兑付或弥补彩票中奖者奖金时的垫支周转资金。彩票机构应当综合考虑彩票发行销售量，当期返奖奖金、奖池资金和调节基金的规模，以及奖金兑付情况等因素，提出彩票兑奖周转金提取、垫支和返还方案，报同级财政部门批准。彩票机构应当加强对彩票兑奖周转金的管理，严格按照规定垫支并及时返还。

彩票发行销售风险基金，即按不超过上年度彩票机构业务费收入的10%提取，专项用于弥补因彩票市场变化导致的坏账损失，或因不可抗力事件等造成的彩票发行销售损失的资金。彩票发行销售风险基金年末余额超过当年彩票机构业务费收入的10%时，下年度不再计提。同级财政部门可以根据彩票市场变化以及彩票发行销售风险基金使用等情况，调整彩票发行销售风险基金提取比例或者暂停提取。彩票机构使用彩票发行销售风险基金时，应当编制详细的使用计划，报同级财政部门审批后，由财政专户核拨资金。

上述彩票兑奖周转金、彩票发行销售风险基金计提时，应当冲减彩票机构业务费收入，在财政专户中专账核算，并在《政府收支分类科目》中的“彩票发行机构和彩票销售机构的业务费用”、“彩票发行销售机构业务费安排的支出”科目下单独列示。

二、净资产类科目及其核算内容：彩票机构会计与事业单位会计比较

彩票机构净资产类科目及其核算内容与事业单位会计的比较如表10-6所示。表10-6表明，彩票机构除了经营结余和非流动资产基金外，其他各净资产科目的总账科目及其明细科目的设置、核算内容、账务处理方法与事业单位会计均不同。

三、彩票机构净资产特殊业务的核算

与事业单位会计相比，彩票机构净资产核算的特殊业务是指除了经营结余和非流动资产基金之外的各项净资产的核算。

表10-6　**净资产类科目及其核算内容：彩票机构会计与事业单位会计比较**

科目名称	事业单位会计	彩票机构会计
	科目核算内容	科目核算内容
事业基金	核算事业单位拥有的非限定用途的净资产，主要为非财政补助结余扣除结余分配后滚存的金额	核算彩票机构拥有的非限定用途的净资产，主要为非财政专户核拨资金结余分配后滚存的金额
库存彩票基金		核算彩票发行机构购进的已验收入库的彩票占用的金额
非流动资产基金	核算事业单位长期投资、固定资产、在建工程、无形资产等非流动资产占用的金额	核算彩票机构长期投资、固定资产、在建工程、无形资产等非流动资产占用的金额
专用基金	核算事业单位按规定提取或者设置的具有专门用途的净资产，主要包括修购基金、职工福利基金等	核算彩票机构按规定提取或者设置的具有专门用途的净资产，主要包括职工福利基金、彩票兑奖周转金、彩票发行销售风险基金、其他专用基金等
财政补助结转	核算事业单位滚存的财政补助结转资金，包括基本支出结转和项目支出结转	
财政专户核拨资金结转		核算彩票机构滚存的财政专户核拨资金结转资金，包括基本支出结转和项目支出结转
财政补助结余	核算事业单位滚存的财政补助项目支出结余资金	
财政专户核拨资金结余		核算彩票机构滚存的财政专户核拨资金项目支出结余资金
非财政补助结转	核算事业单位除财政补助收支以外的各专项资金收入与其相关支出相抵后剩余滚存的、须按规定用途使用的结转资金	
非财政专户核拨资金结转		核算彩票机构除事业收支以外的各专项资金收入与其相关支出相抵后剩余滚存的、须按规定用途使用的结转资金
事业结余	核算事业单位一定期间除财政补助收支、非财政专项资金收支和经营收支以外各项收支相抵后的余额	

续表

科目名称	事业单位会计	彩票机构会计
	科目核算内容	科目核算内容
待分配事业结余		核算彩票机构一定期间除财政专户核拨资金收支（事业收支）、非财政专户核拨资金专项收支和经营收支以外的其他各项收支相抵后的余额
经营结余	核算事业单位一定期间各项经营收支相抵后余额弥补以前年度经营亏损后的余额	核算彩票机构一定期间各项经营收支相抵后余额弥补以前年度经营亏损后的余额
非财政补助结余分配	核算事业单位本年度非财政补助结余分配的情况和结果	
非财政专户核拨资金结余分配		核算彩票机构本年度非财政专户核拨资金结余分配的情况和结果

（一）事业基金

“事业基金”科目核算彩票机构拥有的非限定用途的净资产，主要为非财政专户核拨资金结余分配后滚存的金额。彩票机构发生需要调整以前年度非财政专户核拨资金结余的事项，通过本科目核算。国家另有规定的，从其规定。本科目期末贷方余额，反映彩票机构历年积存的非限定用途净资产的金额。

（1）年末，应当对非财政专户核拨资金专项结转资金各项目情况进行分析，将已完成项目的留归本单位使用的剩余资金转入事业基金，按照项目剩余资金金额，借记“非财政专户核拨资金结转”科目，贷记本科目。

（2）年末，将“非财政专户核拨资金结余分配”科目余额转入事业基金，借记或贷记“非财政专户核拨资金结余分配”科目，贷记或借记本科目。

彩票机构因以货币资金取得长期投资和对外转让或到期收回长期债券投资时引起的事业基金增减变动的账务处理与事业单位会计原理相同。

（二）库存彩票基金

“库存彩票基金”科目核算彩票发行机构购进的已验收入库的彩票占用的金额。本科目应当按照彩票品种及游戏进行明细核算。本科目期末贷方余额，反映彩票机构期末库存彩票占用的金额。

（1）购入的彩票验收入库时，按确定的成本，借记“库存彩票”科目，贷记本科目。

（2）发出库存彩票时，按照加权平均法或个别计价法确定发出彩票的实际成本，借记本科目，贷记“库存彩票”科目。

(3) 发生彩票退回时，借记“库存彩票”科目，贷记本科目。

（三）专用基金

“专用基金”科目核算彩票机构按规定提取或者设置的具有专门用途的净资产，主要包括职工福利基金、彩票兑奖周转金、彩票发行销售风险基金、其他专用基金等。本科目应当按照专用基金的类别进行明细核算。本科目期末贷方余额，反映彩票机构专用基金余额。

(1) 提取职工福利基金

彩票机构按照有关规定计提职工福利费的，按照计提金额，借记有关支出科目，贷记本科目（职工福利基金）。年末，按规定从本年度非财政专户核拨资金结余中提取职工福利基金的，按照提取金额，借记“非财政专户核拨资金结余分配”科目，贷记本科目（职工福利基金）。

(2) 取得彩票兑奖周转金

彩票机构取得拨付的彩票兑奖周转金时，按照实际取得的金额，借记“银行存款”等科目，贷记“事业收入”科目；同时，借记“事业支出” 科目，贷记本科目。

(3) 取得彩票发行销售风险基金

彩票机构取得拨付的彩票发行销售风险基金时，按照实际取得的金额，借记“银行存款”等科目，贷记“事业收入”科目；同时，借记“事业支出”科目，贷记本科目。

(4) 提取、设置其他专用基金

彩票机构根据规定提取的其他专用基金，按照实际提取的金额，借记有关支出科目或“非财政专户核拨资金结余分配”等科目，贷记本科目。根据规定设置的其他专用基金，按照实际收到的金额，借记“银行存款”等科目，贷记本科目。

（四）财政专户核拨资金结转

“财政专户核拨资金结转”科目核算彩票机构滚存的财政专户核拨资金结转资金，包括基本支出结转和项目支出结转。本科目应当设置“基本支出结转”、“项目支出结转”两个明细科目，并在“基本支出结转”明细科目下按照“人员经费”、“日常公用经费”进行明细核算，在“项目支出结转”明细科目下按照具体项目进行明细核算；本科目还应按照《政府收支分类科目》中“支出功能分类科目”的相关科目及《彩票机构财务管理办法》规定的相关支出科目进行明细核算。彩票机构发生需要调整以前年度财政专户核拨资金结转的事项，通过本科目核算。本科目期末贷方余额，反映彩票机构财政专户核拨资金结转资金金额。

(1) 期末，将事业收入本期发生额结转至本科目，借记“事业收入——基本支出、项目支出”科目，贷记本科目（基本支出结转、项目支出结转）；将事业支出（财政专户核拨资金支出）本期发生额结转至本科目，借记本科目（基本支出结转、项目支出结转），贷记“事业支出——财政专户核拨资金支出（基本支出、项目支出）”或“事业支出——基本支出（财政专户核拨资金支出）、项目支出（财政专户核拨资金支出）”科目。

（2）年末，完成上述（1）结转后，应当对各明细项目执行情况进行分析，按照有关规定将符合财政专户核拨资金结余性质的项目余额转入财政专户核拨资金结余，借记或贷记本科目（项目支出结转——××项目），贷记或借记“财政专户核拨资金结余”科目。

（3）按规定上缴财政专户核拨资金结转资金或注销财政专户核拨资金结转额度的，按照实际上缴金额或注销的额度数额，借记本科目，贷记“银行存款”等科目。取得主管部门归集调入财政专户核拨资金结转资金或额度的，做相反会计分录。

（五）财政专户核拨资金结余

“财政专户核拨资金结余”科目核算彩票机构滚存的财政专户核拨资金项目支出结余资金。本科目应当按照《政府收支分类科目》中“支出功能分类科目”的相关科目及《彩票机构财务管理办法》规定的相关支出科目进行明细核算。彩票机构发生需要调整以前年度财政专户核拨资金结余的事项，通过本科目核算。本科目期末贷方余额，反映彩票机构财政专户核拨资金结余资金金额。

（1）年末，对各明细项目执行情况进行分析，按照有关规定将符合财政专户核拨资金结余性质的项目余额结转至“财政专户核拨资金结余”科目，借记或贷记“财政专户核拨资金结转——项目支出结转（××项目）”科目，贷记或借记本科目。

（2）按规定上缴财政专户核拨资金结余资金或注销财政专户核拨资金结余额度的，按照实际上缴金额或注销的额度数额，借记本科目，贷记“银行存款”等科目。取得主管部门归集调入财政专户核拨资金结余资金或额度的，做相反会计分录。

（六）非财政专户核拨资金结转

“非财政专户核拨资金结转”科目核算彩票机构除事业收支以外的各专项资金收入与其相关支出相抵后剩余滚存的、须按规定用途使用的结转资金。本科目应当按照非财政专项资金的具体项目进行明细核算。彩票机构发生需要调整以前年度非财政专户核拨资金结转的事项，通过本科目核算。本科目期末贷方余额，反映彩票机构非财政专户核拨资金专项结转资金金额。

（1）期末，将上级补助收入、附属单位上缴收入、其他收入本期发生额中的专项资金收入结转至本科目，借记“上级补助收入”、“附属单位上缴收入”、“其他收入”科目下各专项资金收入明细科目，贷记本科目；将事业支出、对附属单位补助支出、其他支出本期发生额中的专项资金支出结转至本科目，借记本科目，贷记“事业支出——非财政专户核拨专项支出”或“事业支出——项目支出（非财政专户核拨资金支出）”、“对附属单位补助支出”和“其他支出”科目下各专项资金支出明细科目。

（2）年末，完成上述（1）结转后，应当对非财政专户核拨资金专项结转资金各项目情况进行分析，将已完成项目的项目剩余资金区分以下情况处理：缴回原专项资金拨入单位的，借记本科目（××项目），贷记“银行存款”等科目；留归本单位使用的，借记本科目（××项目），贷记“事业基金”科目。

（七）待分配事业结余

“待分配事业结余”科目核算彩票机构一定期间除财政专户核拨资金收支（事业收支）、非财政专户核拨资金专项收支和经营收支以外的其他各项收支相抵后的余额。本科目期末如为贷方余额，反映彩票机构自年初至报告期末累计实现的待分配事业结余；如为借方余额，反映彩票机构自年初至报告期末累计发生的事业亏损。年末结账后，本科目应无余额。

（1）期末，将上级补助收入、附属单位上缴收入、其他收入本期发生额中的非专项资金收入结转至本科目，借记“上级补助收入”、“附属单位上缴收入”、“其他收入”科目下各非专项资金收入明细科目，贷记本科目；将事业支出、对附属单位补助支出、其他支出本期发生额中的其他资金支出结转至本科目，借记本科目，贷记“事业支出——其他资金支出”或“事业支出——基本支出（其他资金支出）、项目支出（其他资金支出）”、“对附属单位补助支出”科目、“其他支出”科目下各非专项资金支出明细科目。

（2）年末，完成上述（1）的结转后，将本科目余额结转至“非财政专户核拨资金结余分配”科目，借记或贷记本科目，贷记或借记“非财政专户核拨资金结余分配”科目。

（八）非财政专户核拨资金结余分配

“非财政专户核拨资金结余分配”科目核算彩票机构本年度非财政专户核拨资金结余分配的情况和结果。年末结账后，本科目应无余额。

（1）年末，将“待分配事业结余”科目的相关余额结转至本科目，借记或贷记“待分配事业结余”科目，贷记或借记本科目；将“经营结余”科目贷方余额结转至本科目，借记“经营结余”科目，贷记本科目。

（2）有企业所得税缴纳义务的彩票机构计算出应缴纳的企业所得税，借记本科目，贷记“应缴税费——应缴企业所得税”科目。

（3）按照有关规定提取职工福利基金的，按照提取的金额，借记本科目，贷记“专用基金——职工福利基金”科目。

（4）年末，按照规定完成上述（1）至（3）的处理后，将本科目余额结转至“事业基金”科目，借记或贷记本科目，贷记或借记“事业基金”科目。

【例10-17】某彩票机构20×1年11月30日“财政专户核拨资金结转”、“非财政专户核拨资金结转”、“待分配事业结余”和“经营结余”科目余额分别为50 000元、20 000元、15 000元和5 000元。同年12月，各项收入和支出科目本月发生额如下：

假设该彩票机构的经营结余按25%税率缴纳企业所得税，按照税后非财政专户核拨资金结余的30%提取职工福利基金。假设该彩票机构本年度财政专户核拨资金结转中有30%符合财政专户核拨资金结余性质的项目余额，非财政专户核拨资金支出项目年末全部完成，剩余资金50%已通过银行缴回专项资金拨入单位，50%留归本单位使用。

收入科目名称	贷方金额（元）	支出科目名称	借方金额（元）
事业收入	250 000	事业支出	280 000
其中：基本支出	170 000	其中：财政专户核拨资金支出	180 000
项目支出	80 000	非财政专户核拨专项支出	70 000
上级补助收入	200 000	其他资金支出	30 000
其中：专项资金收入	100 000	对附属单位补助支出	50 000
附属单位上缴收入	80 000	经营支出	37 250
经营收入	50 000	其他支出	72 750
其他收入	20 000	其中：专项资金支出	30 000
其中：专项资金收入	5 000		
合计	600 000	合计	440 000

20×1年12月末该彩票机构结转各项收支与各项结转结余时，其账务处理如下：

首先，结转12月各项收支。

• 结转本月事业收入和事业支出，

借：事业收入	250 000	
贷：财政专户核拨资金结转		250 000
借：财政专户核拨资金结转	180 000	
非财政专户核拨资金结转	70 000	
待分配事业结余	30 000	
贷：事业支出		280 000

• 结转本月上级补助收入、附属单位上缴收入和其他收入，

借：上级补助收入	200 000	
附属单位上缴收入	80 000	
其他收入	20 000	
贷：非财政专户核拨资金结转		105 000
待分配事业结余		195 000

• 结转本月附属单位补助支出和其他支出，

借：非财政专户核拨资金结转	30 000	
待分配事业结余	92 750	
贷：对附属单位补助支出		50 000
其他支出		72 750

•结转本月经营收入，

借：经营收入　50 000

　贷：经营结余　50 000

•结转本月经营支出，

借：经营结余　32 250

　贷：经营支出　32 250

其次，结转本年度各项结转结余。

•结转财政专户核拨资金结余，

财政专户核拨资金结余=[50 000+（250 000−180 000）]×30%=36 000（元）

借：财政专户核拨资金结转　36 000

　贷：财政专户核拨资金结余　36 000

•结转已完成项目的非财政专户核拨资金剩余资金，

已完成项目的非财政专户核拨资金剩余资金=20 000+[105 000−（30 000+70 000）]

=25 000（元）

借：非财政专户核拨资金结转　25 000

　贷：银行存款　12 500

　　事业基金　12 500

•将“待分配事业结余”科目的贷方余额全数转入“非财政专户核拨资金结余分配”科目，

借：待分配事业结余　87 250

　贷：非财政专户核拨资金结余分配　87 250

•将“经营结余”科目贷方余额转入“非财政专户核拨资金结余分配”科目，

借：经营结余　17 750

　贷：非财政专户核拨资金结余分配　17 750

•计提经营结余应缴纳的企业所得税，

企业所得税=17 750×25%=4 437.50（元）

借：非财政专户核拨资金结余分配　4 437.50

　贷：应缴税费——应缴企业所得税　4 437.50

•按税后待分配事业结余和经营结余的30%计提职工福利基金，

职工福利基金计提金额=[87 250+(17 750−4 437.50)]×30%=30 168.75（元）

借：非财政专户核拨资金结余分配　30 168.75

　贷：专用基金——职工福利基金　30 168.75

•将“非财政专户核拨资金结余分配”科目余额转入“事业基金”科目，

借：非财政专户核拨资金结余分配　70 393.75

　贷：事业基金　70 393.75

第五节 彩票机构财务报表

一、财务报表概述

（一）财务报表的概念

彩票机构财务报表是反映彩票机构一定时期财务状况和事业成果的总结性书面文件。

彩票机构的财务报表由会计报表及其附注构成，应当按照月度和年度编制。

彩票机构的会计报表包括资产负债表、收入支出表和财政专户核拨资金收入支出表以及相关附表。

彩票机构的会计报表附注至少应当披露的内容中除了“遵循《事业单位会计准则》、《彩票机构会计制度》的声明”外，其他内容与事业单位会计报表附注相同。

（二）财务报表构成：彩票机构会计与事业单位会计的比较

彩票机构财务报表构成与事业单位会计的比较参见表10-7。表10-7表明，彩票机构与事业单位会计主表的编制期相同，但报表构成内容存在差异：

（1）彩票机构的资产负债表包括返奖奖金变动明细表和彩票资金分配明细表两张附表。

（2）第三张主表为财政专户核拨资金收入支出表。

表10-7　**财务报表构成：彩票机构会计与事业单位会计比较**

项目	编号	财务报表名称	编制期
事业单位会计	会事业01表	资产负债表	月度、年度
	会事业02表	收入支出表	月度、年度
	会事业03表	财政补助收入支出表	年度
		附注	年度
彩票机构会计	会彩01表	资产负债表	月度、年度
	会彩01表附表01	返奖奖金变动明细表	年度
	会彩01表附表02	彩票资金分配明细表	年度
	会彩02表	收入支出表	月度、年度
	会彩03表	财政专户核拨资金收入支出表	年度
		附注	年度

二、资产负债表

（一）概念及基本格式

资产负债表是反映彩票机构在某一特定日期全部资产、负债和净资产的情况的报表。其基本格式参见表10-8。

表10-8　　资产负债表

会彩01表

编制单位　　年　月　日　　单位：元

资　产	期末余额	年初余额	负债和净资产	期末余额	年初余额
流动资产：			流动负债：		
货币资金			短期借款		
短期投资			应缴税费		
应收票据			应缴国库款		
应收账款			应缴财政专户款		
预付账款			应付职工薪酬		
其他应收款			应付票据		
库存材料			应付账款		
库存彩票			预收账款		
其他流动资产			其他应付款		
流动资产合计			应付返奖奖金		
非流动资产：			应付代销费		
长期投资			其他流动负债		
固定资产			流动负债合计		
固定资产原价			非流动负债：		
减：累计折旧			长期借款		
在建工程			长期应付款		
无形资产			非流动负债合计		
无形资产原价			负债合计		
减：累计摊销			净资产：		

续表

资　产	期末余额	年初余额	负债和净资产	期末余额	年初余额
待处置资产损溢			事业基金		
非流动资产合计			库存彩票基金		
			非流动资产基金		
			专用基金		
			财政专户核拨资金结转		
			财政专户核拨资金结余		
			非财政专户核拨资金结转		
			非财政专户核拨资金结余		
			1.待分配事业结余		
			2.经营结余		
			净资产合计		
资产总计			负债和净资产总计		

（二）资产负债表的填列方法

与事业单位会计资产负债表相比，彩票机构资产负债表大部分项目反映的内容以及“年初余额”和“期末余额”的填列方法与事业单位会计相同。不同项目“期末余额”的填列方法如下：

（1）“库存材料”项目，反映彩票机构期末为开展业务活动及其他活动中为耗用而储存的各种材料、燃料、包装物、低值易耗品、热敏纸、投注单及达不到固定资产标准的用具、装具、动植物等的实际成本。本项目应当根据“库存材料”科目的期末余额填列。

（2）“库存彩票”项目，反映彩票发行机构期末购进的已验收入库彩票的实际成本。本项目应当根据“库存彩票”科目的期末余额填列。

（3）“应付返奖奖金”项目，反映彩票机构应返还给中奖者的奖金。本项目应当根据“应付返奖奖金”科目的期末余额填列。

（4）“应付代销费”项目，反映彩票机构按彩票代销合同的约定比例从彩票销售额中提取，用于支付给彩票代销者的资金。本项目应当根据“应付代销费”科目的期末余额填列。

（5）“库存彩票基金”项目，反映彩票发行机构购进的已验收入库彩票占用的金额。本项目应当根据“库存彩票基金”科目的期末余额填列。

（6）“财政专户核拨资金结转”项目，反映彩票机构滚存的财政专户核拨结转资金。本项目应当根据“财政专户核拨资金结转”科目的期末余额填列。

（7）“财政专户核拨资金结余”项目，反映彩票机构滚存的财政专户核拨结余资金。本项目应当根据“财政专户核拨资金结余”科目的期末余额填列。

（8）“非财政专户核拨资金结转”项目，反映彩票机构滚存的非财政专户核拨结转资金。本项目应当根据“非财政专户核拨资金结转”科目的期末余额填列。

（9）“非财政专户核拨资金结余”项目，反映彩票机构自年初至报告期末累计实现的非财政专户核拨资金结余弥补以前年度经营亏损后的余额。本项目应当根据“待分配事业结余”、“经营结余”科目的期末余额合计填列；如“待分配事业结余”、“经营结余”科目的期末余额合计为亏损数，则以“-”号填列。在编制年度资产负债表时，本项目金额一般应为“0”；如果不为“0”，本项目金额应为“经营结余”科目的期末借方余额（以“-”号填列）。

（10）“待分配事业结余”项目，反映彩票机构自年初至报告期末累计实现的可分配事业结余。本项目应当根据“待分配事业结余”科目的期末余额填列；如“待分配事业结余”科目的期末余额为亏损数，则以“-”号填列。在编制年度资产负债表时，本项目金额应为“0”。

（三）资产负债表附表及填列方法

彩票机构的资产负债表附表包括两张明细表：返奖奖金变动明细表和彩票资金分配明细表。

1.返奖奖金变动明细表

返奖奖金变动明细表是反映彩票机构在某一会计年度内返奖奖金的兑付情况的报表，属于资产负债表附表之一。其基本格式参见表10-8-1。

表10-8-1　　**返奖奖金变动明细表**

会彩01表附表01

年度　　单位：元

项 目	行次	传统型	即开型	数字型	乐透型	竞猜型	视频型计	基诺型	一般调节基金	合计
一、年初余额	1									
其中：调节基金	2									
奖池	3									
二、本年增加数	4									
其中：调节基金	5									
奖池	6									
三、本年减少数	7									
其中：调节基金	8									
奖池	9									
四、年末余额	10									
其中：调节基金	11									
奖池	12									

本表中“年初余额”、“本年增加数”、“本年减少数”、“年末余额”、“调节基金”、“奖池”和“一般调节基金”各项目，应当根据“应付返奖奖金”科目各明细科目中的相关信息分析填列。

2.彩票资金分配明细表

彩票资金分配明细表是反映彩票机构在某一会计年度内彩票资金的分配情况的报表，属于资产负债表附表之一。其基本格式参见表10-8-2。

本表中“彩票销售额”、“彩票返奖奖金”、“彩票公益金”、“彩票业务费”和“彩票代销费”各栏，以及各栏的明细栏内各项数字，应当根据“应缴国库款”、“应付返奖奖金”、“应付代销费”等科目的明细科目中的相关信息分析填列。

表10-8-2　　　　彩票资金分配明细表

会彩01表附表02

填报单位：　　　　年度　　　　单位：元

序号	彩票品种	彩票销售额	彩票返奖奖金					彩票公益金				彩票业务费				彩票代销费
			计提比例（%）	计提金额			中奖金额	计提比例（%）	计提金额	弃奖奖金转入额	实际上缴额	发行机构	省级销售机构	省级以下	小计	
				奖金	调节基金	小计										
		①				②			③						④	⑤
1	传统型															
2	即开型															
3	乐透型															
4	数字型															
5	竞猜型															
6	视频型															
7	基诺型															
8	其 他															
9	合计															

说明：（1）本表中“彩票销售额”①=“彩票返奖奖金——计提金额——小计”②+“彩票公益金——计提金额”③+“彩票业务费——小计”④+“彩票代销费”⑤；（2）各彩票品种返奖奖金和公益金提取比例不同的应分栏填写。

三、收入支出表

（一）概念及基本格式

收入支出表是彩票机构某一会计期间（月度和年度）各项收入、支出和结转结余情况，以及年末非财政专户核拨资金结余的分配情况的报表。收入支出表按照编制时间分为月报和年报，其基本格式如表10-9和表10-10所示。表10-9和表10-10表明，彩票机构收入支出表基本格式与事业单位会计存在较大差异。

表10-9　　收入支出表（月度）

会彩02表

编制单位：　　年 月　　单位：元

项　目	本月数	本年累计数
一、本期收入		
（一）事业收入		
（二）上级补助收入		
（三）附属单位上缴收入		
（四）经营收入		
（五）其他收入		
二、本期支出		
（一）事业支出		
（二）对附属单位补助支出		
（三）经营支出		
（四）其他支出		
三、本期结转结余		
（一）财政专户核拨资金结转结余		
（二）非财政专户核拨资金结转结余		
1.非财政专户核拨资金结转		
2.待分配事业结余		
3.经营结余		

表10-10　　**收入支出表（年度）**

会彩02表

编制单位：　　年　　单位：元

项　目	上年数	本年数
一、本期收入		
（一）事业收入		
（二）上级补助收入		
（三）附属单位上缴收入		
（四）经营收入		
（五）其他收入		
二、本期支出		
（一）事业支出		
（二）对附属单位补助支出		
（三）经营支出		
（四）其他支出		
三、本期结转结余		
（一）财政专户核拨资金结转结余		
（二）非财政专户核拨资金结转结余		
1.非财政专户核拨资金结转		
2.待分配事业结余		
3.经营结余		
四、弥补以前年度经营亏损后的经营结余		
五、本年非财政专户核拨资金结余		
减：应缴企业所得税		
提取专用基金		
六、转入事业基金		

（二）收入支出表（月度）的填列方法

本表“本月数”栏反映各项目的本月实际发生数；本表“本年累计数”栏反映各项目自年初起至报告期末止的累计实际发生数，各项目应当根据各项目的本月数与上一月度收入支出表中相应项目的本年累计数的合计数填列。

本表“本月数”栏各项目的内容和填列方法如下：

1.本期收入

（1）“本期收入”项目，反映彩票机构本期收入总额。本项目应当根据本表中“事业收入”、“上级补助收入”、“附属单位上缴收入”、“经营收入”和“其他收入”项目金额的合计数填列。

（2）“事业收入”项目，反映彩票机构本期开展彩票发行销售业务活动及其辅助活动取得的收入。本项目应当根据“事业收入”科目的本期发生额填列。

（3）“上级补助收入”项目，反映彩票机构本期从主管部门和上级单位取得的非财政专户核拨资金收入。本项目应当根据“上级补助收入”科目的本期发生额填列。

（4）“附属单位上缴收入”项目，反映彩票机构附属独立核算单位本期按照有关规定上缴的收入。本项目应当根据“附属单位上缴收入”科目的本期发生额填列。

（5）“经营收入”项目，反映彩票机构本期在彩票发行销售业务活动及其辅助活动之外开展非独立核算经营活动取得的收入。本项目应当根据“经营收入”科目的本期发生额填列。

（6）“其他收入”项目，反映彩票机构本期除事业收入、上级补助收入、附属单位上缴收入、经营收入以外的其他收入。本项目应当根据“其他收入”科目的本期发生额填列。

2.本期支出

（7）“本期支出”项目，反映彩票机构本期支出总额。本项目应当根据本表中“事业支出”、“对附属单位补助支出”、“经营支出”、“其他支出”项目金额的合计数填列。

（8）“事业支出”项目，反映彩票机构本期使用财政专户核拨资金发生的彩票发行销售业务活动支出。本项目应当根据“事业支出”科目本期发生额填列。

（9）“对附属单位补助支出”项目，反映彩票机构使用非财政专户核拨资金用于对附属单位补助支出的金额。本项目根据“对附属单位补助支出”本期发生额填列。

（10）“经营支出”项目，反映彩票机构在彩票发行销售业务活动及其辅助活动之外开展非独立核算经营活动发生的支出。本项目应当根据“经营支出”科目的本期发生额填列。

（11）“其他支出”项目，反映彩票机构除事业支出、对附属单位补助支出、经营支出以外的各项支出。本项目根据“其他支出”本期发生额填列。

3.本期结转结余

（12）“本期结转结余”项目，反映彩票机构本期各项收支相抵后的余额。本项目应当根据本项目下“财政专户核拨资金结转结余”、“非财政专户核拨资金结转结余”项目金额的合计数填列；如为负数，以“-”号填列。

（13）“财政专户核拨资金结转结余”项目，反映彩票机构本期事业收入与事业支出相抵后的余额。本项目应当按照本表中“事业收入”项目金额减去“事业支出”项目金额后的余额填列。

（14）“非财政专户核拨资金结转结余”项目，反映彩票机构本期除财政专户核拨资金结转结余之外的结转结余金额。本项目应当按照本表中“上级补助收入”、“附属单位上缴收入”、“经营收入”和“其他收入”项目金额的合计数减去“对附属单位补助支出”、“经营支出”和“其他支出”项目金额的合计数后的余额填列；如为负数，以“-”号填列。

“非财政专户核拨资金结转”项目，反映彩票机构本期除事业收支以外的各专项资金收入与其相关支出相抵后剩余滚存的、须按规定用途使用的结转资金。本项目应当按照“非财政专户核拨资金结转”科目本期余额填列。

“待分配事业结余”项目，反映彩票机构自年初至报告期末累计实现的可分配事业结余。本项目应当根据“待分配事业结余”科目未结转前的期末余额填列；如“待分配事业结余”科目的期末余额为亏损数，则以“-”号填列。在编制年度收入支出表时，本项目金额应为“0”。

“经营结余”项目，反映彩票机构本期经营收入与经营支出相抵后的差额。本项目应当根据“经营结余”科目的期末余额填列；如“经营结余”科目的期末余额为亏损数，则以“-”号填列。在编制年度收入支出表时，本项目金额一般应为“0”；如果不为“0”，本项目金额应为“经营结余”科目的年末借方余额（以“-”号填列）。

（三）收入支出表（年度）的填列方法

本表“上年数”栏反映各项目上年度的实际发生数；如果本年度收入支出表规定的各个项目的名称和内容同上年度不一致，应对上年度收入支出表各项目的名称和数字按照本年度的规定进行调整，填入本年度收入支出表的“上年数”栏。

本表“本年数”栏反映各项目本年度的实际发生数。本表“本年数”栏各项目的内容和填列方法如下：

1.本期收入

“本期收入”部分各项目的内容和填列方法，同月度本表（1）至（7）项编制说明。

2.本期支出

“本期支出”部分各项目的内容和填列方法，同月度本表（8）至（10）项编制说明。

3.本期结转结余

“本期结转结余”部分各项目的内容和填列方法，同月度本表（11）至（14）项编制说明。

4.弥补以前年度经营亏损后的经营结余

（15）“弥补以前年度经营亏损后的经营结余”项目，反映彩票机构本年度实现的经营结余扣除本年初未弥补经营亏损后的余额。本项目应当根据“经营结余”科目年末转入“非财政专户核拨资金结余分配”科目前的余额填列；如果“经营结余”科目年末余额为借方余额，以“-”号填列。

5.本年非财政专户核拨资金结余

（16）“本年非财政专户核拨资金结余”项目，反映彩票机构本年度除财政专户核拨资金之外的其他结余金额。若“经营结余”项目本年发生数为正数，本项目应当按照本表中“非财政专户核拨资金结转结余”项目本年发生额减去“非财政专户核拨资金结转”项目本年发生额后的金额填列；如果“经营结余”项目本年发生数为负数，本项目应当按照本表中“非财政专户核拨资金结转结余”项目本年发生额减去“非财政专户核拨资金结转”项目本年发生额和“经营结余”项目本年发生额后的金额填列；本项目如为负数，以“-”号填列。本项目的余额应当与“非财政专户核拨资金结余分配”科目的本年贷方发生额保持一致。

（17）“应缴企业所得税”项目，反映彩票机构按照税法规定本年度应缴纳的企业所得税金额。本项目应当根据“非财政专户核拨资金结余分配”科目的本年借方发生额分析填列。

（18）“提取专用基金”项目，反映彩票机构本年度按规定提取的专用基金金额。本项目应当根据“非财政专户核拨资金结余分配”科目的本年发生额分析填列。

6.转入事业基金

（19）“转入事业基金”项目，反映彩票机构本年度按规定转入事业基金的非财政专户核拨资金结余资金。本项目应当按照本表中“本年非财政专户核拨资金结余”项目金额减去“应缴企业所得税”、“提取专用基金”项目金额后的余额填列；如为负数，以“-”号填列。

四、财政专户核拨资金收入支出表

（一）概念及基本格式

财政专户核拨资金收入支出表是反映彩票机构某一会计年度由财政专户核拨资金形成的事业收入、事业支出和结转结余情况，基本格式参见表10-11。财政专户核拨资金收入支出表按照年度编制，类似事业单位会计的财政补助收入支出表。

（二）财政专户核拨资金收入支出表填列方法

财政专户核拨资金收入支出表 “上年数”栏内各项数字，应当根据上年度“财政专户核拨资金收入支出表”中的“本年数”栏内数字填列。

本表“本年数”栏各项目的内容和填列方法如下：

1.“年初财政专户核拨资金结转结余”项目及其所属各明细项目，反映彩票机构本年初财政专户核拨资金结转和结余余额。

表10-11　　**财政专户核拨资金收入支出表**

会彩03表

编制单位：　　年度　　单位：元

项　目	本年数	上年数
一、年初财政专户核拨资金结转结余		—
（一）基本支出结转		—
1.人员经费		—
2.日常公用经费		—
（二）项目支出结转		—
××项目		—
（三）项目支出结余		—
二、调整年初财政专户核拨资金结转结余		—
（一）基本支出结转		—
1.人员经费		—
2.日常公用经费		—
（二）项目支出结转		—
××项目		—
（三）项目支出结余		—
三、本年财政专户核拨资金收入（事业收入）		
（一）基本支出		
1.人员经费		
2.日常公用经费		
（二）项目支出		
××项目		
四、本年财政专户核拨资金支出（事业支出）		
（一）基本支出		
1.人员经费		
2.日常公用经费		
（二）项目支出		
××项目		
五、年末财政专户核拨资金结转结余		—
（一）基本支出结转		—
1.人员经费		—
2.日常公用经费		—
（二）项目支出结转		—
××项目		—
（三）项目支出结余		—

2.“调整年初财政专户核拨资金结转结余”项目及其所属各明细项目，反映彩票机构因本年度发生需要调整以前年度财政专户核拨资金结转结余的事项，而对年初财政专户核拨资金结转结余的调整金额。各项目应当根据“财政专户核拨资金结转”、“财政专户核拨资金结余”科目及其所属明细科目的本年发生额分析填列。如调整减少年初财政专户核拨资金结转结余，以“-”号填列。

3.“本年财政专户核拨资金收入（事业收入）”项目及其所属各明细项目，反映彩票机构本年度从财政专户核拨取得的各类拨款金额。各项目应当根据“事业收入”科目及其所属明细科目的本年发生额填列。

4.“本年财政专户核拨资金支出（事业支出）”项目及其所属各明细项目，反映彩票机构本年度使用财政专户核拨资金的支出金额。各项目应当根据“事业支出”科目及其所属明细科目本年发生额填列。

5.“年末财政专户核拨资金结转结余”项目及其所属各明细项目，反映彩票机构截至本年末的财政专户核拨资金结转和结余余额。各项目应当根据“财政专户核拨资金结转”、“财政专户核拨资金结余”科目及其所属明细科目的年末余额填列。

第十一章

医院会计

本章根据《医院财务制度》（财社〔2010〕306号）和《医院会计制度》（财会〔2010〕27号），介绍医院收入、费用、资产、负债和净资产的核算方法以及会计报表的编制方法。

第一节 医院会计概述

一、医院与医院会计

（一）医院及分类

医院是治疗和护理病人的机构，也兼做健康检查、疾病预防等工作。

按照所有权性质，医院可分为公立医院和私立医院。公立医院，是指国家和集体办的医院，是公益性事业单位，不以营利为目的。私立医院，即民营医院，是指除公立医院之外的医院，包括联营、股份制合作、私营、台港澳投资和外国投资的医院。按照国家卫生和计划生育委员会公布的统计数据，截至2014年9月末，全国医院共计25 304家，其中公立医院13 341家，民营医院11 963家。①

按照医院等级，医院可分为三级医院、二级医院、一级医院和未定级医院。按照国家卫生和计划生育委员会公布的统计数据，截至2013年9月末，三级医院1 721家、二级医院6 676家、一级医院6 272家和未定级医院9 553家。②

按照收治范围，医院可分为综合医院、中医医院和专科医院等。根据国家统计局公布的统计数据，截至2013年我国共有医院24 709家，其中综合医院15 887家、中医医

---

① 根据统计信息中心公开资料整理，参见 http://www.moh.gov.cn/mohwsbwstjxxzx/s7967/201411/7f998a6220cb48b781ea77ec4e15409b.shtml.

② 根据统计信息中心公开资料整理，参见 http://www.moh.gov.cn/mohwsbwstjxxzx/s7967/201411/7f998a6220cb48b781ea77ec4e15409b.shtml.

院3 015家、专科医院5 127家。[①]

（二）医院会计

医院会计是医院核算、反映和监督其发生的各项经济业务和事项，以提供其财务状况和预算执行等会计信息的会计。

现行的《医院会计制度》（财会〔2010〕27号），适用于中华人民共和国境内各级各类独立核算的公立医院（以下简称医院），包括综合医院、中医院、专科医院、门诊部（所）、疗养院等（以下简称为医院），不包括城市社区卫生服务中心（站）、乡镇卫生院等基层医疗卫生机构。企业事业单位、社会团体及其他社会组织举办的非营利性医院可参照《医院会计制度》执行。

与事业单位会计相比，医院会计具有以下特点：

1.会计核算目标反映受托责任，同时兼顾决策有用。

2.会计核算采用权责发生制。

3.实行完全成本核算。

4.收入来源具有多渠道性，支出具有多用途。

5.实物资产和无形资产的核算视资金来源分别采用“双分录”和“单分录”核算方法。

6.固定资产折旧和无形资产摊销的模式视资产“双分录”和“单分录”核算方法不同，分别采用“虚提”和“实提”模式。

7.固定资产处置视处置方式不同分别通过“固定资产清理”和“待处置资产损溢”科目核算。

8.不支付对价的资产取得计量方法没有引入“名义金额”。

9.不支付对价取得的非流动资产计入其他收入。

二、医院会计科目

医院会计科目是医院会计要素的具体内容和项目。医院会计核算采用权责发生制。由此，医院会计要素包括资产、负债、净资产、收入和费用，会计科目也分为资产类、负债类、净资产类、收入类和费用类，具体参见表11-1。

表11-1　　**医院会计科目表**

科目类别	科目编号	科目名称	科目类别	科目编号	科目名称
一、资产类	1001	库存现金	二、负债类	2203	预收医疗款
	1002	银行存款		2204	应付职工薪酬
	1003	零余额账户用款额度		2205	应付福利费
	1004	其他货币资金		2206	应付社会保障费

① 中华人民共和国国家统计局.2014年中国统计年鉴[M].北京：中国统计出版社，2015.

续表

科目类别	科目编号	科目名称	科目类别	科目编号	科目名称
一、资产类	1101	短期投资	二、负债类	2207	应交税费
	1201	财政应返还额度		2209	其他应付款
	120101	财政直接支付		2301	预提费用
	120102	财政授权支付		2401	长期借款
	1211	应收在院病人医疗款		2402	长期应付款
	1212	应收医疗款	三、净资产类	3001	事业基金
	1215	其他应收款		3101	专用基金
	1221	坏账准备		3201	待冲基金
	1231	预付账款		320101	待冲财政基金
	1301	库存物资		320102	待冲科教项目基金
	1302	在加工物资		3301	财政补助结转（余）
	1401	待摊费用		3302	科教项目结转（余）
	1501	长期投资		3401	本期结余
	150101	股权投资		3501	结余分配
	150102	债权投资	四、收入类	4001	医疗收入
	1601	固定资产		400101	门诊收入
	1602	累计折旧		400102	住院收入
	1611	在建工程		4101	财政补助收入
	1621	固定资产清理		410101	基本支出
	1701	无形资产		410102	项目支出
	1702	累计摊销		4201	科教项目收入
	1801	长期待摊费用		4301	其他收入
	1901	待处置资产损溢	五、费用类	5001	医疗业务成本
二、负债类	2001	短期借款		5101	财政项目补助支出
	2101	应缴款项		5201	科教项目支出
	2201	应付票据		5301	管理费用
	2202	应付账款		5302	其他支出

第二节 医院收入和费用的核算

一、医院收入

（一）医院收入的内容

医院收入是指医院开展医疗服务及其他活动依法取得的非偿还性资金，包括医疗收入、财政补助收入、科教项目收入和其他收入。

医院各项收入的含义和内容与事业单位会计都存在差异。

1.医疗收入

医疗收入，是医院开展医疗服务活动取得的收入，包括门诊收入和住院收入。其中：

（1）门诊收入是指为门诊病人提供医疗服务所取得的收入，包括挂号收入、诊察收入、检查收入、化验收入、治疗收入、手术收入、卫生材料收入、药品收入、药事服务费收入、其他门诊收入等。

（2）住院收入是指为住院病人提供医疗服务所取得的收入，包括床位收入、诊察收入、检查收入、化验收入、治疗收入、手术收入、护理收入、卫生材料收入、药品收入、药事服务费收入、其他住院收入等。

2.财政补助收入

财政补助收入，是医院按部门预算隶属关系从同级财政部门取得的各类财政补助收入，包括基本支出补助收入和项目支出补助收入。基本支出补助收入是指由财政部门拨入的符合国家规定的离退休人员经费、政策性亏损补贴等经常性补助收入，项目支出补助收入是指由财政部门拨入的主要用于基本建设和设备购置、重点学科发展、承担政府指定公共卫生任务等的专项补助收入。

3.科教项目收入

科教项目收入，是医院取得的除财政补助收入之外的专门用于科研、教学项目的补助收入。

4.其他收入

其他收入，是医院开展除医疗业务、科教项目之外的活动所取得的收入，包括培训收入、租金收入、食堂收入、投资收益、财产物资盘盈收入、捐赠收入、确实无法支付的应付款项等。

（二）收入类科目及其核算内容：医院会计与事业单位会计比较

医院收入类科目及其核算内容与事业单位会计的比较见表11-2。表11-2表明：

（1）医院的“财政补助收入”的总账科目及其明细科目的设置、核算内容与事业单位会计原理基本相同。但在财政直接支付方式下，由于医院会计费用核算与事业单位支出存在差异，所以医院资产的取得和期末结转的账务处理与事业单位会计不同。

（2）医院开展专业活动（医疗、科研和教学活动）取得的收入（医疗收入和科教项目收入)，其核算通过“医疗收入”和“科教项目收入”两个科目核算，这与事业单位会计只通过“事业收入”科目核算存在差异。

表11-2　　收入类科目及其核算内容：医院会计与事业单位会计比较

事业单位会计		医院会计	
科目名称	科目核算内容	科目名称	科目核算内容
财政补助收入	核算事业单位从同级财政部门取得的各类财政拨款，包括基本支出补助和项目支出补助	财政补助收入	核算医院按部门预算隶属关系从同级财政部门取得的各类财政补助
事业收入	核算事业单位开展专业业务活动及辅助活动所取得的收入	医疗收入	核算医院开展医疗服务活动取得的收入，包括门诊收入和住院收入
上级补助收入	核算事业单位从主管部门和上级单位取得的非财政补助收入	科教项目收入	核算医院取得的除财政补助收入外专门用于科研、教学项目的补助收入
附属单位上缴收入	核算事业单位附属独立核算单位按照有关规定上缴的收入	其他收入	核算医院除医疗收入、财政补助收入、科教项目收入之外的其他收入，包括培训收入、食堂收入、银行存款利息收入、租金收入、投资收益、财产物资盘盈收入、捐赠收入、确实无法支付的应付款项等
经营收入	核算事业单位在专业业务活动及其辅助活动之外开展非独立核算经营活动取得的收入		
其他收入	核算事业单位除财政补助收入、事业收入、上级补助收入、附属单位上缴收入、经营收入之外的各项收入，包括投资收益、银行存款利息收入、租金收入、捐赠收入、现金盘盈收入、存货盘盈收入、收回已核销应收及预付款项、无法偿付的应付及预收款项等		

(3)“科教项目收入”科目与事业单位会计的“上级补助收入”类似，但其只核算项目补助收入。

(4)“其他收入”总账科目及其明细科目的设置、核算内容、账务处理方法与事业单位会计原理基本相同，但少部分确认基础和事业单位会计存在差异。

(5)医院会计不设置“附属单位上缴收入”和“经营收入”科目。

(三) 医院收入特殊业务的核算

与事业单位会计相比，医院会计各项收入都具有一定的特殊性。

1.医疗收入

(1)医疗收入的确认和计量

医疗收入的确认采用权责发生制，即应当在提供医疗服务(包括发出药品)并收讫价款或取得收款权利时，按照国家规定的医疗服务项目收费标准计算确定的金额确认入账。医院给予病人或其他付费方的折扣不计入医疗收入。

医院同医疗保险机构结算时，医疗保险机构实际支付金额与医院确认的应收医疗款金额之间存在差额的，对于除医院因违规治疗等管理不善原因被医疗保险机构拒付所产生的差额之外其他的差额，应当调整医疗收入。

（2）“医疗收入”会计科目的设置

“医疗收入”科目核算医院开展医疗服务活动取得的收入，包括门诊收入和住院收入。本科目应设置“门诊收入”、“住院收入”两个一级明细科目。期末结转后，本科目应无余额。

①“门诊收入”一级明细科目

“门诊收入”一级明细科目核算医院为门诊病人提供医疗服务所取得的收入。该一级明细科目下应当设置“挂号收入”、“诊察收入”、“检查收入”、“化验收入”、“治疗收入”、“手术收入”、“卫生材料收入”、“药品收入”、“药事服务费收入”、“其他门诊收入”、“结算差额”等二级明细科目，进行明细核算。其中：“药品收入”二级明细科目下应当设置“西药”、“中成药”、“中草药”等三级明细科目。“结算差额”二级明细科目核算医院同医疗保险机构结算时，因医院按照医疗服务项目收费标准计算确认的应收医疗款金额与医疗保险机构实际支付金额不同，而产生的需要调整医院医疗收入的差额（不包括医院因违规治疗等管理不善原因被医疗保险机构拒付所产生的差额）。医院因违规治疗等管理不善原因被医疗保险机构拒付而不能收回的应收医疗款，应按规定确认为坏账损失，不通过本明细科目核算。

②“住院收入”一级明细科目

“住院收入”一级明细科目核算医院为住院病人提供医疗服务所取得的收入。该一级明细科目下应当设置“床位收入”、“诊察收入”、“检查收入”、“化验收入”、“治疗收入”、“手术收入”、“护理收入”、“卫生材料收入”、“药品收入”、“药事服务费收入”、“其他住院收入”、“结算差额”等二级明细科目，进行明细核算。其中：“药品收入”二级明细科目下应当设置“西药”、“中成药”、“中草药”等三级明细科目。“结算差额”二级明细科目的核算内容同“门诊收入”一级明细科目所属的“结算差额”二级明细科目。

（3）医疗收入的主要账务处理

①医院实现医疗收入时，依据规定的医疗服务项目收费标准计算确定的金额（不包括医院给予病人或其他付费方的折扣），借记“库存现金”、“银行存款”、“应收在院病人医疗款”、“应收医疗款”等科目，贷记本科目。

②同医疗保险机构结算应收医疗款时，按照实际收到的金额，借记“银行存款”科目，按照医院因违规治疗等管理不善原因被医疗保险机构拒付的金额，借记“坏账准备”科目，按照应收医疗保险机构的金额，贷记“应收医疗款”科目，按照借贷方之间的差额，借记或贷记本科目（门诊收入、住院收入——结算差额）。

③期末，将本科目余额转入本期结余，借记本科目，贷记“本期结余”科目。

【例11-1】某医院财务部门收到门诊收费处和住院收费处分别报来的“门诊收入汇总日报表”和“住院病人收入汇总日报表”，列示本日门诊医疗收入100 000元、住院医疗收入300 000元。其中，收到现金120 000元（100 000元已存入银行），银行支票4张、金额共200 000元，依据规定的医疗服务项目收费标准计算应向门诊病人收费20 000元、住院病人收费60 000元。该医院账务处理如下：

借：库存现金	20 000	
银行存款	300 000	
应收医疗款	20 000	
应收在院病人医疗款	60 000	
贷：医疗收入——门诊收入		100 000
——住院收入		300 000

【例11-2】某医院同医疗保险机构结算住院病人应收医疗款580 000元，医疗保险机构实际拨付医院540 000元，其余30 000元因医院抗生素使用超标拒付。

借：银行存款	540 000	
坏账准备	30 000	
医疗收入——住院收入——结算差额	10 000	
贷：应收医疗款		580 000

2.财政补助收入

“财政补助收入”科目核算医院按部门预算隶属关系从同级财政部门取得的各类财政补助。本科目应设置“基本支出”和“项目支出”两个一级明细科目。其中，“基本支出”明细科目核算医院由财政部门拨入的符合国家规定的离退休人员经费、政策性亏损补贴等经常性补助；“项目支出”明细科目核算医院由财政部门拨入的主要用于基本建设和设备购置、重点学科发展、承担政府指定公共卫生任务等的专项补助。“基本支出”一级明细科目下应按照《政府收支分类科目》中“支出功能分类科目”的相关科目进行明细核算。“项目支出”一级明细科目下应当按照《政府收支分类科目》中“支出功能分类科目”的“医疗卫生”、“科学技术”、“教育”等相关科目以及具体项目进行明细核算。期末结转后，本科目应无余额。

（1）在财政直接支付方式下，按照财政直接支付金额，借记“医疗业务成本”、“财政项目补助支出”等科目，贷记本科目；对于为购建固定资产、无形资产或购买药品等库存物资而由财政直接支付的支出，还应借记“在建工程”、“固定资产”、“无形资产”、“库存物资”等科目，贷记“待冲基金——待冲财政基金”科目。相关举例参见医院资产和负债的核算。

（2）期末，将本科目的贷方余额分别转入本期结余和财政补助结转（余）。按本科目（基本支出）的贷方余额，借记本科目（基本支出），贷记“本期结余”科目；按本科目（项目支出）的贷方余额，借记本科目（项目支出），贷记“财政补助结转

（余）——财政补助结转（项目支出结转）”科目。相关举例参见医院净资产的核算。

3.科教项目收入

“科教项目收入”科目核算医院取得的除财政补助收入外专门用于科研、教学项目的补助收入。本科目应设置“科研项目收入”、“教学项目收入”两个明细科目，并按具体项目进行明细核算。期末结转后，本科目应无余额。

科教项目收入应当在实际收到时，按照实际收到的金额予以确认。

（1）取得除财政补助收入之外的科研、教学项目资金时，按收到的金额，借记“银行存款”等科目，贷记本科目。

（2）期末，将本科目余额转入科教项目结转（余），借记本科目，贷记“科教项目结转（余）”科目。相关举例参见医院净资产核算。

【例11-3】某医院承担卫生部课题，通过银行收到卫生部拨付的课题经费500 000元。该医院账务处理如下：

借：银行存款　　500 000

　贷：科教项目收入　　500 000

4.其他收入

（1）“其他收入”会计科目的设置

“其他收入”核算医院除医疗收入、财政补助收入、科教项目收入之外的其他收入，包括培训收入、食堂收入、银行存款利息收入、租金收入、投资收益、财产物资盘盈收入、捐赠收入、确实无法支付的应付款项等。本科目应当按照其他收入的种类设置明细账，进行明细核算。其中，医院对外投资实现的投资净损益，应单设“投资收益”明细科目进行核算。期末结转后，本科目应无余额。

（2）其他收入的确认

在其他收入中，固定资产租金收入和长期投资持有期间的投资收益等确认采用权责发生制，其他收入的确认采用收付实现制。

（3）其他收入的核算

采用收付实现制确认的其他收入核算与事业单位会计原理相同；投资收益的核算参见医院短期投资和长期投资的核算。下面只介绍固定资产租金收入和期末结转的核算。

①固定资产租金收入，在租赁期内各个期间按直线法确认收入。采用预付租金方式的，收到预付的租金时，借记“银行存款”等科目，贷记“其他应收款”科目；分期确认租金收入时，借记“其他应收款”科目，贷记本科目。采用后付租金方式的，每期确认租金收入时，借记“其他应收款”科目，贷记本科目。收到租金时，借记“银行存款”等科目，贷记“其他应收款”科目。采用分期收取租金方式的，每期收取租金时，借记“银行存款”等科目，贷记本科目。

【例11-4】某医院年初将空闲的房屋出租给一家公司，按照租赁协议，租期5年，采用预付租金方式，每年1月6日收取租金120 000元。该医院账务处理如下：

● 1月6日收到预付的租金时，

借：银行存款　　120 000

　贷：其他应收款　　120 000

● 每月末确认租金收入时，

借：其他应收款　　10 000

　贷：其他收入　　10 000

【例11-5】假如上例中的租金采用后付租金方式，于每年12月20日支付年租金120 000元，则该医院账务处理如下：

● 每月末确认租金收入时，

借：其他应收款　　10 000

　贷：其他收入　　10 000

● 12月20日收到租金时，

借：银行存款　　120 000

　贷：其他应收款　　120 000

【例11-6】假如【例11-4】中的租金采用分期收取租金方式，每月末支付租金12 000元。每月末收到租金时，该医院账务处理如下：

借：银行存款　　12 000

　贷：其他收入　　12 000

②期末结转，将本科目余额转入本期结余，借记本科目，贷记“本期结余”科目。相关举例参见医院净资产的核算。

二、医院费用

（一）医院费用的内容

医院费用是指医院在开展医疗服务及其他活动过程中发生的资产、资金耗费和损失，包括医疗业务成本、财政项目补助支出、科教项目支出、管理费用和其他支出。

与事业单位会计支出相比，医院会计各项费用都具有特殊性。

1.医疗业务成本

医疗业务成本，是医院开展医疗服务及其辅助活动发生的各项费用，包括人员经费、耗用的药品及卫生材料费、固定资产折旧费、无形资产摊销费、提取医疗风险基金和其他费用，不包括财政补助收入和科教项目收入形成的固定资产折旧和无形资产摊销。其中，人员经费包括基本工资、绩效工资（津贴补贴、奖金）、社会保障缴费、住房公积金等。其他费用包括办公费、印刷费、水费、电费、邮电费、取暖费、物业管理费、差旅费、会议费、培训费等。

2.财政项目补助支出

财政项目补助支出，是医院利用财政补助收入安排的项目支出。实际发生额全部计入当期支出。其中，用于购建固定资产、无形资产等发生的支出，应同时计入净资产，按规定分期结转。

3. 科教项目支出

科教项目支出，是医院利用科教项目收入开展科研、教学活动发生的支出，用于购建固定资产、无形资产等发生的支出，应同时计入净资产，按规定分期结转。

4. 管理费用

管理费用，是医院行政及后勤管理部门为组织、管理医疗和科研、教学业务活动所发生的各项费用，包括医院行政及后勤管理部门发生的人员经费、耗用的材料成本、计提的固定资产折旧、无形资产费用，以及医院统一管理的离退休经费、坏账损失、印花税、房产税、车船税、利息支出和其他公用经费，不包括计入科教项目、基本建设项目支出的管理费用。

5. 其他支出

其他支出，是医院除上述项目之外的支出，包括出租固定资产的折旧费及维修费、食堂支出、罚没支出、捐赠支出、财产物资盘亏和毁损损失等。

（二）费用类科目及其核算内容：医院会计与事业单位会计比较

医院费用类科目及其核算内容与事业单位支出类的比较见表11-3。表11-3表明，医院因采用权责发生制确认基础，并实行完全成本核算，所以其费用类科目与事业单位支出类科目完全不同。虽然，医院也设置了与事业单位会计相同的“其他支出”科目，但具体核算的内容却有很大差异。

表11-3　　**费用类科目及其核算内容：医院会计与事业单位会计比较**

事业单位会计		医院会计	
支出类科目名称	科目核算内容	费用类科目名称	科目核算内容
事业支出	核算事业单位开展专业业务活动及其辅助活动发生的基本支出和项目支出	医疗业务成本	核算医院开展医疗服务及其辅助活动发生的各项费用
上缴上级支出	核算事业单位按照财政部门和主管部门的规定上缴上级单位的支出	财政项目补助支出	核算医院本期使用财政项目补助（包括当年取得的财政补助和以前年度结转或结余的财政补助）发生的支出
对附属单位补助支出	核算事业单位用财政补助收入之外的收入对附属单位补助发生的支出	科教项目支出	核算医院使用除财政补助收入以外的科研、教学项目收入开展科研、教学项目活动所发生的各项支出
经营支出	核算事业单位在专业业务活动及其辅助活动之外开展非独立核算经营活动发生的支出	管理费用	核算医院行政及后勤管理部门为组织、管理医疗、科研、教学业务活动所发生的各项费用
其他支出	核算事业单位除事业支出、上缴上级支出、对附属单位补助支出、经营支出以外的各项支出，包括利息支出、捐赠支出、现金盘亏损失、资产处置损失、接受捐赠（调入）非流动资产发生的税费支出等	其他支出	核算医院本期发生的，无法归属到医疗业务成本、财政项目补助支出、科教项目支出、管理费用中的支出，包括培训支出，食堂提供服务发生的支出，出租固定资产的折旧费，营业税、城市维护建设税、教育费附加等税费，财产物资盘亏或毁损损失，捐赠支出，罚没支出等

（三）医院费用的核算

1.医疗业务成本

（1）“医疗业务成本”会计科目设置及核算内容

“医疗业务成本”科目核算医院开展医疗服务及其辅助活动发生的各项费用。本科目应设置“人员经费”、“卫生材料费”、“药品费”、“固定资产折旧费”、“无形资产摊销费”、“提取医疗风险基金”、“其他费用”等一级明细科目，并按照各具体科室进行明细核算，归集临床服务、医疗技术、医疗辅助类各科室发生的，能够直接计入各科室或采用一定方法计算后计入各科室的直接成本。“人员经费”、“其他费用”明细科目下还应参照《政府收支分类科目》中“支出经济分类科目”的相关科目进行明细核算。医院应当在本科目下设置“财政基本补助支出”备查簿，按《政府收支分类科目》中“支出功能分类科目”以及“支出经济分类科目”的相关科目，对各项归属于医疗业务成本的财政基本补助支出进行登记。期末结转后，本科目应无余额。

本科目核算内容包括：

①医院开展医疗服务及其辅助活动发生的各项费用。

②使用财政基本补助发生的归属于医疗业务成本的支出。

③医院开展科研、教学项目使用自筹配套资金发生的支出，以及医院开展的不与本制度规定的特定“项目”相关的医疗辅助科研、教学活动发生的相关人员经费、专用材料费、资产折旧（摊销）费等费用。

（2）医疗业务成本的主要账务处理

①为从事医疗活动及其辅助活动人员计提的薪酬、福利费等，借记本科目（人员经费），贷记“应付职工薪酬”、“应付福利费”、“应付社会保障费”等科目。

②开展医疗活动及其辅助活动中，内部领用或出售发出的药品、卫生材料等，按其实际成本，借记本科目（卫生材料费、药品费），贷记“库存物资”科目。

③开展医疗活动及其辅助活动所使用固定资产、无形资产计提的折旧、摊销，按照财政补助、科教项目资金形成的金额部分，借记“待冲基金”科目，按照应提折旧、摊销额中的其余金额部分，借记本科目（固定资产折旧费、无形资产摊销费），按照应计提的折旧、摊销额，贷记“累计折旧”、“累计摊销”科目。

④计提的医疗风险基金，按照计提金额，借记本科目（提取医疗风险基金），贷记“专用基金——医疗风险基金”科目。

⑤开展医疗活动及其辅助活动中发生的其他各项费用，借记本科目（其他费用），贷记“银行存款”、“待摊费用”等科目。

⑥期末，将本科目余额转入本期结余，借记“本期结余”科目，贷记本科目。

①～⑤的相关举例参见医院资产和负债的核算，⑥的相关举例参见医院净资产的核算。

2.财政项目补助支出

“财政项目补助支出”科目核算医院本期使用财政项目补助（包括当年取得的财政

补助和以前年度结转或结余的财政补助）发生的支出。本科目应当按照《政府收支分类科目》中“支出功能分类科目”的“医疗卫生”、“科学技术”、“教育”等相关科目以及具体项目进行明细核算。期末结转后，本科目应无余额。

（1）财政直接支付方式下，发生财政直接支付的项目补助时，按照支付金额，借记本科目，贷记“财政补助收入”科目；对于为购建固定资产、无形资产或购买药品等物资而由财政直接支付的支出，还应借记“在建工程”、“固定资产”、“无形资产”、“库存物资”等科目，贷记“待冲基金——待冲财政基金”科目。

（2）财政授权支付方式下，使用零余额账户用款额度发生项目补助支付时，按照支付金额，借记本科目，贷记“零余额账户用款额度”科目；对于为购建固定资产、无形资产或购买药品等物资而由财政授权支付的支出，还应借记“在建工程”、“固定资产”、“无形资产”、“库存物资”等科目，贷记“待冲基金——待冲财政基金”科目。

（3）其他方式下，发生财政项目补助支出时，按照实际支付的金额，借记本科目，贷记“银行存款”等科目；对于为购建固定资产、无形资产或购买药品等物资发生的支出，还应借记“在建工程”、“固定资产”、“无形资产”、“库存物资”等科目，贷记“待冲基金——待冲财政基金”科目。

（4）期末，将本科目余额转入财政补助结转（余），借记“财政补助结转（余）——财政补助结转（项目支出结转）”科目，贷记本科目。

上述（1）~（3）相关举例参见医院资产的核算，（4）相关举例参见医院净资产的核算。

3.科教项目支出

“科教项目支出”科目核算医院使用除财政补助收入之外的科研、教学项目收入开展科研、教学项目活动所发生的各项支出。本科目应设置“科研项目支出”、“教学项目支出”两个明细科目，并按具体项目进行明细核算。医院还应设置相应的辅助账，登记开展各科研、教学项目所使用自筹配套资金的情况。期末结转后，本科目应无余额。

（1）使用科教项目收入发生的各项支出，按实际支出金额，借记本科目，贷记“银行存款”等科目；形成固定资产、无形资产、库存物资的，还应同时借记“固定资产”、“无形资产”、“库存物资”等科目，贷记“待冲基金——待冲科教项目基金”科目。相关举例参见医院资产的核算。

（2）期末，将本科目余额转入科教项目结转（余），借记“科教项目结转（余）”科目，贷记本科目。相关举例参见医院净资产的核算。

4.管理费用

“管理费用”科目核算医院行政及后勤管理部门为组织、管理医疗、科研、教学业务活动所发生的各项费用。为购建固定资产取得的专门借款在工程完工交付使用后发生的专门借款利息，以及使用财政基本补助发生的归属于管理费用的支出，在本科目核算。本科目应设置“人员经费”、“固定资产折旧费”、“无形资产摊销费”、“其他费用”等一级明细科目。其中：“人员经费”、“其他费用”明细科目下应参照《政府收支分类科目》中“支出经济分类科目”的相关科目进行明细核算。医院应当在本科目下设置“财政基本补助支出”备查簿，按《政府收支分类科目》中“支出功能分类科目”以及“支出经济分类科目”的相关科目，对各项归属于管理费用的财政基本补助支出进行登记。期末结转后，本科目应无余额。

（1）为行政及后勤管理部门人员以及离退休人员计提的薪酬、福利费等，借记本科目（人员经费），贷记“应付职工薪酬”、“应付福利费”、“应付社会保障费”等科目。

（2）行政及后勤管理部门所使用固定资产、无形资产计提的折旧、摊销，按照财政补助、科教项目资金形成的金额部分，借记“待冲基金”科目，按照应提折旧、摊销额中的其余金额部分，借记本科目（固定资产折旧费、无形资产摊销费），按照应计提的折旧、摊销额，贷记“累计折旧”、“累计摊销”科目。

（3）提取坏账准备时，借记本科目（其他费用），贷记“坏账准备”科目；冲减坏账准备时，借记“坏账准备”科目，贷记本科目（其他费用）。

（4）发生应计入管理费用的银行借款利息支出时，借记本科目（其他费用），贷记“预提费用”、“银行存款”、“长期借款”等科目。

发生汇兑净收益时，借记“银行存款”、“应付账款”等科目，贷记本科目（其他费用）；发生汇兑净损失时，借记本科目（其他费用），贷记“银行存款”、“应付账款”等科目。

（5）发生其他各项管理费用时，借记本科目（其他费用），贷记“库存现金”、“银行存款”、“库存物资”、“待摊费用”等科目。

（6）期末，将本科目余额转入本期结余，借记“本期结余”科目，贷记本科目。

上述（1）~（5）相关举例参见医院资产的核算，（6）相关举例参见医院净资产的核算。

5.其他支出

“其他支出”科目核算医院本期发生的，无法归属到医疗业务成本、财政项目补助支出、科教项目支出、管理费用中的支出，包括培训支出，食堂提供服务发生的支出，出租固定资产的折旧费，营业税、城市维护建设税、教育费附加等税费，财产物资盘亏或毁损损失，捐赠支出，罚没支出等。本科目应当按照其他支出的种类和项目设置明细账，进行明细核算。期末结转后，本科目应无余额。

（1）为出租固定资产计提的折旧额，按照财政补助、科教项目资金形成的金额部分，借记“待冲基金”科目，按照应提折旧额中的其余金额部分，借记本科目，按照应计提的折旧额，贷记“累计折旧”科目。

（2）盘亏、变质、毁损的财产物资，按照相关待处理财产损溢金额扣除可以收回的保险赔偿和过失人的赔偿等后的金额，借记本科目，按照已收回或应收回的保险赔偿和过失人赔偿等，借记“库存现金”、“银行存款”、“其他应收款”等科目，按照相关待处理财产损溢余额，贷记“待处理财产损溢”科目。

（3）发生营业税、城市维护建设税、教育费附加等纳税义务的，按照税法规定计算的应交税费金额，借记本科目、“固定资产清理”等科目，贷记“应交税费”科目。

（4）发生培训支出、食堂支出、捐赠支出、罚没支出等其他支出，借记本科目，贷记“银行存款”等科目。

（5）期末，将本科目余额转入本期结余，借记“本期结余”科目，贷记本科目。

上述（1）~（3）相关举例参见医院资产的核算，（5）相关举例参见医院净资产的核算。

第三节 医院资产和负债的核算

一、医院资产

（一）医院资产的内容

资产是指医院占有或者使用的能以货币计量的经济资源，包括流动资产和非流动资产。

流动资产是指可以在一年内（含一年）变现或者耗用的资产。医院的流动资产包括货币资金、应收款项、预付款项、存货等。

非流动资产是指除了流动资产以外的资产，主要包括固定资产、在建工程、无形资产和对外投资等。

医院各项资产的含义和内容与事业单位会计原理基本相同。

（二）资产类科目：医院会计与事业单位会计比较

医院资产类科目及其核算内容与事业单位会计比较见表11-4。表11-4表明，医院大部分资产科目的总账科目及其明细科目的设置、核算内容、账务处理方法与事业单位会计类似。其差异主要在于：

（1）流动资产类科目中医院特有的科目包括“其他货币资金”、“应收在院病人医疗款”、“应收医疗款”、“坏账准备”、“库存物资”、“在加工物资”、“待摊费用”科目。

（2）非流动资产类科目的核算使用财政补助收入和科教项目收入取得的采用“双分录”核算方法，其他资金取得的采用“单分录”核算。

（3）固定资产折旧和无形资产摊销计提采用“虚提”和“实提”两种模式，差异在于固定资产和无形资产取得时使用的资金是否是财政补助收入和科教项目收入。如果是，采用“虚提”模式；反之，采用 “实提”模式。

（4）医院需要设置“固定资产清理”、“长期待摊费用”科目。

（5）医院待处理财产仅包括各种资产的盘盈、盘亏和毁损。

表11-4　　资产类科目及其核算内容：医院会计与事业单位会计比较

事业单位会计		医院会计	
科目名称	科目核算内容	科目名称	科目核算内容
库存现金	核算事业单位的库存现金	库存现金	核算医院的库存现金
银行存款	核算事业单位存入银行及其他金融机构的各种存款	银行存款	核算医院存入银行的各种存款
零余额账户用款额度	核算实行国库集中支付的事业单位根据财政部门批复的用款计划收到和支用的零余额账户用款额度	零余额账户用款额度	核算实行国库集中支付的医院根据财政部门批复的用款计划收到的零余额账户用款额度
		其他货币资金	核算医院的银行本票存款、银行汇票存款、信用卡存款等各种其他货币资金
短期投资	核算事业单位依法取得的，持有时间不超过一年（含一年）的投资，主要是国债投资	短期投资	核算医院购入能随时变现并且持有时间不准备超过一年（含一年）的投资，主要是短期国债
财政应返还额度	核算实行国库集中支付的事业单位应收财政返还的资金额度	财政应返还额度	核算实行国库集中支付的医院应收财政返还的资金额度
应收票据	核算事业单位因开展经营活动销售产品、提供有偿服务等而收到的商业汇票	应收在院病人医疗款	核算医院因提供医疗服务而应向住院病人收取的医疗款
应收账款	核算事业单位因开展经营活动销售产品、提供有偿服务等而应收取的款项	应收医疗款	核算医院因提供医疗服务而应向门诊病人、出院病人、医疗保险机构等收取的医疗款
预付账款	核算事业单位按照购货、劳务合同规定预付给供应单位的款项	预付账款	核算医院预付给商品供应单位或者服务提供单位的款项
其他应收款	核算事业单位除财政应返还额度、应收票据、应收账款、预付账款以外的其他各项应收及暂付款项，如职工预借的差旅费、拨付给内部有关部门的备用金、应向职工收取的各种垫付款项等	其他应收款	核算医院除财政应返还额度、应收在院病人医疗款、应收医疗款、预付账款以外的其他各项应收、暂付款项，包括职工预借的差旅费、拨付的备用金、应向职工收取的各种垫付款项、应收长期投资的利息或利润等
		坏账准备	核算医院对应收医疗款和其他应收款提取的坏账准备
存货	核算事业单位在开展业务活动及其他活动中为耗用而储存的各种材料、燃料、包装物、低值易耗品及达不到固定资产标准的用具、装具、动植物等的实际成本	库存物资	核算医院为开展医疗服务及其辅助活动而储存的药品、卫生材料、低值易耗品和其他材料的实际成本
		在加工物资	核算医院自制或委托外单位加工的各种药品、卫生材料等物资的实际成本
		待摊费用	核算医院已经支出，但应当由本期和以后各期分别负担的分摊期在一年以内（含一年）的各项费用，如预付保险费、预付租金等

续表

事业单位会计		医院会计	
科目名称	科目核算内容	科目名称	科目核算内容
长期投资	核算事业单位依法取得的，持有时间超过一年（不含一年）的股权和债权性质的投资	长期投资	核算医院持有时间准备超过一年（不含一年）的各种股权性质的投资，以及购入的在一年内（含一年）不能变现或不准备随时变现的债权性质的投资
固定资产	核算事业单位固定资产的原价	固定资产	核算医院固定资产的原价
累计折旧	核算事业单位固定资产计提的累计折旧	累计折旧	核算医院固定资产计提的累计折旧
在建工程	核算事业单位已经发生必要支出，但尚未完工交付使用的各种建筑（包括新建、改建、扩建、修缮等）和设备安装工程的实际成本	在建工程	核算医院为建造、改建、扩建及修缮固定资产以及安装设备而进行的各项建筑、安装工程所发生的实际成本
		固定资产清理	核算医院因出售、报废、毁损等原因转入清理的固定资产净值及其清理过程中所发生的清理费用和清理收入等
无形资产	核算事业单位无形资产的原价	无形资产	核算医院为开展医疗服务等活动或为管理目的而持有的且没有实物形态的非货币性长期资产
累计摊销	核算事业单位无形资产计提的累计摊销	累计摊销	核算医院无形资产计提的累计摊销
		长期待摊费用	核算医院已经发生但应由本期和以后各期负担的分摊期限在一年以上（不含一年）的各项费用，如以经营租赁方式租入的固定资产发生的改良支出等
待处置资产损溢	核算事业单位待处置资产的价值及处理损溢	待处理财产损溢	核算医院在清查财产过程中查明的各种财产盘盈、盘亏和毁损的价值

（三）流动资产特殊业务的核算

与事业单位会计相比，医院流动资产核算的特殊业务主要包括以下内容：

1.货币资金——其他货币资金

医院的货币资金包括库存现金、银行存款、零余额账户用款额度、其他货币资金等，其中前三个内容的核算与事业单位会计原理相同，特殊的是其他货币资金。

“其他货币资金”科目核算医院的银行本票存款、银行汇票存款、信用卡存款等各种其他货币资金。本科目应设置“银行本票存款”、“银行汇票存款”、“信用卡存款”等明细科目，进行明细核算。本科目期末借方余额，反映医院实际持有的其他货币资金。

（1）医院将款项交存银行取得银行本票、银行汇票，按照取得的银行本票、银行汇票金额，借记本科目，贷记“银行存款”科目。使用银行本票、银行汇票发生支付，按照实际支付金额，借记“库存物资”等科目，贷记本科目。如有余款或因本票、汇票超过付款期等原因而退回款项，按照退款金额，借记“银行存款”科目，贷记本科目。

（2）将款项交存银行取得信用卡，按照交存金额，借记本科目，贷记“银行存款”科目。用信用卡购物或支付有关费用，借记有关科目，贷记本科目。医院信用卡在使用过程中，需向其账户续存资金的，按照续存金额，借记本科目，贷记“银行存款”科目。

【例11-7】某医院分别将5 000元、8 000元交存银行并取得金额为5 000元和8 000元的银行本票和银行汇票各一张，同时将10 000元交存银行取得信用卡一张。该医院账务处理如下：

借：其他货币资金　　23 000

　贷：银行存款　　23 000

【例11-8】假如上例中的医院使用银行本票（金额5 000元）和银行汇票（金额8 000元）购买卫生材料，卫生材料已验收入库。该医院账务处理如下：

借：库存物资　　13 000

　贷：其他货币资金　　13 000

2.应收及预付款项

应收及预付款项是指医院在开展业务活动和其他活动过程中形成的各项债权，包括应收医疗款、预付账款、财政应返还资金和其他应收款等。医院会计特有的应收款项是应收在院病人医疗款和应收医疗款，并且医院的应收医疗款和其他应收款实行计提坏账准备金制度。

（1）应收在院病人医疗款

“应收在院病人医疗款”科目核算医院因提供医疗服务而应向住院病人收取的医疗款。医院应当按照住院病人对应收在院病人医疗款进行明细核算。本科目期末借方余额，反映医院尚未结算的应收在院病人医疗款。

①医院发生应收住院病人医疗款时，按照应收未收金额，借记本科目，贷记“医疗收入”科目。

②住院病人办理出院手续，结算医疗费时，如病人应付的医疗款金额大于其预交金额，应按病人补付金额，借记“库存现金”、“银行存款”等科目，按病人预交金额，借记“预收医疗款”科目，按病人应付的医疗款金额，贷记本科目；如病人应付的医疗款金额小于其预交金额，应按病人预交金额，借记“预收医疗款”科目，按病人应付的医疗款金额，贷记本科目，按退还给病人的差额，贷记“库存现金”、“银行存款”等科目。结转住院病人自负部分以外的应收医疗款或结转病人结算欠费，按应收在院病人医疗款总额中扣除病人自负部分以外的金额，或病人结算欠费金额，借记“应收医疗款”科目，贷记本科目。

【例11-9】某医院财务部门收到住院处报来的“住院病人收入汇总日报表”，本日应向住院病人收取医疗款400 000元，但款项尚未收到。该医院账务处理如下：

借：应收在院病人医疗款　　400 000

　贷：医疗收入　　400 000

【例11-10】某医院财务部门收到住院处报来的“住院病人药费结算日报表”，本日共结算医药费500 000元，其中，冲减预交金额480 000元，收到金额为14 680支票一张，出院病人欠费5 320元。该医院账务处理如下：

借：预收医疗款　　480 000
　　银行存款　　14 680
　　应收医疗款　　5 320
　贷：应收在院病人医疗款　　500 000

（2）应收医疗款

“应收医疗款”科目核算医院因提供医疗服务而应向门诊病人、出院病人、医疗保险机构等收取的医疗款。本科目应当按照门诊病人、出院病人、医疗保险机构等设置明细账，进行明细核算。本科目期末借方余额，反映医院尚未收回的应收医疗款金额。

①结算门诊病人医疗费时，发生病人欠费的，按应收未收金额，借记本科目，贷记“医疗收入”科目。门诊病人发生的医疗费中应由医疗保险机构等负担的部分，借记本科目，贷记“医疗收入”科目。

②住院病人办理出院手续结算医疗费时，结转出院病人自负部分以外的应收医疗款或结转出院病人结算欠费，按应收在院病人医疗款总额中扣除病人自负部分以外的金额，或病人结算欠费金额，借记本科目，贷记“应收在院病人医疗款”科目。

③收到病人等交来的医疗欠费时，按照实际收到的金额，借记“银行存款”、“库存现金”等科目，贷记本科目。

④同医疗保险机构结算应收医疗款时，按照实际收到的金额，借记“银行存款”科目，按照医院因违规治疗等管理不善原因被医疗保险机构拒付的金额，借记“坏账准备”科目，按照应收医疗保险机构的金额，贷记本科目，按照借贷方之间的差额，借记或贷记“医疗收入——门诊收入、住院收入（结算差额）”科目。

相关举例参见医疗收入和应收在院病人医疗款的核算。

（3）坏账准备

①坏账准备及其计提方法

坏账准备是医院按照一定的方法对应收医疗款和其他应收款提取的坏账损失。

医院应当于每年年度终了，对应收医疗款和其他应收款进行全面检查，分析其可收回性，对预计可能产生的坏账损失计提坏账准备、确认坏账损失并计入当期管理费用。

医院可以采用应收款项余额百分比法、账龄分析法、个别认定法等方法计提坏账准备。坏账准备提取方法一经确定，不得随意变更。如需变更，应当按照规定权限报经批准，并在会计报表附注中予以说明。医院可累计计提的坏账准备不应超过年末应收医疗款和其他应收款科目余额的2%～4%。

当期应补提或冲减的坏账准备金额的计算公式如下：

$$\frac{\text{当期应补提或}}{\text{冲减的坏账准备}}=\frac{\text{当期按应收医疗款和其他应收}}{\text{款计算应计提的坏账准备金额}}-\frac{\text{本科目贷方余额}}{\text{（或+本科目借方余额）}}$$

医院对账龄超过3年，确认无法收回的应收医疗款和其他应收款可作为坏账损失处理。坏账损失经过清查，按照国有资产管理的有关规定报批后，在坏账准备中冲销。收回已经核销的坏账，增加坏账准备。

②坏账准备的核算

“坏账准备”科目核算医院对应收医疗款和其他应收款提取的坏账准备。本科目期末贷方余额，反映医院提取的坏账准备金额。

提取坏账准备时，借记“管理费用”科目，贷记本科目；冲减坏账准备时，借记本科目，贷记“管理费用”科目。

医院同医疗保险机构结算时，存在医院因违规治疗等管理不善原因被医疗保险机构拒付情况的，按照拒付金额，借记本科目，贷记“应收医疗款”科目。

对于账龄超过规定年限并确认无法收回的应收医疗款或其他应收款，应当按照有关规定报经批准后，按照无法收回的应收款项金额，借记本科目，贷记“应收医疗款”、“其他应收款”科目。

如果已转销的应收医疗款、其他应收款在以后期间又收回，按照实际收回的金额，借记“应收医疗款”、“其他应收款”科目，贷记本科目；同时，借记“银行存款”等科目，贷记“应收医疗款”、“其他应收款”科目。

【例11-11】某医院采用应收款项余额百分比法计提坏账准备，计提比例为年末应收医疗款和其他应收款科目余额的4%。假设该医院本年末应收医疗款和其他应收款科目余额分别为100 000元和50 000元，“坏账准备”科目贷方余额为2 000元。该医院账务处理如下：

本年末该医院应补提坏账准备金额为：

（100 000+50 000）×4%-2 000=4 000（元）

借：管理费用	4 000	
贷：坏账准备		4 000

如果年末“坏账准备”科目贷方余额为8 000元，该医院冲减坏账准备2 000元，则医院账务处理如下：

借：坏账准备	2 000	
贷：管理费用		2 000

【例11-12】上例中的医院次年6月发现有3 000元应收医疗款和1 500元其他应收款账龄超过规定年限并确认无法收回，报经批准后将其确认为坏账；11月发现去年已转销的应收医疗款2 000元通过银行又收回。该医院账务处理如下：

借：坏账准备	3 500	
贷：应收医疗款		2 000
其他应收款		1 500
借：应收医疗款	2 000	
贷：坏账准备		2 000

借：银行存款　　2 000

　贷：应收医疗款　　2 000

3.存货

存货是指医院为开展医疗服务及其他活动而储存的低值易耗品、卫生材料、药品、其他材料、在加工物资等。

为了核算存货，医院需要设置“库存物资”和“在加工物资”两个会计科目。

（1）库存物资

“库存物资”科目核算医院为开展医疗服务及其辅助活动而储存的药品、卫生材料、低值易耗品和其他材料的实际成本。本科目应当按照库存物资的类别，如“药品”、“卫生材料”、“低值易耗品”、“其他材料”等设置一级明细科目。“药品”一级明细科目下应设置“药库”、“药房”两个二级明细科目，并按“西药”、“中成药”、“中草药”进行明细核算。医院物资管理等部门应当在本科目明细账下，按品名、规格等设置数量金额明细账。本科目期末借方余额，反映医院库存物资的实际成本。

库存物资取得和发出的核算方法因其取得时使用资金不同而不同。使用财政项目补助资金和科教项目收入取得的库存物资采用“双分录”核算方法，其发出或领用时冲减净资产中的“待冲基金”；否则，使用自有资金取得的库存物资采用“单分录”核算方法，其发出或领用时则计入当期成本费用。库存物资的盘亏、变质、毁损的核算方法也因其取得时使用资金不同而不同。

①库存物资的取得

库存物资在取得时，应当以其成本入账。取得库存物资单独发生的运杂费，能够直接计入医疗业务成本的，计入医疗业务成本；不能直接计入医疗业务成本的，计入管理费用。

外购的库存物资，其成本按照采购价格（含增值税税额，下同）确定。外购的物资验收入库，按确定的成本，借记本科目，贷记“银行存款”、“应付账款”等科目。使用财政补助、科教项目资金购入的物资验收入库，按确定的成本，借记本科目，贷记“待冲基金”科目；同时，按照实际支出金额，借记“财政项目补助支出”、“科教项目支出”等科目，贷记“财政补助收入”、“零余额账户用款额度”、“银行存款”等科目。

自制的库存物资加工完成并验收入库，按照所发生的实际成本（包括耗用的直接材料费用、发生的直接人工费用和分配的间接费用），借记本科目，贷记“在加工物资”科目。

委托外单位加工收回的库存物资，按照所发生的实际成本（包括加工前发出物资的成本和支付的加工费），借记本科目，贷记“在加工物资”科目。

接受捐赠的库存物资，其成本比照同类或类似物资的市场价格或有关凭据注明的金额确定。接受捐赠的物资验收入库，按照确定的成本，借记本科目，贷记“其他收入”科目。

【例11-13】某医院购入西药一批，价款2 000 000元，其中采用财政直接支付使用财政项目补助资金1 500 000元，使用科教项目资金500 000元。该医院账务处理如下：

借：库存物资——药品 2 000 000
　贷：待冲基金 2 000 000
借：财政项目补助支出 1 500 000
　　科教项目支出 500 000
　贷：财政补助收入 1 500 000
　　　银行存款 500 000

【例11-14】某医院购买卫生材料一批，价款50 000元，款项尚未支付。该医院账务处理如下：

借：库存物资——卫生材料 2 000 000
　贷：应付账款 2 000 000

②库存物资的发出

医院库存物资在发出时，应当根据实际情况采用个别计价法、先进先出法或者加权平均法确定发出物资的实际成本。计价方法一经确定，不得随意变更。

开展业务活动领用或加工发出库存物资，按照其实际成本，借记“医疗业务成本”、“管理费用”、“在加工物资”等科目，贷记本科目。低值易耗品应当于内部领用时一次性摊销，个别价值较高或领用报废相对集中的，可采用五五摊销法。

药房从药库领取药品，按照领取药品的成本，借记本科目（药品——药房），贷记本科目（药品——药库）。确认药品收入结转药品成本时，按照发出药品的实际成本，借记“医疗业务成本”科目，贷记本科目（药品——药房）。

确认卫生材料收入结转材料成本时，按照发出材料的实际成本，借记“医疗业务成本”科目，贷记本科目。

对外捐赠发出库存物资，按照其实际成本，借记“其他支出”科目，贷记本科目。

使用财政补助、科教项目资金形成的库存物资，应在发出、领用物资时，按发出物资对应的待冲基金金额，借记“待冲基金”科目，贷记本科目。

低值易耗品报废时，按照报废低值易耗品的残料变价收入扣除相关处置费用后的金额，借记“库存现金”、“银行存款”等科目，贷记“医疗业务成本”、“管理费用”等科目或“应缴款项”科目（按规定上缴时）。

【例11-15】某医院因进行科研项目研究领用卫生材料3 000元（使用财政项目补助资金取得），出售给病人2 000元（使用自有资金取得）。该医院账务处理如下：

借：待冲基金 3 000
　　医疗业务成本 2 000
　贷：库存物资——卫生材料 5 000

③库存物资的盘点

医院的各种库存物资，应当定期进行清查盘点，每年至少盘点一次。对于发生的盘盈、盘亏以及变质、毁损等物资，应当先记入“待处理财产损溢”科目，并及时查明原因，根据管理权限报经批准后及时进行账务处理。

“待处理财产损溢”科目核算医院在清查财产过程中查明的各种财产（包括存货和固定资产）盘盈、盘亏和毁损的价值。本科目应当设置“待处理流动资产损溢”、“待处理非流动资产损溢”明细科目，进行明细核算。医院发现盘盈、盘亏、毁损的财产物资，应当先记入本科目，并及时查明原因，根据管理权限报经批准后及时进行账务处理。年度终了结账前一般应处理完毕。

盘盈的库存物资，按比照同类或类似物资的市场价格确定的价值，借记本科目，贷记“待处理财产损溢——待处理流动资产损溢”科目。报经批准处理时，借记“待处理财产损溢——待处理流动资产损溢”科目，贷记“其他收入”科目。与事业单位会计存货的盘盈账务处理方法相同。

盘亏、变质、毁损的库存物资，使用财政项目补助资金或科教项目资金形成的库存物资，按照库存物资账面余额，借记“待处理财产损溢——待处理流动资产损溢”科目，贷记本科目。报经批准处理时，借记“待冲基金”科目，贷记“待处理财产损溢——待处理流动资产损溢”科目。使用自有资金形成的库存物资，按照库存物资账面余额，借记“待处理财产损溢——待处理流动资产损溢”科目，贷记本科目。报经批准处理时，按照库存物资账面余额扣除可以收回的保险赔偿和过失人的赔偿等后的金额，借记“其他支出”科目，按照已收回或应收回的保险赔偿和过失人赔偿等，借记“库存现金”、“银行存款”、“其他应收款”等科目，按照库存物资账面余额，贷记“待处理财产损溢——待处理流动资产损溢”科目。使用财政项目补助资金或科教项目资金和自有资金共同形成的库存物资，按照库存物资账面余额减去该物资对应的待冲基金数额后的金额，借记“待处理财产损溢——待处理流动资产损溢”科目，按该库存物资对应的待冲基金数额，借记“待冲基金”科目，按该库存物资账面余额，贷记本科目。

【例11-16】某医院月末进行库存物资盘点，发现中成药盘盈10盒，每盒市场价格50元；纱布盘亏5卷（使用科教项目资金取得），每卷20元。该医院账务处理如下：

借：库存物质——药品	500	
贷：其他收入		500
借：待处理财产损溢——待处理流动资产损溢	100	
贷：库存物资——卫生材料		100

如果，下月初查明纱布盘亏属于正常情况，批准予以处理，则医院账务处理如下：

借：待冲基金	100	
贷：待处理财产损溢——待处理流动资产损溢		100

（2）在加工物资

“在加工物资”科目核算医院自制或委托外单位加工的各种药品、卫生材料等物资的实际成本。本科目应设置“自制物资”、“委托加工物资”两个一级明细科目，并按照物资类别或品种设置明细账，进行明细核算。

自制药品、卫生材料等的，应当在本科目的相关明细科目下归集自制物资发生的直接材料、直接人工（专门从事物资制造工人的人工费）等直接费用；自制多种药品、卫生材料发生的间接费用，在本科目的“自制物资”一级明细科目下单独设置“间接费用”二级明细科目予以归集，会计期末，再按一定的分配标准和方法，分配计入有关药品、卫生材料的成本。本科目期末借方余额，反映医院自制或委托外单位加工但尚未完工的各种物资的实际成本。

①自制物资

医院为自制物资领用库存药品、材料等，借记本科目（自制物资——××药品、材料），贷记“库存物资”科目。

医院专门从事物资制造的人员发生的直接人工费用，借记本科目（自制物资——××药品、材料），贷记“应付职工薪酬”、“应付福利费”、“应付社会保障费”等科目。

为自制物资发生其他直接费用，借记本科目（自制物资——××药品、材料），贷记“银行存款”等科目。

为自制物资发生的间接费用，借记本科目（自制物资——间接费用），贷记“银行存款”、“应付职工薪酬”等科目。

期末按照受益对象及规定的标准和方法分配间接费用时，借记本科目（自制物资——××药品、材料），贷记本科目（自制物资——间接费用）。

间接费用一般可以按生产工人工资、生产工人工时、机器工时、耗用材料的数量或成本、直接费用（直接材料和直接人工）或药品、材料产量等进行分配。医院可根据自己的具体情况自行选择分配方法。分配方法一经确定，不得随意变更。

已经制造完成并验收入库的药品、卫生材料，按所发生的实际成本（包括耗用的直接材料费用、发生的直接人工费用和分配的间接费用），借记“库存物资”科目，贷记本科目（自制物资）。

【例11-17】某医院为了自行研制一种中药丸，月初从药库中领用中草药50 000元，相关材料200元，计提研制人员工资8 000元，固定资产折旧2 000元。月末研制完成并验收入库。该医院的账务处理如下：

• 领用中草药和相关材料时，

借：在加工物资——自制物资——中药丸	50 200	
贷：库存物资——药品		50 000
——卫生材料		200

• 支付研制人员工资时，

借：在加工物资——自制物资——中药丸	8 000	
贷：应付职工薪酬		8 000

• 发生间接费用时，

借：在加工物资——自制物资——中药丸	2 000	
贷：累计折旧		2 000

• 验收入库时，

借：库存物资——药品　60 200
　贷：在加工物资——自制物资——中药丸　60 200

②委托加工物资

发给外单位加工的药品、卫生材料等，按照其实际成本，借记本科目（委托加工物资），贷记“库存物资”科目。

支付加工费用，按实际支付的金额，借记本科目（委托加工物资），贷记“银行存款”等科目。

委托加工完成的药品、卫生材料等验收入库，按加工前发出物资的成本和加工成本，借记“库存物资”科目，贷记本科目（委托加工物资）。

【例11-18】某医院委托某加工厂加工一种中成药，月初从药库中发出中草药50 000元，以银行存款支付加工费用8 000元。月末加工完成并验收入库。该医院的账务处理如下：

• 发出中草药时，

借：加工物资——委托加工物资　50 000
　贷：库存物资——药品　50 000

• 支付加工费用时，

借：加工物资——委托加工物资　8 000
　贷：银行存款　8 000

• 验收入库时，

借：库存物资——药品　58 000
　贷：加工物资——委托加工物资　58 000

4.待摊费用

“待摊费用”科目核算医院已经支出，但应当由本期和以后各期分别负担的分摊期在一年以内（含一年）的各项费用，如预付保险费、预付租金等。本科目应当按照摊销费用种类设置明细账，进行明细核算。本科目期末借方余额，反映医院各种已支出但尚未摊销的费用。

医院的待摊费用应当按照其受益期限在一年内分期平均摊销，计入当期费用。如果某项待摊费用已经不能使医院受益，应当将其摊余价值一次全部转入当期费用。

（1）发生待摊费用时，借记本科目，贷记“银行存款”等科目。

（2）按照受益期限分期平均摊销时，借记“医疗业务成本”、“管理费用”等科目，贷记本科目。

【例11-19】某医院为了存放某中药品，租用外单位的一间仓库，租期3个月，租金共计9 000元。按照租赁协议，租金租赁协议签字完成后一次性支付。该医院账务处理如下：

• 支付租金时，

借：待摊费用　9 000
　贷：银行存款　9 000

● 在3个月内，每月摊销租金时，

借：医疗业务成本　　3 000

　贷：待摊费用　　3 000

（四）非流动资产特殊业务的核算

与事业单位会计相比，医院非流动资产核算特殊性在于核算方法因资产取得时资金性质不同而存在差异，并且这种差异体现在所有非流动资产核算中。

1. 长期投资

对外投资是指医院以货币资金购买国家债券或以实物、无形资产等开展的投资活动。医院应在保证正常运转和事业发展的前提下严格控制对外投资，投资范围仅限于医疗服务相关领域。医院不得使用财政拨款、财政拨款结余对外投资，不得从事股票、期货、基金、企业债券等投资。投资必须经过充分的可行性论证，并报主管部门（或举办单位）和财政部门批准。

对外投资按照投资回收期的长短分为长期投资和短期投资。医院短期投资账务处理方法与事业单位会计原理相同。与事业单位会计不同的是：医院长期投资的取得时的核算采用“单分录”方法，医院在确认长期投资时，不同时确认净资产相关科目的变动；长期投资在持有期间的投资收益采用权责发生制予以确认。

“长期投资”科目核算医院持有时间准备超过一年（不含一年）的各种股权性质的投资，以及购入的在一年内（含一年）不能变现或不准备随时变现的债权性质的投资。本科目应当设置“股权投资”、“债权投资”两个一级明细科目，并在一级明细科目下按股权投资被投资单位和债权投资的种类设置明细账，进行明细核算。到期一次还本付息的长期债权投资，还应在“债权投资”一级明细科目下设置“成本”、“应收利息”两个明细科目，进行明细核算。本科目期末借方余额，反映医院持有的长期投资的价值。

（1）股权投资

①长期股权投资在取得时，应当按照取得时的实际成本作为其初始投资成本。

以货币资金取得的长期股权投资，按照实际支付的全部价款（包括购买价款以及税金、手续费等相关费用）作为投资成本，借记本科目（股权投资），贷记“银行存款”等科目。

以固定资产取得的长期股权投资，按照评估价加上发生的相关税费作为投资成本，借记本科目（股权投资），按照投出固定资产已提的折旧，借记“累计折旧”科目，按发生的相关税费，贷记“银行存款”、“应交税费”等科目，按投出固定资产的账面余额，贷记“固定资产”科目，按其差额，贷记“其他收入”科目或借记“其他支出”科目。

以已入账无形资产取得的长期股权投资，按照评估价加上发生的相关税费作为投资成本，借记本科目（股权投资），按照投出无形资产已提的摊销额，借记“累计摊销”科目，按发生的相关税费，贷记“银行存款”、“应交税费”等科目，按照投出无形资产的账面余额，贷记“无形资产”科目，按其差额，贷记“其他收入”科目或借记“其他支出”科目。以未入账的无形资产取得的长期股权投资，按照评估价加上发生的相关税费作为投资成本，借记本科目（股权投资），按发生的相关税费，贷记“银行存款”、“应交税费”等科目，按其差额，贷记“其他收入”科目。

无偿调入的长期股权投资，按在调出单位的原账面价值加上发生的相关税费作为其投资成本，借记本科目（股权投资），按发生的相关税费，贷记“银行存款”、“应交税费”等科目，按其差额，贷记“其他收入”科目。

【例11-20】某医院以银行存款1 000 000元在公开市场买入甲公司2%的股份，在购买过程中支付手续费25 000元。该医院的账务处理如下：

借：长期投资——股权投资	1 025 000	
贷：银行存款		1 025 000

【例11-21】某医院以一幢公寓楼对乙医院进行投资入股，该公寓楼评估价为2 000 000元，账面余额3 000 000元，已计提折旧1 200 000元。另外，以银行存款支付资产评估费用50 000元。该医院的账务处理如下：

借：长期投资——股权投资——乙单位	2 050 000	
累计折旧	1 200 000	
贷：固定资产		3 000 000
银行存款		50 000
其他收入		200 000

【例11-22】某医院以一项专利权对丙医疗科研单位进行投资入股，该专利权的评估价值为280 000元，账面余额600 000元，已计提摊销300 000元。另外，以银行存款支付资产评估费用10 000元。该医院的账务处理如下：

借：长期投资——股权投资	280 000	
累计摊销	300 000	
其他支出	30 000	
贷：无形资产		600 000
银行存款		10 000

②长期股权投资持有期间，应当采用成本法核算。采用成本法核算的长期股权投资，除非追加（或收回）投资，长期股权投资的账面价值一般保持不变。

被投资单位宣告分派利润时，按照宣告分派的利润中属于医院应享有的份额，确认当期投资收益，借记“其他应收款”科目，贷记“其他收入——投资收益”科目。实际收到利润时，按照实际收到的金额，借记“银行存款”等科目，贷记“其他应收款”科目。

③处置长期股权投资时，按照实际取得的价款，借记“银行存款”等科目，按照所处置长期股权投资的账面余额，贷记本科目（股权投资），按照尚未领取的已宣告分派的利润，贷记“其他应收款”科目，按照其差额，借记或贷记“其他收入——投资收

益”科目。

【例11-23】【例11-20】中的医院投资的甲公司2015年度3月份宣告分派2014年利润200 000元，6月份医院收到甲公司分派的利润。该医院账务处理如下：

• 3月份甲公司宣告分派利润时，

借：其他应收款　　4 000

　贷：其他收入——投资收益　　4 000

• 6月份实际收到利润时，

借：银行存款　　4 000

　贷：其他应收款　　4 000

（2）债权投资

①长期债权投资在取得时，应当按照取得时的实际成本作为其初始投资成本。

以货币资金购入的长期债权投资，按照实际支付的全部价款（包括购买价款以及税金、手续费等相关费用）作为其投资成本，借记本科目（债权投资），贷记“银行存款”等科目。

无偿调入的长期债权投资，按在调出单位的原账面价值加上发生的相关税费作为其投资成本，借记本科目（债权投资），按发生的相关税费，贷记“银行存款”、“应交税费”等科目，按其差额，贷记“其他收入”科目。

②长期债权投资持有期间，应当按照票面价值与票面利率按期计算确认利息收入。如为到期一次还本付息的债权投资，借记本科目（债权投资——应收利息），贷记“其他收入——投资收益”科目；如为分期付息、到期还本的债权投资，借记“其他应收款”科目，贷记“其他收入——投资收益”科目。

③出售长期债权投资或到期收回长期债权投资本息，按照实际收到的金额，借记“银行存款”等科目，按照债券初始投资成本和已计未收利息金额，贷记本科目（债权投资——成本、应收利息）（到期一次还本付息债券），或本科目（债权投资）、“其他应收款”科目（分期付息债券），按照其差额，贷记或借记“其他收入——投资收益”科目。

【例11-24】某医院2011年1月购入5年期、利率为5%的国库券，实际支付价款200 000元，款项以银行存款支付。该国库券到期一次还本付息，还本付息日为2015年12月。假设该医院每年末确认利息收入。该医院的账务处理如下：

• 购买国库券时，

借：长期投资——债券投资——成本　　200 000

　贷：银行存款　　200 000

• 2011—2014年每年末确认利息时，

借：长期投资——债权投资——应收利息　　10 000

　贷：其他收入——投资收益　　10 000

• 2015年12月国库券到期收回长期债权投资本息时，

借：银行存款 250 000

贷：长期投资——债权投资——成本 200 000

——应收利息 40 000

其他收入——投资收益 10 000

2.固定资产

（1）固定资产的定义和分类

固定资产是指单位价值在1 000元及以上（其中：专用设备单位价值在1 500元及以上），使用期限在一年以上（不含一年），并在使用过程中基本保持原有物质形态的资产。单位价值虽未达到规定标准，但耐用时间在一年以上（不含一年）的大批同类物资，应作为固定资产管理。

医院固定资产分四类：房屋及建筑物、专用设备、一般设备、其他固定资产。每类包括的具体内容参见表11-5。医院的图书也参照固定资产管理办法管理。

（2）固定资产的核算

“固定资产”科目核算核算医院固定资产的原价。对于应用软件，如果其构成相关硬件不可缺少的组成部分，应当将该软件价值包括在所属硬件价值中，一并作为固定资产进行核算。本科目期末借方余额，反映医院固定资产的原价。医院应当设置“固定资产登记簿”和“固定资产卡片”，按固定资产类别、使用部门和每项固定资产设置明细账，进行明细核算。医院应当在固定资产明细账中登记每项固定资产原价中财政补助资金、科教项目资金、其他资金的金额及其所占的比例。出租、出借或作为担保的固定资产，应设置备查簿进行登记。

与事业单位会计相比，医院固定资产取得和折旧计提的核算方法因其取得时使用资金不同而不同。使用财政项目补助资金和科教项目收入取得的固定资产采用“双分录”核算方法，其折旧计提时冲减净资产中的“待冲基金”；使用自有资金取得的固定资产采用“单分录”核算方法，其折旧计提时则计入当期成本费用。固定资产的出售、报废、毁损、无偿调出、对外捐赠、盘亏的核算方法也因其取得时使用资金不同而不同。

①固定资产的取得

医院取得的固定资产，应当按取得时的实际成本作为入账成本。其实际成本包括内容与事业单位会计相同，无偿调入或接受捐赠的固定资产无名义金额入账除外。

外购、融资租入的固定资产，借记本科目（不需安装）或“在建工程”科目（需要安装），贷记“银行存款”、“应付账款”、“长期应付款”等科目。发生安装费用，借记“在建工程”科目，贷记“银行存款”等科目。安装完毕交付使用时，借记本科目，贷记“在建工程”科目。

使用财政补助、科教项目资金购入固定资产的，按构成固定资产成本的支出金额，借记本科目（不需安装）或“在建工程”科目（需要安装），贷记“待冲基金”科目；同时，借记“财政项目补助支出”、“科教项目支出”科目，贷记“财政补助收入”、“零余额账户用款额度”、“银行存款”等科目。

自行建造的固定资产，工程完工交付使用时，按自行建造过程中发生的实际支出，借记本科目，贷记“在建工程”科目。

在原有固定资产基础上进行改建、扩建、大型修缮后的固定资产，将固定资产转入改建、扩建、大型修缮时，应按固定资产的账面价值，借记“在建工程”科目，按已计提的折旧，借记“累计折旧”科目，按固定资产的原价，贷记本科目。工程完工交付使用时，按工程实际成本，借记本科目，贷记“在建工程”科目。

无偿调入或接受捐赠的固定资产，按确定的成本，借记本科目（不需安装）或“在建工程”科目（需要安装），按发生的相关税费，贷记“银行存款”等科目，按其差额，贷记“其他收入”科目。

【例11-25】某医院使用财政项目补助资金购买CT机一台，取得的增值税专用发票上注明的设备价款500 000元，增值税进项税额85 000元，支付运输费5 000元，款项实行财政直接支付。设备直接交付使用。该医院的账务处理如下：

借：固定资产——专用设备　590 000

　贷：待冲基金　590 000

同时，

借：财政项目补助支出　590 000

　贷：财政补助收入　590 000

如果使用医院自有资金购买上述设备，款项以银行存款支付，则医院的账务处理如下：

借：固定资产——专用设备　590 000

　贷：银行存款　590 000

②固定资产折旧

医院应当对除图书外的固定资产计提折旧，在固定资产的预计使用年限内系统地分摊固定资产的成本。医院原则上应当根据固定资产的性质，采用年限平均法或工作量法计提折旧。折旧方法一经确定，不得随意变更。确需采用其他折旧方法的，应按规定报经审批，并在会计报表附注中予以说明。医院计提固定资产折旧不考虑预计净残值。医院计提折旧的时间与事业单位会计相同。医院固定资产折旧年限见表11-5。

医院固定资产累计折旧的核算方法采用“虚提”和“实提”两种模式。其中使用财政项目补助资金和科教项目资金取得的固定资产折旧的计提采用“虚提”模式，折旧计提时冲减相关净资产；使用自有资金取得的固定资产折旧的计提采用“实提”模式，折旧计提时直接计入当期成本费用。

“累计折旧”科目核算医院固定资产计提的累计折旧。本科目应当按照所对应固定资产的类别及项目设置明细账，进行明细核算。本科目期末贷方余额，反映医院提取的固定资产折旧累计数。

表11-5　　医院固定资产折旧年限表

类　型	折旧年限	备　注
一、房屋及建筑物		
1.业务用房		
钢结构	50年	
钢筋混凝土结构	50年	
砖混结构	30年	
砖木结构	30年	
2.简易房	8年	围墙、货场等
3.其他建筑物	8年	
二、专用设备		
1.医用电子仪器	5年	心、脑、肌电图、监护仪器、除颤器、起搏器等
2.光学仪器及窥镜	6年	验光仪、裂隙灯、手术显微镜、内窥镜等
3.医用超声仪器	6年	超声诊断仪、超声手术刀、超声治疗机等
4.激光仪器设备	5年	激光诊断仪、激光治疗仪、激光手术设备等
5.医用高频仪器设备	5年	高频手术、微波、射频治疗设备等
6.物理治疗及体疗设备	5年	电疗、光疗、理疗、生物反馈仪等
7.高压氧舱	6年	
8.中医仪器设备	5年	脉相仪、舌色相仪、经络仪、穴位治疗机、电针治疗仪器
9.医用磁共振设备	6年	永磁型、常导型、超导型等
10.医用X线设备	6年	X射线诊断、治疗设备、CT、造影机、数字减影机、X光刀
11.高能射线设备	8年	医用加速器、放射治疗模拟机等
12.医用核素设备	6年	核素扫描仪、SPECT、钴60机、PET等
13.临床检验分析仪器	5年	电泳仪、色谱仪、生化分析仪、血氧分析仪、蛋白测定仪、肌肝测定仪、酶标仪等
14.体外循环设备	5年	人工心肺机、透析机等
15.手术急救设备	5年	手术床、麻醉机、呼吸机、吸引器等
16.口腔设备	6年	牙钻、综合治疗台等
17.病房护理设备	5年	病床、推车、婴儿暖箱、通讯设备、供氧设备等
18.消毒设备	6年	各类消毒器、灭菌器等
19.其他	5年	以上未包括的医药专用设备等
三、一般设备		
1.家具用具及其他类	5年	
2.交通运输设备	10年	
3.电子产品及通信设备	5年	彩电、摄像机、服务器、计算机、电话、传真等
4.电气设备	5年	发电机、冰箱、空调、洗衣机等
5.通用设备	10年	锅炉、电梯、空调机组、冷藏柜等
四、其他固定资产		
1.仪器仪表及量具	5年	电表、万能表、显微镜等
2.其他	5年	以上未包括的其他固定资产

按月提取固定资产折旧时，按照财政补助、科教项目资金形成的金额部分，借记“待冲基金”科目，按照应提折旧额中的其余金额部分，借记“医疗业务成本”（医疗及其辅助活动用固定资产）、“管理费用”（行政及后勤管理部门用固定资产）、“其他支出”（经营出租用固定资产）等科目，按照应计提的折旧额，贷记本科目。

对于具有多种用途、混合使用的房屋等固定资产，其应提的折旧额应采用合理的方法分摊计入有关科目。

固定资产处置或盘亏时，按照所处置或盘亏固定资产的账面价值减去该资产对应的尚未冲减完毕的待冲基金余额后的金额，借记有关科目，按已提取的折旧，借记本科目，按相关待冲基金余额，借记“待冲基金”科目，按固定资产账面余额，贷记“固定资产”科目。

【例11-26】某医院月末对本单位的固定资产计提折旧，本月应提折旧85 200元，其中财政补助、科教项目资金形成的金额45 200元，自有资金形成的金额40 000元（包括医疗及其辅助活动用固定资产折旧32 000元、行政及后勤管理部门用固定资产折旧6 500元、经营出租用固定资产折旧1 500元）。该医院的账务处理如下：

借：待冲基金	45 200	
医疗业务成本	32 000	
管理费用	6 500	
其他支出	1 500	
贷：累计折旧		85 200

（3）固定资产处置

医院固定资产处置包括出售、报废、毁损、对外投资、无偿调出、对外捐赠等。

“固定资产清理”科目核算医院因出售、报废、毁损等原因转入清理的固定资产净值及其清理过程中所发生的清理费用和清理收入等。本科目应当按照“处置资产净额”、“处置净收入”以及被清理的固定资产项目设置明细账，进行明细核算。

①出售、报废、毁损的固定资产，使用财政项目补助资金或科教项目资金形成的固定资产，按照所处置固定资产的账面价值，借记“固定资产清理”科目，按照已提取的折旧，借记“累计折旧”科目，按照固定资产的账面余额，贷记“固定资产”科目；同时，按照相关待冲基金余额，借记“待冲基金”科目，按照固定资产的账面余额，贷记“固定资产清理”科目。使用自有资金形成的固定资产，按照所处置固定资产的账面价值，借记“固定资产清理”科目，按照已提取的折旧，借记“累计折旧”科目，按照固定资产的账面余额，贷记“固定资产”科目。使用财政项目补助资金或科教项目资金和自有资金共同形成的固定资产，按照所处置固定资产的账面价值减去该资产对应的尚未冲减完毕的待冲基金余额后的金额，借记“固定资产清理”科目，按照已提取的折旧，借记“累计折旧”科目，按照相关待冲基金余额，借记“待冲基金”科目，按照固定资产的账面余额，贷记本科目。

在清理过程中发生的费用和相关税金，按照实际发生额，借记“固定资产清理”科目（处置净收入），贷记“应交税费”、“银行存款”等科目。

固定资产出售、报废、毁损所收回的价款、残料价值和变价收入等，借记“银行存款”等科目，贷记“固定资产清理”科目（处置净收入）；应当由保险公司或过失人赔偿的损失，借记“库存现金”、“银行存款”、“其他应收款”等科目，贷记“固定资产清理”科目（处置净收入）。

出售、报废、毁损固定资产清理完毕，借记“固定资产清理”科目（处置净收入），贷记“其他收入”科目或“应缴款项”科目（按规定上缴时）；同时，借记“其他支出”科目，贷记“固定资产清理”科目（处置资产净额）。

上述“固定资产清理”科目核算医院因出售、报废、毁损等原因转入清理的固定资产净值及其清理过程中所发生的清理费用和清理收入等，其应当按照“处置资产净额”、“处置净收入”以及被清理的固定资产项目设置明细账，进行明细核算。“固定资产清理”科目期末如为借方余额，反映医院尚未清理完毕的固定资产清理净损失；如为贷方余额，反映医院尚未清理完毕的固定资产清理净收益。

②以固定资产对外投资，按照评估价加上发生的相关税费作为投资成本，借记“长期投资——股权投资”科目，按照投出固定资产已提的折旧，借记“累计折旧”科目，按发生的相关税费，贷记“银行存款”、“应交税费”等科目，按投出固定资产的账面余额，贷记“固定资产”科目，按其差额，贷记“其他收入”科目或借记“其他支出”科目。

③无偿调出、对外捐赠固定资产，按照发出固定资产已提的折旧，借记“累计折旧”科目，按照发出固定资产对应的尚未冲减完毕的待冲基金余额，借记“待冲基金”科目，按发出固定资产的账面余额，贷记“固定资产”科目，按其差额，借记“其他支出”科目。

【例11-27】某医院将使用期满的一台CT机报废，该CT机使用财政项目补助资金购买，其账面余额为400 000元，已计提折旧200 000元。在清理过程中，以现金支付清理费用800元，残料变价收入8 500元，款项已存入银行。按照规定固定资产处置净收入上缴财政。该医院的账务处理如下：

• 转入清理时，

借：固定资产清理	200 000	
累计折旧	200 000	
贷：固定资产		400 000
借：待冲基金	200 000	
贷：固定资产清理		200 000

• 发生清理费用时，

借：固定资产清理	800	
贷：库存现金		800

• 取得残料变价收入时，

借：银行存款　　8 500
　贷：固定资产清理　　8 500

• 处置净收入时，

借：固定资产清理　　7 700
　贷：应缴财政款　　7 700

【例11-28】假如上例中的CT机医院使用自有资金形成，并且按照固定资产清理净收入留归单位使用，则该医院的账务处理如下：

• 转入清理时，

借：固定资产清理　　200 000
　　累计折旧　　200 000
　贷：固定资产　　400 000

• 发生清理费用时，

借：固定资产清理　　800
　贷：库存现金　　800

• 取得残料变价收入时，

借：银行存款　　8 500
　贷：固定资产清理　　8 500

• 处置净收入时，

借：固定资产清理　　7 700
　贷：其他收入　　7 700

（4）固定资产盘点

医院的固定资产应当定期进行清查盘点，每年至少盘点一次。对于盘盈、盘亏的固定资产，应当及时查明原因，根据规定的管理权限报经批准后及时进行账务处理。盘盈的固定资产，应当按照同类或类似资产市场价格确定的价值入账，并确认为当期收入；盘亏的固定资产，应先扣除可以收回的保险赔偿和过失人的赔偿等，将净损失确认为当期支出。

①盘盈的固定资产，按照同类或类似资产市场价格确定的价值，借记本科目，贷记“待处理财产损溢——待处理非流动资产损溢”科目。报经批准处理时，借记“待处理财产损溢——待处理非流动资产损溢”科目，贷记“其他收入”科目。

②盘亏的固定资产，使用财政项目补助资金或科教项目资金形成的固定资产，按照所处置固定资产的账面价值，借记“待处理财产损溢——待处理非流动资产损溢”科目，按照已提取的折旧，借记“累计折旧”科目，按照固定资产的账面余额，贷记“固定资产”科目；报经批准处理时，按照相关待冲基金余额，借记“待冲基金”科目，按照固定资产的账面余额，贷记“待处理财产损溢——待处理非流动资产损溢”科目；如有可收回的保险赔偿和过失人的赔偿，按已收回或应收回的金额，借记“库存现金”、“银行存款”、“其他应收款”等科目，贷记“其他收入”科目。使用自有资金形成的固

定资产，按照所处置固定资产的账面价值，借记“待处理财产损溢——待处理非流动资产损溢”科目，按照已提取的折旧，借记“累计折旧”科目，按照固定资产的账面余额，贷记“固定资产”科目。报经批准处理时，按照相关待处理财产损溢金额扣除可以收回的保险赔偿和过失人的赔偿等后的金额，借记“其他支出”科目，按照已收回或应收回的保险赔偿和过失人赔偿等，借记“库存现金”、“银行存款”、“其他应收款”等科目，按照相关待处理财产损溢余额，贷记“待处理财产损溢——待处理非流动资产损溢”科目。使用财政项目补助资金或科教项目资金和自有资金共同形成的固定资产，按照固定资产账面价值减去该资产对应的尚未冲减完毕的待冲基金余额后的金额，借记“待处理财产损溢——待处理非流动资产损溢”，按已计提的折旧，借记“累计折旧”科目，按相关待冲基金余额，借记“待冲基金”科目，按固定资产的账面余额，贷记本科目。报经批准处理时，按照相关待处理财产损溢金额扣除可以收回的保险赔偿和过失人的赔偿等后的金额，借记“其他支出”科目，按照已收回或应收回的保险赔偿和过失人赔偿等，借记“库存现金”、“银行存款”、“其他应收款”等科目，按照相关待处理财产损溢余额，贷记“待处理财产损溢——待处理非流动资产损溢”科目。

【例11-29】某医院年末盘点固定资产，发现呼吸机盘盈一台，同类资产市场价值5 000元；麻醉机盘亏一台（使用科教项目资金形成），其账面余额为40 000元，已计提折旧20 000元；盘亏笔记本电脑一台（自有资金形成），其账面余额为10 000元，已计提折旧6 000元。报经批准后，均按正常盘盈和盘亏处理。该医院的账务处理如下：

• 呼吸机盘盈时，

借：固定资产	5 000	
贷：待处理财产损溢——待处理非流动资产损溢		5 000

报经批准处理后，

借：待处理财产损溢——待处理非流动资产损溢	5 000	
贷：其他收入		5 000

• 麻醉机盘亏时，

借：待处理财产损溢——待处理非流动资产损溢	20 000	
累计折旧	20 000	
贷：固定资产		40 000

• 报经批准处理后，

借：待冲基金	20 000	
贷：待处理财产损溢——待处理非流动资产损溢		20 000

• 笔记本电脑盘亏时，

借：待处理财产损溢——待处理非流动资产损溢	4 000	
累计折旧	6 000	
贷：固定资产		10 000

• 报经批准处理后，

借：其他支出　　4 000

　贷：待处理财产损溢——待处理非流动资产损溢　　4 000

3.在建工程

在建工程是指医院已经发生必要支出，但按规定尚未达到交付使用状态的建设工程。

为了核算医院为建造、改建、扩建及修缮固定资产以及安装设备而进行的各项建筑、安装工程所发生的实际成本，医院应设置“在建工程”科目。本科目应当按照具体工程项目等进行明细核算。医院除按《医院会计制度》执行外，还应按国家有关规定单独建账、单独核算，严格控制工程成本，做好工程概算、预算管理，在工程完工后应尽快办理工程结算和竣工财务决算，并及时办理资产交付使用手续。本科目期末借方余额，反映医院尚未完工的在建工程发生的实际成本。

与事业单位会计相比，医院在建工程发生的核算方法因其取得时使用资金不同而不同。使用财政项目补助资金和科教项目收入发生的在建工程采用“双分录”核算方法；使用自有资金发生的在建工程采用“单分录”核算方法。

（1）建筑工程

医院将固定资产转入改建、扩建或大型修缮等时，应按固定资产的账面价值，借记本科目，按已计提的折旧，借记“累计折旧”科目，按固定资产的原价，贷记“固定资产”科目。

根据工程价款结算账单与施工企业结算工程价款时，按医院应承付的工程价款，借记本科目，贷记“银行存款”等科目。使用财政补助资金向施工企业支付工程款时，按照支付金额，借记“财政项目补助支出”科目，贷记“财政补助收入”、“零余额账户用款额度”等科目；同时，借记本科目，贷记“待冲基金——待冲财政基金”科目。

在改建、扩建、大型修缮过程中收到的变价收入，按收到的金额，借记“银行存款”等科目，贷记本科目。

医院为建筑工程借入的专门借款的利息，属于在建设期间发生的，计入在建工程成本，借记本科目，贷记“长期借款”科目。

工程完工交付使用时，按建筑工程所发生的实际成本，借记“固定资产”科目，贷记本科目。

【例11-30】某医院对一幢办公楼进行扩建，该办公楼账面价值2 000 000元，账面余额8 000 000元，已计提折旧6 000 000元。该办公楼用2个月完成扩建，共支付工程价款1 000 000元，全部款项以银行存款支付。办公楼扩建完工后直接交付使用。该医院的账务处理如下：

- 转入扩建时，

借：在建工程——建筑工程——办公楼　　2 000 000

　　累计折旧　　6 000 000

　贷：固定资产　　8 000 000

• 支付工程价款时，

借：在建工程——建筑工程——办公楼　　1 000 000

　　贷：银行存款　　1 000 000

• 扩建完工后直接交付使用时，

借：固定资产　　3 000 000

　　贷：在建工程——建筑工程——办公楼　　3 000 000

（2）设备安装

①购入或融资租入需要安装的设备，借记本科目，贷记“银行存款”、“应付账款”、“长期应付款”等科目。使用财政补助资金购入需安装设备时，按照支付金额，借记“财政项目补助支出”等科目，贷记“财政补助收入”、“零余额账户用款额度”等科目；同时，借记本科目，贷记“待冲基金——待冲财政基金”科目。

②发生安装费用，借记本科目，贷记“银行存款”等科目。使用财政补助资金支付安装费用时，按照支付金额，借记“财政项目补助支出”等科目，贷记“财政补助收入”、“零余额账户用款额度”等科目；同时，借记本科目，贷记“待冲基金——待冲财政基金”科目。

③设备安装完毕交付使用时，借记“固定资产”科目，贷记本科目。

【例11-31】某医院使用财政项目补助资金购入一批专用技术设备，取得的增值税专用发票上注明的设备价款200 000元，增值税进项税额34 000元，支付运输费1 000元，款项通过单位零余额账户支付；安装设备时，通过银行支付安装费用800元。该医院的账务处理如下：

• 支付设备价款、增值税、运输费时，

借：在建工程——设备安装——××设备　　235 000

　　贷：待冲基金——待冲财政基金　　235 000

同时，

借：财政项目补助支出　　235 000

　　贷：零余额账户用款额度　　235 000

• 支付安装费用时，

借：在建工程——设备安装——××设备　　800

　　贷：银行存款　　800

• 设备安装完工交付使用时，

借：固定资产　　235 800

　　贷：在建工程　　235 800

4.无形资产

无形资产是指不具有实物形态而能为医院提供某种权利的资产，包括专利权、著作权、版权、土地使用权、非专利技术、商誉、医院购入的不构成相关硬件不可缺少组成部分的应用软件及其他财产权利等。

“无形资产”科目核算医院为开展医疗服务等活动或为管理目的而持有的且没有实物形态的非货币性长期资产。医院购入的不构成相关硬件不可缺少组成部分的应用软件，应当作为无形资产核算。本科目应当按照无形资产的类别和项目设置明细账，进行明细核算。医院应当在无形资产明细账中登记每项无形资产入账成本中财政补助资金、科教项目资金、其他资金的金额及其所占的比例。本科目期末借方余额，反映医院已入账无形资产的原价。

与事业单位会计相比，医院无形资产取得和摊销计提的核算方法因其取得时使用资金不同而不同。使用财政项目补助资金和科教项目收入取得的固定资产采用“双分录”核算方法，其摊销计提时冲减净资产中的“待冲基金”；使用自有资金取得的固定资产采用“单分录”核算方法，其摊销计提时则计入当期成本费用。无形资产的转让和核销的核算方法也因其取得时使用资金不同而不同。

（1）无形资产取得

无形资产在取得时，应当按照取得时的实际成本入账。

①购入的无形资产，其成本包括实际支付的购买价款、相关税费以及可归属于该项资产达到预定用途所发生的其他支出。按确定的成本，借记本科目，贷记“银行存款”等科目。使用财政补助、科教项目资金购入无形资产的，按构成无形资产成本的支出金额，借记本科目，贷记“待冲基金”科目；同时，借记“财政项目补助支出”、“科教项目支出”科目，贷记“财政补助收入”、“零余额账户用款额度”、“银行存款”等科目。

②自行开发并按法律程序申请取得的无形资产，按依法取得时发生的注册费、聘请律师费等费用，借记本科目，贷记“银行存款”等科目，与事业单位会计相同。

【例11-32】某医院使用财政专项补助资金从单位零余额账户支取款项购入专利权一项，价值50 000元。该医院的账务处理如下：

借：无形资产——专利权	50 000	
贷：待冲基金		50 000

同时，

借：财政项目补助支出	50 000	
贷：零余额账户用款额度		50 000

（2）无形资产摊销

医院的无形资产应当计算提摊销。医院无形资产计提摊销的方法和摊销年限的确定与事业单位会计原理相同。

医院无形资产累计摊销的核算方法采用“虚提”和“实提”两种模式。其中使用财政项目补助资金和科教项目资金取得的无形资产摊销的计提采用“虚提”模式，摊销计提时冲减相关净资产；使用自有资金取得的无形资产摊销的计提采用“实提”模式，摊销计提时直接计入当期成本费用。

①按月计提无形资产摊销时，按照财政补助、科教项目资金形成的金额部分，借记“待冲基金”科目，按照应提摊销额中的其余金额部分，借记“医疗业务成本”、“管理

费用”等科目，按照应计提的摊销额，贷记本科目。

②处置无形资产时，按无形资产账面价值减去该资产对应的尚未冲减完毕的待冲基金余额后的金额，借记有关科目，按已计提的累计摊销，借记本科目，按相关待冲基金余额，借记“待冲基金”科目，按无形资产账面余额，贷记“无形资产”科目。

【例11-33】某医院月末对本单位的无形资产计提摊销，本月应提摊销85 200元，其中财政补助、科教项目资金形成的金额45 200元，自有资金形成的金额40 000元（包括医疗及其辅助活动用无形资产摊销32 000元、行政及后勤管理部门无形资产折旧8 000元）。该医院的账务处理如下：

借：待冲基金	45 200	
医疗业务成本	32 000	
管理费用	8 000	
贷：累计摊销		85 200

（3）无形资产处置

无形资产处置包括转让、对外投资、核销等。

①经批准转让无形资产，按照收到的价款，借记“银行存款”等科目，按所发生的相关税费，贷记“应交税费”、“银行存款”等科目，按收到的转让价款扣除相关税费后的金额，贷记“其他收入”科目或“应缴款项”科目（按规定上缴时）；同时，区别以下情况：若转让的无形资产由财政项目补助资金或科教项目资金形成，按已计提的累计摊销，借记“累计摊销”科目，按相关待冲基金余额，借记“待冲基金”科目，按无形资产账面余额，贷记本科目；若转让的无形资产由自有资金形成，按无形资产账面价值，借记“其他支出”科目，按已计提的累计摊销，借记“累计摊销”科目，按无形资产账面余额，贷记本科目；若转让无形资产由财政项目补助资金或科教项目资金和自有资金共同形成，按无形资产账面价值减去该资产对应的尚未冲减完毕的待冲基金余额后的金额，借记“其他支出”科目，按已计提的累计摊销，借记“累计摊销”科目，按相关待冲基金余额，借记“待冲基金”科目，按无形资产账面余额，贷记本科目。

②以已入账无形资产对外投资，按照评估价加上发生的相关税费作为投资成本，借记“长期投资——股权投资”科目，按照投出无形资产已提的摊销额，借记“累计摊销”科目，按发生的相关税费，贷记“银行存款”、“应交税费”等科目，按照投出无形资产的账面余额，贷记本科目，按其差额，贷记“其他收入”科目或借记“其他支出”科目。

③无形资产预期不能为医院带来服务潜力或经济利益的，应当将该无形资产的账面价值及相关待冲基金余额予以核销。报经批准后，按准核销无形资产的账面价值减去该资产对应的尚未冲减完毕的待冲基金余额后的金额，借记“其他支出”科目，按准核销无形资产已计提的摊销，借记“累计摊销”科目，按相关待冲基金余额，借记“待冲基金”科目，按准核销无形资产的账面余额，贷记本科目。

【例11-34】某医院转让一项专利权（科教项目资金形成），该专利权的账面余额为

200 000元，已计提摊销120 000元，转让取得价款90 000元（按照规定上缴财政），款项已存入银行。假设不考虑相关税费，该医院的账务处理如下：

借：待冲基金　　80 000
　　累计摊销　　120 000
　贷：无形资产——专利权　　200 000
借：银行存款　　90 000
　贷：应缴财政款　　90 000

【例11-35】假如上例中的专利权是由自有资金形成，转让收入也上缴财政。该医院的账务处理如下：

借：其他支出　　80 000
　　累计摊销　　120 000
　贷：无形资产——专利权　　200 000
借：银行存款　　90 000
　贷：其他收入　　90 000

5. 长期待摊费用

“长期待摊费用”科目核算医院已经发生但应由本期和以后各期负担的分摊期限在一年以上（不含一年）的各项费用，如以经营租赁方式租入的固定资产发生的改良支出等。本科目应当按照费用项目进行明细核算。本科目期末借方余额，反映医院尚未摊销完毕的长期待摊费用。

医院发生的长期待摊费用，借记本科目，贷记“银行存款”等科目。摊销长期待摊费用时，借记“管理费用”等科目，贷记本科目。

【例11-36】某医院2015年3月1日以经营租赁方式租入三间平房作为药品仓库，按照租赁协议租赁期3年。为了满足存放药品的需要，3月底医院完成对平房改良，共发生支出70 000元，以银行存款付讫。该医院的账务处理如下：

- 2015年3月发生改良支出时，

借：长期待摊费用　　70 000
　贷：银行存款　　70 000

- 2015年4月起在剩余的租赁期限内逐月摊销，

每月摊销额=70 000÷35=2 000（元）

借：医疗业务成本　　2 000
　贷：长期待摊费用　　2 000

二、医院负债

（一）医院负债内容

负债是指医院所承担的能以货币计量，需要以资产或者劳务偿还的债务，包括流动负债和非流动负债。

流动负债是指偿还期在一年以内（含一年）的短期借款、应付票据、应付账款、预收医疗款、预提费用、应付职工薪酬和应付社会保障费等。

非流动负债是指偿还期在一年以上（不含一年）的长期借款、长期应付款等。医院原则上不得借入非流动负债，确需借入或融资租赁的，应按规定报主管部门（或举办单位）会同有关部门审批，并原则上由政府负责偿还。

医院各项负债的含义和内容与事业单位会计原理基本相同。

（二）负债类科目及其核算内容：医院会计与事业单位会计比较

医院负债类科目及其核算内容与事业单位会计的比较见表11-6。表11-6表明，医院大部分负债科目的总账科目及其明细科目的设置、核算内容、账务处理方法与事业单位会计原理相同，而主要差异在于：

表11-6　　负债类科目及其核算内容：医院会计与事业单位会计比较

事业单位会计		医院会计	
科目名称	科目核算内容	科目名称	科目核算内容
短期借款	核算事业单位借入的期限在一年内(含一年)的各种借款	短期借款	核算医院向银行或其他金融机构等借入的期限在一年以下（含一年)的各种借款
应缴税费	核算事业单位按照税法等规定计算应缴纳的各种税费，包括营业税、增值税、城市维护建设税、教育费附加、车船税、房产税、城镇土地使用税、企业所得税等	应交税费	核算医院按照国家有关税法规定应当交纳或代扣代缴的各种税费，包括营业税、城市维护建设税、教育费附加、个人所得税、车船使用税、房产税等
应缴国库款	核算事业单位按规定应缴入国库的款项（应缴税费除外）	应缴款项	核算医院按规定应缴入国库或应上缴行政主管部门的款项
应缴财政专户款	核算事业单位按规定应缴入财政专户的款项		
应付职工薪酬	核算事业单位按有关规定应付给职工及为职工支付的各种薪酬，包括基本工资、绩效工资、国家统一规定的津贴补贴、社会保险费、住房公积金等	应付职工薪酬	核算医院按有关规定应付给职工（包括离退休人员）的各种薪酬，包括工资、津补贴、奖金等
		应付福利费	核算医院按国家有关规定从成本费用中提取的职工福利费
		应付社会保障费	核算医院按有关规定应付给社会保障机构的各种社会保障费，包括城镇职工基本养老保险费、失业保险费、基本医疗保险费、住房公积金等
应付票据	核算事业单位因购买材料、物资等而开出、承兑的商业汇票，包括银行承兑汇票和商业承兑汇票	应付票据	核算医院购买库存物资、医疗设备，接受服务供应等而开出、承兑的商业汇票，包括银行承兑汇票和商业承兑汇票

续表

事业单位会计		医院会计	
科目名称	科目核算内容	科目名称	科目核算内容
应付账款	核算事业单位因购买材料、物资等而应付的款项	应付账款	核算医院因购买库存物资、固定资产和接受服务供应等而应付给供应单位的款项
预收账款	核算事业单位按合同规定预收的款项	预收医疗款	核算医院从住院病人、门诊病人等预收的款项
其他应付款	核算事业单位除应缴税费、应缴国库款、应缴财政专户款、应付职工薪酬、应付票据、应付账款、预收账款之外的其他各项偿还期限在一年内（含一年）的应付及暂收款项，如存入保证金等	其他应付款	核算医院除应缴款项、应付票据、应付账款、预收医疗款、应付职工薪酬、应付福利费、应付社会保障费、应交税费以外的其他各项应付、暂收款项，如存入保证金等
		预提费用	核算医院预先提取的已经发生但尚未支付的费用，如预提的短期借款利息等
长期借款	核算事业单位借入的期限超过一年(不含一年)的各种借款	长期借款	核算医院按规定向银行或其他金融机构借入的偿还期限在一年以上(不含一年)的各项借款及发生的相关利息
长期应付款	核算事业单位发生的偿还期限超过一年（不含一年）的应付款项，如以融资租赁租入固定资产的租赁费、跨年度分期付款购入固定资产的价款等	长期应付款	核算医院发生的偿还期限在一年以上（不含一年）的应付款项，如融资租入固定资产的租赁费等

（1）医院按照规定应付给职工个人的薪酬、福利费和社会保障费分别通过“应付职工薪酬”、“应付福利费”和“应付社会保障费”三个科目核算，与事业单位会计仅通过“应付职工薪酬”科目核算不同，但核算方法原理相同。

（2）医院的“应缴款项”核算内容不仅包括上缴国库款项，还包括上缴行政主管部门款项，而事业单位这两项款项则分别通过“应缴国库款”和“上缴上级支出”科目核算，但核算方法与“应缴国库款”原理相同。相关举例参见医院资产的核算。

（3）医院因采用权责发生制，需要设置“预收医疗款”和“预提费用”科目。

（三）医院负债特殊业务的核算

与事业单位会计相比，医院负债核算的特殊业务主要包括：

1.借款利息的预提

借款是医院向银行或其他金融机构等借入的各种借款。借款按照期限长短，分为短期借款和长期借款。医院借款利息计入管理费用。

如果短期借款利息按季度或半年支付，或者在到期还本付息方式下的短期借款，可以采用预提方法，按月将利息计入管理费用。长期借款资本化的利息按月预提计入在建工程，费用化利息按月预提计入管理费用。预提借款利息时，借记“管理费用”科目，贷记“预提费用”科目。

2. 应付职工薪酬、应付福利费和应付社会保障费

（1）应付职工薪酬

“应付职工薪酬”科目核算医院按有关规定应付给职工（包括离退休人员）的各种薪酬，包括工资、津补贴、奖金等。本科目应当按国家有关规定设置明细科目，进行明细核算。

医院计算分配应付的职工薪酬，借记“医疗业务成本”、“在加工物资”（专门从事物资自制人员发生）、“管理费用”等科目，贷记本科目。从应付职工薪酬中代扣代缴的各种款项（如职工基本养老保险费、失业保险费、基本医疗保险费、住房公积金、个人所得税等），借记本科目，贷记“应付社会保障费”、“应交税费”等科目。支付职工薪酬，借记本科目，贷记“财政补助收入”、“零余额账户用款额度”、“银行存款”等科目。

（2）应付福利费

“应付福利费”科目核算医院按国家有关规定从成本费用中提取的职工福利费。

医院提取职工福利费时，按提取金额，借记“医疗业务成本”、“在加工物资”、“管理费用”等科目，贷记本科目。按规定的开支范围支付职工福利费时，借记本科目，贷记“库存现金”、“银行存款”等科目。

（3）应付社会保障费

“应付社会保障费”科目核算医院按有关规定应付给社会保障机构的各种社会保障费，包括城镇职工基本养老保险费、失业保险费、基本医疗保险费、住房公积金等。本科目应按社会保障费类别设置明细账，进行明细核算。

医院从应付职工薪酬中代扣代缴的社会保障费，借记“应付职工薪酬”科目，贷记本科目。计算确定应由医院为职工负担的社会保障费，借记“医疗业务成本”、“在加工物资”、“管理费用”等科目，贷记本科目。支付社会保障费，借记本科目，贷记“财政补助收入”、“零余额账户用款额度”、“银行存款”等科目。

3. 预收医疗款

“预收医疗款”科目核算医院从住院病人、门诊病人等预收的款项。医院应当按照住院病人、门诊病人等，对预收医疗款进行明细核算。本科目期末贷方余额，反映医院向住院病人、门诊病人等预收但尚未结算的款项。

（1）收到住院病人、门诊病人预交金，按实际预收的金额，借记“银行存款”、“库存现金”等科目，贷记本科目。

（2）与门诊病人结算医疗费时，如病人应付的医疗款金额大于其预交金额，按病人补付金额，借记“库存现金”、“银行存款”等科目，按病人预交金额，借记本科目，按

病人应付的医疗款金额，贷记“医疗收入”科目。如果病人应付的医疗款金额小于其预交金额，按病人应付的医疗款金额，借记本科目，贷记“医疗收入”科目；退还病人差额的，还应按退还金额，借记本科目，贷记“库存现金”、“银行存款”等科目。

（3）住院病人办理出院手续，结算医疗费时，如病人应付的医疗款金额大于其预交金额，应按病人补付金额，借记“库存现金”、“银行存款”等科目，按病人预交金额，借记本科目，按病人欠费金额，借记“应收医疗款”科目，按病人应付的医疗款金额，贷记“应收在院病人医疗款”科目；如病人应付的医疗款金额小于其预交金额，应按病人预交金额，借记本科目，按病人应付的医疗款金额，贷记“应收在院病人医疗款”科目，按退还给病人的差额，贷记“库存现金”、“银行存款”等科目。

预收医疗款相关举例参见【例11-10】。

第四节　医院净资产的核算

一、医院净资产内容

医院净资产是指医院资产减去负债后的余额，包括事业基金、专用基金、待冲基金、财政补助结转（余）、科教项目结转（余）、未弥补亏损。

与事业单位会计相比，医院各项净资产都具有一定特殊性。

1.各项基金

医院基金包括事业基金、专用基金、待冲基金。

（1）事业基金，是医院按规定用于事业发展的净资产，包括结余分配转入资金（不包括财政基本支出补助结转）、非财政专项资金结余解除限制后转入的资金等。

事业基金按规定用于弥补亏损，用于弥补亏损的最高限额为事业基金扣除医院非财政补助资金和科教项目资金形成的固定资产、无形资产等资产净值。

（2）专用基金，是医院按照规定设置、提取具有专门用途的净资产，主要包括职工福利基金、医疗风险基金等。

职工福利基金是指按业务收支结余（不包括财政基本支出补助结转）的一定比例提取、专门用于职工集体福利设施、集体福利待遇的资金。

医疗风险基金是指从医疗支出中计提、专门用于支付医院购买医疗风险保险发生的支出或实际发生的医疗事故赔偿的资金。医院累计提取的医疗风险基金比例不应超过当年医疗收入的1‰～3‰。

其他专用基金是指按照有关规定提取、设置的其他专用资金。

（3）待冲基金，是财政补助收入和科教项目收入形成的资本性支出净值。

2.收支结余

收支结余是指医院收入与支出相抵后的余额，包括业务收支结余、财政项目补助收支结转（余）、科教项目收支结转（余）。

（1）业务收支结余

业务收支结余是医院非财政补助项目收支和科研项目收支以外的各项收入减去各项费用后的差额。当期业务收支结余计算公式如下：

业务收支结余=医疗收支结余+其他收入-其他支出

其中：医疗收支结余=医疗收入+财政基本支出补助收入-医疗支出-管理费用

业务收支结余应于期末扣除按规定结转下年继续使用的资金后，结转至结余分配，为正数的，可以按照国家有关规定提取专用基金，转入事业基金；为负数的，应由事业基金弥补，不得进行其他分配，事业基金不足以弥补的，转入未弥补亏损。实行收入上缴的地区要根据本地实际，制定具体的业务收支结余率、次均费用等控制指标。超过规定控制指标的部分应上缴财政，由同级财政部门会同主管部门统筹专项用于卫生事业发展和绩效考核奖励。

（2）财政补助结转（余）

财政补助结转（余），是医院历年滚存的有限定用途的财政补助结转（余）资金，包括从业务收支结余转入的基本支出结转以及项目支出结转（余）。

财政项目补助收支结转（余）=财政项目支出补助收入-财政项目补助支出

（3）科教项目结转（余）

科教项目结转（余），是医院尚未结项的科教项目累计取得科教项目收入减去累计发生支出后，留待以后按原用途继续使用的结转资金，以及医院已经结项但尚未解除限制的科研、教学项目结余资金。

科教项目收支结转（余）=科教项目收入-科教项目支出

财政项目补助收支结转（余）、科教项目收支结转（余）结转下年继续使用。国家另有规定的，从其规定。

3.未弥补亏损

未弥补亏损，是事业基金不足以弥补的亏损。

二、净资产科目及其核算内容：医院会计与事业单位会计比较

医院净资产类科目及其核算内容与事业单位会计比较见表11-7。表11-7表明，医院各净资产科目的总账科目及其明细科目的设置、核算内容、账务处理方法与事业单位会计原理相同，而主要差异包括：

（1）医院的“事业基金”科目核算内容包括从科研项目收入中提取的管理费或间接费。

（2）“待冲基金”是医院使用财政补助、科教项目收入购建实物资产、无形资产等所形成的净资产，类似事业单位会计的非流动资产基金。

（3）“专用基金”科目核算内容包括奖助基金的提取和使用。

（4）医院收入减支出的差额通过“财政补助结转（余）”、“科教项目结转（余）”和“本期结余”科目核算。

与事业单位会计相比，医院净资产核算特殊业务主要包括以下内容：

表11-7 **净资产类科目及其核算内容：医院会计与事业单位会计比较**

事业单位会计		医院会计	
科目名称	科目核算内容	科目名称	科目核算内容
事业基金	核算事业单位拥有的非限定用途的净资产，主要为非财政补助结余扣除结余分配后滚存的金额	事业基金	核算医院拥有的非限定用途的净资产，主要包括滚存的结余资金和科教项目结余解除限定后转入的金额等
非流动资产基金	核算事业单位长期投资、固定资产、在建工程、无形资产等非流动资产占用的金额	待冲基金	核算医院使用财政补助、科教项目收入购建固定资产、无形资产或购买药品、卫生材料等物资所形成的，留待计提资产折旧、摊销或领用发出库存物资时予以冲减的基金
专用基金	核算事业单位按规定提取或者设置的具有专门用途的净资产，主要包括修购基金、职工福利基金等	专用基金	核算医院按规定设置、提取的具有专门用途的净资产，如职工福利基金、医疗风险基金等
财政补助结转	核算事业单位滚存的财政补助结转资金，包括基本支出结转和项目支出结转	财政补助结转（余）	核算医院历年滚存的财政补助结转和结余资金，包括基本支出结转、项目支出结转和项目支出结余
财政补助结余	核算事业单位滚存的财政补助项目支出结余资金		
非财政补助结转	核算事业单位除财政补助收支以外的各专项资金收入与其相关支出相抵后剩余滚存的、须按规定用途使用的结转资金	科教项目结转（余）	核算医院尚未结项的非财政资助科研、教学项目累计所取得收入减去累计发生支出后的，留待下期按原用途继续使用的结转资金，以及医院已经结项但尚未解除限定的非财政科教项目结余资金
事业结余	核算事业单位一定期间除财政补助收支、非财政专项资金收支和经营收支以外各项收支相抵后的余额	本期结余	核算医院本期除财政项目补助收支、科教项目收支以外的各项收入减去各项费用后的结余
经营结余△	核算事业单位在一定期间内各项经营收支相抵后余额弥补以前年度经营亏损后的余额		
非财政补助结余分配	核算事业单位本年度非财政补助结余分配的情况和结果	结余分配	核算医院当年提取职工福利基金、未分配结余结转事业基金、用事业基金弥补亏损等的情况和结果

三、医院净资产特殊业务核算

（一）各项基金

1.事业基金

“事业基金”科目核算医院拥有的非限定用途的净资产。本科目期末贷方余额，反映医院非限定用途净资产的金额。医院发生需要调整以前年度结余的事项，凡国家另有规定的，从其规定；没有规定的，应通过本科目进行核算，并在会计报表附注中予以说明。

（1）按规定将科教项目结项后的结余资金转入事业基金时，借记“科教项目结转（余）”科目，贷记本科目。

（2）年末，将当年未分配结余转入事业基金时，借记“结余分配——转入事业基金”科目，贷记本科目。

（3）年末，用事业基金弥补亏损时，借记本科目，贷记“结余分配——事业基金弥补亏损”科目。

相关举例参见【例11-37】。

2.专用基金

“专用基金”科目核算医院按规定设置、提取的具有专门用途的净资产。本科目应按照基金类别设置明细账，进行明细核算。本科目期末贷方余额，反映医院按规定设置、提取的具有专门用途净资产的金额。

（1）按照有关规定提取职工福利基金时，借记“结余分配——提取职工福利基金”科目，贷记本科目（职工福利基金）。

（2）按照有关规定提取医疗风险基金时，借记“医疗业务成本”科目，贷记本科目（医疗风险基金）。

（3）按规定使用专用基金时，借记本科目，贷记“银行存款”等科目。所提取的医疗风险基金不足支付时，按照超出部分的金额，借记“医疗业务成本”科目，贷记“银行存款”等科目。

相关举例参见【例11-37】。

3.待冲基金

（1）待冲基金的确认和计量

待冲基金是医院使用财政补助、科教项目收入购建固定资产、无形资产或购买药品、卫生材料等物资所形成的，留待计提资产折旧、摊销或领用发出库存物资时予以冲减的基金。

待冲基金应当在使用财政补助、科教项目收入购建固定资产、无形资产或购买药品、卫生材料等物资发生支出时予以确认，并在相关固定资产、无形资产按期计提折旧、摊销或领用发出库存物资时予以冲减。领用发出库存物资一并冲减的待冲基金金额为发出库存物资所对应的待冲基金金额。随相关固定资产、无形资产各期计提折旧、摊销一并冲减的待冲基金金额按照以下公式计算确定：

$$\text{相关资产计提折旧、摊销时应冲减的待冲基金金额} = \text{相关资产应计提的折旧、摊销额} \times \text{相关资产入账成本中财政补助资金或科教项目资金所占的比例}$$

相关固定资产、无形资产在提足折旧、摊销前处置、盘亏的，以及相关库存物资在领用发出前发生盘亏、变质、毁损的，应当在将该资产予以冲销的同时，将该资产所对应的尚未冲减完毕的待冲基金一并冲销。

（2）待冲基金的核算

“待冲基金”科目核算医院使用财政补助、科教项目收入购建固定资产、无形资产或购买药品、卫生材料等物资所形成的，留待计提资产折旧、摊销或领用发出库存物资时予以冲减的基金。本科目应设置“待冲财政基金”和“待冲科教项目基金”两个明细科目，进行明细核算。其中，“待冲财政基金”明细科目核算使用财政补助购建固定资产、无形资产或购买药品、卫生材料等物资所形成的，留待计提资产折旧、摊销或领用发出库存物资时予以冲减的基金；“待冲科教项目基金”明细科目核算使用科教项目收入购入固定资产、无形资产或购买药品、卫生材料等物资所形成的，留待计提资产折旧、摊销或领用发出库存物资时予以冲减的基金。本科目期末贷方余额，反映医院尚未冲减完毕的待冲基金数额。

①使用财政补助资金为购建固定资产、无形资产或购买药品、卫生材料等库存物资发生支出时，按照实际支出金额，借记“财政项目补助支出”等科目，贷记“财政补助收入”、“零余额账户用款额度”、“银行存款”等科目；同时，借记“在建工程”、“固定资产”、“无形资产”、“库存物资”等科目，贷记“待冲基金——待冲财政基金”科目。

②使用科教项目资金为购入固定资产、无形资产或购买药品、卫生材料等库存物资发生支出时，按照实际支出金额，借记“科教项目支出”科目，贷记“银行存款”等科目；同时，借记“固定资产”、“无形资产”、“库存物资”等科目，贷记“待冲基金——待冲科教项目基金”科目。

③财政补助、科教项目资金形成的固定资产、无形资产计提折旧、摊销时，按照财政补助、科教项目资金形成的金额部分，借记本科目，按照应提折旧、摊销额中的其余金额部分，借记“医疗业务成本”、“管理费用”等科目，按照应计提的折旧、摊销额，贷记“累计折旧”、“累计摊销”科目。

④领用、发出财政补助、科教项目资金形成的库存物资时，按发出物资所对应的待冲基金金额，借记本科目，贷记“库存物资”科目。

⑤处置、盘亏财政补助、科教项目资金形成的固定资产、无形资产，以及财政补助、科教项目资金形成的库存物资发生盘亏、变质、毁损的，应当在进行相关账务处理的同时，按该项资产对应的尚未冲减完毕的待冲基金数额，借记本科目，贷记“固定资产”、“无形资产”、“库存物资”等科目。

相关举例参见医院资产的核算。

（二）结转（余）的核算

1.财政补助结转（余）

（1）“财政补助结转（余）”会计科目的设置

“财政补助结转（余）”科目核算医院历年滚存的财政补助结转和结余资金，包括基本支出结转、项目支出结转和项目支出结余。本科目应当设置“财政补助结转”、“财政补助结余”两个一级明细科目。本科目期末贷方余额，反映医院财政补助结转和结余资金数额。

“财政补助结转”一级明细科目下应设置“基本支出结转”、“项目支出结转”两个二级明细科目。“基本支出结转”二级明细科目下应按照《政府收支分类科目》中“支出功能分类科目”的相关科目进行明细核算。“项目支出结转”二级明细科目下应按照《政府收支分类科目》中“支出功能分类科目”的“医疗卫生”、“科学技术”、“教育”等相关科目以及具体项目进行明细核算。

“财政补助结余”一级明细科目下应当按照《政府收支分类科目》中“支出功能分类科目”的相关科目进行明细核算。

（2）财政补助结转（余）的主要账务处理

①期末，将本期财政项目补助收入结转入财政补助结转（余）时，借记“财政补助收入——项目支出”科目，贷记本科目（财政补助结转——项目支出结转）；将本期财政项目补助支出结转入财政补助结转（余）时，借记本科目（财政补助结转——项目支出结转），贷记“财政项目补助支出”科目。

②年末，将本年财政基本补助结转转入财政补助结转（余）时，按“财政补助收入——基本支出”明细科目本年发生额减去“医疗业务成本”、“管理费用”科目下“财政基本补助支出”备查簿中登记的本年发生额合计后的金额，借记“本期结余”科目，贷记本科目（财政补助结转——基本支出结转）。

③年末，完成上述①、②结转后，应当对本科目下“财政补助结转——项目支出结转”明细科目下所属各明细项目的执行情况进行分析，按照有关规定将符合财政补助结余资金性质的对应项目的贷方余额转入本科目下“财政补助结余”明细科目。按照各项目结转金额，借记本科目（财政补助结转——项目支出结转——××项目），贷记本科目（财政补助结余）。

④按规定向主管部门等上缴财政补助结转和结余资金、注销财政补助结转和结余额度等时，按实际上缴资金数额或注销的资金额度数额，借记本科目，贷记“财政应返还额度”、“零余额账户用款额度”、“银行存款”等科目。

2.科教项目结转（余）

（1）“科教项目结转（余）”会计科目的设置

“科教项目结转（余）”科目核算医院尚未结项的非财政资助科研、教学项目累计所取得收入减去累计发生支出后的，留待下期按原用途继续使用的结转资金，以及医院已经结项但尚未解除限定的非财政科教项目结余资金。本科目应设置“科研项目结转

（余）”、“教学项目结转（余）”两个明细科目，并按具体项目进行明细核算。本科目期末贷方余额，反映医院留待下期按原用途继续使用的非财政科研、教学项目结转资金数额以及尚未解除限定的非财政科研、教学项目结余资金数额。

这里的“项目”，是指医院从财政部门以外的部门或单位取得的、具有指定用途、项目完成后需要报送项目资金支出决算和使用效果书面报告的资金所对应的项目。这里的“累计发生支出”，指使用非财政科研、教学项目收入累计所发生的支出。

（2）科教项目结转（余）的主要账务处理

期末，结转本期科教项目收入，借记“科教项目收入”科目，贷记本科目；结转本期科教项目支出，借记本科目，贷记“科教项目支出”科目。

科教项目结项后如有结余资金并解除限定可以转入事业基金的，按照结转金额，借记本科目，贷记“事业基金”科目。

3.本期结余

“本期结余”科目核算医院本期除财政项目补助收支、科教项目收支以外的各项收入减去各项费用后的结余。本科目期末如为贷方余额，反映医院自年初至报告期末累计实现的业务结余；如为借方余额，反映医院自年初至报告期末累计发生的业务亏损。年末结转后，本科目应无余额。

（1）期末，应将除财政项目补助收支、科教项目收支以外的其他各收入、费用类科目的本期发生额结转入本期结余。按照应结转的各收入类科目的本期发生额，借记“医疗收入”、“财政补助收入——基本支出”、“其他收入”科目，贷记本科目；同时，按照应结转的各费用类科目的本期发生额，借记本科目，贷记“医疗业务成本”、“管理费用”、“其他支出”科目。

（2）年末，经过上述（1）结转后，首先，应将本年财政基本补助结转转入财政补助结转（余），按“财政补助收入——基本支出”明细科目本年发生额减去“医疗业务成本”、“管理费用”科目下“财政基本补助支出”备查簿中登记的本年发生额合计后的金额，借记本科目，贷记“财政补助结转（余）——财政补助结转（基本支出结转）”科目。其次，将扣除财政基本补助结转后本年实现的业务结余（或发生的业务亏损）结转入结余分配。如扣除财政基本补助结转后本科目为贷方余额（即为本年实现的业务结余），借记本科目，贷记“结余分配”科目；如扣除财政基本补助结转后本科目为借方余额（即为本年发生的业务亏损），借记“结余分配”科目，贷记本科目。

4.结余分配

“结余分配”科目核算医院当年提取职工福利基金、未分配结余结转事业基金、用事业基金弥补亏损等的情况和结果。本科目应设置“事业基金弥补亏损”、“提取职工福利基金”、“转入事业基金”等明细科目，进行明细核算。年末将未分配结余转入事业基金后，本科目一般应无余额。本科目年末有借方余额的，表示医院累计未弥补的亏损。

（1）年末，将本年扣除财政基本补助结转后实现的业务结余结转入结余分配时，借记“本期结余”科目，贷记本科目；将本年扣除财政基本补助结转后发生的业务亏损结转入结余分配时，借记本科目，贷记“本期结余”科目。

（2）经过上述（1）结转后，本科目为贷方余额的，可以按国家有关规定提取职工福利基金，剩余部分转入事业基金。提取职工福利基金时，借记本科目（提取职工福利基金），贷记“专用基金”科目；将提取职工福利基金后本科目的贷方余额转入事业基金时，借记本科目（转入事业基金），贷记“事业基金”科目。

（3）经过上述（1）结转后，本科目为借方余额的，应由事业基金弥补，不得进行其他分配；事业基金不足以弥补的，为累计未弥补亏损。以事业基金弥补亏损时，借记“事业基金”科目，贷记本科目（事业基金弥补亏损）。

【例11-37】某医院20×1年有关收入和费用科目本年发生额如下：

收入科目		贷方金额	支出科目	借方金额
财政补助收入	基本支出	500 000	财政项目补助支出	260 000
	项目支出	300 000	科教项目支出	240 000
科教项目收入		250 000	医疗业务成本	550 000
医疗收入		800 000	管理费用	150 000
其他收入		100 000	其他支出	90 000

假设年末财政项目补助结转资金有60%符合结余性质，科教项目都未结项。假设该医院按照本期结余的40%提取职工福利基金。该医院账务处理如下：

●假设该医院不实行月末转账，年末结转各项收支时，

• 将财政项目补助收入和支出本月发生额转入“财政补助结转（余）”科目

借：财政补助收入——项目支出　　300 000

　贷：财政补助结转（余）——财政补助结转——项目支出结转　　300 000

借：财政补助结转（余）——财政补助结转——项目支出结转　　260 000

　贷：财政项目补助支出　　260 000

• 将科教项目补助收入和支出本月发生额转入“科教项目结转（余）”科目

借：科教项目收入　　250 000

　贷：科教项目结转（余）　　250 000

借：科教项目结转（余）　　240 000

　贷：科教项目支出　　240 000

• 将除财政项目补助收支和科教项目收支以外的收支本月发生额转入“本期结余”科目

借：医疗收入　　800 000

　　财政补助收入——基本支出　　500 000

　　其他收入　　100 000

　贷：本期结余　　1 400 000

借：本期结余　　790 000

贷：医疗业务成本　550 000
　　管理费用　150 000
　　其他支出　90 000

●年末结转各项结转（余）并进行结余分配，

• 结转已完成项目的财政补助剩余资金

借：财政补助结转（余）——财政补助结转——项目支出结转　36 000
　贷：财政补助结转（余）——财政补助结余　36 000

• 年末，经查阅"医疗业务成本"、"管理费用"科目下"财政基本补助支出"备查簿中登记的本年发生额合计后的金额分别为300 000元和100 000元，结转财政基本支出结转资金

借：本期结余　400 000
　贷：财政补助结转（余）——财政补助结转——基本支出结转　400 000

• 将"本期结余"已扣除财政基本支出结转后的贷方余额转入"结余分配"科目

借：本期结余　310 000
　贷：结余分配　310 000

• 计提职工福利基金

职工福利基金计提金额= 310 000×40%=124 000（元）

借：结余分配　124 000
　贷：专用基金——职工福利基金　124 000

• 将"结余分配"科目余额转入"事业基金"科目

借：结余分配　186 000
　贷：事业基金　186 000

第五节　医院财务报表

一、财务报表概述

（一）财务报表的概念

医院财务报告是反映医院某一特定日期的财务状况和某一会计期间的收入费用、现金流量等的书面文件，包括财务报表和财务情况说明书。

医院财务报告分为中期财务报告和年度财务报告。以短于一个完整的会计年度的期间（如季度、月度）编制的财务报告称为中期财务报告。年度财务报告则是以整个会计年度为基础编制的财务报告。医院对外提供的年度财务报告应按有关规定经过注册会计师审计。

医院财务报表包括会计报表和会计报表附注。

医院会计报表主要包括资产负债表、收入费用总表、医疗收入费用明细表、现金流量表、财政补助收支情况表以及有关附表。

医院会计报表附注是为便于会计报表使用者理解会计报表的内容而对会计报表的编制基础、编制依据、编制原则和方法及主要项目等所做的解释。医院会计报表附注至少应当包括下列内容：

（1）遵循《医院会计制度》的声明。

（2）重要会计政策、会计估计及其变更情况的说明。

（3）重要资产转让及其出售情况的说明。

（4）重大投资、借款活动的说明。

（5）会计报表重要项目及其增减变动情况的说明。

（6）以前年度结余调整情况的说明。

（7）有助于理解和分析会计报表需要说明的其他事项。

医院财务情况说明书至少应当对医院的下列情况做出说明：

（1）业务开展情况。

（2）年度预算执行情况。

（3）资产利用、负债管理情况。

（4）成本核算及控制情况（参见表11-14成本报表）。

（5）绩效考评情况。

（6）需要说明的其他事项。

（二）财务报表构成：医院会计与事业单位会计比较

医院财务报表构成与事业单位会计的比较参见表11-8。表11-8表明，医院与事业单位财务报表构成内容以及编制期部分相同，主要差异在于：

（1）医院会计报表包括现金流量表。

（2）医院会计报表编制期包括季度。

表11-8 **财务报表构成：医院会计与事业单位会计比较**

项　目	编　号	财务报表名称	编制期
事业单位会计	会事业01表	资产负债表	月度、年度
	会事业02表	收入支出表	月度、年度
	会事业03表	财政补助收入支出表	年度
		附注	年度
医院会计	会医01表	资产负债表	月度、季度、年度
	会医02表	收入费用总表	月度、季度、年度
	会医02表附表01	医疗收入费用明细表	月度、季度、年度
	会医03表	现金流量表	年度
	会医04表	财政补助收支情况表	年度
		附注	年度

二、资产负债表

（一）概念及基本格式

医院资产负债表是反映医院在某一特定日期全部资产、负债和净资产的情况的报表。按照编制时间，资产负债表分为月报、季报和年报。其基本格式参见表11-9。

表11-9　**资产负债表**

会医01表

编制单位：　　年　月　日　　单位：元

资　产	期末余额	年初余额	负债和净资产	期末余额	年初余额
流动资产：			流动负债：		
货币资金			短期借款		
短期投资			应缴款项		
财政应返还额度			应付票据		
应收在院病人医疗款			应付账款		
应收医疗款			预收医疗款		
其他应收款			应付职工薪酬		
减：坏账准备			应付福利费		
预付账款			应付社会保障费		
存货			应交税费		
待摊费用			其他应付款		
一年内到期的长期债权投资			预提费用		
流动资产合计			一年内到期的长期负债		
非流动资产：			流动负债合计		
长期投资			非流动负债：		
固定资产			长期借款		
固定资产原价			长期应付款		
减：累计折旧			非流动负债合计		
在建工程			负债合计		
固定资产清理			净资产：		
无形资产			事业基金		
无形资产原价			专用基金		
减：累计摊销			待冲基金		
长期待摊费用			财政补助结转（余）		
待处理财产损溢			科教项目结转（余）		
非流动资产合计			本期结余		
			未弥补亏损		
			净资产合计		
资产总计			负债和净资产总计		

(二) 资产负债表的填列方法

与事业单位会计资产负债表相比，医院资产负债表中多数项目反映的内容以及“年初余额”和“期末余额”的填列方法与事业单位会计相同。特有的两个综合性项目“期末余额”栏填列方法如下：

(1)“货币资金”项目，反映医院期末库存现金、银行存款、零余额账户用款额度以及其他货币资金的合计数。本项目应当根据“库存现金”、“银行存款”、“零余额账户用款额度”、“其他货币资金”科目的期末余额合计填列。

(2) “存货”项目，反映医院在日常业务活动中持有已备出售给病人用于治疗，或者为了治疗出售仍处在加工（包括自制和委托外单位加工）过程中的，或者将在提供医疗服务或日常管理中耗用的药品、卫生材料、低值易耗品和其他材料。本项目应当根据“库存物资”、“在加工物资”科目的期末余额合计填列。

三、收入费用总表

(一) 概念及基本格式

收入费用总表是反映医院在某一会计期间内全部收入、费用及结余的实际情况的报表。收入费用总表按照编制时间分为月报、季报和年报。其基本格式见表11-10。表11-10看出，医院的收入支出表基本格式与事业单位会计收入支出表存在较大差异。

表11-10 **收入费用总表**

会医02表

编制单位： 年 月 单位：元

项 目	本月数	本年累计数
一、医疗收入		
加：财政基本补助收入		
减：医疗业务成本		
减：管理费用		
二、医疗结余		
加：其他收入		
减：其他支出		
三、本期结余		
减：财政基本补助结转		
四、结转入结余分配		
加：年初未弥补亏损		
加：事业基金弥补亏损		
减：提取职工福利基金		
转入事业基金		
年末未弥补亏损		
五、本期财政项目补助结转（余）：		
财政项目补助收入		
减：财政项目补助支出		
六、本期科教项目结转（余）：		
科教项目收入		
减：科教项目支出		

（二）收入费用总表的填列方法

收入费用总表月报分别“本月数”和“本年累计数”两栏数据填列。本表“本月数”栏反映各收入、费用及结余项目的本月实际发生数。在编制年度收入费用总表时，应当将本栏改为“上年数”栏，反映各收入、费用及结余项目上一年度的实际发生数。如果本年度收入费用总表规定的各个项目的名称和内容同上年度不一致，应对上年度收入费用总表各项目的名称和数字按照本年度的规定进行调整，填入年度本表中的“上年数”栏。本表“本年累计数”栏反映各项目自年初起至报告期末止的累计实际发生数。

收入费用总表各项目的内容和填列方法如下：

（1）“医疗收入”项目，反映医院本期开展医疗服务活动取得的收入，包括门诊收入和住院收入。本项目应当根据“医疗收入”科目的贷方发生额减去借方发生额后的金额填列。

（2）“财政基本补助收入”项目，反映医院本期按部门预算隶属关系从同级财政部门取得的基本支出补助。本项目应当根据“财政补助收入——基本支出”明细科目的发生额填列。

（3）“医疗业务成本”项目，反映医院本期开展医疗活动及其辅助活动发生的各项费用。本项目应当根据“医疗业务成本”科目的发生额填列。

（4）“管理费用”项目，反映医院本期行政及后勤管理部门为组织、管理医疗、科研、教学业务活动所发生的各项费用，包括医院行政及后勤管理部门发生的人员经费、公用经费、资产折旧（摊销）费等费用，以及医院统一负担的离退休人员经费、坏账损失、银行借款利息支出、银行手续费支出、汇兑损益、聘请中介机构费、印花税、房产税、车船使用税等。本项目应当根据“管理费用”科目的借方发生额减去贷方发生额后的金额填列。

（5）“医疗结余”项目，反映医院本期医疗收入加上财政基本补助收入，再减去医疗业务成本、管理费用后的结余数额。本项目应根据本表中“医疗收入”项目金额加上“财政基本补助收入”项目金额，再减去“医疗业务成本”项目金额、“管理费用”项目金额后的金额填列；如为负数，以“-”号填列。

（6）“其他收入”项目，反映医院本期除医疗收入、财政补助收入、科教项目收入以外的其他收入总额。本项目应当根据“其他收入”科目的贷方发生额减去借方发生额后的金额填列。

（7）“其他支出”项目，反映医院本期发生的，无法归属到医疗业务成本、财政项目补助支出、科教项目支出、管理费用中的支出总额。本项目应当根据“其他支出”科目的发生额填列。

（8）“本期结余”项目，反映医院本期医疗结余加上其他收入，再减去其他支出后的结余数额。本项目可以根据本表“医疗结余”项目金额加上“其他收入”项目金额，再减去“其他支出”项目金额后的金额填列；如为负数，以“-”号填列。

（9）“财政基本补助结转”、“结转入结余分配”、“年初未弥补亏损”、“事业基金弥补亏损”、“提取职工福利基金”、“转入事业基金”、“年末未弥补亏损”七个项目，只有在编制年度收入费用总表时才填列。在编制年度收入费用总表时，该七个项目的内容及“本年累计数”栏的填列方法如下：

“财政基本补助结转”项目，反映医院本年财政基本补助收入减去财政基本补助支出后，留待下年继续使用的结转资金数额。本项目可以根据“财政补助收入——基本支出”明细科目本年发生额减去“医疗业务成本”、“管理费用”科目下“财政基本补助支出”备查簿中登记的本年发生额合计后的金额填列。

“结转入结余分配”项目，反映医院当年本期结余减去财政基本补助结转金额后，结转入结余分配的金额。本项目可以根据本表“本期结余”项目金额减去“财政基本补助结转”项目金额后的金额填列；如为负数，以“-”号填列。

“年初未弥补亏损”项目，反映医院截至本年初累计未弥补的亏损。本项目应当根据“结余分配”科目的本年初借方余额，以“-”号填列。

“事业基金弥补亏损”项目，反映医院本年以事业基金弥补亏损的数额。本项目应当根据“结余分配——事业基金弥补亏损”明细科目的本年贷方发生额填列。

“提取职工福利基金”项目，反映医院本年提取职工福利基金的数额。本项目应当根据“结余分配——提取职工福利基金”明细科目的本年借方发生额填列。

“转入事业基金”项目，反映医院本年转入事业基金的未分配结余数额。本项目应当根据“结余分配——转入事业基金”明细科目的本年借方发生额填列。

“年末未弥补亏损”项目，反映医院截至本年末止累计未弥补的亏损。本项目可以根据“结余分配”科目的本年末借方余额，以“-”号填列。

(10)“本期财政项目补助结转（余）”项目，反映医院本期取得的财政项目补助收入减去本期发生的财政项目补助支出后的数额。本项目应当根据“财政补助收入——项目支出”明细科目本期发生额减去“财政项目补助支出”科目的本期发生额后的金额填列。

“财政项目补助收入”项目，反映医院本期取得的财政项目补助收入。本项目应当根据“财政补助收入——项目支出”科目的本期发生额填列。

“财政项目补助支出”项目，反映医院本期发生的财政项目补助支出。本项目应当根据“财政项目补助支出”科目的本期发生额填列。

(11)“本期科教项目结转（余）”项目，反映医院本期取得的非财政科教项目收入减去本期发生的非财政科教项目支出后的数额。本项目应当根据“科教项目收入”科目本期发生额减去“科教项目支出”科目本期发生额后的金额填列。

“科教项目收入”项目，反映医院本期取得的非财政科教项目收入。本项目应当根据“科教项目收入”科目的本期发生额填列。

“科教项目支出”项目，反映医院本期发生的非财政科教项目支出。本项目应当根据“科教项目支出”科目的本期发生额填列。

（三）收入费用总表附表——医疗收入费用明细表

1.概念及基本格式

医疗收入费用明细表是反映医院在某一会计期间内医疗收入、医疗成本及其所属明细项目的实际情况的报表，是收入费用总表的附表。其基本格式参见表11-11。

表11-11　　**医疗收入费用明细表**

会医02表附表01

编制单位：　　年　月　　单位：元

项　目	本月数	本年累计数	项　目	本月数	本年累计数
医疗收入			医疗成本		
1.门诊收入			（一）按性质分类		
其中：挂号收入			1.人员经费		
诊察收入			2.卫生材料费		
检查收入			3.药品费		
化验收入			4.固定资产折旧费		
治疗收入			5.无形资产摊销费		
手术收入			6.提取医疗风险基金		
卫生材料收入			7.其他费用		
药品收入			（二）按功能分类		
其中：西药收入			1.医疗业务成本		
中草药收入			其中：临床服务成本		
中成药收入			医疗技术成本		
药事服务费收入			医疗辅助成本		
其他门诊收入			2.管理费用		
2.住院收入					
其中：床位收入					
诊察收入					
检查收入					
化验收入					
治疗收入					
手术收入					
护理收入					
卫生材料收入					
药品收入					
其中：西药收入					
中草药收入					
中成药收入					
药事服务费收入					
其他住院收入					

2.填列方法

医疗收入费用明细表“本月数”栏反映医疗收入、医疗成本及其所属明细项目的本月实际发生数；在编制年度医疗收入费用明细表时，应当将本栏改为“上年数”栏，反映医疗收入、医疗成本及其所属明细项目上一年度的实际发生数。如果本年度医疗收入费用明细表规定的各个项目的名称和内容同上年度不一致，应对上年度医疗收入费用明细表各项目的名称和数字按照本年度的规定进行调整，填入年度本表中的“上年数”栏。本表“本年累计数”栏反映各项目自年初起至报告期末止的累计实际发生数。

医疗收入费用明细表各项目的填列方法如下：

（1）“医疗收入”项目及其所属“门诊收入”、“住院收入”项目，应当根据“医疗收入”科目及其所属“门诊收入”、“住院收入”明细科目的本期贷方发生额减去借方发生额后的金额填列。

“门诊收入”项目所属各明细项目的填列金额应按以下公式计算确定：

本期“门诊收入”项目下某具体收入项目（如“挂号收入”）的填列金额 ＝ “医疗收入——门诊收入”一级明细科目本期贷方发生额减去借方发生额后的金额 × 该一级明细科目所属该具体收入类二级明细科目本期发生额占该一级明细科目所属全部收入类二级明细科目本期发生额总额的比例

本期“住院收入”项目下某具体收入项目（如“床位收入”）的填列金额 ＝ “医疗收入——住院收入”一级明细科目本期贷方发生额减去借方发生额后的金额 × 该一级明细科目所属该具体收入类二级明细科目本期发生额占该一级明细科目所属全部收入类二级明细科目本期发生额总额的比例

（2）“医疗成本”项目，应当根据“医疗业务成本”科目和“管理费用”科目本期发生额合计填列。

“按性质分类”下各明细项目，应当根据“医疗业务成本”和“管理费用”科目各所属对应一级明细科目本期发生额合计填列。

“按功能分类”下各明细项目，应当根据“医疗业务成本”科目及其所属明细科目、“管理费用”科目的本期发生额分析填列。其中：“临床服务成本”是指医院临床服务类科室发生的直接成本合计数；“医疗技术成本”是指医院医疗技术类科室发生的直接成本合计数；“医疗辅助成本”是指医院医疗辅助类科室发生的直接成本合计数。

四、现金流量表

（一）概念及基本格式

现金流量表是反映医院在某一会计年度内现金流入和流出的信息的报表。其基本格式参见表11-12。现金流量表所指的现金，是指医院的库存现金以及可以随时用于支付的存款，包括库存现金、可以随时用于支付的银行存款、零余额账户用款额度和其他货币资金。

现金流量表应当按照业务活动产生的现金流量、投资活动产生的现金流量和筹资活动产生的现金流量分别反映。本表所指的现金流量，是指现金的流入和流出。

表11-12　**现金流量表**

会医03表

编制单位：　　年度　　单位：元

项　目	行　次	金　额
一、业务活动产生的现金流量：		
开展医疗服务活动收到的现金		
财政基本支出补助收到的现金		
财政非资本性项目补助收到的现金		
从事科教项目活动收到的除财政补助以外的现金		
收到的其他与业务活动有关的现金		
现金流入小计		
发生人员经费支付的现金		
购买药品支付的现金		
购买卫生材料支付的现金		
使用财政非资本性项目补助支付的现金		
使用科教项目收入支付的现金		
支付的其他与业务活动有关的现金		
现金流出小计		
业务活动产生的现金流量净额		
二、投资活动产生的现金流量：		
收回投资所收到的现金		
取得投资收益所收到的现金		
处置固定资产、无形资产收回的现金净额		
收到的其他与投资活动有关的现金		
现金流入小计		
购建固定资产、无形资产支付的现金		
对外投资支付的现金		
上缴处置固定资产、无形资产收回现金净额支付的现金		
支付的其他与投资活动有关的现金		
现金流出小计		
投资活动产生的现金流量净额		
三、筹资活动产生的现金流量：		
取得财政资本性项目补助收到的现金		
借款收到的现金		
收到的其他与筹资活动有关的现金		
现金流入小计		
偿还借款支付的现金		
偿付利息支付的现金		
支付的其他与筹资活动有关的现金		
现金流出小计		
筹资活动产生的现金流量净额		
四、汇率变动对现金的影响额		
五、现金净增加额		

（二）填列方法

医院应当采用直接法编制业务活动产生的现金流量。

现金流量表各项目的填列方法如下：

1.业务活动产生的现金流量

（1）“开展医疗服务活动收到的现金”项目，反映医院开展医疗活动取得的现金净额。本项目可以根据“库存现金”、“银行存款”、“应收在院病人医疗款”、“应收医疗款”、“预收医疗款”、“医疗收入”等科目的记录分析填列。

（2）“财政基本支出补助收到的现金”项目，反映医院接受财政基本支出补助取得的现金。本项目可以根据“零余额账户用款额度”、“财政补助收入”等科目及其所属明细科目的记录分析填列。

（3）“财政非资本性项目补助收到的现金”项目，反映医院接受财政除用于购建固定资产、无形资产以外的项目补助取得的现金。本项目可以根据“银行存款”、“零余额账户用款额度”、“财政补助收入”等科目及其所属明细科目的记录分析填列。

（4）“从事科教项目活动收到的除财政补助以外的现金”项目，反映医院从事科研、教学项目活动取得的除财政补助以外的现金。本项目可以根据“库存现金”、“银行存款”、“科教项目收入”等科目的记录分析填列。

（5）“收到的其他与业务活动有关的现金”项目，反映医院收到的除以上项目之外的与业务活动有关的现金。本项目可以根据“库存现金”、“银行存款”、“其他应收款”、“其他收入”等科目的记录分析填列。

（6）“发生人员经费支付的现金”项目，反映医院为开展各项业务活动发生人员经费支付的现金。本项目可以根据“库存现金”、“银行存款”、“医疗业务成本”、“管理费用”、“应付职工薪酬”、“应付福利费”、“应付社会保障费”等科目的记录分析填列。

（7）“购买药品支付的现金”项目，反映医院购买药品而支付的现金。本项目可以根据“库存现金”、“银行存款”、“应付账款”、“应付票据”、“预付账款”、”医疗业务成本”、“库存物资”等科目的记录分析填列。

（8）“购买卫生材料支付的现金”项目，反映医院购买卫生材料支付的现金。本项目可以根据“库存现金”、“银行存款”、“应付账款”、“应付票据”、“预付账款”、“医疗业务成本”、“库存物资”等科目的记录分析填列。

（9）“使用财政非资本性项目补助支付的现金”项目，反映医院使用除用于购建固定资产、无形资产外的财政项目补助资金发生支出所支付的现金。本项目可以根据“银行存款”、“零余额账户用款额度”、“财政项目补助支出”等科目的记录分析填列。

（10）“使用科教项目收入支付的现金”项目，反映医院使用非财政科研、教学项目收入支付的现金；不包括使用非财政科教项目收入购建固定资产、无形资产所支付的现金。使用非财政科教项目收入购建固定资产、无形资产所支付的现金，在“购建固定资产、无形资产支付的现金”项目反映。本项目可以根据“库存现金”、“银行存款”、“科教项目支出”等科目的记录分析填列。

（11）“支付的其他与业务活动有关的现金”项目，反映医院除上述项目之外支付的与业务活动有关的现金。本项目可以根据“库存现金”、“银行存款”、“其他应付款”、“管理费用”、“其他支出”等科目的记录分析填列。

（12）“业务活动产生的现金流量净额”项目，按照“业务活动产生的现金流量”项下“现金流入小计”项目金额减去“现金流出小计”项目金额后的金额填列；如为负数，以“-”号填列。

2.投资活动产生的现金流量

（1）“收回投资所收到的现金”项目，反映医院出售、转让或者到期收回长期投资而收到的现金；不包括长期投资收回的利润、利息，以及收回的非现金资产。本项目可以根据“库存现金”、“银行存款”、“长期投资”等科目的记录分析填列。

（2）“取得投资收益所收到的现金”项目，反映医院因对外投资而从被投资单位分回利润收到的现金以及取得的现金利息。本项目可以根据“库存现金”、“银行存款”、“其他应收款”、“其他收入——投资收益”等科目的记录分析填列。

（3）“处置固定资产、无形资产收回的现金净额”项目，反映医院处置固定资产和无形资产所取得的现金，减去为处置这些资产而支付的有关费用之后的净额。由于自然灾害所造成的固定资产等长期资产损失而收到的保险赔款收入，也在本项目反映。本项目可以根据“库存现金”、“银行存款”、“固定资产清理”等科目的记录分析填列。

（4）“收到的其他与投资活动有关的现金”项目，反映医院除上述项目之外收到的与投资活动有关的现金。其他现金流入如果金额较大的，应当单列项目反映。本项目可以根据“库存现金”、“银行存款”等有关科目的记录分析填列。

（5）“购建固定资产、无形资产支付的现金”项目，反映医院购买和建造固定资产，取得无形资产所支付的现金；不包括为购建固定资产而发生的借款利息资本化的部分、融资租入固定资产支付的租赁费。借款利息和融资租入固定资产支付的租赁费，在筹资活动产生的现金流量中反映。本项目可以根据“库存现金”、“银行存款”、“固定资产”、“无形资产”、“在建工程”等科目的记录分析填列。

（6）“对外投资支付的现金”项目，反映医院进行对外投资所支付的现金，包括取得长期股权投资和长期债权投资所支付的现金，以及支付的佣金、手续费等附加费用。本项目可以根据“库存现金”、“银行存款”、“长期投资”等科目的记录分析填列。

（7）“上缴处置固定资产、无形资产收回现金净额支付的现金”项目，反映医院将处置固定资产、无形资产所收回的现金净额予以上缴所支付的现金。本项目可以根据“库存现金”、“银行存款”、“应缴款项”等科目的记录分析填列。

（8）“支付的其他与投资活动有关的现金”项目，反映医院除上述项目之外支付的与投资活动有关的现金。如果其他现金流出金额较大的，应当单列项目反映。本项目可以根据“库存现金”、“银行存款”等有关科目的记录分析填列。

（9）“投资活动产生的现金流量净额”项目，按照“投资活动产生的现金流量”项下“现金流入小计”项目金额减去“现金流出小计”项目金额后的金额填列；如为负数，以“-”号填列。

3.筹资活动产生的现金流量

（1）“取得财政资本性项目补助收到的现金”项目，反映医院接受用于购建固定资产、无形资产的财政项目补助取得的现金。本项目可以根据“银行存款”、“零余额账户用款额度”、“财政补助收入”等科目及其所属明细科目的记录分析填列。

（2）“借款收到的现金”项目，反映医院举借各种短期、长期借款所收到的现金。本项目可以根据“库存现金”、“银行存款”、“短期借款”、“长期借款”等科目的记录分析填列。

（3）“收到的其他与筹资活动有关的现金”项目，反映医院除上述项目之外收到的与筹资活动有关的现金。如果其他现金流入金额较大的，应当单列项目反映。本项目可以根据“库存现金”、“银行存款”等有关科目的记录分析填列。

（4）“偿还借款支付的现金”项目，反映医院偿还债务本金所支付的现金。本项目可以根据“库存现金”、“银行存款”、“短期借款”、“长期借款”等科目的记录分析填列。

（5）“偿付利息支付的现金”项目，反映医院实际支付的借款利息等。本项目可以根据“库存现金”、“银行存款”、“长期借款”、“管理费用”、“预提费用”等科目的记录分析填列。

（6）“支付的其他与筹资活动有关的现金”项目，反映医院除上述项目之外支付的与筹资活动有关的现金，如融资租入固定资产所支付的租赁费。本项目可以根据“库存现金”、“银行存款”、“长期应付款”等有关科目的记录分析填列。

（7）“筹资活动产生的现金流量净额”项目，按照“筹资活动产生的现金流量”项下“现金流入小计”项目金额减去“现金流出小计”项目金额后的金额填列；如为负数，以“-”号填列。

4.“汇率变动对现金的影响额”项目，反映医院外币现金流量折算为人民币时，所采用的现金流量发生日的汇率或期初汇率折算的人民币金额与本表“现金净增加额”中外币现金净增加额按期末汇率折算的人民币金额之间的差额。

5.“现金净增加额”项目，反映医院本年度现金变动的金额。本项目应当根据本表“业务活动产生的现金流量净额”、“投资活动产生的现金流量净额”、“筹资活动产生的现金流量净额”和“汇率变动对现金的影响额”项目的金额合计填列。

五、财政补助收入支出表

（一）概念及基本格式

财政补助收入支出表反映医院某一会计年度内财政补助收支及其结转、结余情况的报表。财政补助收入支出表按照年度编制，其基本格式参见11-13。表11-13表明，医院财政补助收入支出表与事业单位会计相比有较大差异。

表11-13　　**财政补助收支情况表**

会医04表

编制单位：　　年度　　单位：元

项　目	结转本年数	—
一、上年结转		—
（一）财政补助结转		—
1.基本支出结转		—
2.项目支出结转		—
其中：医疗卫生项目		—
科学技术项目		—
教育项目		—
（二）财政补助结余		—
项　目	本年数	上年数
二、本年财政补助收入		
（一）基本支出		
（二）项目支出		
其中：医疗卫生项目		
科学技术项目		
教育项目		
三、本年财政补助支出		
（一）基本支出		
（二）项目支出		
其中：医疗卫生项目		
科学技术项目		
教育项目		
四、财政补助上缴		
（一）财政补助结转上缴		
（二）财政补助结余上缴		
项　目	结转下年数	—
五、结转下年		—
（一）财政补助结转		—
1.基本支出结转		—
2.项目支出结转		—
其中：医疗卫生项目		—
科学技术项目		—
教育项目		—
（二）财政补助结余		—

（二）填列方法

1.本表“上年结转”各项目的内容和填列方法

“上年结转”项目及其所属各明细项目的“结转本年数”栏，反映医院上一年度结转至本年度使用的财政补助结转和结余资金数额。该栏各项目应根据上年度“财政补助收支情况表”中“结转下年”项目及其所属各明细项目的“结转下年数”栏的数字填列。

2.本表“本年财政补助收入”各项目的内容和填列方法

（1）“本年财政补助收入”项目及其所属各明细项目的“本年数”栏，反映医院本年度确认的财政补助收入总额、基本支出补助总额、项目支出补助及所属各明细项目支出补助总额。该栏各项目应当根据“财政补助收入”科目及其所属明细科目的本年发生额填列。

（2）“本年财政补助收入”项目及其所属各明细项目的“上年数”栏，反映医院上一年度确认的财政补助收入总额、基本支出补助总额、项目支出补助及所属各明细项目支出补助总额。该栏各项目应当根据上一年度“财政补助收支情况表”中“本年财政补助收入”项目及其所属各明细项目的“本年数”栏的数字填列。

3.本表“本年财政补助支出”各项目的内容和填列方法

（1）“本年财政补助支出”项目及其所属各明细项目的“本年数”栏，反映医院本年度发生的财政补助支出总额、财政补助基本支出总额、财政补助项目支出及其所属各明细项目支出总额。

该栏“本年财政补助支出”项目，应根据该项目所属“基本支出”和“项目支出”两个项目金额的合计数填列。

该栏“基本支出”项目，应当根据“医疗业务成本”、“管理费用”科目下“财政基本补助支出”备查簿登记的本年发生额合计填列。

该栏“项目支出”及其所属各明细项目，应当根据“财政项目补助支出”科目及其所属明细科目的本年发生额填列。

（2）“本年财政补助支出”项目及其所属各明细项目的“上年数”栏，反映医院上一年度发生的财政补助支出总额、财政补助基本支出总额、财政补助项目支出及其所属各明细项目支出总额。该栏各项目应当根据上一年度“财政补助收支情况表”中“本年财政补助支出”项目及其所属各明细项目的“本年数”栏的数字填列。

4.本表“财政补助上缴”各项目的内容和填列方法

（1）“财政补助上缴”项目的“本年数”栏，反映医院本年度按规定上缴的财政补助结转和结余金额。该项目应根据该项目所属“财政补助结转上缴”和“财政补助结余上缴”两个项目金额的合计数填列。

“财政补助上缴”项目的“上年数”栏，反映医院上一年度按规定上缴的财政补助结转和结余金额。该项目应根据上一年度“财政补助收支情况表”中“财政补助上缴”项目的“本年数”栏的数字填列。

(2)“财政补助结转上缴”项目的“本年数”栏，反映医院本年度按规定上缴的财政补助结转金额。该项目应根据“财政补助结转（余）——财政补助结转”明细科目的借方发生额分析填列。

“财政补助结转上缴”项目的“上年数”栏，反映医院上一年度按规定上缴的财政补助结转金额。该项目应当根据上一年度“财政补助收支情况表”中“财政补助结转上缴”项目的“本年数”栏的数字填列。

(3)“财政补助结余上缴”项目的“本年数”栏，反映医院本年度按规定上缴的财政补助结余金额。该项目应根据“财政补助结转（余）——财政补助结余”明细科目的借方发生额填列。

“财政补助结余上缴”项目的“上年数”栏，反映医院上一年度按规定上缴的财政补助结余金额。该项目应当根据上一年度“财政补助收支情况表”中“财政补助结余上缴”项目的“本年数”栏的数字填列。

5.本表“结转下年”各项目的内容和填列方法

(1)“结转下年”项目，反映医院结转至下一年度使用的财政补助结转和结余资金数额。该项目应当根据该项目所属“财政补助结转”和“财政补助结余”两个项目金额的合计数填列。

(2)“财政补助结转”项目，反映医院结转至下一年度使用的财政补助结转资金。该项目应当根据“财政补助结转（余）——财政补助结转”明细科目的年末余额填列。

“基本支出结转”项目，反映医院结转至下一年度使用的基本支出财政补助。该项目应当根据“财政补助结转（余）——财政补助结转（基本支出结转）”明细科目的年末余额填列。

“项目支出结转”项目，反映医院结转至下一年度使用的财政补助项目结转资金。该项目应当根据“财政补助结转（余）——财政补助结转（项目支出结转）”明细科目的年末余额填列。本项下所属各明细项目，应当根据“财政补助结转（余）——财政补助结转（项目支出结转）”明细科目所属明细科目的年末余额分析填列。

(3)“财政补助结余”项目，反映医院结转至下一年度使用的财政补助项目结余资金。该项目应当根据“财政补助结转（余）——财政补助结余”科目的年末余额填列。

六、成本报表

医院可针对成本核算情况，编制成本报表。医院成本报表构成和编制期参见表11−14。

表11−14　**成本报表参考格式**

编　号	成本报表名称	编制期
成本医01表	医院各科室直接成本表	月度、年度
成本医02表	医院临床服务类科室全成本表	月度、年度
成本医03表	医院临床服务类科室全成本构成分析表	月度、年度

医院各种成本报表的基本格式见表11-15至表11-17。

表11-15　　**医院各科室直接成本表**

成本医01表

编制单位：　　年　月　　单位：元

成本项目 / 科室名称	人员经费（1）	卫生材料费（2）	药品费（3）	固定资产折旧（4）	无形资产摊销（5）	提取医疗风险基金（6）	其他费用（7）	合计（8）=（1）+（2）+（3）+（4）+（5）+（6）+（7）
临床服务类科室1								
临床服务类科室2								
…								
小计								
医疗技术类科室1								
医疗技术类科室2								
…								
小计								
医疗辅助类科室1								
医疗辅助类科室2								
…								
小计								
医疗业务成本合计								
管理费用								
本月总计								

说明：（1）本表反映管理费用和医疗技术、辅助类科室成本分摊至临床服务类科室成本前各科室直接成本情况。

（2）医疗业务成本合计=临床服务类科室成本小计+医疗技术类科室成本小计+医疗辅助类科室成本小计。

（3）本月总计=医疗业务成本合计+管理费用。

表11-16　　医院临床服务类科室全成本表

成本医02表

编制单位：　　年　月　　单位：元

成本项目 / 科室名称	人员经费（1）			卫生材料费（2）			药品费（3）			固定资产折旧（4）			无形资产摊销（5）			提取医疗风险基金（6）			其他费用（7）			合计（8）=（1）+（2）+（3）+（4）+（5）+（6）+（7）		
	直接成本	间接成本	全成本	直接成本	间接成本	全成本	直接成本	间接成本	全成本	直接成本	间接成本	全成本	直接成本	间接成本	全成本	直接成本	间接成本	全成本	直接成本	间接成本	全成本	直接成本	间接成本	全成本
临床服务类科室1 临床服务类科室2 …																								
科室全成本合计																								

说明：（1）本表反映医院根据《医院财务制度》规定的原则和程序，将管理费用、医疗辅助类科室直接成本、医疗技术类科室直接成本逐步分摊转移到临床服务类科室后，各临床服务类科室的全成本情况，即：临床服务类科室全成本包括科室直接成本和分摊转移的间接成本。

（2）表中的“直接成本”反映间接成本分摊前各临床服务类科室发生的直接成本金额。

（3）表中的“间接成本”反映将管理费用、医疗辅助类科室直接成本、医疗技术类科室直接成本按规定的原则和程序分摊转移至各临床服务类科室的间接成本金额。

表11−17　　**医院临床服务类科室全成本构成分析表**

成本医03表

编制单位：　　年　月　　金额单位：元

科室名称 / 成本项目	内科		…		各临床服务类科室合计	
	金额	（%）			金额	（%）
人员经费 卫生材料费 药品费 固定资产折旧 无形资产摊销 提取医疗风险基金 其他费用		(##)			(★★)	
科室全成本合计		(100%)				(100%)
科室收入						
收入−成本						
床日成本						
诊次成本						

说明：本表用于对医院临床服务类科室全成本要素及其结构进行分析与监测。“##”为某一临床服务类科室不同成本项目的构成比，用于分析各临床服务类科室的成本结构，确定各科室内部成本管理的重点成本项目。科室全成本包括临床服务类科室直接成本和分摊转移的间接成本。

例：人员经费%（##）=（某一临床服务类科室人员经费金额÷该科室全成本合计）×100%

人员经费金额合计（★★）=各临床服务类科室人员经费之和

人员经费合计%=（各临床服务类科室人员经费之和÷各临床服务类科室全成本合计）×100%

诊次成本和床日成本是以诊次、床日为核算对象，将科室成本进一步分摊到门急诊人次、住院床日中，从而计算出诊次成本、床日成本。

第十二章

基层医疗卫生机构会计

本章根据《基层医疗卫生机构财务制度》和《基层医疗卫生机构会计制度》，介绍基层医疗卫生机构收入、支出、资产、负债和净资产的核算方法以及会计报表的编制方法。医院和基层医疗卫生机构均属于卫生事业单位，业务特点相同。由此，基层医疗机构在收入、支出、资产、负债和净资产核算方面既有和事业单位会计原理相同部分，又有和医院会计原理相同部分。本章将在基层医疗卫生机构收入、支出、资产、负债和净资产的核算中分别指出和事业单位会计和医院会计原理相同的部分，相关举例参见第三章和第十一章的相关内容，在本章将不再赘述。

第一节 基层医疗卫生机构会计概述

一、基层医疗卫生机构与基层医疗卫生机构会计

（一）基层医疗卫生机构及分类

基层医疗卫生机构是指设在社区、乡镇（街道）、村的医疗卫生机构，包括社区卫生服务中心（站）、乡镇（街道）卫生院、卫生室、门诊部、诊所（医务室）。

按照所有权性质，基层医疗卫生机构可分为公立基层医疗卫生机构和私立基层医疗卫生机构。公立基层医疗卫生机构，是指国有和集体办（政府举办）基层医疗卫生机构，是公益性事业单位，不以营利为目的。私立基层医疗卫生机构，即民营基层医疗机构，是指除了公立基层医疗卫生机构以外的基层医疗卫生机构。国家卫生和计划生育委员会公布的统计数据，截至2014年9月底，全国基层医疗卫生机构92.2万个，其中社区卫生服务中心（站）3.4万个，乡镇卫生院3.7万个，村卫生室65.0万个，诊所（医务室）18.9万个。[①]

① 根据中华人民共和国国家卫生和计划生育委员会公开信息整理，参见http://www.moh.gov.cn/mohwsbw-stjxxzx/s7967/201411/7f998a6220306cb48b781ea77ec4e15409b.shtml.

（二）基层医疗卫生机构会计

基层医疗卫生机构会计是基层医疗卫生机构核算、反映和监督其发生的各项经济业务和事项，以提供其财务状况和预算执行等会计信息的会计。

现行的《基层医疗卫生机构会计制度》（财会〔2010〕26号），用于中华人民共和国境内由政府举办的独立核算的城市社区卫生服务中心（站）、乡镇卫生院等基层医疗卫生机构（以下简称为基层医疗卫生机构）；企业和事业单位、社会团体及其他社会组织举办的非营利性基层医疗卫生机构参照执行。

与事业单位会计相比，基层医疗卫生机构会计具有以下特点：

（1）会计核算目标反映受托责任，同时兼顾决策有用。

（2）会计核算采用收付实现制。

（3）既不实行完全成本核算，又不实行内部成本核算。

（4）收入来源具有多渠道性，支出具有多用途性。

（5）固定资产、在建工程和无形资产的核算采用“双分录”方法。

（6）不得对外投资。

（7）固定资产不计提折旧，无形资产不计提摊销。

（8）不支付对价的资产取得计量方法没有引入“名义金额”。

（9）不得借入偿还期在一年以上（不含一年）的长期借款，不得发生融资租赁行为。

二、基层医疗卫生机构会计科目

基层医疗卫生机构会计科目是基层医疗卫生机构会计要素的具体内容和项目。基层医疗卫生机构会计核算采用收付实现制。由此，基层医疗卫生机构会计要素包括资产、负债、净资产、收入和支出，会计科目也分为资产类、负债类、净资产类、收入类和支出类，具体参见表12-1。

表12-1　　**基层医疗卫生机构会计科目表**

科目类别	科目编号	科目名称	科目类别	科目编号	科目名称
一、资产类	101	库存现金	三、净资产类	301	固定基金
	102	银行存款		30101	固定资产占用
	103	零余额账户用款额度		30102	在建过程占用
	104	其他货币资金		30103	无形资产占用
	111	财政应返还额度		302	事业基金
	1101	财政直接支付		303	专用基金
	1102	财政授权支付		304	本期结余
	112	应收医疗款		305	财政补助结转（余）
	114	其他应收款		30501	财政基本补助结转（余）

续表

科目类别	科目编号	科目名称	科目类别	科目编号	科目名称
一、资产类	121	库存物资	三、净资产类	30502	财政项目补助结转（余）
	123	待摊支出		306	其他限定用途结转（余）
	131	固定资产		308	结余分配
	133	在建工程		30801	待分配结余
	141	无形资产		30801	提取专用基金
二、负债类	201	借入款		30803	事业基金弥补亏损
	202	待结算医疗款	四、收入类	401	医疗收入
	203	应缴款项		40101	门诊收入
	206	应付账款		40102	住院收入
	207	预收医疗款		402	财政补助收入
	208	应付职工薪酬		403	上级补助收入
	210	应付社会保障费		406	其他收入
	211	应交税费	五、支出类	501	医疗卫生支出
	221	其他应付款		50101	医疗支出
				50102	公共卫生支出
				502	财政基建设备补助支出
				506	其他支出

第二节　基层医疗卫生机构收入和支出的核算

一、基层医疗卫生机构收入

（一）基层医疗卫生机构收入的内容

基层医疗卫生机构收入是指基层医疗卫生机构开展医疗卫生服务及其他活动依法取得的非偿还性资金，包括医疗收入、财政补助收入、上级补助收入和其他收入。

与事业单位会计相比，基层医疗卫生机构各项收入的含义和内容都具有一定的特殊性。

1.医疗收入

医疗收入，是指基层医疗卫生机构在开展医疗卫生服务活动中取得的收入，包括门诊收入、住院收入。医疗收入依据政府确定的付费方式和付费标准确认。医疗收入原则上当日发生当日入账，并及时结算，严禁隐瞒、截留、挤占和挪用，现金收入不得坐支。

（1）门诊收入是指为门诊病人提供医疗服务所取得的收入，包括挂号收入、诊察收入、检查收入、化验收入、治疗收入、手术收入、卫生材料收入、药品收入、一般诊疗费收入和其他门诊收入等。

（2）住院收入是指为住院病人提供医疗服务所取得的收入，包括床位收入、诊察收入、检查收入、化验收入、治疗收入、手术收入、护理收入、卫生材料收入、药品收入、一般诊疗费收入和其他住院收入等。

2.财政补助收入

财政补助收入，是指基层医疗卫生机构从财政部门取得的基本建设补助收入、设备购置补助收入、人员经费补助收入、公共卫生服务补助收入等。

3.上级补助收入

上级补助收入，是指基层医疗卫生机构从主管部门和上级单位等取得的非财政补助收入。

4.其他收入

其他收入，是指除上述规定范围之外的各项收入，包括社会捐赠、利息收入等。

（二）收入类科目及其核算内容：基层医疗卫生机构会计与事业单位会计比较

基层医疗卫生机构收入类科目及其核算内容与事业单位会计比较见表12-2。表12-2表明：

表12-2　**收入类科目及其核算内容：基层医疗卫生机构会计与事业单位会计比较**

事业单位会计		基层医疗卫生机构会计	
科目名称	科目核算内容	科目名称	科目核算内容
财政补助收入	核算事业单位从同级财政部门取得的各类财政拨款，包括基本支出补助和项目支出补助	财政补助收入	核算基层医疗卫生机构从财政部门取得的基本建设补助收入、设备购置补助收入、人员经费补助收入和公共卫生服务补助收入等
事业收入	核算事业单位开展专业业务活动及辅助活动所取得的收入	医疗收入	核算基层医疗卫生机构在开展医疗服务活动中取得的收入，包括门诊收入和住院收入
上级补助收入	核算事业单位从主管部门和上级单位取得的非财政补助收入	上级补助收入	核算基层医疗卫生机构从主管部门和上级单位等取得的非财政补助收入
附属单位上缴收入	核算事业单位附属独立核算单位按照有关规定上缴的收入		
经营收入	核算事业单位在专业业务活动及其辅助活动之外开展非独立核算经营活动取得的收入		
其他收入	核算事业单位除财政补助收入、事业收入、上级补助收入、附属单位上缴收入、经营收入以外的各项收入，包括投资收益、银行存款利息收入、租金收入、捐赠收入、现金盘盈收入、存货盘盈收入、收回已核销应收及预付款项、无法偿付的应付及预收款项等	其他收入	核算基层医疗卫生机构取得的除医疗收入、财政补助收入和上级补助收入以外的各项收入，包括接受社会捐赠、利息收入等

（1）基层医疗卫生机构的“财政补助收入”、“上级补助收入”和“其他收入”的确认和计量、总账科目及其明细科目的设置、核算内容与事业单位会计原理相同。

（2）基层医疗卫生机构的“医疗收入”总账科目及其明细科目的设置、核算内容与医院会计原理相同。

但是，基层医疗卫生机构的各项收入在期末转账时，将各收入科目的余额转入“本期结余”科目。

二、基层医疗卫生机构支出

（一）基层医疗卫生机构支出的内容

基层医疗卫生机构支出是指基层医疗卫生机构开展医疗卫生服务及其他活动发生的资金耗费和损失，包括医疗卫生支出、财政基建设备补助支出、其他支出等。

与事业单位会计相比，基层医疗卫生机构会计的各项支出含义和内容都有特殊性。

1.医疗卫生支出

医疗卫生支出，即基层医疗卫生机构在开展基本医疗服务和公共卫生服务活动中发生的支出，包括医疗支出和公共卫生支出。

（1）医疗支出是指基层医疗卫生机构在开展基本医疗服务活动中发生的支出，包括人员经费、耗用的药品及材料成本、维修费、其他公用经费等。其中，人员经费包括基本工资、绩效工资、社会保障缴费、离退休费、住房公积金等。其他公用经费包括办公费、印刷费、水费、电费、邮电费、取暖费、物业管理费、差旅费、会议费、培训费等。

（2）公共卫生支出是指基层医疗卫生机构在开展公共卫生服务活动中发生的支出，包括人员经费、耗用的药品及材料成本、维修费、其他公用经费等。其中，人员经费包括基本工资、绩效工资、社会保障缴费、离退休费、住房公积金等。其他公用经费包括办公费、印刷费、水费、电费、邮电费、取暖费、物业管理费、差旅费、会议费、培训费等。

2.财政基建设备补助支出

财政基建设备补助支出，是指基层医疗卫生机构利用财政补助收入安排的基本建设支出和设备购置支出。

3.其他支出

其他支出，是指医疗卫生支出、财政基建设备补助支出以外的支出，包括罚没支出、捐赠支出、财产物资盘亏损失等。

（二）支出类科目及其核算内容：基层医疗卫生机构会计与事业单位会计比较

基层医疗卫生机构支出类科目及其核算内容与事业单位会计比较见表12-3。表12-3表明，基层医疗卫生机构支出类科目与事业单位有很大差异，由此各科目总账科目及其明细科目的设置、核算内容和账务处理方法也不尽相同。

（三）基层医疗卫生机构支出特殊业务的核算

与事业单位会计相比，基层医疗卫生机构支出核算的特殊业务主要包括以下内容：

1.医疗卫生支出

“医疗卫生支出”科目核算基层医疗卫生机构在开展基本医疗和公共卫生服务活动中发生的支出，包括相关人员经费、耗用的药品及材料成本、维修费和其他公用经费等，基层医疗卫生机构应设置“医疗卫生支出”科目。本科目应设置“医疗支出”和“公共卫生支出”一级明细科目。“医疗支出”一级明细科目按照“人员经费”、“药品支出”、“卫材支出”、“其他材料支出”、“非财政资本性支出”、“维修费”、“其他公用经

表12-3　支出类科目及其核算内容：基层医疗卫生机构会计与事业单位会计比较

事业单位会计		基层医疗卫生机构会计	
科目名称	科目核算内容	科目名称	科目核算内容
事业支出	核算事业单位开展专业业务活动及其辅助活动发生的基本支出和项目支出	医疗卫生成本	核算基层医疗卫生机构在开展基本医疗和公共卫生服务活动中发生的支出
上缴上级支出	核算事业单位按照财政部门和主管部门的规定上缴上级单位的支出	财政基建设备补助支出	核算基层医疗卫生机构利用财政补助收入安排的基本建设支出和设备购置支出
对附属单位补助支出	核算事业单位用财政补助收入之外的收入对附属单位补助发生的支出		
经营支出	核算事业单位在专业业务活动及其辅助活动之外开展非独立核算经营活动发生的支出		
其他支出	核算事业单位除事业支出、上缴上级支出、对附属单位补助支出、经营支出以外的各项支出，包括利息支出、捐赠支出、现金盘亏损失、资产处置损失、接受捐赠（调入）非流动资产发生的税费支出等	其他支出	核算基层医疗卫生机构本期发生的，除医疗卫生支出、财政基建设备补助支出以外的其他支出，包括财产物资盘亏或毁损损失、罚没支出和捐赠支出等

费”、“提取医疗风险基金”等进行明细核算。“公共卫生支出”一级明细科目下按照“人员经费”、“药品支出”、“卫材支出”、“其他材料支出”、“非财政资本性支出”、“维修费”、“其他公用经费”等二级明细科目，进行明细核算。期末结转后，本科目应无余额。

（1）为基层医疗卫生机构人员计提薪酬时，分别按照从事基本医疗和公共卫生服务人员的工资金额，借记本科目（医疗支出、公共卫生支出），贷记“应付职工薪酬”、“应付社会保障费”等科目。

（2）为开展基本医疗和公共卫生服务活动领用卫生材料、药品等库存物资时，如可确定领用的库存物资专门用于基本医疗或公共卫生服务，按照其实际成本，借记本科目（医疗支出、公共卫生支出），贷记“库存物资”科目。

（3）利用财政补助收入以外的资金安排的资本性支出，按照购建固定资产的实际成本，借记“固定资产”、“在建工程”等科目，贷记“固定基金”科目；同时，如可确定购建的固定资产专门用于基本医疗或公共卫生服务，在发生资本性支出时，按照实际支出金额，借记本科目（医疗支出——非财政资本性支出）或本科目（公共卫生支出——非财政资本性支出），贷记“银行存款”等科目。

（4）为应对医疗风险购买商业医疗保险所支付的保险费等支出，在发生时按照实际支出金额，借记本科目，贷记“库存现金”、“银行存款”等科目。

（5）对于无法直接计入基本医疗服务支出和公共卫生服务支出而需进行合理分摊的

支出，应先记入“待摊支出”科目。期末，将待摊支出合理分摊至本科目的明细科目时，借记本科目（医疗支出、公共卫生支出），贷记“待摊支出”科目。

（6）期末，将本科目的余额转入本期结余，借记“本期结余”科目，贷记本科目。

2.财政基建设备补助支出

“财政基建设备补助支出”科目核算基层医疗卫生机构利用财政补助收入安排的基本建设支出和设备购置支出。本科目应按照基建和设备购置的具体项目设置明细科目，进行明细核算。期末结转后，本科目应无余额。

（1）使用财政补助收入安排相关基建和设备购置按照合同结算时，借记本科目，贷记“银行存款”、“零余额账户用款额度”、“财政补助收入”等科目；同时，借记“固定资产”、“在建工程”科目，贷记“固定基金”科目。相关举例参见基层医疗卫生机构资产的核算。

（2）期末将该科目余额转入本期结余，借记“本期结余”科目，贷记本科目。相关举例参见基层医疗卫生机构净资产的核算。

3.其他支出

“其他支出”科目核算基层医疗卫生机构本期发生的，除医疗卫生支出、财政基建设备补助支出之外的其他支出，包括财产物资盘亏或毁损损失、罚没支出和捐赠支出等。本科目应按照其他支出种类和项目设置明细账，进行明细核算。期末结转后，本科目应无余额。

（1）盘亏、变质、毁损的库存物资，按照账面价值扣除可以收回的保险赔偿和过失人的赔偿等后的金额，借记本科目，按照可以收回的保险赔偿和过失人赔偿等，借记“库存现金”、“银行存款”、“其他应收款”等科目，按照实际成本，贷记“库存物资”等科目。

（2）发生对外捐赠等其他支出，借记本科目，贷记“银行存款”等科目。

（3）期末，将本科目的余额转入本期结余，借记“本期结余”科目，贷记本科目。

第三节　基层医疗卫生机构资产和负债的核算

一、基层医疗卫生机构资产

（一）基层医疗卫生机构资产的内容

基层医疗卫生机构资产是指基层医疗卫生机构占有或者使用的能以货币计量的经济资源，包括流动资产、固定资产、在建工程、无形资产等。

与事业单位会计相比，基层医疗卫生机构除了流动资产、固定资产、无形资产和在建工程的含义之外，在以下方面都存在差异：

1.流动资产

流动资产包括货币资金、应收及预付款项、存货等。其中，货币资金包括库存现金、银行存款和其他货币资金；应收及预付款项包括财政应返还额度、应收医疗款和其他应收款；存货包括基层医疗卫生机构为开展业务活动及其他活动储存的低值易耗品、卫生材料、药品和其他材料等。

2.固定资产

固定资产分四类：房屋及建筑物、专用设备、一般设备和其他固定资产。

3.无形资产

无形资产包括土地使用权、基层医疗卫生机构购入的单独计价的应用软件及其他财产权利等。

（二）资产类科目及其核算内容：基层医疗卫生机构会计与事业单位会计比较

基层医疗卫生机构资产类科目及其核算内容与事业单位会计比较见表12-4。表12-4表明，基层医疗卫生机构资产科目部分与事业单位会计相同，部分与医院会计相同，主要表现在：

（1）基层医疗卫生机构“其他货币资金”、“应收医疗款”、“库存物资”、“待摊支出”科目总账科目及其明细科目的设置、核算内容、账务处理方法与医院会计原理相同。

（2）基层医疗卫生机构的其他资产类科目总账科目及其明细科目的设置、核算内容、账务处理方法与事业单位会计原理相同。

但是，与事业单位会计相比，基层医疗机构资产类科目的主要差异在于：

（1）基层医疗机构无对外投资科目，所以不设置“短期投资”和“长期投资”科目。

（2）固定资产不计提折旧和无形资产不计提摊销，所以不设置“累计折旧”和“累计摊销”科目。

（3）不设置“待处置资产损溢”科目。

表12-4　**资产类科目及其核算内容：基层医疗卫生机构会计与事业单位会计比较**

事业单位会计		基层医疗卫生机构会计	
科目名称	科目核算内容	科目名称	科目核算内容
库存现金	核算事业单位的库存现金	库存现金	核算基层医疗卫生机构的库存现金
银行存款	核算事业单位存入银行及其他金融机构的各种存款	银行存款	核算基层医疗卫生机构存入金融机构的各种存款
零余额账户用款额度	核算实行国库集中支付的事业单位根据财政部门批复的用款计划收到和支用的零余额账户用款额度	零余额账户用款额度	核算实行国库集中支付的基层医疗卫生机构根据财政部门批复的用款计划收到的零余额账户用款额度

续表

事业单位会计		基层医疗卫生机构会计	
科目名称	科目核算内容	科目名称	科目核算内容
		其他货币资金	核算基层医疗卫生机构的银行本票存款、银行汇票存款、信用卡存款等各种其他货币资金
短期投资	核算事业单位依法取得的，持有时间不超过一年（含一年）的投资，主要是国债投资		
财政应返还额度	核算实行国库集中支付的事业单位应收财政返还的资金额度	财政应返还额度	核算实行国库集中支付的基层医疗卫生机构年终应收财政下年度返还的资金额度
应收票据	核算事业单位因开展经营活动销售产品、提供有偿服务等而收到的商业汇票	应收医疗款	核算基层医疗卫生机构因提供基本医疗和公共卫生服务而应向门诊病人、住院病人收取的和与医疗保险机构结算的应收未收医疗款项
应收账款	核算事业单位因开展经营活动销售产品、提供有偿服务等而应收取的款项		
预付账款	核算事业单位按照购货、劳务合同规定预付给供应单位的款项		
其他应收款	核算事业单位除财政应返还额度、应收票据、应收账款、预付账款以外的其他各项应收及暂付款项，如职工预借的差旅费、拨付给内部有关部门的备用金、应向职工收取的各种垫付款项等	其他应收款	核算基层医疗卫生机构除财政应返还额度、应收医疗款以外的其他各项应收、暂付款项，包括职工预借的差旅费、拨付的备用金、应向职工收取的各种垫付款项等
存货	核算事业单位在开展业务活动及其他活动中为耗用而储存的各种材料、燃料、包装物、低值易耗品及达不到固定资产标准的用具、装具、动植物等的实际成本	库存物资	核算基层医疗卫生机构为了开展基本医疗和公共卫生服务活动及其他活动储存的药品、卫生材料、低值易耗品和其他材料的实际成本
		待摊支出	核算基层医疗卫生机构为组织、管理基本医疗和公共卫生服务活动等日常发生且需要分摊至医疗支出和公共卫生支出的各项间接支出

续表

事业单位会计		基层医疗卫生机构会计	
科目名称	科目核算内容	科目名称	科目核算内容
长期投资	核算事业单位依法取得的，持有时间超过一年（不含一年）的股权和债权性质的投资		
固定资产	核算事业单位固定资产的原价	固定资产	核算基层医疗卫生机构固定资产的原价
累计折旧	核算事业单位固定资产计提的累计折旧		
在建工程	核算事业单位已经发生必要支出，但尚未完工交付使用的各种建筑（包括新建、改建、扩建、修缮等）和设备安装工程的实际成本	在建工程	核算基层医疗卫生机构的固定资产购建、改建、扩建、大型修缮及设备安装等工程发生的实际支出
无形资产	核算事业单位无形资产的原价	无形资产	核算基层医疗卫生机构无形资产的原价
累计摊销	核算事业单位无形资产计提的累计摊销		
待处置资产损溢	核算事业单位待处置资产的价值及处理损溢		

二、基层医疗卫生机构负债

（一）基层医疗卫生机构负债内容

基层医疗卫生机构负债是指基层医疗卫生机构所承担的能以货币计量、需要以资产或劳务偿还的债务，包括应付账款、预收医疗款、应缴款项、应交税费、应付职工薪酬和应付社会保障费等。基层医疗卫生机构不得借入偿还期在一年以上（不含一年）的长期借款，不得发生融资租赁行为。

基层医疗卫生机构各项负债的定义与医院会计原理相同。

（二）负债类科目：基层医疗卫生机构会计与事业单位会计比较

基层医疗卫生机构负债类科目及其核算内容与事业单位会计的比较见表12-5。表12-5表明，基层医疗卫生机构负债科目部分与事业单位会计相同，部分与医院会计相同，主要表现在：

（1）基层医疗卫生机构的“应付职工薪酬”、“应付社会保障费”、“应交税费”、“应缴款项”、“预收医疗款”的总账科目及其明细科目的设置、核算内容、账务处理方法与医院会计原理相同。

（2）因基层医疗卫生机构不得借入长期借款，其“借入款”类似事业单位的“短期借款”；“应付账款”、“其他应付款”与事业单位会计和医院会计原理相同。但是，与事业单位会计相比，基层医疗机构有一个特殊的负债科目“待结算医疗款”。

表12-5 **负债类科目及其核算内容：基层医疗卫生机构会计与事业单位会计比较**

事业单位会计		基层医疗卫生机构会计	
科目名称	科目核算内容	科目名称	科目核算内容
短期借款	核算事业单位借入的期限在一年内(含一年)的各种借款	借入款	核算基层医疗卫生机构向银行等金融机构借入的款项
应缴税费	核算事业单位按照税法等规定计算应缴纳的各种税费，包括营业税、增值税、城市维护建设税、教育费附加、车船税、房产税、城镇土地使用税、企业所得税等	应交税费	核算基层医疗卫生机构按照有关税法规定应交纳或代扣代缴的各种税费
		待结算医疗款	核算实行“收支两条线”管理的基层医疗卫生机构的待结算医疗收费
应缴国库款	核算事业单位按规定应缴入国库的款项（应缴税费除外）	应缴款项	核算基层医疗卫生机构按规定应缴入国库和财政专户的款项
应缴财政专户款	核算事业单位按规定应缴入财政专户的款项		
应付职工薪酬	核算事业单位按有关规定应付给职工及为职工支付的各种薪酬，包括基本工资、绩效工资、国家统一规定的津贴补贴、社会保险费、住房公积金等	应付职工薪酬	核算基层医疗卫生机构按照有关规定应付给职工（包括离退休职工）的各种薪酬，包括基本工资、绩效工资等
		应付社会保障费	核算基层医疗卫生机构按照有关规定应付给社会保障机构的各种社会保障费
应付票据	核算事业单位因购买材料、物资等而开出、承兑的商业汇票，包括银行承兑汇票和商业承兑汇票		
应付账款	核算事业单位因购买材料、物资等而应付的款项	应付账款	核算基层医疗卫生机构因购买库存物资、固定资产和接受服务供应等应付给供应单位的款项
预收账款	核算事业单位按合同规定预收的款项	预收医疗款	核算基层医疗卫生机构预收的住院病人医疗款和医疗保险机构预付并需结算的医疗保险金
其他应付款	核算事业单位除应缴税费、应缴国库款、应缴财政专户款、应付职工薪酬、应付票据、应付账款、预收账款之外的其他各项偿还期限在一年内（含一年）的应付及暂收款项，如存入保证金等	其他应付款	核算基层医疗卫生机构除应缴款项、应付账款、预收医疗款、应付职工薪酬、应付社会保障费、应交税费以外的其他各项应付、暂收款项等
长期借款	核算事业单位借入的期限超过一年(不含一年)的各种借款		
长期应付款	核算事业单位发生的偿还期限超过一年（不含一年）的应付款项，如以融资租赁租入固定资产的租赁费、跨年度分期付款购入固定资产的价款等		

（三）基层医疗卫生机构负债特殊业务的核算

与事业单位会计和医院会计相比，基层医疗卫生机构负债特殊业务主要是待结算医疗款的核算。

“待结算医疗款”科目，核算实行“收支两条线”管理的基层医疗卫生机构的待结算医疗收费。本科目应设置“门诊收费”和“住院收费”一级明细科目。“门诊收费”一级明细科目核算基层医疗卫生机构为门诊病人提供医疗服务发生的待结算医疗收费。该一级明细科目下应按照挂号收费、诊察收费、检查收费、化验收费、治疗收费、手术收费、药品收费、卫材收费、一般诊疗费收费和其他门诊收费等设置二级明细科目，进行明细核算。“住院收费”一级明细科目核算基层医疗卫生机构为住院病人提供医疗服务发生的待结算医疗收费。该一级明细科目下应按照床位收费、诊察收费、检查收费、化验收费、治疗收费、手术收费、护理收费、药品收费、卫材收费、一般诊疗费收费和其他住院收费等设置二级明细科目，进行明细核算。上述“药品收费”二级明细科目下按照“西药”、“中成药”、“中草药”进行明细核算。本科目期末贷方余额，反映基层医疗卫生机构的尚未确定应上缴或留用的医疗收费。

（1）与门诊病人结算医疗款时，应向门诊病人收取的部分，按照门诊病人实际支付或应付未付的医疗款金额，借记“库存现金”、“应收医疗款——结算欠费”等科目，应由医疗保险机构负担的部分，按照有关规定计算的应收医疗保险金额，借记“应收医疗款——应收医疗保险金”科目，按照有关规定计算确定的门诊病人医疗款金额，贷记本科目（门诊收费）。

（2）与住院病人结算医疗款时，如住院病人应付医疗款金额大于其预交金额，按照预收住院病人医疗款金额，借记“预收医疗款”科目，按照实际补付或应付未付金额，借记“库存现金”、“应收医疗款——结算欠费”等科目，按照有关规定计算的应由医疗保险机构负担的医疗保险金额，借记“应收医疗款——应收医疗保险金”科目，按照有关规定计算确定的住院病人医疗款金额，贷记本科目（住院收费）。

如果住院病人应付医疗款金额小于其预交金额，那么按照预收住院病人医疗款金额，借记“预收医疗款”科目，按照有关规定计算的应由医疗保险机构负担的医疗保险金额，借记“应收医疗款——应收医疗保险金”科目，按照退还给住院病人的金额，贷记“库存现金”、“银行存款”等科目，按照有关规定计算确定的住院病人医疗款金额，贷记本科目（住院收费）。

（3）在期末或规定的上缴时间，按照有关规定确定的金额，借记本科目，按照有关规定计算确定的应上缴医疗款金额，贷记“应缴款项”科目，按照有关规定留用的结算医疗款金额，贷记“医疗收入”科目。

第四节　基层医疗卫生机构净资产的核算

一、基层医疗卫生机构净资产内容

基层医疗卫生机构净资产是指基层医疗卫生机构资产减去负债后的余额，包括固定基金、事业基金、专用基金、财政补助结转（余）和未弥补亏损。

与事业单位会计相比，基层医疗卫生机构各项净资产的含义和内容都存在一定差异。

（一）各项基金

基层医疗卫生机构基金包括固定基金、事业基金、专用基金。

1. 固定基金

固定基金，是指基层医疗卫生机构固定资产、在建工程、无形资产形成的资金占用。

2. 事业基金

事业基金，是指基层医疗卫生机构按规定设置的用于弥补亏损的净资产，包括从结余分配转入资金（不包括财政基本支出补助收入）、资产评估增值等。

基层医疗卫生机构应加强对事业基金的管理，统筹安排，合理使用。如果事业基金滚存较多，那么在编制预算时应安排一定数量的事业基金。

3. 专用基金

专用基金，是指基层医疗卫生机构按照规定提取、设置的有专门用途的资金，主要包括医疗风险基金、职工福利基金、奖励基金和其他专用基金等。

（1）医疗风险基金，是指从医疗卫生支出中计提、专门用于支付基层医疗卫生机构购买医疗风险保险发生的支出或实际发生的医疗事故赔偿的资金。提取的医疗风险基金不得超过当年医疗收入的1%。

（2）职工福利基金，是指按业务收支结余的一定比例提取、专门用于职工集体福利设施、集体福利待遇的资金。

（3）奖励基金，是指执行核定收支等预算管理方式的基层医疗卫生机构，在年度终了对核定任务完成情况进行绩效考核合格后，可按照业务收支结余的一定比例提取的基金，由基层医疗卫生机构结合绩效工资的实施用于职工绩效考核奖励。

（4）其他专用基金，是指按照有关规定提取、设置的其他专用资金。

（二）收支结余

收支结余是指基层医疗卫生机构收入与支出相抵后的余额，包括业务收支结余和财政项目补助收支结转（余）。

业务收支结余是指基层医疗卫生机构除非财政补助项目收支之外的各项收入减去各项费用后的差额。当期业务收支结余计算公式如下：

业务收支结余=医疗收入+财政基本支出补助收入+上级补助收入+其他收入−医疗卫生支出−其他支出

财政补助结转（余），是指基层医疗卫生机构历年滚存的有限定用途的财政补助资金。

财政项目补助收支结转（余）=财政项目支出补助收入-财政项目补助支出

基层医疗卫生机构应于年末将业务收支结余扣除限定用途结转下一年度继续使用的资金后，转入结余分配，年末结余为正数的，可按规定提取职工福利基金等专用基金，剩余部分转入事业基金；年末结余为负数的，不得进行分配，应由事业基金弥补，事业基金不足以弥补的，转入未弥补亏损。

（三）未弥补亏损

未弥补亏损，是事业基金不足以弥补的亏损。

二、净资产类科目：基层医疗卫生机构会计与事业单位会计比较

基层医疗卫生机构净资产类科目及其核算内容与事业单位会计的比较见表12-6。表12-6表明，基层医疗卫生机构净资产科目部分与事业单位会计相同，部分与医院会计相同，主要表现在：

表12-6　**净资产类科目及其核算内容：基层医疗卫生机构会计与事业单位会计比较**

事业单位会计		基层医疗卫生机构会计	
科目名称	科目核算内容	科目名称	科目核算内容
事业基金	核算事业单位拥有的非限定用途的净资产，主要为非财政补助结余扣除结余分配后滚存的金额	事业基金	核算基层医疗卫生机构按照规定设置的用于弥补亏损的净资产，包括从结余分配转入资金（不包括财政基本支出补助结转结余资金）等
非流动资产基金	核算事业单位长期投资、固定资产、在建工程、无形资产等非流动资产占用的金额	固定基金	核算基层医疗卫生机构固定资产、在建工程、无形资产等长期资产所形成的资金占用
专用基金	核算事业单位按规定提取或者设置的具有专门用途的净资产，主要包括修购基金、职工福利基金等	专用基金	核算基层医疗卫生机构按照有关规定设置、提取的有专门用途的资金，主要包括医疗风险基金、职工福利基金、奖励基金和其他专用基金等
财政补助结转	核算事业单位滚存的财政补助结转资金，包括基本支出结转和项目支出结转	财政补助结转（余）	核算基层医疗卫生机构具有限定用途结转继续使用的财政补助结转结余资金，包括基本支出补助结转和项目支出补助结转（余）
财政补助结余	核算事业单位滚存的财政补助项目支出结余资金		
非财政补助结转	核算事业单位除财政补助收支以外的各专项资金收入与其相关支出相抵后剩余滚存的、须按规定用途使用的结转资金	其他限定用途结转（余）	核算基层医疗卫生机构除财政补助结转（余）以外的结转以后年度继续使用的其他限定用途结转结余资金
事业结余	核算事业单位一定期间除财政补助收支、非财政专项资金收支和经营收支以外各项收支相抵后的余额	本期结余	核算基层医疗卫生机构当期收入减去支出后的余额
经营结余△	核算事业单位一定期间各项经营收支相抵后余额弥补以前年度经营亏损后的余额		
非财政补助结余分配	核算事业单位本年度非财政补助结余分配的情况和结果	结余分配	核算基层医疗卫生机构当年结余的分配情况和结果

(1)“事业基金”、“专用基金”总账科目及其明细科目的设置、账务处理方法与事业单位会计“非流动资产基金”科目原理相同。

(2)“固定基金”总账科目及其明细科目的设置、账务处理方法与事业单位会计“非流动资产基金”科目原理相同。

(3)基层医疗卫生机构其他净资产科目的总账科目及其明细科目的设置、账务处理方法与医院会计原理相同。

三、基层医疗机构净资产特殊业务的核算

净资产的核算涉及资产、负债、收入和支出的核算，综合性比较强，也更能够体现差异，下面将做具体介绍。

(一)各项基金的核算

1.固定基金

“固定基金”科目核算固定资产、在建工程、无形资产等长期资产所形成的资金占用。本科目应设置“固定资产占用”、“在建工程占用”和“无形资产占用”一级明细科目，进行明细核算。“固定资产占用”一级明细科目核算基层医疗卫生机构购入、调入、建造等方式取得的固定资产所形成的资金占用，以及固定资产出售、报废、毁损等原因减少的资金占用。“在建工程占用”一级明细科目核算基层医疗卫生机构在建工程交付使用前累计占用的资金。“无形资产占用”一级明细科目核算基层医疗卫生机构购入等方式取得的无形资产所形成的资金占用，以及无形资产出售等原因减少的资金占用。本科目(固定资产占用)期末贷方余额，反映基层医疗卫生机构的固定资产资金占用金额；本科目(在建工程占用)期末贷方余额，反映基层医疗卫生机构的在建工程资金占用金额；本科目(无形资产占用)期末贷方余额，反映基层医疗卫生机构的无形资产资金占用金额。

(1)固定基金增加

①购入、有偿调入固定资产等长期资产时，按照确定的成本，借记“固定资产”等科目，贷记本科目；同时，借记“财政基建设备补助支出”、“待摊支出”等科目，贷记“银行存款”等科目。

②自行或采用出包方式(代建制)建造固定资产，发生在建工程支出或结算工程价款时，按照实际支出金额，借记“在建工程”科目，贷记本科目(在建工程占用)；同时，借记“财政基建设备补助支出”、“待摊支出”等科目，贷记“银行存款”等科目。工程交付使用时，借记“固定资产”科目，贷记“在建工程”科目；同时，借记本科目(在建工程占用)，贷记本科目(固定资产占用)。

③无偿调入、接受捐赠取得的固定资产等长期资产，按照确定的成本，借记“固定资产”等科目，贷记本科目。

④盘盈的固定资产，借记“固定资产”科目，贷记本科目(固定资产占用)。

(2)固定基金减少

①有偿调出、出售的固定资产等长期资产，按照账面价值，借记本科目，贷记“固

定资产”等科目；取得的收入扣减相关支出后的净额，借记“银行存款”等科目，贷记“应缴款项”、“其他收入”科目。

②毁损、报废的固定资产，按照账面价值，借记本科目（固定资产占用），贷记“固定资产”科目。同时，取得的价款或者变价收入扣减相关支出后的净额，借记“银行存款”科目，贷记“应缴款项”、“其他收入”科目。

③盘亏的固定资产，按照账面价值，借记本科目（固定资产占用），贷记“固定资产”科目。

2. 事业基金

为了核算按照规定设置的用于弥补亏损的净资产，包括从结余分配转入资金（不包括财政基本支出补助结转结余资金）等，基层医疗卫生机构应设置“事业基金”科目。

事业基金的主要账务处理如下：

（1）年末，按照有关规定从“结余分配”科目提取专用基金后转入本科目时，借记“结余分配——待分配结余”科目，贷记本科目。

（2）用事业基金弥补亏损时，按照规定批准的弥补亏损金额，借记本科目，贷记“结余分配——事业基金弥补亏损”科目。

3. 专用基金

“专用基金”科目核算按照有关规定设置、提取的有专门用途的资金。本科目应按照基金类别设置明细账，进行明细核算。本科目期末贷方余额，反映基层医疗卫生机构按照规定设置、提取的具有专门用途净资产的金额。

（1）期末，提取医疗风险基金时，按照有关规定计算的提取金额，借记“医疗卫生支出——医疗支出（提取医疗风险基金）”科目，贷记本科目（医疗风险基金）。

（2）年末，提取职工福利基金时，按照有关规定计算的提取金额，借记“结余分配——提取专用基金（提取职工福利基金）”科目，贷记本科目（职工福利基金）。

（3）年末，提取奖励基金时，按照有关规定计算的提取金额，借记“结余分配——提取专用基金（提取奖励基金）”科目，贷记本科目（奖励基金）。

（4）年末，提取其他专用基金时，按照有关规定借记“结余分配——提取专用基金（提取其他专用基金）”、“待摊支出”等科目，贷记本科目。

（5）使用专用基金时，按照实际支出金额，借记本科目，贷记“银行存款”等科目。

（二）各项结转（余）的核算

1. 本期结余

“本期结余”科目核算当期收入减去支出后的余额。本科目期末贷方余额，反映基层医疗卫生机构自年初至期末扣除财政补助结转（余）、其他限定用途结转（余）以后的尚未分配的累计结余；本科目期末借方余额，反映基层医疗卫生机构自年初至期末尚未结转的未弥补亏损。本科目年末结转后应无余额。

（1）期末，应将各项收入、支出类科目的本期发生额结转入本期结余科目。结转各项收入类科目时，按照各项收入类科目贷方余额，借记“医疗收入”、“财政补助收入”、“上级补助收入”、“其他收入”科目，贷记本科目；结转各项支出类科目时，按照各项支出类科目借方余额，借记本科目，贷记“医疗卫生支出”、“财政基建设备补助支出”、“其他支出”科目。

（2）期末，结转本期收支后，应分析本期结余的构成，将属于财政补助结转（余）和其他限定用途结转（余）的部分结转至相关科目。结转时，按照“财政基本支出备查簿”分析计算的基本支出补助结转金额，借记本科目，贷记“财政补助结转（余）——财政基本补助结转”科目，按照“财政项目支出备查簿”分析计算的项目支出补助结转（余）金额，借记本科目，贷记“财政补助结转（余）——财政项目补助结转（余）”科目，按照“其他限定用途资金备查簿”分析计算的其他限定用途资金结转（余）金额，借记本科目，贷记“其他限定用途结转（余）”科目。

（3）年末，完成上述（1）~（2）账务处理后，将本期结余年末余额转入待分配结余。将“本期结余”科目余额扣除限定用途结转（余）后的金额结转入结余分配时，借记本科目，贷记“结余分配——待分配结余”科目；将“本期结余”科目余额扣除限定用途结转（余）后发生的亏损结转入结余分配时，借记“结余分配——待分配结余”科目，贷记本科目。

2.财政补助结转（余）

“财政补助结转（余）”科目核算具有限定用途结转继续使用的财政补助结转结余资金，包括基本支出补助结转和项目支出补助结转（余）。本科目应设置“财政基本补助结转”和“财政项目补助结转（余）”一级明细科目，进行明细核算。本科目期末贷方余额，反映基层医疗卫生机构的财政补助结余资金数额。

（1）期末，按照“财政基本支出备查簿”分析计算的基本支出补助结转金额，借记“本期结余”科目，贷记本科目（财政基本补助结转），按照“财政项目支出备查簿”分析计算的项目支出补助结转（余）金额，借记“本期结余”科目，贷记本科目（财政项目补助结转（余））。

（2）财政补助项目完成后，按照有关规定报经财政部门批准将本项目财政项目补助结转（余）上缴、调剂至其他项目或补充事业基金等用途的，按照批准金额，借记本科目（财政项目补助结转（余）——本项目），贷记“银行存款”、“零余额账户用款额度”、本科目（财政项目补助结转（余）——其他项目）、“事业基金”等科目。

3.其他限定用途结转（余）

“其他限定用途结转（余）”科目核算除财政补助结转（余）之外的结转以后年度继续使用的其他限定用途结转结余资金。本科目应按照其他限定用途资金的具体项目进行明细核算。本科目应设置“其他限定用途资金备查簿”，按照具体项目详细登记其他限定用途资金收支情况，并在期末分析计算其他限定用途结转（余）金额。本科目期末贷方余额，反映基层医疗卫生机构的其他限定用途结转结余资金数额。

（1）期末，按照“其他限定用途资金备查簿”分析计算的其他限定用途资金结转

(余)金额,借记"本期结余"科目,贷记本科目。

(2)其他限定用途资金项目完成后,按照规定报经批准将本项目结转(余)上缴、调剂至其他项目或补充事业基金等用途的,按照批准金额,借记本科目(本项目),贷记"银行存款"、本科目(其他项目)、"事业基金"等科目。

4.结余分配

"结余分配"科目核算当年结余的分配情况和结果。本科目应设置"待分配结余"、"提取专用基金"和"事业基金弥补亏损"一级明细科目,进行明细核算。"提取专用基金"一级明细科目,按照有关规定设置"提取职工福利基金"、"提取奖励基金"、"提取其他专用基金"等二级明细科目,进行明细核算。年末将待分配结余转入事业基金后,本科目应无余额。本科目年末有借方余额的,反映基层医疗卫生机构的累计未弥补亏损。

(1)年末,将"本期结余"科目余额扣除限定用途结转(余)后的金额结转入本科目时,借记"本期结余"科目,贷记本科目(待分配结余);将"本期结余"科目余额扣除限定用途结转(余)后发生的亏损结转入结余分配时,借记本科目,贷记"本期结余"科目。

(2)按照有关规定提取职工福利基金、奖励基金等专用基金时,借记本科目(提取专用基金——提取职工福利基金、提取奖励基金等),贷记"专用基金"科目。

(3)提取有关专用基金后,按照待分配结余贷方金额,借记本科目(待分配结余),按照提取专用基金借方金额,贷记本科目(提取专用基金)。

(4)按照有关规定批准将提取专用基金后的待分配结余结转入事业基金时,借记本科目(待分配结余),贷记"事业基金"科目。

(5)报经批准用事业基金弥补亏损时,按照批准金额,借记"事业基金"科目,贷记本科目(事业基金弥补亏损)。

第五节 基层医疗卫生机构财务报表

一、财务报表概述

(一)财务报表的概念

基层医疗卫生机构财务报告是反映基层医疗卫生机构一定时期财务状况和业务开展成果的总括性书面文件由财务报表和财务状况说明书构成。

基层医疗卫生机构财务报告分为月度、季度和年度财务报告。

基层医疗卫生机构财务报表包括会计报表和会计报表附注。

基层医疗卫生机构会计报表主要包括资产负债表、收入支出总表、净资产变动表以及业务收支明细表、财政补助收支明细表等有关附表。

基层医疗卫生机构会计报表附注至少应包括重要会计政策、会计估计的说明,会计报表重要项目及其增减变动情况的说明,有助于理解和分析会计报表的需要说明的其他事项。

财务情况说明书主要说明基层医疗卫生机构的业务开展情况、预算执行情况、财务收支状况、资产变动情况、基本建设情况、绩效考评情况、对本期或下期财务状况发生重大影响的事项、专项资金的使用情况以及其他需要说明的事项。

（二）财务报表构成：基层医疗卫生机构会计与事业单位会计比较

基层医疗卫生机构财务报表构成与事业单位会计的比较参见表12−7。表12−7表明，基层医疗卫生机构会计与事业单位会计财务报表构成内容以及编制期部分相同。

表12−7　　财务报表构成：基层医疗卫生机构会计与事业单位会计比较

项　目	编　号	财务报表名称	编制期
事业单位会计	会事业01表	资产负债表	月度、年度
	会事业02表	收入支出表	月度、年度
	会事业03表	财政补助收入支出表	年度
		附注	年度
基层医疗卫生机构会计	会基医01表	资产负债表	月度、季度、年度
	会基医02表	收入支出总表	月度、季度、年度
	会基医02表附表01	业务收支明细表	月度、季度、年度
	会基医02表附表02	财政补助收支明细表	月度、季度、年度
	会基医03表	净资产变动表	年度

二、资产负债表

（一）概念及基本格式

基层医疗卫生机构资产负债表是反映基层医疗卫生机构某一会计期末全部资产、负债和净资产情况的报表。按照编制时间，资产负债表分为月报、季报和年报。其基本格式参见表12−8。

（二）资产负债表的填列方法

与事业单位会计资产负债表相比，基层医疗卫生机构资产负债表中多数项目反映的内容以及“年初余额”和“期末余额”的填列方法与事业单位资产负债表相同。特有项目“期末余额”栏内各项目的内容和填列方法如下：

（1）“货币资金”项目，反映基层医疗卫生机构期末库存现金、银行存款、零余额账户用款额度以及其他货币资金的合计数。本项目应根据“库存现金”、“银行存款”、“零余额账户用款额度”、“其他货币资金”科目的期末借方余额合计填列。

（2）“应收医疗款”项目，反映基层医疗卫生机构期末应收医疗款的余额。本项目应根据“应收医疗款”科目的期末借方余额填列。

（3）“库存物资”项目，反映基层医疗卫生机构在日常业务活动中持有已备使用、出售或日常管理中耗用的药品、卫生材料、低值易耗品和其他材料。本项目应根据“库存物资”科目的期末借方余额合计填列。

表 12-8

资产负债表

会基医 01 表

编制单位：　　　　　　年　月　日　　　　　　单位：元

资　产	期末余额	年初余额	负债和净资产	期末余额	年初余额
流动资产：			负债：		
货币资金			借入款		
财政应返还额度			待结算医疗款		
应收医疗款			应缴款项		
其他应收款			应付账款		
库存物资			预收医疗款		
待摊支出			应付职工薪酬		
流动资产合计			应付社会保障费		
非流动资产：			应交税费		
固定资产			其他应付款		
在建工程			负债合计		
无形资产			净资产：		
非流动资产合计			固定基金		
			事业基金		
			专用基金		
			财政补助结转（余）		
			其他限定用途结转（余）		
			本期结余		
			未弥补亏损		
			净资产合计		
资产总计			负债和净资产总计		

（4）“待摊支出”项目，反映基层医疗卫生机构尚未分摊的待摊支出余额。本项目应根据“待摊支出”科目的期末借方余额填列。在年度资产负债表中，本项目金额应为“0”。

（5）“固定资产”项目，反映基层医疗卫生机构各项固定资产的账面余额。本项目应根据“固定资产”科目期末借方余额填列。

（6）“无形资产”项目，反映基层医疗卫生机构各项无形资产的账面余额。本项目应根据“无形资产”科目的期末借方余额填列。

（7）“借入款”项目，反映基层医疗卫生机构尚未偿还的借款期在一年以下的借入款项。本项目应根据“借入款”科目的期末贷方余额填列。

(8)“待结算医疗款”项目，反映基层医疗卫生机构期末尚未确定的应上缴或留用的医疗收费。本项目应根据“待结算医疗款”科目的期末贷方余额填列。

(9)“预收医疗款”项目，反映基层医疗卫生机构向住院病人、社会医疗保险机构等预收的医疗款项。本项目应根据“预收医疗款”科目的期末贷方余额填列。

(10)“应付社会保障费”项目，反映基层医疗卫生机构按照有关规定应付未付给社会保障机构的各种社会保障费。本项目应根据“应付社会保障费”科目的期末贷方余额填列。

(11)“固定基金”项目，反映基层医疗卫生机构的固定资产、在建工程等长期资产所形成的资金占用数额。本项目应根据“固定基金”科目的期末贷方余额填列。

(12)“财政补助结转（余）”项目，反映基层医疗卫生机构累计的具有限定用途结转以后年度继续使用的财政补助结转结余资金。本项目应根据“财政补助结转（余）”科目的期末贷方余额填列。

(13)“其他限定用途结转（余）”项目，反映基层医疗卫生机构累计的除财政补助结余之外的结转以后年度继续使用的其他限定用途结转结余资金。本项目应根据“其他限定用途结转（余）”科目的期末贷方余额填列。

(14)“本期结余”项目，反映基层医疗卫生机构自年初至期末扣除财政补助结转(余)、其他限定用途结转（余）以后的累计结余。本项目应根据“本期结余”科目的期末贷方余额填列；“本期结余”科目期末为借方余额时，以“-”号填列。在年度资产负债表中，本项目金额应为“0”。

(15)“未弥补亏损”项目，反映基层医疗卫生机构累计未弥补的亏损。本项目应根据“结余分配”科目的期末借方余额以“-”号填列。

三、收入支出总表

（一）概念及基本格式

基层医疗卫生机构收入支出总表是反映基层医疗卫生机构在某一会计期间内全部收入、支出的实际情况的报表。收入支出总表按照编制时间分为月报、季报和年报，其基本格式见表12-9。由表12-9看出，基层医疗卫生机构的收入支出表基本格式与事业单位收入支出表存在较大差异。

（二）收入支出总表的填列方法

收入支出总表分别“本月数”和“本年累计数”两栏数据填列。本表“本月数”栏反映各收入、支出项目的本月实际发生数；在编制年度财务报告时，应将本栏改为“上年数”栏，反映各收入、支出项目上一年度的实际发生数。本表“本年累计数”栏反映各项目自年初起至报告期末止的累计实际发生数。

收入支出总表各项目的内容和填列方法如下：

(1)“财政补助收入”项目，反映基层医疗卫生机构从财政部门取得的基本支出补助和项目支出补助。本项目应根据“财政补助收入”科目贷方发生额填列。

表12-9

收入支出总表

会基医02表

编制单位：　　　　　　　　　　　　年　月　　　　　　　　　　单位：元

项　目	本月数	本年累计数
一、收入		
财政补助收入		
医疗收入		
上级补助收入		
其他收入		
二、支出		
医疗卫生支出		
其中：医疗支出		
公共卫生支出		
财政基建设备补助支出		
其他支出		
三、本期结余		
减：财政补助结转（余）		
减：其他限定用途结转（余）		
四、结余分配		
加：年初未弥补亏损		
加：事业基金弥补亏损		
年末未弥补亏损		
减：提取专用基金		
其中：提取职工福利基金		
提取奖励基金		
提取其他专用基金		
五、转入事业基金		

（2）“医疗收入”项目，反映基层医疗卫生机构在开展医疗卫生服务活动中取得的收入。本项目应根据“医疗收入”科目贷方发生额填列。

（3）“上级补助收入”项目，反映基层医疗卫生机构从主管部门和上级单位取得的非财政补助收入。本项目应根据“上级补助收入”科目贷方发生额填列。

（4）“其他收入”项目，反映基层医疗卫生机构除财政补助收入、医疗收入之外的其他收入总额。本项目应根据“其他收入”科目贷方发生额填列。

（5）“医疗卫生支出”项目，反映基层医疗卫生机构开展基本医疗服务和公共卫生服务活动中发生的各项支出。本项目应根据“医疗卫生支出”科目借方发生额填列。

（6）“财政基建设备补助支出”项目，反映基层医疗卫生机构利用财政补助收入安排的各项基建工程和设备购置支出。本项目应根据“财政基建设备补助支出”科目借方发生额填列。

（7）“其他支出”项目，反映基层医疗卫生机构除医疗卫生支出、财政基建设备补助支出之外的其他支出总额。本项目应根据“其他支出”科目借方发生额填列。

（8）“本期结余”项目，反映基层医疗卫生机构全部收入减去全部支出后的余额。本项目根据本表中各收入项目合计金额减去各支出项目合计金额后的金额填列；如为负数，以“-”号填列。

（9）“财政补助结转（余）”项目，反映基层医疗卫生机构本期财政补助收入减去财政补助支出后的余额。本项目根据“财政补助结转（余）”科目贷方发生额填列。

（10）“其他限定用途结转（余）”项目，反映其他限定用途资金收入减去其他限定用途资金支出后的余额。本项目根据“其他限定用途结转（余）”科目贷方发生额填列。

（11）“结余分配”、“年初未弥补亏损”、“事业基金弥补亏损”、“年末未弥补亏损”、“提取专用基金”和“转入事业基金”项目，只在年度收入支出总表中填列。编制年度收入支出总表时，上述项目的内容及“本年累计数”栏的填列方法如下：

“结余分配”项目，反映基层医疗卫生机构本期结余减去财政补助结转（余）和其他限定用途结转（余）后结转入结余分配的金额。本项目根据本表中“本期结余”项目金额减去“财政补助结转（余）”项目和“其他限定用途结转（余）”项目金额后的金额填列；如为负数，以“-”号填列。

“年初未弥补亏损”项目，反映基层医疗卫生机构截至本年初累计未弥补的亏损。本项目应当根据“结余分配”科目的本年初借方余额以“-”号填列。

“事业基金弥补亏损”项目，反映基层医疗卫生机构经批准用事业基金弥补亏损的金额。本项目根据“结余分配——事业基金弥补亏损”科目贷方发生额填列。

“年末未弥补亏损”项目，反映基层医疗卫生机构截至本年末累计未弥补的亏损。本项目应当根据“结余分配”科目的本年末借方余额以“-”号填列。

“提取专用基金”项目，反映基层医疗卫生机构按照规定需要计提的专用基金数额。本项目根据“结余分配——提取专用基金”科目借方发生额填列。

“转入事业基金”项目，反映基层医疗卫生机构转入事业基金的结余数额。本项目根据“结余分配”科目借方发生额分析填列。

（三）收入支出总表附表

基层医疗机构的收入支出总表包括两张附表：业务收支明细表和财政补助收支明细表。

1.业务收支明细表

业务收支明细表，是反映基层医疗卫生机构在某一会计期间内医疗收入和医疗卫生支出及其所属明细项目的实际情况的报表。其基本格式参见表12-10。

表12-10　　业务收支明细表

会基医02表附表01

编制单位：　　年　月　　单位：元

项　目	本月数	本年累计数	项　目	本月数	本年累计数
一、医疗收入			二、医疗卫生支出		
1.门诊收入			1.医疗支出		
其中：挂号收入			其中：人员经费		
诊察收入			药品支出		
检查收入			材料支出		
药品收入			其中：卫材支出		
其中：西药收入			其他材料支出		
中草药收入			非财政资本性支出		
中成药收入			维修费		
卫材收入			提取医疗风险基金		
一般诊疗费收入			其他公用经费		
治疗收入			合　计		
手术收入			2.公共卫生支出		
化验收入			其中：人员经费		
其他门诊收入			药品支出		
合　计			材料支出		
2.住院收入			其中：卫材支出		
其中：床位收入			其他材料支出		
诊察收入			非财政资本性支出		
检查收入			维修费		
药品收入			其他公用经费		
其中：西药收入			合　计		
中草药收入			总　计		
中成药收入					
卫材收入					
一般诊疗费收入					
治疗收入					
手术收入					
化验收入					
护理收入					
其他住院收入					
合　计					
总　计					

业务收支明细表的填列方法如下：

本表“本月数”栏反映医疗收入、医疗卫生支出及其所属明细项目的本月实际发生数；在编制年度财务报告时，应将本栏改为“上年数”栏，反映医疗收入、医疗卫生支出及其所属明细项目上一年度的实际发生数。本表“本年累计数”栏反映各项目自年初起至报告期末止的累计实际发生数。

本表中的医疗收入、医疗卫生支出及其所属各明细项目，应根据“医疗收入”、“医疗卫生支出”所属明细科目的发生额分析填列。

2.财政补助收支明细表

财政补助收支明细表，是反映基层医疗卫生机构在某一会计期间内财政补助收支及其所属明细项目的实际情况的报表。其基本格式参见表12-11。

表12-11　**财政补助收支明细表**

会基医02表附表02

编制单位：　　年　月　　单位：元

项　目	本月数	累计数	项　目	本月数	累计数
一、财政补助收入			二、财政补助支出		
（一）基本支出补助收入			（一）基本支出		
1.人员经费补助收入			1.人员经费		
2.公用经费补助收入			其中：使用基本公共卫生服务补助收入		
3.基本公共卫生服务补助收入			2.公用经费		
合　计			其中：使用基本公共卫生服务补助收入		
			合　计		
（二）项目支出补助收入			（二）项目支出		
1.基建项目			1.基建项目		
（1）××项目			（1）××项目		
…			…		
小　计			小　计		
2.设备购置			2.设备购置		
（1）××设备			（1）××设备		
…			…		
小　计			小　计		
3.重大公共卫生服务			3.重大公共卫生服务		
（1）××项目			（1）××项目		
…			…		
小　计			小　计		
合　计			合　计		
总　计			总　计		

财政补助收支明细表的填列方法如下：

本表“本月数”栏反映基层医疗卫生机构财政补助收支及其所属明细项目的本月实际发生数。在编制年度财务报告时，应将本栏改为“上年数”栏，反映财政补助收支及其所属明细项目本年度的实际发生数。本表“累计数”栏反映各项目自年初至报告期末的累计实际发生数。

本表中的财政补助收支及其所属各明细项目，应根据“财政基本支出备查簿”和

“财政项目支出备查簿”的本年财政基本和项目收支明细项目金额分析填列。

四、净资产变动表

（一）概念及基本格式

净资产变动表，是指反映基层医疗卫生机构在某一会计年度内净资产各项目及其所属明细项目的增减变动情况的报表。净资产变动表按照年度编制，其基本格式参见表12-12。

表12-12 **净资产变动表**

会基医03表

编制单位： 年 度 单位：元

项 目	合计	固定基金				事业基金	专用基金					未弥补亏损	财政补助结转（余）		其他限定用途结转（余）	说明
		小计	固定资产占用	在建工程占用	无形资产占用		小计	医疗风险基金	职工福利基金	奖励基金	其他专用基金		基本支出补助结转	项目支出补助结转（余）		
1.年初数																
2.本年增加数																
3.本年减少数																
4.年末数																

（二）填列方法

1.净资产变动表各栏数据反映内容

净资产变动表分别设置“年初数”、“本年增加数” 、“本年减少数”和“年末数”四栏数据填列。各栏数据反映内容如下：

（1）“年初数”栏反映固定基金、事业基金、专用基金、未弥补亏损、财政补助结转（余）、其他限定用途结转（余）及其所属明细项目的年初数。

（2）“本年增加数”栏反映固定基金、事业基金、专用基金、未弥补亏损和财政补助结转（余）、其他限定用途结转（余）及其所属明细项目在年度财务报告期间的增加数额。

（3）“本年减少数”栏反映固定基金、事业基金、专用基金、未弥补亏损和财政补助结转（余）、其他限定用途结转（余）及其所属明细项目在年度财务报告期间的减少数额。

（4）“年末数”栏反映净资产各项目年初数通过增加数和减少数调整后的年末数额。

2.净资产变动表各栏数据填列方法

净资产变动表各栏数据填列方法如下：

（1）净资产各项目及其所属各明细项目的“年初数”应根据上年末本表对应项目“年末数”填列。

（2）净资产各项目及其所属各明细项目的“本年增加数”和“本年减少数”应根据相关科目及其所属明细科目的发生额分析填列。其中，“未弥补亏损”项目应根据“结余分配”借方发生额以“－”号分析填列。

（3）净资产各项目及其所属各明细项目的“年末数”应根据相关科目及其所属明细科目的年末余额分析填列。其中，“未弥补亏损”项目应根据“结余分配”年末借方余额以“－”号分析填列。

主要参考文献

[1]阎达五.事业单位会计实用手册[M].北京：首都经济贸易大学出版社，1998.

[2]事业单位会计制度研究组.事业单位会计制度讲解[M].大连：东北财经大学出版社，2013.

[3]财政部编写组.行政单位会计制度（2013）[M]. 北京：中国财政经济出版社，2014.

[4]财政部会计司编写组.医院会计制度讲解[M]. 北京：经济科学出版社，2011.

[5]卫生部规划财务司.医院财务与会计实务[M]. 北京：企业管理出版社，2012.

[6]卫生部规划财务司.基层医疗卫生机构财务与会计实务[M]. 北京：企业管理出版社，2012.

[7]中华人民共和国财政部网站，http：//www.mof.gov.cn/pub/mof/.

[8]中华人民共和国国家统计局网站，http：//www.stats.gov.cn/.

[9]中华人民共和国教育部网站，http：//www.moe.gov.cn/.

[10]中华人民共和国民政部网站，http：//www.mca.gov.cn/.